# 지능과 교육

| 문용린과 서울대학교 도덕심리연구실 지음 |

INTELLIGENCE & EDUCATION

학지사

## 머리말

지능은 교육학, 특히 교육심리학 연구 분야에 있어서 중요한 이론적 구인이면서 동시에 가장 비판적으로 검토되어 온 구인이기도 하다. 기존의 지능 이론(IQ)의 한계와 교육적 제한점에 대해서는 이미 널리 알려져 왔고 이러한 비판을 반영하여 다수의 대안적인 지능 이론들이 20세기 후반부터 등장하게 되었다.

서울대학교 도덕심리연구실은 1980년대 후반부터 전통적인 지능 이론과 함께 대표적인 신(新) 지능 이론인 다중지능과 정서지능을 연구해 왔다. 기존의 지능 이론이 심리학적 맥락과 배경에 기초하고 있다면, 이 책은 지능 이론의 교육적 적용에 초점을 두고 있으며 특히 학교현장의 패러다임 변화를 유도하기 위한 실천적 관심에 기반을 두고 있다고 볼 수 있다.

이 책은 총 4부, 18장으로 구성되어 있다. 제1부에서는 전통적 관점의 지능, 즉 IQ의 등장 배경(1장)과 측정 방식(2장), 교육적 정당화(3장)의 순서로 살펴보았다. 제2부와 제3부에서는 지능의 새로운 패러다임 두 가지(다중지능과 정서지능)를 집중적으로 소개하였는데, 먼저 다중지능을 다룬 제2부에서는 다중지능의 개념(4장), 측정과 계발 방법(5장), 교육현장 적용(6, 7장), 미래 전망(8장)에 대해 살펴보았다. 다중지능은 전통적인 지능 개념인 IQ의 한계를 넘어 인간의 다양한 소질, 적성을 인정하고 그것에 기반을 둔 학습과 진로지도의 길을 열었다는 점에서 크게 주목받고 있는, 새로운 교육의 틀이라 할 수 있다.

제3부에서는 전통적인 지능 이론의 한계를 극복하는 대안으로 제시된 또 하나의 새로운 지능 개념인 정서지능(EI)을 다루고 있다. 구체적으로 살펴보면, 9장에서는 정서지능의 개념과 의미를 살펴보았고, 정서지능의 구성요소와 모형을 다룬 10장에서는 정서지능의 초기 모형과 수정 모형, 그리고 그것을 바탕으로 한국형 수정 모형을 소개하였다. 11장에서는 정서지능의 발달 요인과 발달 경향성에 대해, 이어서 12장과 13장에서는 정서지능의 측정과 교육 프로그램에 대해 살펴보았다.

마지막으로 제4부에서는 다중지능과 정서지능 이외의 새로운 지능의 가능성을 점검해 보았다. 14장과 15장에서는 도덕성에 관한 새로운 접근을 다루고 있는데, 도덕교육의 새로운 방향과 접근을 논의하는 맥락에서 14장에서는 도덕지능을, 15장에서는 도덕역량에 대해 살펴보았다. 이어서 16장에서는 새로운 개념인 집단지성을 소개하였고, 17장에서는 교사 전문성과 그 변화 능력에 대해, 18장에서는 역량을 새로운 지능 개념으로 전제하며 그 교육적 의미와 측정에 대해 살펴보았다.

여기까지, 이 책의 전반적 내용을 소개했는데, 참으로 다양한 주제들로 구성되었다는 생각이 절로 든다. 그러나 무수한 실개천들이 모여 하나의 큰 강물이 되듯이, 여러 갈래의 학문적 지류들은 '보다 나은 교육, 보다 나은 세상'이라는 큰 흐름을 형성하고 있음은 분명하다.

이 책은 '도덕심리연구실 25년'의 기록이기도 하다. 설레는 가슴으로 도덕심리연구실의 문을 처음 두드렸던 대학원생들이 이제 중견 학자가 되어 각자 서 있는 곳에서 나름대로 역할을 하고 있음을 생각할 때 느끼는 감회와 가슴 뿌듯함은 사반세기라는 세월의 무상함을 넘고도 남음이 있다.

지난날은 아직 오지 않는 날들을 위해 지금 있는 날의 굳은 토대가 되기에, 도덕심리연구실 구성원 모두가 이 책의 발간을 토대로 현재까지의 성과를 재점검하여 앞으로도 계속 한 걸음 한 걸음 앞을 향해 나아가기를 기대한다.

아울러 이 책이 나오기까지 온갖 수고를 마다하지 않은 학지사 여러분들의 정성 어린 노력을 기억하지 않을 수 없다. 다양한 주제의 많은 글들을 이처럼 반듯한 책으로 묶어 주신 데 대해 깊은 감사를 드린다.

2013년, 화창한 봄날

이우(以愚) 문용린 드림

# 차례

# 제2부 지능의 새로운 패러다임 I : 다중지능

# 제 1 부

# 전통적 관점에서의 지능: IQ의 신화

INTELLIGENCE

제1장 지능 등장의 역사적 배경

제2장 지능의 측정: IQ검사

제3장 신화와 진실: 교육의 입장에서 IQ는 정당한가

| 제1장 |

# 지능 등장의 역사적 배경

## 1. 지능의 개념

오늘날 지능(知能)이라고 하면 대부분 지능검사로 측정되는 IQ(지능지수)를 떠올리지만, 19세기 말 근대적 의미의 심리학이 탄생하기 전까지 지능이라는 말은 다분히 철학적인 의미에서의 지적 능력 일반을 일컫는 말이었다(한국교육심리학회, 2000).

지능이라는 말은 영어 intelligence의 번역어로 라틴어 intelligere에서 유래했는데, intelligere는 '알아차리다'('pick out' or discern)라는 의미가 있는 inter-legere에서 나왔다. 이 동사의 한 형태인 intellectus는 이해(understanding)의 중세 표현형으로, 그리스 철학 용어인 nous의 번역어다. 그리스어 nous는 인간의 마음의 능력(a faculty of the human mind)을 일컫는 철학적 용어다. 이는 참된 것 또는 실제하는 것에 대한 이해를 위해 필요한 능력을 나타내며, 의미상 직관(intuition)과 매우 가깝다. 이는 종종 마음속에서 일어나는 지각의 한 형태(the mind's eye)를 의미하기도 한다(황정규, 2010). 이렇게 총체적인 인간의 정신 능력을 일컫는 말로 사용되었던 지능이 과학적 개념으로 등장하게 된 것은 다음과 같은 두 가지 분야의 역사적 발전의 경로가 교차하면서부터다(황정규, 2010).

첫 번째는 심리학이 철학에서 독립함으로써 '과학적 심리학'이 탄생한 것이다. 일반적으로 과학적 심리학의 시작 시점은 Wilhelm Wundt가 독일 라이프치히 대학교에 심리학 실험실을 만든 1879년이라고 본다. 인간의 마음의 능력에 대한 일반법칙을 찾으려 했던 Wundt는 현대적 지능 개념의 근간을 이루는 개인차에는 관심을 기울이지 않았지만, 과학적 실험법을 마음의 연구에 접목함으로써, 인간의 지적 능력을 '과학적 방법론'을 통해 측정하고자 하는 시도들이 나타나는 계기를 마련해 주었다.

두 번째는 근대적 학교제도의 탄생이다. 19세기 들어 근대국가가 성립되고 국가주도하에 세속적이고 공공적인 성격을 가진 국민보통교육제도가 시작되면서, 가족의 영역이었던 아동교육이 국가의 영역으로 이동하게 되고, 다수의 아동들이 '학교'의 울타리 안에서 집단교육을 받게 된다. 다양한 특성을 지닌 아동을 대상으로 표준적인 교육과정을 운영하게 되면, 필연적으로 학습 능력의 개인차 문제가 나타나게 된다. 이러한 개인차에 대한 적절한 개입 없이 학교와 같은 형태의 집단교육을 유지할 수가 없기 때문에, 학교교육의 정착을 위해서는 아동의 학습 능력을 사전에 파악하기 위한 과정이 필요하게 된다. 최초의 지능검사인 Binet-Simon 검사가 프랑스 문교부의 요청에 의해 만들어진 것은 이러한 이유 때문이다.

최초의 의도가 어떠하였든, 일단 변별력을 지닌 심리검사가 등장하게 되면, 이를 보다 넓은 범위의 집단에게 적용해 보기 위한 시도가 뒤따르게 된다. Alfred Binet도 1905년에 최초의 지능검사를 개발할 때는 초등교육을 받는 데 어려움을 겪을 수 있는 아동을 찾아내어 특수한 교육적 처치를 하려는 의도에서 시작하였다. 그러나 1908년에 제작된 검사부터는 지적장애 아동을 변별해 내는 문항을 삭제하면서, 비장애 아동의 지능을 측정하는 방향으로 전환하게 되었다. 이 지능검사는 미국으로 건너가 1916년에 Stanford-Binet 검사로 재탄생하는 과정에서 오늘날과 같은 '모든 사람들의 지능을 상대적인 숫자로 나타내는' 지능검사로 발전하게 된다.

지적장애인이나 정신장애인, 문맹인을 위한 검사로 시작된 Wechsler 검사가 일반인들을 위한 검사로 확대된 것이나, 군복무 부적격자 선별 검사로 시작된 최초의 집단지능검사인 '군대 알파 검사(Army $\alpha$ test)'와 '군대 베타 검사(Army $\beta$ test)'가 산업기관이나 학교를 위한 선발 및 배치 검사로 발전하게 된 것도 이러한 경향을 잘 보여 준다. 특히 빠른 시간에 다수의 피검자들을 대상으로 검사를 실시할 수 있는 집단 검사가 발전하여 지능검사의 효용성에 대한 인식이 널리 퍼지게 되면서, 지능의 개념과 지능검사의 제작 및 활용은 심리학의 영역을 넘어서서 산업과 교육 같은 일상생활 속으로 확장된다.

과학적 심리학이 탄생한 19세기 말에서 시작하여, 최초의 지능검사가 만들어지고 지능검사의 활용 영역이 확장되어 온 20세기를 거치면서, 지능은 인간의 마음의 총체적인 능력에서 '지능검사로 잴 수 있는 정신기능'으로 변화하게 된 것이다.

## 2. 전통적인 지능 이론

앞에서 설명하였듯이 그동안 진행된 지능 연구들은 주로 심리측정 접근으로, 인간의 정신 능력이 몇 개의 주요 요인으로 파악되고 비교될 수 있다고 보았다(이정모 외, 1999). 지능의 구성 요인에 관심을 가졌던 학자들은 요인의 수와 배열에 관심을 보여 왔고, 이에 따라 다양한 지능 이론이 존재해 왔다(송인섭, 2011b). 지능의 요인 이론은 주로 인간 능력의 개인차 구조와 기능을 밝히는 데 관심이 있는데, 개인 간에는 능력의 차이가 있고 그 능력의 차이를 야기하는 어떤 근본적인 원인 또는 구인이 존재한다는 입장이다(황정규, 1997).

이처럼 요인 이론은 인간의 정신 능력 a와 b를 측정한다고 추정되는 A 검사와 B 검사 사이에 정적 상관관계가 존재하는 것은 두 검사가 인간의 어떤 공통 정신 능력을 측정하고 있기 때문이라고 본다. 여러 검사들이 공통적으로 측정하고 있는 인간의 잠재 능력을 요인분석에서는 공통 요인(common factor)이라고 한다(황정규, 1997).

지능의 요인 이론은 크게 일반 요인론과 다요인론으로 구분된다. 일반 요인론 중 대표적인 이론은 Spearman의 지능 이론이며, Spearman의 일반 요인론과 동일하지는 않지만 비슷한 입장에서 접근하고 있는 것이 Cattell의 유동적 지능과 결정적 지능 이론이다(황정규, 1997).

한편 지능 이론 중에서 인간의 정신 능력을 측정하는 모든 검사에 공통적으로 존재하는 일반 요인은 존재하지 않고, 지능은 여러 개의 독립된 집단 요인으로 구성되어 있다고 보는 이론이 지능의 다요인론이다. 다요인론의 대표적 이론은 Thurstone의 기본 정신 능력 이론과 Guilford의 지능구조 모형 이론이다(황정규, 1997).

인간의 정신 능력이 몇 개의 주요 요인으로 파악될 수 있다고 본 요인 이론 외에 지능에 대한 또 다른 대표적 관점이 위계론이다. 지능에 대한 위계론은 인간 지능의 구성 요인이 각각 독립된 것이 아니라, 보다 일반적인 능력에서부터 보다 특수한 능력에 이르는 요인들 간의 위계관계가 있다고 본다. 대표적인 위계론에는 Vernon과 Burt의 위계 모형이 있다(황정규, 1997).

### 1) Spearman의 일반 요인론

Spearman은 아동의 지능에 대한 교사 및 또래의 평가와 빛, 무게, 소리

[그림 1-1] Spearman의 일반 요인론

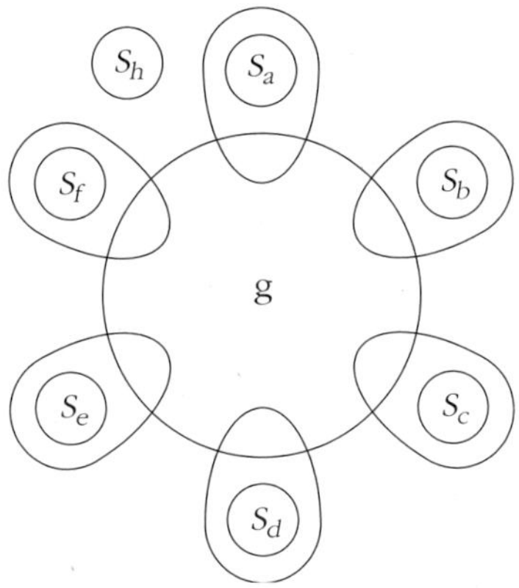


출처: 황정규(2010).

등의 감각변별 능력 등을 수집하고, 한편으로는 학교에서의 고전, 언어, 음악 점수를 수집했는데, 아동에 대한 다양한 측정 결과들 간에 일련의 상관관계가 있음을 발견하였다(홍순정, 1999). Spearman은 이러한 다양한 관계가 요인 이론으로 설명될 수 있다고 보았다. 그는 1904년에 자신의 논문(Spearman, 1904)에서 인지 능력과 정신 능력을 측정하는 모든 검사에는 일반적인 g 요인(general intelligence)이 있고, g 요인으로는 설명되지 않는 잔여변량, 즉 각 검사에서 독특하게 측정하는 s 요인(specific intelligence)이 있다고 보았다. Spearman의 일반 요인론을 시각적으로 표현하면 [그림 1-1]과 같다.

[그림 1-1]에서 g는 일반 요인을 의미하는데, Spearman은 검사들 간의 높은 정적 상관에 주목하고, 모든 지적 활동에 공통으로 적용되는 일반 요인인 g가 존재한다고 가정하였다(이정모 외, 1999). 반면 Sa, Sb, Sc, Sd, Se, Sf는 각 검사에서 독특하게 측정하는 s 요인이다. Sh는 다른 검사들과는 다르게 일반 요인인 g를 포함하고 있지 않기 때문에 능력 검사라고 할 수 없다.

### 2) Thurstone의 기본 정신 능력

Thurstone(1938)은 다요인분석법(multiple factor analysis)을 창안하였는데, 지능에는 일반 요인은 없고 7개의 상호 관련된 특수 요인만 존재한다고 주장했다(이정모 외, 1999). Thurstone은 다양한 종류의 지능검사가 실제 측정하고 있는 능력이 어떤 것인지, 그 능력의 성질과 종류를 결정하는 데 관심이 있었다. 그는 57개의 검사를 240명의 피험자에게 실시하여 요인분석한 결과, 심리적으로 의미가 있는 9개의 집단 요인과 의미가 분명하지 않은 4개의 집단 요인을 추출했고, 21개의 검사를 재분석한 결과 7개의 집단 요인이 있다는 것을 확인한 후, 이것을 기본 정신 능력(primary mental ability: PMA)이라고 불렀다(송인섭, 2011a). Thurstone이 제시한 7개의 정신 능력은 언어 이해력, 언어 유창성, 귀납적 추론, 공간 능력, 수 능력, 기억 능력, 지각속도 능력을 포함한다.

각각의 정신 능력에 대한 정의와 해당 능력을 측정하는 문항의 예시를 살펴보면 다음과 같다(황정규, 2010).

① 언어 이해력: 이것은 단어를 이해하는 능력으로, 언어 이해력을 측정하는 검사 문항에는 '문장완성 검사' '동의어 찾기' '단어완성 검사' 등이 포함된다.

② 언어 유창성: 이것은 제한된 시간 안에 얼마나 많은 단어를 유창하게 제시할 수 있는가와 관련된 능력이다. 언어 유창성을 측정하는 검사 문항에는 '첫글자 검사' '네 글자 검사' '끝글자 검사' 등이 포함된다.

③ 추론 능력: 이것은 주어진 자료에서 일반 법칙이나 원칙을 찾아내어 결론을 내리는 과정에서 그것을 적용하는 능력이다. 추론 능력을 측정하는 검사 문항에는 '문자 계열 검사' '문자 묶기' 등이 포함된다.

④ 공간 능력: 이것은 공간 속에서 어떤 물체를 전환시켰을 때 상상하고 시각화하는 능력이다. 공간 능력을 측정하는 검사 문항에는 '깃발 검사' '도형 검사' '카드도형 검사' 등이 포함된다.

⑤ 수 능력: 이것은 기초적인 산수 능력을 의미한다. 수 능력을 측정하는 검사 문항에는 '더하기' '곱하기' '셋 중 큰 숫자 찾기' 등이 포함된다.

⑥ 기억 능력: 이것은 단순한 기억력을 의미한다. 기억 능력을 측정하는 검사 문항에는 '단순정보 기억하기' '짝지어진 것 중 한쪽 기억하기' 등이 포함된다.

⑦ 지각속도 능력: 이것은 혼란스러운 상황에서 특정한 지각형태를 얼마나 빠르게 확인하는가와 관련된 능력이다. 지각속도 능력을 측정하는 검사 문항에는 '같은 숫자 찾기 검사' '얼굴 검사' '거울보기 검사' 등이 포함된다.

### 3) Guilford의 지능구조 모형(Structure of Intellect Model: SI 모형)

지능이 하나의 일반 요인이 아니라 특수 요인의 복합체라고 주장하는 연구자들 내에서도 특수 요인의 개수에 대해서는 서로 다른 의견을 보이고 있다(이정모 외, 1999). 예를 들어 Thurstone은 7개의 특수 요인을 주장하였지만, Guilford는 보다 많은 특수 요인을 제시하고 있다.

Guilford는 지능이 내용, 조작, 결과물의 세 차원에 의한 교차 요인으로 설명될 때 더 잘 이해될 수 있다고 보았다(홍순정, 1999). Guilford의 이론은 초기에는 내용 영역의 4개 유형, 조작 영역의 5개 유형, 결과물 영역의 6개 유형 등 총 120개(4×5×6)의 요인들로 지능이 구성된다고 보았다. 그 이후 내용 영역을 5개 유형으로 수정하여 150개(5×5×6)가 되었다가 다시 조작 영역을 6개 유형으로 수정하여 총 180개(5×6×6)의 요인들로 지능이 구성된다고 보았다(홍순정, 1999).

Guilford의 지능 이론에서 제시하는 내용(content)은 사람들이 생각해야 하는 내용을 의미하며, 시각적 · 청각적 · 상징적 · 언어적 · 행동적 측면의 다섯 가지 내용 속성을 포함하고 있다(Guilford, 1988). 우선 상징적 내용은 기호, 숫자, 상징기호, 추상적 도형을 포함한다. 언어적 내용은 언어로 된 내용(단어나 문장 등)이며, 행동적 내용은 본질적으로 비언어적인 것으로 자기 자신 및 타인의 관심 · 지각 · 생각 · 희망 · 감정 · 기분 · 의도 · 행위 등을 인식하는 내용으로 흔히 사회지능(social intelligence)이라고 할 수 있는 내용이다(황정규, 2010). 시각 및 청각적 내용은 120개의 요인 구조에서 도형(형태)적 정보 매체가 시각적 · 청각적 정보 요소로 나누어진 것이다(신은영, 1999).

조작(operation)은 내용에 대한 정신 작용을 의미하는데 인지, 기억암기, 기억파지, 수렴적 사고, 발산적 사고, 평가 등의 여섯 가지 속성을 포함한다(Guilford, 1988). 우선 인지는 정보나 지식의 발견과 인식을 의미한다. 수렴적 사고는 Thurstone의 기본 정신 능력 중 추론 능력과 같은 것으로, 정보를 가지고 논리적 사고를 하는 정신 능력이며, 발산적 사고는 Thurstone의 기본 정신 능력 중 언어 유창성과 같이 정보나 지식을 토대로 적절한 새로운 반응을 하는 창의력과 같은 개념이다. 평가는 정확성 · 일관성 · 타당성 등에 비추어 정보나 지식을 판단하는 능력이다(황정규, 2010). 기억암기와 기억파지는 120개의 요인구조에서 기억이 세분화된 것이다.

내용에 대한 정신작용을 통해 도출되는 결과(product)는 단위 · 유목 · 관계 · 체계 · 변환 · 함축의 여섯 가지 속성을 포함하고 있다. 단위는 단일한 반응을 의미하며, 유목은 정보나 지식을 공통된 특징에 따라 집합으로 묶어 내는 것이며, 그림 및 글자 분류 등이 이에 해당된다. 관계는 둘 이상의 정보나 지식 사이의 상호 관련성을 인지하는 것으로 유추 검사, 'A는 B보다 X만큼 많다' 등의 관계, 수열이나 어열, 도형 계열에서 나타나는 경향성을 보는 것 등이 포함된다. 체계는 여러 가지 정보의 조직된 혹은 구조화된 집합체이며, 상호 관련된 부분의 복합체이다. 변환은 하나의 결과를 다른 결과로 바꾸는 것으로 언어적 단위를 도형적 단위로 바꾸거나 도형적 체계를 상징적 체계로 바꾸는 것을 의미한다. 함축은 주어진 자료를 초월해서 결과를 기대 · 예견 · 예언하는 것으로, 어떤 그림을 주고, 그 그림 다음에 일어날 사건을 예견하는 만화예언 검사 등이 이에 해당된다(황정규, 2010). 이처럼 SI 모형에 따르면 5×6×6=180개의 요인이 존재한다.

앞서 지능 이론에 대해 설명한 바에 따르면, Spearman, Thurstone, Guilford 등의 주장은 인간의 능력을 설명하는 요인의 수가 다르고 접근 방법에서 차이가 있으나, 인간의 지적 능력을 몇 개의 요인으로 분류한다는 점에서는 유사하다고 할 수 있다(송인섭, 2011b).

### 4) Cattell의 유동적 지능과 결정적 지능

Cattell은 Spearman의 g 요인이 하나의 일반 요인이 아니라 2개의 일반 요인으로 구분된다고 주장하면서 유동적 지능과 결정적 지능을 설명하고 있다(Cattell, 1963). 유동적 지능(fluid intelligence)과 결정적 지능(crystallized intelligence)은 몇 가지 측면에서 개념적으로 차이가 있다(황정규, 2010). 첫째, 두 가지 지능은 연령이 발달하면서 다른 경향성을 보인다. 유동적 지능은 비교적 인생 초기에 급속히 발달하다가 10대 후반이나 20대 초반에 정점에 이르고, 그 이후에는 서서히 감퇴하기 시작한다. 반면 결정적 지능은 연령이 증가하면서 점차적으로 지속적인 발달을 하는 경향이 있다. 둘째, 유동적 지능은 유전적인 영향을 많이 받는 반면, 결정적 지능은 유전적 요인보다는 문화 및 환경적 요인의 영향을 많이 받기 때문에 교육과 경험에 크게 의존한다. 따라서 유동적 지능은 '훈련되지 않은(unexercised)' 능력, 결정적 지능은 '훈련된(exercised)' 능력이라고 부르기도 한다(Denney, 1982; 정옥분, 2006 재인용).

유동적 지능과 결정적 지능을 측정하는 지능검사 문항에도 차이가 있다. 예를 들어 유동적 지능검사에는 수열, 문자 계열, 도형 분류, 도형 유추, 공간 지각, 폐쇄 검사, 숨겨진 그림 찾기, 나무토막 쌓기, 행렬 검사 등이 있다. 결정적 지능검사에는 피험자의 지식이나 기능에 의존하게 되는 일반지식 검사, 단어 검사, 산수 검사, 기계지식 검사, 도구이름 검사, 언어추리 검사, 논리적 추리 검사 등이 있다(황정규, 2010).

지능검사 문항을 보면 유동적 지능검사는 언어가 적은 편이고, 결정적 지능검사는 언어에 많이 의존하고 있는 것을 알 수 있다. 그러나 유동적 지능검사와 결정적 지능검사의 주된 차이가 언어에 있는 것은 아니다. 똑같이 언어에 대한 문항을 사용하더라도 유동적 지능검사와 결정적 지능검사는 차이가 있다(황정규, 2010). 다음 문항은 언어 영역에서 두 가지 지능을 측정하는 사례다.

유동적 지능을 측정하는 문항

풀 : 가축의 관계는 밥 : ________의 관계와 같다.

① 사람 ② 버터 ③ 물 ④ 뼈

결정적 지능을 측정하는 문항

학생 : 선생의 관계는 아리스토텔레스 : ________의 관계와 같다.

① 소크라테스 ② 플라톤 ③ 철학자 ④ 호머

출처: 황정규(2010), p. 145.

### 5) Vernon과 Burt의 위계 모형

앞서 제시한 Spearman, Thurstone, Guilford의 이론은 요인분석을 바

탕으로 한 비위계적 지능 이론인 반면에 Vernon과 Burt는 지능 요인 간의 위계성을 강조하였다. Vernon의 위계 모형은 하향적(top-down) 접근을 사용하여 위계 모형의 요인구조를 결정한다. 하향적 접근이란 검사들의 상관행렬에서 우선 일반 요인 g를 추출한 다음에 집단 요인을 추출하고 하위의 특수 요인을 추출하는 방식이다(이희연, 2009).

[그림 1-2]에서처럼, Vernon의 위계 모형에서는 가장 윗부분에 일반 요인 g가, 그 아래에는 2개의 대집단 요인이 있고, 다시 소집단 요인, 특수 요인 순으로 위계적으로 구분된다. Vernon의 위계 모형에서 대집단 요인은 v : ed 요인과 k : m 요인으로 구분된다. v : ed는 언어적-수리적-교육적 요인(verbal-numerical-educational factor)이며, k : m은 실제적-기계적-공간적 요인(practical-mechanical-spatical factor)이다. Vernon은 이것이 PMA의 각 요인에 해당하며, 그 아래에 다양한 특수 요인이 존재한다고 보았다(황정규, 2010).

한편 Burt는 5단계의 지능 위계 모형을 제안하고 있다. Burt는 지능의

**[그림 1-2] Vernon의 지능 위계 모형**(Vernon, 1950)

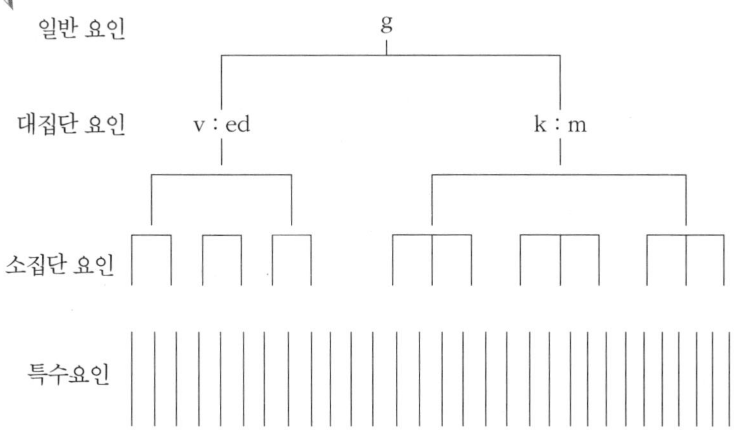


출처: 황정규(2010).

가장 상위수준이 일반지능 수준(human mind level)이며, 두 번째가 관계 수준(relations level), 세 번째가 연합 수준(associations level), 네 번째가 지각 수준(perception level), 다섯 번째가 감각 수준(sensation level)이라고 보았다. Burt의 위계 모형에 따르면 인간의 인지 능력이 복잡성에 따라 기능적으로 조직되어 있다. 가장 낮은 수준에서는 감각적(s), 운동적(m) 과정이 있고, 그 바로 위에 약간 수준 높은 지각(p)과 운동 조정(c)이 그것들을 포섭하고 있으며, 그 위에는 기억(M)과 습관형성(H)을 포함하는 보다 복잡한 연합 과정이 그 아래 과정을 포섭하고 있고, 그 위에는 관계(R)가 있고, 가장 윗부분에는 일반지능(I)이 있다(황정규, 2010).

**[그림 1-3] Burt의 지능 위계 모형(Burt, 1949)**

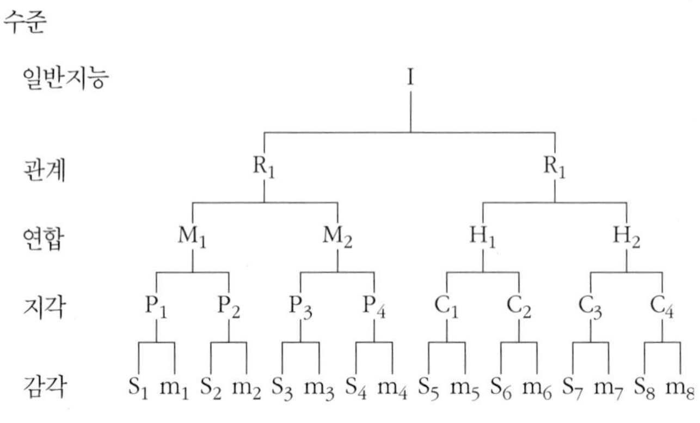


출처: 황정규(2010).

| 제2장 |

# 지능의 측정: IQ검사

앞 장에서 서술했듯이 지능은 어떠한 관점에서 보느냐, 어떤 요소들을 포함시킬 것인가에 따라 다르게 정의된다. 이러한 지능에 대한 다양한 정의에 기반하여 아동 및 성인의 지적 능력을 파악하기 위해 표준화된 수많은 지능검사들이 국내외적으로 제작, 사용되고 있다.

지능검사는 학교교육뿐만 아니라 임상평가의 중요한 기준이 되고 있으며 국내외의 학교장면과 임상장면에서 가장 많이 활용되는 검사 영역이다(서울대학교 사범대학 교육연구소, 1997; Elmore, Ekstrom, Diamond, & Whittaker, 1993). 즉, 지능검사는 학업의 성패를 예언하는 데뿐만 아니라 임상, 상담 및 교육의 장면에서 정신지체나 학습부진과 같은 장애를 판단하는 중요한 기준으로 널리 사용되고 있다.

지능검사는 일반적으로 검사의 제작 · 실시 · 해석의 모든 과정이 정해진 절차와 규준에 의해 적용되는 표준화된 검사다. 즉, 검사 실시의 과정이 제시된 안내문에 따라 이루어져야 하며 결과 또한 성별과 연령에 따른 규준에 따라 해석되어야 한다. 뿐만 아니라 지능검사의 각 문항은 정답이 있으며 피검사자(예, 학생, 내담자)는 주로 주어진 시간 내에 자신이 가진 능력을 최대한 발휘하여 주어진 문항들의 답을 찾아야 하는 최대 능력 검사에 해당한다.

김동일과 동료들(2000)은 지능검사를 목적과 특징에 따라 네 가지 기준으로 분류한 바 있다. 첫째, 지능검사는 그것이 측정하는 내용에 따라 핵심 정신 능력을 종합적 · 혼합적으로, 그리고 합승식으로 측정하는 일반지능검사(general intelligence test)와 특수한 정신 능력을 독립적으로 측정하는 특수지능검사(specific intelligence test)로 나뉜다. 특수지능검사는 추리력 검사, 기억력 검사, 주의력 검사처럼 각 정신 능력을 독립적으로 측정한다. 학교나 기관에서 실시하는 지능검사들은 거의 대부분 일반지능검사에 속한다고 볼 수 있다.

둘째, 지능검사에는 검사의 문항이 주로 언어에 의존하는 언어 검사(verbal test, $\alpha$ 검사라고도 함)와 문항구성에서 언어적인 자극을 최소화하여 취학 전 아동, 노인, 문맹자, 언어장애인, 외국인들을 대상으로 지능을 측정하는 비언어 검사(non-verbal test, $\beta$ 검사라고도 함)가 있다.

셋째, 지필 도구 사용 여부에 따라 간단한 기구, 종이, 나무토막 등 구체적인 재료로 실제 작업을 하게 하여 지능 수준을 판단하는 동작 검사(performance test)와 종이에 모든 문항을 제시하고 읽고 생각해서 쓰는 것만을 요구하는 지필 검사(paper & pencil test)가 있다.

넷째, 검사를 실시할 때 한 번에 피검사자 한 사람을 대상으로 검사를 실시하는 개인지능검사(individual intelligence test)와 한 번에 여러 사람에 대해 동시에 검사를 실시하는 집단지능검사(group intelligence test)가 있다.

지적 능력을 측정하기 위해 개발된 이들 지능검사들은 피검사자와 검사 의뢰자에게 하나 또는 그 이상의 함축된 지수를 통해 결과를 제공하게 되는데 이를 지능지수(Intelligence Quotient: IQ)라 일컫는다. 즉, 지적 능력을 측정하기 위해 개발된 지능검사들에 의해 산출되는 점수가 지능지수다. 지능지수를 산출하는 방식은 크게 비율지능지수(Ratio IQ: RIQ)와 편차지능지수(Deviation IQ: DIQ)로 구분할 수 있는데 이에 대한 자세한 설명은 이후 대표적인 검사를 소개하는 과정에서 상세히 기술할 것이다.

지능검사는 검사를 개발한 연구자들에 따라 여러 종류가 있는데, 대표적으로는 Binet 지능검사 계열과 Wechsler 지능검사 계열이 있다. 최초의 지능검사는 Binet와 Simon이 개발한 Binet-Simon 검사(Binet-Simon test, 1905)다. Binet는 지능을 '잘 판단하고, 잘 이해하고, 잘 추리하는 것'(Binet, 1911)이라고 정의하며 인지 영역의 기본적인 능력으로 복합적인 지능 개념을 도입하였다. 이러한 정의를 기반으로 한 Binet-Simon 검사는 판단력, 이해력, 추리력, 논리력, 기억력 등을 측정하는 30문항으로 구성된 언어성 지능검사다. 이 검사는 두 차례(1908, 1911)의 재표준화를 거쳤으며 1908년 재표준화부터 Binet는 연령의 증가와 더불어 지적 능력도 발달한다는 가정을 기반으로 정신연령(mental age)의 개념을 지능검사에 도입했다. 주어진 연령의 평균 능력을 가진 아동이라면 풀 수 있을 것이라 예상되는 객관적인 문항들로 검사를 개정했는데, 즉 특정 연령의 피험자 중 50%가량이 어떤 문항의 정답을 맞췄다면 그 문항을 그 연령에 해당하는 문항으로 선정하였다. 이때 주어진 연령에 해당하는 문항을 맞추면 이것이 피검사자의 정신연령이 되는 것이다. 정신연령의 개념이 소개되면서 지능검사가 정상과 비정상을 나누는 진단의 도구라는 좁은 정의에서 벗어나 정상 아동들 간의 비교를 위해 사용될 수 있는 가능성을 제시했다.

Binet-Simon 검사는 1916년 스탠포드 대학교의 Terman 교수에 의해 미국 문화에 맞게 표준화되어 Stanford-Binet 지능검사(Stanford-Binet test: SB)로 개정되었다. Stanford-Binet 지능검사는 [그림 2-1]과 같이 이후 현재까지 5차례 개정을 거쳤다(SB1~SB5).

초기 Stanford-Binet 검사들은 대부분 언어 능력 중심의 평가에 치중하

[그림 2-1] Stanford-Binet 검사의 발달 과정

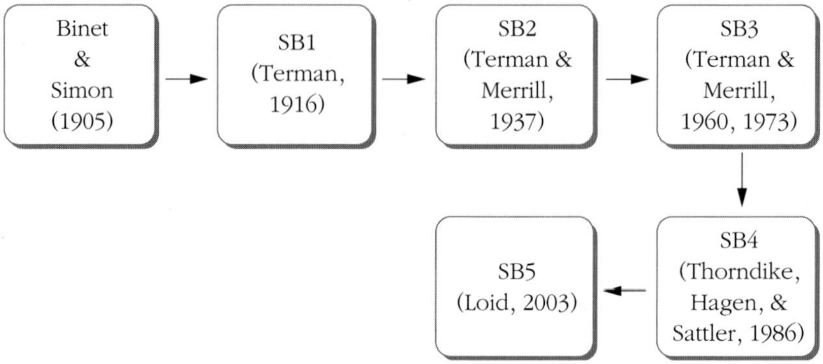


출처: 이우경, 이원혜(2012).

여 지능의 비언어적인 요소를 포함하지 않았다는 지적을 받기도 했다. 산출되는 지능지수 또한 비율지능지수 개념에 근거하고 있어 성인 대상으로 이 검사를 활용하는 데 한계를 가지고 있었다. 비율지능지수는 Terman이 Binet의 정신연령 개념을 이용하여 발전시킨 지수로서 다음의 공식을 따른다.

$$IQ = \frac{MA}{CA} \times 100$$

IQ(Intelligence quotient): 지능지수

CA(Chronological age): 생활연령 = 실제 연령

MA(Mental age): 정신연령 = 연령별 평균 능력을 가진 사람이 풀 수 있는 문제들을 해결할 경우 획득되는 연령

예를 들어, 9세 아동이 10세 아동의 대부분이 풀어 내는 과제를 완성했을 경우, 그 아동의 IQ는 [(10(=정신연령)/9(=생활연령))×100]의 계산을

통해 111이 된다. 이러한 계산법은 연령(생활연령)이 증가함에도 인지 능력이 계속적으로 증가하지 않고 정체되는 일반 성인들의 지능지수를 산출할 때 문제점을 가진다. 즉, 연령이 40세인 사람이 20대에 해당하는 정신연령을 가질 경우 IQ는 50에 그치게 된다. 그 외에도 동일한 연령대의 사람들 간이나 다른 연령대에 속한 사람들 간의 IQ를 상호 비교하는 데 한계점을 가지고 있다. 즉, 10세에서 150의 지능지수를 가진 아동의 지능이 실제 15세 아동 집단의 지능과 동일하다고 보기는 힘들다는 것이다.

보다 최근의 SB4(1986)부터는 다른 지능검사들과 마찬가지로 최신 지능 이론에 근거한 다양한 소검사들을 포함시켰으며 이들 소검사들의 정보를 제공하며 비율지능지수 산출 방식에서 벗어나 편차지능지수 개념을 도입했다(편차지능지수 산출 방식은 뒤의 Wechsler 지능검사 부분에서 자세히 설명된다).

국내에서 활용되는 Binet 지능검사 계열의 개인용 지능검사로는 'K-Binet 검사'(전용신, 1970)가 있다. K-Binet 검사는 Stanford-Binet 검사(SB 3)를 한국판으로 표준화한 지능검사다. 이 검사는 만 4세 이상 만 15세 미만의 연령을 대상으로 하며 4개 영역의 15개 하위검사로 구성되어 있다. 즉, 언어적 추리(어휘력, 이해력, 모순점, 언어적 관계), 양적 추리(숫자 다루기, 숫자 계열, 방정식 만들기), 추상적/시각적 추리(형태 분석, 복사하기, 매트릭스, 종이 접기와 자르기), 단어기억(묵주알 기억, 문장기억, 숫자기억, 사물기억)으로 구성되어 있다. 이 검사는 아동의 연령에 맞추어 검사를 시작할 수 있으며 각 생활연령(실제 나이)에 맞는 지능을 가진 아동은 평균 점수를 받을 수 있도록 구성되어 있다. 이 검사 결과는 정신연령과 생활연령을 비교하여 표시하는 비율지능지수 방식을 채택하고 있다. 그러나 연령별로 검사 구성이 다르기 때문에 엄밀하게 동일한 해석을 내리기는 힘들다.

한편 현재 전문 기관에서 보다 널리 사용하는 검사는 Wechsler 지능검사 계열이다. Wechsler 지능검사는 David Wechsler가 1939년에 제작한 개인용 지능검사로, 전 세계적으로 가장 널리 사용되는 검사 중의 하나다(신민섭, 2005). Wechsler(1939)는 지능을 '개인이 자기 주변 세계를 이해하고 적응할 수 있는 전반적인 능력'이라고 정의하고 있다. 즉, 지능은 개별적인 것이 아니라 다차원적으로 구성되어 있는 것이므로, Wechsler 지능검사 역시 다양한 영역을 측정할 수 있도록 구성되어 있다. 또한 그는 지능이 전체 성격의 일부이며 인지적 요소뿐만 아니라 불안, 지구력 등의 비인지적 요소에 의해서도 영향을 받는다고 보았다.

Wechsler의 지능검사는 지능의 다양한 정의들을 종합적으로 받아들인 다양한 소검사들로 구성되어 있다. 이 검사는 크게 언어 영역과 동작 영역으로 구성되어 있다. 언어 영역은 주로 일반 지식 및 이해와 관련된 문제, 언어적 개념과 사고 과정을 위한 단어 및 이해 능력을 측정한다. 동작 영역은 주로 비언어적 과제를 수행할 수 있는 능력 및 시각-운동 능력, 문제에 반응하는 능력 등을 측정한다.

Wechsler 지능검사는 평가받는 피검자의 연령에 따라 유아용 · 아동용 · 성인용의 세 종류가 있다. 미국판 Wechsler 지능검사와 이를 한국 실정에 맞게 표준화한 한국판 Wechsler 지능검사의 발달 과정은 [그림 2-2]와 같다.

Wechsler-Bellevue Intelligence Scale From I(WB-I)은 11개의 소척도로 구성되어 있는 최초의 Wechsler 성인용 지능검사다. 이 검사를 보완해 Wechsler Adult Intelligence Scale(WAIS, Wechsler, 1955)로 개정되었고 이후 수차례 재개정을 통해 최근 WAIS-IV(2008)가 개발되었다. WAIS-IV는 고령화의 경향을 반영하여 규준 연령의 범위를 확대했으며 신경심리학적 요소를 반영하는 소검사를 추가하였다. 또한 문항들 간의 요인분석을 통해 요인별 지표점수(index score)를 산출해 보고하고 있다.

최초의 Wechsler 아동용 지능검사인 WB-II 또한 Wechsler Intelligence Scale for Children(WSIC, 1949)로 개정된 후 2003년에 WISC-IV까지 개

[그림 2-2] Wechsler형 지능검사 체계의 발달

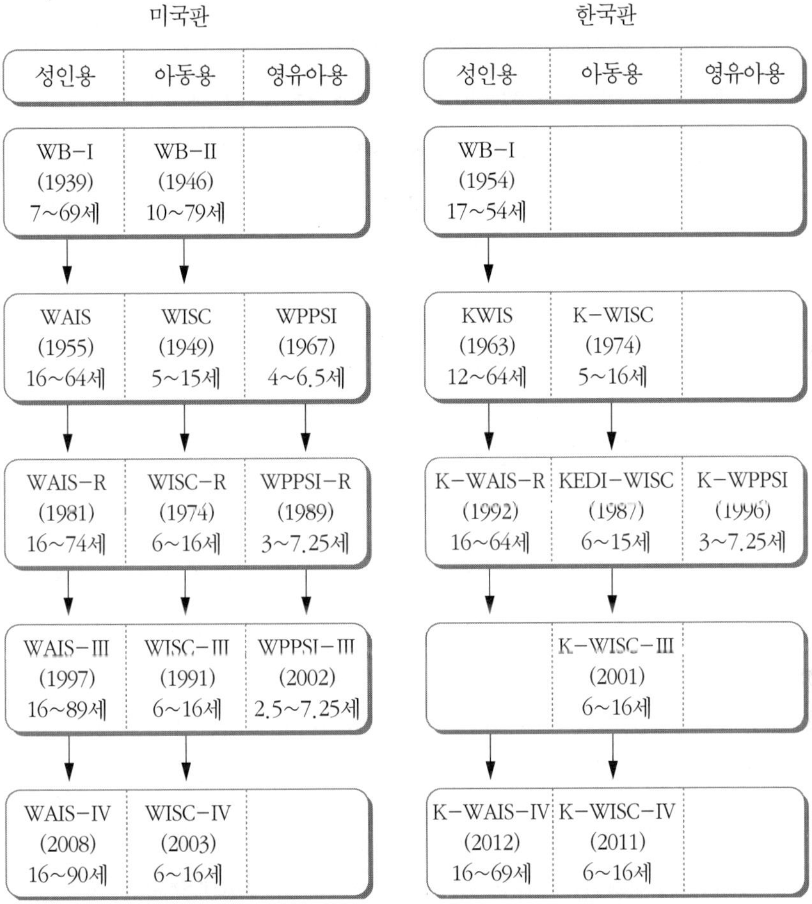


출처: 이우경, 이원혜(2012).

발되었다. 영유아를 대상으로 하는 최초의 Wechsler 지능검사로는 WPPSI(Wechsler Preschool-Primary Scale of Intelligence, Wechsler, 1967)가 개발되었으며 현재 WPPSI-III(2002)로 개정된 상태다.

한국판 Wechsler 성인용 지능검사로 1963년 WAIS를 번안하여 표준화한 성인용 검사(KWIS: Korean-Wechsler Intelligence Scale, 전용신, 서봉연,

이창우, 1963)가 있으며 이후 개정 및 표준화를 거쳐 현재는 성인용 K-WAIS(Korean-Wechsler Adults Intelligence Scale, 염태호, 박영숙, 오경자, 김정규, 이영호, 1992)가 널리 사용되고 있다. 또한 최근 WAIS-IV를 한국 실정에 맞게 개정 및 표준화한 K-WAIS-IV(황순택, 김지혜, 박광배, 최진영, 홍상황, 2012)가 출판되었다. 현재까지 가장 많이 활용되고 있는 성인용 K-WAIS는 일반적으로 만 16세에서 64세의 연령을 대상으로 6개의 언어성 소검사(기본지식, 숫자 외우기, 어휘문제, 산수문제, 이해문제, 공통성문제)와 5개의 동작성 소검사(빠진 곳 찾기, 차례 맞추기, 토막 짜기, 모양 맞추기, 바꿔 쓰기)로 구성되어 있다.

학령기 아동·청소년의 학습 능력을 측정하기 위한 한국판 Wechsler 아동용 지능검사 체계는 WISC를 한국판으로 표준화한 K-WISC(서봉연, 이창우, 1974) 이후에 한국교육개발원에서 WISC-R(Wechsler Intelligence Scale for Children, Revised, 1974)을 한국판으로 표준화한 KEDI-WISC (Korean Educational Development Institute-Wechsler Intelligence Scale for Children, 한국교육개발원, 1987)와 WISC-III를 한국 현실에 맞게 개정 표준화한 K-WISC-III(곽금주, 박혜원, 김청택, 2001)가 아동·청소년을 대상으로 가장 널리 사용되고 있다. K-WISC-III는 만 6~16세를 대상으로 사용되며 5개의 언어성 소검사(상식, 공통성, 어휘, 이해, 산수)와 1개의 언어성 보충 검사(숫자 외우기) 그리고 5개의 동작성 소검사(빠진 곳 찾기, 차례 맞추기, 토막 짜기, 모양 맞추기, 기호 쓰기)와 2개의 동작성 보충 검사(동형 찾기, 미로 찾기)로 구성되어 있다. 연구자에 따라서는 고등학생의 경우 아동용 Wechsler 지능검사를 실시하기에 연령이 높은 편이지만 내담자의 지적 능력이 상대적으로 낮을 수 있다는 것을 고려해 K-WAIS보다 K-WISC-III를 추천하기도 한다(김계현 외, 2009). 최근 들어 미국 WISC-III가 WISC-IV(2003)로 개정됨에 따라 한국판 Wechsler 아동용 지능검사(K-WISC-IV, 곽금주, 오상우, 김청택, 2011)로 개정·표준화된 상태다.

한국판 Wechsler 유아용 지능검사(Korean Wechsler Preschool-Primary Scale of Intelligence: K-WPPSI, 박혜원, 곽금주, 박광배, 1996)는 미국의 WPPSI-R(1989)을 번안 표준화한 검사로 국내에서 가장 널리 사용되는 Wechsler 유아용 지능검사다. 이 검사는 5개의 언어성 소검사(상식, 이해, 산수, 어휘, 공통성)와 1개의 언어성 보충 검사(문장) 그리고 5개의 동작성 소검사(모양 맞추기, 도형, 토막 짜기, 미로, 빠진 곳 찾기)와 1개의 동작성 보충 검사(동물 짝짓기)로 이루어져 있다. 만 3~7세를 대상으로 사용되지만 이보다 연령이 낮더라도 인지 능력이 뛰어난 영재아동이나 연령이 이보다 높다 하더라도 발달장애를 보이는 아동에게 실시 가능하다(이우경, 이원혜, 2012).

Wechsler 지능검사를 받게 되면, 다양한 종류의 점수를 받게 되는데 크게 언어성 지능점수(VIQ), 동작성 지능점수(PIQ), 전체 지능점수(FSIQ)를 알 수 있으며, 더불어 최근 들어 요인분석을 통해 밝혀진 지능의 다양한 요소들을 평가할 수 있는 지표점수(Index score)와 각 소검사 점수 등을 제공한다. 최근에 개발된 K-WISC-IV와 K-WAIS-IV의 경우 언어성 지능지수와 동작성 지능지수를 삭제하고 지표점수를 더욱 강조하는 경향을 보인다.

WISC-IV를 표준화한 K-WISC-IV를 예로 들어 지능검사의 구성요소와 제공되는 점수 및 지능지수를 산출 방법을 소개하겠다.

K-WISC-IV는 이전 Wechsler 검사 결과에서 제공해 오던 언어성 IQ와 동작성 IQ를 산출하지 않으며 전체 IQ, 네 가지 합성점수(지표점수), 일반적 능력 지표, 인지 수준 지표, 처리점수 및 각 소검사의 점수를 제공한다. 이 점수들은 원점수, 표준점수(환산점수, IQ), 백분위, IQ의 범위 및 신뢰구간 등을 기술한다. 네 가지 지표점수 중 언어 이해 지표는 피검사자의 언어 능력을 반영하는 것으로, 단어의 의미를 이해하고 언어적 정보를 개념화할 수 있는 능력, 언어자료와 관련된 지식과 언어적 표현력 및 유창성을 포함한다. 이 지표에 포함되는 소검사들은 다른 소검사들보다 문화적 요인에

[그림 2-3] K-WISC-IV 검사의 구성 및 지표점수

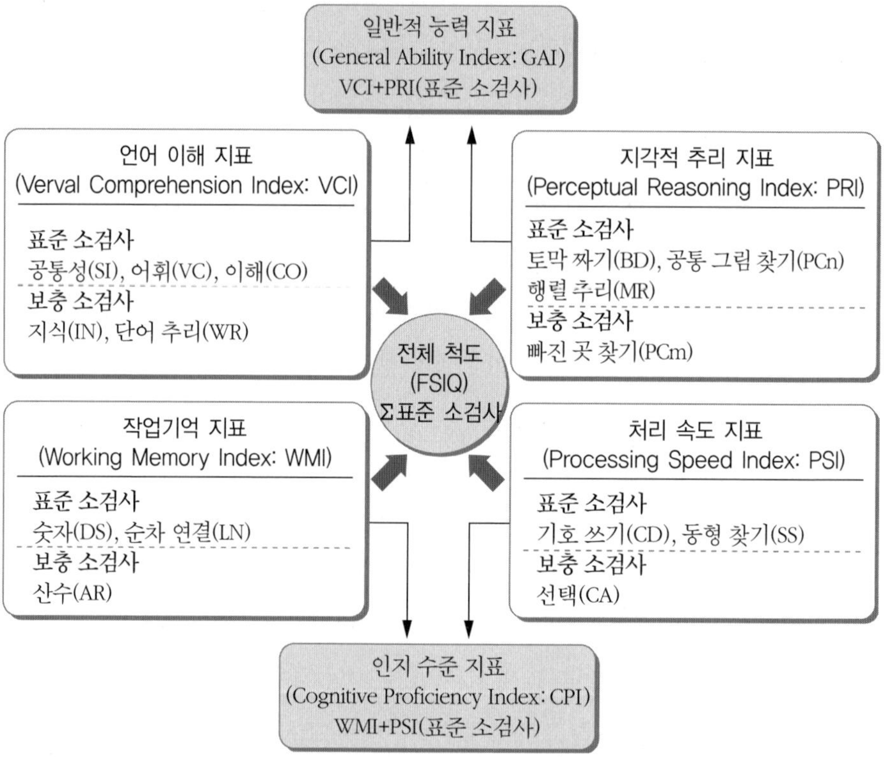


출처: 이우경, 이원혜(2012).

의해 더 큰 영향을 받는 경향이 있다(이우경, 이원혜, 2012).

지각적 추리 지표는 비교적 순수한 지각 능력을 측정할 목적으로 개발되었는데 시공간정보를 평가하는 능력, 시공간자극에 정확히 반응하는 능력, 비언어적 자료를 통합하는 능력, 비언어적이면서도 유동적인 추리 능력, 개인이 속한 환경과의 비언어적 접촉의 정도 및 질, 세부 요소에 집중하는 능력, 구체적인 상황에서 수행하는 능력 등을 반영한다.

작업기억 지표는 어떤 과제를 주의를 기울임과 동시에 다른 정신적 활동을 수행하는 능력, 인지적 융통성의 기능을 포함한다. 처리 속도 지표는 비

언어적 문제를 해결할 때 요구되는 정신적 속도 및 운동 속도를 반영하여 계획 능력과 조직화 능력, 적절한 전략을 개발하는 능력 등을 측정한다.

Wechsler는 지능지수(IQ)를 산출하는 과정에서 비율지능지수의 한계점을 극복하고자 한 개인이 자신이 속한 연령집단 내에서 상대적인 위치를 IQ로 환산하는 편차지능지수 개념(deviation IQ)을 도입했다. Wechsler 지능검사의 결과로 제시하는 표준점수(환산점수, IQ)가 바로 이 편차지능지수 개념에 근거하여 산출된 것이다.

[그림 2-4] Wechsler형 지능검사의 IQ 곡선 및 다른 표준점수와의 관계

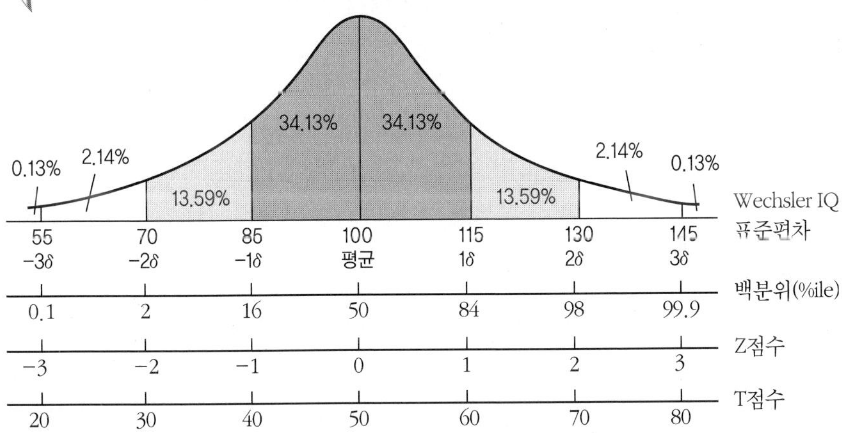


출처: 이우경, 이원혜(2012).

편차지능지수를 산출하는 공식은 다음과 같다.

편차지능지수 = 15Z +100

$z = (x - \mu) / \sigma$

z 점수: 원점수 x가 평균($\mu$)에서 얼마나 떨어져 있는지를 나타내는 점수로 음수이면 평균 이하, 양수이면 평균 이상을 의미

x는 원점수, $\sigma$는 모집단에서 표준편차, $\mu$는 모집단(전체 집단)의 평균

편차지능지수는 IQ가 정규분포를 보인다는 것을 가정하고 전국에서 각 연령별 대표가 되는 연령집단(1년 혹은 6개월 단위)에게 지능검사를 실시하여 그 분포를 기준으로 그 연령집단에서 얻어진 검사점수의 평균을 100, 표준편차 15로 하는 표준점수로 환산한 점수다(참고: Binet 지능검사의 표준편차는 16). [그림 2-4]를 살펴보면 각 연령의 약 68%(34.13+34.13)가 IQ 85~115 범위에 있으며 약 95%(13.59+34.13+34.13+13.59)는 IQ 70~130 범위에 속하는 정상 분포를 보인다. 높은 표준편차 값을 보일수록 상위 또는 하위 극단으로 간다고 볼 수 있다. 즉, 평균으로부터 많이 떨어져 있다는 것을 의미한다. 예를 들어, 한 피검사자의 IQ가 115라면 이는 해당 규준집단의 평균 100으로부터 1표준편차(15, Z점수는 1) 높은 것이며 백분위 점수로 나타냈을 때 100명 중 상위 16번째에 해당하는 높은 수준이다. 이 점수는 보통 95% 신뢰구간에서 오차 범위를 산출하여 기술하게 되는데 95% 신뢰구간 오차범위는 [IQ±1.96×SEm(연령별로 제공되는 측정 표준오차)] 공식에 근거해 산출한다. 즉, IQ 115는 [115±1.96×3.97]이므로 해당 지능지수를 받은 사람은 안전하게 약 107.22~122.7의 지능 범위를 가진다. IQ점수를 진단적인 목적으로 사용할 때는 〈표 2-1〉의 진단적 분류에 근거한다.

이들 개인지능검사와 함께 국내외적으로 필요에 따라 다양한 집단지능검사들이 개발되었다. 집단지능검사의 시초는 제1차 세계대전 때 미국심

〈표 2-1〉 지능의 진단적 분류

| IQ | 분류 | 정신박약의 세분화 분류(DSM-III) |
|---|---|---|
| 130 이상 | 최우수(very superior level) | |
| 120~129 | 우수(superior level) | |
| 110~119 | 보통 상 수준(high average level) | |
| 90~109 | 보통 수준(average level) | |
| 80~89 | 보통 하 수준(low average level) | |
| 70~79 | 경계선 수준(borderline level) | |
| 50~69 | 정신박약(mental retardation) | 가벼운 정도의 정신지체(mild mental retardation) |
| 35~55 | | 중간 정도의 정신지체(moderate mental retardation) |
| 20~40 | | 심한 정도의 정신지체(severe mental retardation) |
| 25 이하 | | 아주 심한 정도의 정신지체(profound mental retardation) |

출처: 한국임상심리학회(1992).

리학회에서 개발한 '군대 알파 검사(Army $\alpha$ test, 지필형 검사)'와 '군대 베타 검사(Army $\beta$ test, 비언어성 동작 검사)'로 단시간 내에 수많은 지원병들의 병과를 결정하기 위해 개발되었다. 집단지능검사는 주로 Stanford-Binet 지능검사와 Wechsler 지능검사의 내용을 포함하고 있다.

대표적인 집단지능검사로 Kuhlman-Anderson 지능검사를 들 수 있다. Binet 지능검사의 영향을 받은 이 검사는 언어 능력을 중시하며 그 내용은 Stanford-Binet 지능검사와 유사하다. 각 9개의 시리즈로 구성되어 있으며 피검사자의 능력에 따라 적당한 시리즈를 선택하여 검사를 받을 수 있다. 더불어 AGCT(Army General Classification Test)는 제2차 세계대전 중 군의 선발과 배치를 위해 제작되었는데, 이 검사에는 어휘, 수리력, 나무토막 세기 등의 문항이 같은 비율로 섞여 있으며 백분위점수와 AGCT 표준점수로 나타낸다. 이때 표준점수는 평균 100, 표준편차는 20이 되도록 표준화된 점수로 편차지능지수 방식을 적용한다.

개인지능검사와 달리 집단지능검사는 시간과 비용 면에서 상대적으로 경제적이기 때문에 선호되고 있다. 즉, 짧은 시간 내에 많은 피험자를 한꺼번에 측정할 수 있으며 검사의 실시 과정에 수준 높은 기술이 요구되지 않는다는 장점이 있다. 그러나 신뢰도와 타당도가 개인 검사에 비해 낮고 개인의 반응 및 문제해결 과정을 면밀하게 관찰할 수 없기 때문에 정확한 지능 측정이 이루어지기 어렵다. 특히, 특별한 주의를 기울여 관찰해야 하는 특수 아동의 지능을 집단지능검사를 통해 측정하는 데는 한계가 있다.

Wechsler 계열 검사나 Stanfore-Binet 계열 검사는 피검사자의 문화 및 경제적 배경의 차이를 고려하지 않고 개발되었다. 이에 대해 지능검사에서 보이는 수행의 차이가 순수한 지적 능력의 차이에서 나올 수도 있지만, 검사 문항에 익숙하지 않은 문화권에 속하거나 경제 수준의 차이로 검사 환경이나 내용에 익숙하지 않은 데 기인할 수 있다는 지적이 있어 왔다. 따라서 문화적 · 경제적 차이를 극복하기 위한 다양한 문화공정성 지능검사들이 개발되어 사용되고 있는데, 대표적인 검사로 SOMPA(System of Multicultural Assessment, 다문화적 평가체제)와 KABC(Kaufman-Assessment Battery for children)를 들 수 있다.

SOMPA는 Wechsler 아동용 지능검사(WISC-R)에 아동에 관한 정보를 접목한 것으로 1979년에 MerCer에 의해 개발되었다. 이 검사는 WISC-R을 해석하는 과정에서 의료적 요소, 사회적 요소와 문화적 · 인종적 · 사회경제적 배경을 고려한 사회문화 척도를 포함한다. 여기서 의료적 요소란 아동의 시각, 청각, 예민성, 몸무게, 키 그리고 포괄적인 병력 등 아동의 전반적인 건강상태를 포함하고 있으며, 사회적 요소는 면접을 통해 아동의 교우관계, 학교 외적 생활 측면을 파악하여 점수에 반영한다. 이를 통해 다양한 사회적 · 문화적 · 인종적 배경을 지니고 있는 아동에 대한 보다 정확한 이해를 얻고자 한다.

KABC는 Kaufman과 Kaufman(1983)이 아동의 지능과 습득도를 평가하기 위해 개발한 검사로 국내에서는 문수백과 변창진(1997)에 의해 한국판 Kaufman 아동용 지능검사(Korean Kaufman Assessment Battery for Children)로 표준화되었다. 이 검사는 인지처리 과정에 관한 이론에 토대를 두고 뇌의 좌 · 우반구의 기능 차이에 초점을 두고 있다. 대상 연령은 주로 2세 6개월~12세 6개월까지의 아동이며 측정요소는 새로운 상황에 맞게 문제를 해결해 나가는 '인지처리 척도(학습 잠재력)'와 후천적으로 학습에 의해 습득된 지식인 '습득도'로 구성되어 있다. 인지처리 척도는 계열적이거나 동시적인 순서로 문제를 해결하는 순차적 처리 검사(예, 손동작, 수 회생, 단어배열)와 문제를 통합하고 종합하는 것을 요구하는 동시적 처리 검사(예, 마법의 창, 얼굴기억, 그림 통합, 삼각형, 시각유추, 위치기억, 사진 순서)로 구성되어 있으며, 난청과 언어장애를 지닌 아동과 모국어를 잘 사용하지 못하는 아동의 인지처리 능력을 평가하기 위해 개발된 비언어성 척도를 포함하고 있다. 비언어성 척도(인지처리 척도 중 얼굴기억, 손동작, 삼각형, 시각유추, 위치기억, 사진 순서)는 언어적 설명 없이 평가자의 제스처를 통해 과제를 제시하고 대상 아동도 언어적 반응을 할 필요가 없다. 습득도의 경우는 가정이나 학교를 통해 획득된 지식이나 기술로서 교육 경험, 환경, 언어, 동기 등 외적 요인의 영향을 파악하기 위한 것이다. 이를 통해 습득된 지식과 학습 잠재력인 인지처리 척도를 분리하고자 했다. 이는 인종, 문화, 언어 등 사회경제적 배경이 검사에 미치는 영향을 최소화하기 위한 것이다.

KABC의 하위척도는 평균 100, 표준편차 15로 하며 각 소검사의 경우 평균 10, 표준편차 3으로 표준화하였다. 결과를 통해 제공되는 정보는 각 하위검사와 소검사의 환산점수, 신뢰구간, 백분위를 표시하며 각 하위검사의 강점과 약점을 제공하고 인지처리 척도와 습득도 간에 통계적으로 유의미한 차이가 있는지 확인하여 교육적 환경이 불리한 것인지 아니면 학습장애가 있는지를 파악한다.

| 제3장 |

# 신화와 진실: 교육의 입장에서 IQ는 정당한가

## 1. 문제 제기

제1부의 앞 장들이 지능의 개념이 등장한 역사적 배경, 지능에 대한 다양한 이론들, 그리고 그 이론을 바탕으로 개발된 여러 지능검사들을 개관하는 것을 목적으로 하는 '설명'의 글이었다면, 이 장은 '교육의 입장에서 IQ는 정당한가?'라는 질문에 답을 하기 위해 필자 나름의 논리적인 입장을 정하고 그것을 기반으로 독자를 '설득'하려는 글이다.

이 장의 제목은 '교육의 입장에서 IQ는 정당한가'라는 질문을 포함하고 있는데, 이 질문은 최소한 두 가지의 하위요소로 나누어 생각해 볼 수 있다. 첫째는 질문의 전제를 드러내는 '교육의 입장에서'라는 부분이고, 둘째는 의문을 던지는 'IQ는 정당한가'라는 부분이다.

첫째, '교육의 입장에서'가 전제인 이유는 'IQ는 정당한가'라는 질문에 답하는 데 있어서 '교육의 입장'을 테두리로 해야 함을 규정한다고 볼 수 있기 때문이다. 달리 말하면, 이 장에서는 IQ의 정당성에 대해 생각해 볼 때 취할 수 있는 경제, 사회, 문화, 혹은 심리학 등등의 다양한 입장 중 특별히 '교육의 입장'에서 살펴보겠다는 뜻이다.

둘째, 'IQ는 정당한가'라는 질문은 IQ의 개념이나 그것이 사용되는 양태가 옳은가 아닌가를 논할 만큼 문제점이 있을 수 있음을 암시한다.[1] 여기서 잠깐 'IQ는 정당한가'라는 질문과 똑같은 형식의 '체벌은 정당한가'라는 질문과 그 질문에 관련된 맥락에 대해 생각해 보자. 간단히 말해 이 질문은, 학교에서 별 문제의식 없이 보편적으로 행해지던 체벌이라는 관행에 대해 우리 사회의 구성원들이 문제점을 인식하게 되면서 던졌던 질문이라 할 수 있다. 즉, 예전에는 체벌을 때로는 '사랑의 매'로, 때로는 다수의 학생을 교사 1인이 효율적으로 통제하기 위한 불가피한 수단으로 여겼지만, 최근에 이르러 체벌이 행해지는 상황에서 침해당하는 학생의 기본권에 대해 인식하기 시작했다는 것이다. 그리하여 체벌을 교사의 교권이라는 권리와 학생의 인권이라는 권리가 서로 충돌하는 사태로 보게 되었고, 위의 질문은 그 두 가지의 권리 중 어느 것이 더 중요하게 보호받고 행사되어야 하는가를 묻게 된 것이라 볼 수 있다. 이처럼 '체벌은 정당한가'라는 질문으로 생각해 볼 수 있는 요소들을 'IQ는 정당한가'라는 질문에 적용해 본다면, 후자의 질문은 IQ를 별 문제의식 없이 사용하고 해석하는 상황에 대한 문제 제기라 할 수 있다. 다시 말하면, 인간의 지적 능력에 대한 정의와 측정 방법, 측정 결과로서의 지능지수를 사용해 온 방식 등을 바람직하다고 여길 수 있는지에 대한 의문이라 하겠다.

요약하자면, 이 장에서 답하고자 하는 질문인 '교육의 입장에서 IQ는 정

1) 이 장에서 IQ는 직접적으로는 Intellectual Quotient(지능지수)라는 용어를 가리키지만 광의의 의미에서의 지능 혹은 지적 능력이라는 개념에 대한 정의 전체, 혹은 IQ나 지능이라는 개념 또는 그 지수(index)로서의 숫자 자체 등을 사용해 온 방식이나 경향성까지도 포괄할 수 있는 개념임을 밝혀 둔다.

당한가'는 다양한 맥락 중 특별히 '교육'을 그 전제로 했을 때 IQ가 적절하고 타당하게 사용되어 왔는지에 대한 문제 제기라 할 수 있다.

## 2. '교육'의 입장

IQ의 정당성을 논하는 맥락으로서의 '교육'은 학자들이 '교육이란 무엇인가'라는 질문에 답하려는 노력으로 정립한 학문적 정의보다 수많은 사람들이 일상생활에서 사용해 온 일반적 개념을 토대로 이해해야 한다고 할 수 있다. 이를테면, 누구나 일상생활에서 "교육의 입장에서 그것은 바람직해(비람직하지 않아)."라고 말하는 경우에서 대화에 참여한 대부분의 사람들이 '교육'이라는 단어를 듣고 떠올리는 어떤 현상이나 이미지에 가까워야 한다는 것이다. 달리 말하면, 'IQ는 정당한가'라는 질문을 논하는 맥락으로서의 교육은 '교육'에 대해서 생각할 때 누구나 자연스럽게 떠올리고 암묵적으로 동의할 수 있는 사회 현상 혹은 인간의 체계적인 행동으로서의 교육의 개념이라고 하겠다(Sternberg, Conway, Ketron, & Bernstein, 1981 참조).

이러한 일상적 개념으로서의 교육에는 몇 가지 공통적인 요소가 포함되어 있음을 알 수 있다. 예를 들어, 일상생활 중에 교육에 대해서 생각할 때는 누구나 각급 학교에 관련된 이미지를 떠올리기 쉽다. 즉, '교육의 입장에서 IQ는 정당한가'라는 질문은 많은 경우 '각급 학교에서 IQ는 바람직하게 사용되고 있는가'라는 질문으로 바꾸어 생각할 수 있다는 것이다. 좀 더 구체적으로 생각해 본다면, 학교에서의 교육과 관련해서 일어나는 일련의 활동들인 학생의 학업 성취도에 대한 교사의 기대, 학생이 학습의 결과로서 얻는 성적, 상급 학교 진학에 결정적인 역할을 할 수 있는 시험 점수 등의 이면에 IQ의 개념이 모종의 역할을 하고 있다면 그 역할은 올바른 방향으로 수행되고 있는가 하는 점이다.

학교와 관련된 요소 외에 맥락으로서의 '교육'의 개념에 보편적으로 포함되어 있다고 말할 수 있는 요소로는 인간의 발달과 성장에 대한 가치관을 들 수 있다. 교육에 관련된 대화를 나누면서 다수의 사람들은 무의식적으로라도 교육을 통해서 이루고자 하는 것은 인간의 발달과 성장이라고 여기며 올바른 방향으로 발달과 성장을 가능하게 하는 교육에 가치를 부여하며 기대하곤 한다. 이러한 맥락에서 이 장의 핵심 질문을 다시 기술한다면, '인간의 발달과 성장을 가능케 하는 측면에서 IQ는 바람직하게 사용되고 있는가' 정도일 것이다.

마지막으로, 보편적인 개념으로서의 '교육'의 요소에는 인간론의 일부분이 포함된다고 할 수 있다. 여기에서 인간론이란 인간에 대한 이해를 시도하는 논리를 포괄하는 것으로 이해할 수도 있지만, IQ와 직접적으로 연관을 지어서 생각한다면 넓게는 인간의 능력, 좁게는 인간의 지적 능력에 대한 입장과 시각을 드러내는 것으로 이해해야 한다. 즉, 인간 발달과 성장을 위한 활동으로서의 교육과 그 활동이 중점적으로 일어난다고 볼 수 있는 장으로서의 학교를 생각하면서, 한 걸음 더 나아가 인간의 무엇을 발달시키고 성장시켜야 하는가에 대한 입장을 드러내는 것이 곧 이 장에서 논의하는 '교육'의 요소에 포함된 인간론의 한 부분이라고 할 수 있다.

요약하자면, '교육의 입장에서'라고 말할 때 교육이나 심리학 분야의 전문가가 아니더라도 대부분의 사람들은 인간의 발달과 성장의 과정을 촉진하거나 이끌어 가는 다양한 활동으로서의 교육을 떠올리게 된다. 또한, 많은 경우에 그러한 교육을 위해 설립되었고 교육의 대부분이 이루어진다고 여겨지는 학교와 그 학교에서의 교육 활동의 구체적인 양상을 좌우한다고 여겨지는 교육과정 등을 통합하여 교육으로 개념화하기도 한다. 끝으로, 어떤 때에는 IQ와 연관이 있는 측면으로서, 발달시키고 성장시켜야 하는 인간의 능력, 특히 인간의 지적 능력이란 무엇이며 그것은 어떻게 발현되는가에 대한 나름의 논리를 함축하기도 한다.

'IQ는 정당한가'를 논하는 맥락으로서의 '교육', 학자들의 정의가 아닌 보통 사람들이 누구나 생각하는 '교육'은 최소한 이와 같은 개념과 논리들을 포괄하고 있는 것으로 여겨진다. 따라서 '교육의 입장에서 IQ는 정당한가'라는 질문은 이러한 교육의 맥락에서 던져진 것이고 답을 찾아 나가는 과정도 마찬가지로 그 맥락 안에서 이루어질 것이다.

물론, 이 장에서 제시된 요소가 IQ의 정당성을 논의하는 맥락으로서의 '교육'을 완벽하게 드러낸다고 할 수는 없을 것이다. 그것이 무엇인가를 논하는 것은 이 장의 주된 목적도 아니며 이 요소들에 동의하지 않는 입장에서 누군가가 어떤 요소를 제하거나 새로운 요소를 덧붙일 수 있는 가능성이 얼마든지 열려 있다. 단, IQ의 정당성에 관한 이 장의 논의는 앞에서 다룬 요소들을 '교육의 입장'으로 전제한 상태에서 전개될 것이다.

## 3. 지능(IQ)에 대한 올바른 이해

IQ를 고안하고 개발해 사용하게 된 이유는 학생의 지적 능력을 측정하여 학업 성적을 예측하려는 데 있었지만(하대현, 2005), 더 중점적인 관심은 지능이 낮은 학생들을 구분해서 특별한 교육적 관심을 기울임으로써 학습 속도가 '느린' 학생들에게 더 유익한 방식의 교육을 시도하려는 데 있었다(Hockenbury & Hockenbury, 2010). 인류 최초의 지능검사 개발자였던 Binet는 지능이 선천적으로 타고난 후에 고정되는 것이라고 생각하지 않았다. 그에게 지능은 매우 복잡한 개념으로서 하나의 숫자로 대변될 수 없는 것이었다. 따라서 그는 IQ를 사용하여 일반 학생—특별한 교육적 관심이 필요하지 않은—을 서열화하는 것에 대해서 지속적으로 반대의 입장을 표명하였다. Binet는 또한 IQ검사를 받을 때 주어지는 문제를 풀고자 하는 동기나 정서의 상태 등 다양한 외적 요인에 따라 검사 결과가 달라질 수 있다는 점과, 그로 인해 한 사람도 검사 시점에 따라 다른 IQ를 갖게 되는 경우가 많은 것을 발견하기도 했다(Hockenbury & Hockenbury, 2010).

만약 IQ가 개발 초기의 이러한 목적과 관심사에 맞추어 사용되기만 했다면, 즉 지적장애를 가진 학생을 판별하고 그들에게 특화된 교육적 도움을 주고자 하는 목적으로만 사용됐다면, 그 대상 학생들에게는 IQ가 발달과 성장이라는 교육적 요소를 바람직한 방향으로 실현하는 데 사용되었다고 할 수 있을 것이며, 그로 인해 IQ는 큰 이견 없이 정당성을 인정받을 수 있었을 것이다. IQ의 개념과 그 검사 도구가 개발되지 않았다면 지적 능력이 낮은 학생들은 일반 교육과정 안에서 낙오하여 교육의 혜택으로부터 소외되기가 쉬웠을 것이기 때문이다.

제1차 세계대전 당시 미군에 의해서 지능검사가 지적장애를 가진 학생뿐만 아니라 일반인을 대상으로 사용되면서 전후(戰後)엔 모든 연령층을 대상으로 다양한 목적에 의해 활용되기 시작하였는데, IQ검사가 미국 사회에 매우 보편적이고 인기 있는 측정 도구가 되는 데는 그리 오랜 시간이 걸리지 않았다. 특히 교육과 관련해서는 일반 학생을 대상으로 IQ를 검사하고 그 점수를 학업 성취도를 예측하는 수치로 해석하기 시작하였다(Hockenbury & Hockenbury, 2010).

IQ검사 결과로 학업 성취도를 예상하는 것 자체의 정당성 여부는 가치판단의 대상은 아닐 수도 있다. 특히, Binet가 지능검사를 개발한 이유가 지적 능력이 충분하지 않은 학생들을 판별하는 것이었듯이 정확히 그 반대의 측면에서 지능검사를 통해 지적 능력이 우수한 학생들을 구분해 내는 것 자체는 정당성의 문제를 야기할 이유는 크지 않아 보인다. 더욱이 Terman과 그의 동료에 의하면, IQ점수는 학업 성취도를 매우 정확하게 예언하는 것으로 나타났다. 그들은 종단연구를 통해 어느 시점에서 IQ점수가 높은 학생은 그 몇 년 후까지도 학업 성적에서 높은 성취도를 보임을 밝혔다. 결론적으로 지능점수가 높으면 학업에 있어서 두각을 나타낼 가능성이 크다고 할 수 있다(Hockenbury & Hockenbury, 2010; Terman & Oden, 1959). 미래의 학업 성취도를 예측하는 데 있어서 정확성만 생각한다면 부정확한 예언보다는 정확한 예언에 더 큰 가치를 두는 것은 당연하다.

문제는 그 결과가 다양한 문제 사태에서 발생하기 시작했다고 하겠다. 우선, IQ검사를 개발하면서 심리측정의 대상이 된 '지능'이라는 개념에 대한 이해의 문제를 생각해 볼 수 있다. 인간의 지적 능력 혹은 지능은 심리학적 구인(construct)의 하나로서 구안된 개념(devised concept)이지 구체적으로 존재하는 '사물'은 아니다(하대현, 2005; Myers, 2010). 달리 말해, 줄자나 체중계를 동원해 한 사람의 신장이나 체중을 재는 것과 IQ검사를 통해서 지능을 측정하는 것이 전혀 다른 이유는 신장(혹은 체중)과 지능이 완전히 다른 차원의 측정 대상이기 때문이라는 것이다. 그럼에도 불구하고 정확한 개념적 이해와 개념 자체의 한계에 대한 인식이 부족한 상태에서 IQ를 사용하다 보니(이정모 외, 1999) 어느새 지능은 구체적인 수치로 표현될 수 있는 사물처럼 이해되기 시작했고, IQ점수는 마치 신장과도 같이 해석되곤 하였다. 달리 말하면, '내 IQ는 120이야'라는 말은 그가 가진 지능이 그 정도 수준이라는 말로 이해하면 안 된다. 그 말은 '내가 한 지능검사에서 얻은 점수는 120이었어'라는 말로 한계와 맥락을 명확히 한 후 이해해야 하지만, 많은 사람들이 별 문제 의식 없이 IQ점수를 전자의 의미로 받아들이기 쉽다는 것이다(Myers, 2010).

IQ검사를 사용하고 해석하는 이러한 경향이 지속되다 보면 한 사람의 IQ를 마치 하나의 고정불변하는 인간의 속성—마치 성인들의 신장처럼—으로 이해하기 쉽다. 그 장면에서 Binet가 경계하면서 피하고자 했던 여러 가지 부작용들이 그대로 발현된다. 여러 종류의 IQ검사 중 특정한 하나의 검사를 통해 점수가 주어졌음에도 불구하고, 그 점수가 미래의 학업 성취도를 절대적으로 예언하는 것처럼 해석되곤 한다. 인간의 지적 능력이라는 개념은 여러 가지의 입장에서 접근할 수 있고 다양한 측면에서 고려해야 하는 부분이 있을 수 있음에도, 하나의 점수로 IQ가 주어지는 순간 그런 면들은 쉽게 잊혀진다. 나아가, IQ점수가 다수의 학생들의 미래의 학업 성취도를 비교적 정확히 예측한다고 하더라도 예외의 사례—낮은 IQ점수를 받았지만 나중엔 높은 학업 성취도를 보이는 경우, 혹은 높은 IQ점수를 받았지만 학업 성취도가 낮았던 경우—는 얼마든지 있을 수 있고 교육적으로 그런 사례에 대해 관심을 기울일 만한 충분한 이유가 있음에도 불구하고 이러한 소수의 사례들은 'IQ의 학업 성취도 예측의 정확성'이라는 큰 주제 아래 묻혀 버리기 쉽다.

더 심각한 문제는 측정된 IQ와 주어진 점수에 의해 학생들의 서열을 부여하고 그에 따라 그들의 미래의 성공—학업에서의 성공에 국한되지 않는—에 직접적으로 영향을 줄 수 있는 가치들에 대한 접근을 허락하거나 불허할 때 발생한다. 위에 기술한 지능의 개념에 대한 이해 부족 혹은 오해, IQ 검사와 그 점수에 대한 무분별한 사용과 해석, 완벽할 수 없는 IQ점수의 예측력에 의해 잊히거나 소외될 수 있는 잠재력 있는 학생들의 사례들만 고려해도 지능이나 IQ점수에 기초한 수준별 학급 편성이나 상급학교 진학의 자격부여 등의 행위는 그 정당성을 인정받기 어렵다.

실제로 미국의 대입 수학능력시험에 해당하는 SAT(Scholastic Aptitude Test)는 '적성검사'라는 이름을 가지고 있지만 많은 사람들이 정교한 IQ검사의 일종으로 여긴다(Gardner, 1987, 2006). 환언하면, 언어와 수학 영역(도합 1,600점 만점)에서 일례로 1,400점 이상의 점수를 얻으면 어느 수준의 학교들에 지원해 볼 수 있고 그렇지 못하면 그 수준에서는 입학허가를 받기가 어려워진다고 생각하는 상황이 발생한다는 것이다.[2)]

2) 물론, 미국 대학들은 입학사정의 과정에서 지원자들로 하여금 SAT 점수 외에 다양한 자료를 제출하도록 요구한다. 또한 대부분의 대학에서 IQ검사와 비슷한 SAT 점수 대신 고등학교의 일반

우리나라의 대학 입시의 사정은 더 심각할 수 있다. 대입 수학능력시험은 미국의 SAT처럼 대학에서의 수학(修學) 능력을 측정한다는 취지로 실시되고 있기 때문에, IQ검사처럼 성취도 검사보다는 능력 검사에 가깝다고 할 수 있다(한국교육과정평가원, 2012). 그런데 미국의 SAT와는 달리 수학능력시험은 일 년에 한 번만 실시되기 때문에, 극단적으로 표현하면 우리나라의 학생들은 고등학교까지의 학업의 결과를 한 번의 능력 검사에 의해 평가받는다고 하겠다. 또 입시에 있어서 수학능력시험 점수가 좌우하는 부분이 절대적이라 할 수 있기 때문에 결국 그에 따라 진학할 대학이 정해지고 그로 인해 대부분의 학생들에게 미래의 중요한 부분이 결정되는 것이 현실이다. 이러한 상황은 교육적 맥락에서 볼 때 정당하다고 할 수 있을 것인가?

지능의 예측 범위를 학업에 국한시키지 않고 인생 전반의 성공을 대상으로 넓혀 보았을 때 IQ를 어떻게 이해해야 하는지를 생각해 보자. IQ점수가 학업에서의 성취도는 비교적 정확하게 예측한다고 하였다. 그러나 학교를 졸업한 후 인생에서의 전반적인 성공 여부를 결정하는 데는 IQ점수가 설명하지 못하는 부분이 상당히 많이 존재한다는 것이 밝혀져 왔다(문용린, 강민수, 2004; Terman & Oden, 1959; Zagorsky, 2007). 이런 현상은 IQ검사 결과가 부정확하다는 것을 보여 주는 일례라기보다는, 그것이 실제로 무엇이든, 전통적인 지능검사로 드러나는 인간의 지적 능력이라는 것은 인간이 가진 능력의 극히 일부분에 불과함을 나타내는 것으로 이해해야 한다. 미

---

교육과정의 학업 성취도 검사에 가까운 ACT(American College Test) 점수를 제출해도 문제가 되지 않는다고 명시한다. 따라서 미국의 대학 입시는 일종의 시험 점수인 SAT에 결정적인 영향을 받는다고 말하기 어려운 부분이 있다. 실제로 SAT나 ACT 점수가 낮은 학생도 입시에서 좋은 결과를 얻는 사례가 종종 발생한다. 하지만 SAT 점수가 전반적으로 학생의 대학에서의 학업 성취도를 정확히 예측한다는 점, 전통적인 명문 대학들은 높은 수준의 SAT 점수를 요구한다는 점 등에 대해서는 보편적으로 공감대가 형성되어 있다.

국에서 Terman과 Oden(1959)은 8세부터 12세 사이에 IQ점수 140 이상을 얻어 소위 천재라고 일컬어졌던 1,500명의 학생들을 대상으로 한 종단 연구를 통해서, 천재 학생들이 성인이 된 후 성공적인 삶[3]을 영위할 수 있었던 결정적인 요소들은 신중함과 통찰력, 의지력과 인내심, 그리고 성취동기 등으로서, IQ검사로는 측정할 수 없는 인성적 요인이 많았음을 밝혔다. 또 다른 미국 학자(Zagorsky, 2007)는 25년간의 종단자료를 분석한 결과 학생시절의 IQ점수와 성인 이후의 연간 소득수준 간에는 r=.30 정도의 상관관계만이 존재한다는 것을 발견했다. 종합해 본다면 '성공'을 어떻게 정의하든 IQ가 인생 전반의 성공 여부를 예측하거나 그 관련성을 설명하는 데 있어서 학업에서의 성취도를 대상으로 할 때보다 정확성이 확연하게 줄어든다고 할 수 있다. 그렇다면 IQ와 학업 성취도의 연관성이 상급학교의 진학과 같은 가치와 연결되어, 곧 높은 IQ점수(수학능력시험 점수 혹은 SAT 점수)가 마치 미래의 성공을 어느 정도 보장해 주는 것처럼 생각하거나 제도를 운영하는 상황은 한 사람의 인생이 진행될수록 그 타당성이 결여된다는 결론에 도달하게 된다.

마지막으로, 지능 개념의 문화적 · 통시적 차이를 토대로 이해의 범위를 넓혀 보자. 일반적으로 인간의 지능이라는 개념은 사회적으로 통용되는 것으로 여겨진다(Sternberg & Kaufman, 1998). 즉, 서로 다른 사회, 서로 다른 문화에서는 그 개념이 완전히 다를 수도 있다는 것이다. 예를 들면, 아마존의 밀림이나 아프리카의 초원에서 부족 단위로 생활을 영위하는 사람들에게는 지능의 개념이 자연에 대한 이해와 그 현상을 이용하는 능력과 관련된다면, 최첨단 정보산업이 주도하는 사회에서는 정보의 선택과 이용, 처리 및 생산 능력 등과 연관될 수 있다는 것이다. 마찬가지로 역사가 그리

3) 이 연구자들은 전문직을 가지고 풍요로운 삶을 누리며 건강과 가정생활의 안정을 유지하는 것을 성공의 기준으로 삼았다.

오래된 것은 아니지만 1900년대 초기에 IQ가 개발 · 사용되기 시작할 시기의 지능의 개념과 현대사회의 지능의 개념에도 다른 점이 있을 수 있을 것이다. 이를테면 사칙연산을 빠르고 정확하게 해내는 것이 중요한 시기가 있었던 반면 현대사회를 살아가는 사람들에게는 계산기 등 쉽고 빠르게 이용할 수 있는 기기들이 늘어나면서 그 중요성이 현저히 줄어들었다고 할 수 있다. 이처럼 지능의 문화적 · 시대적 개념의 차이에 의해 IQ검사의 타당도 및 신뢰도를 제고해야 할 뿐 아니라 문화적으로 적절한 지능검사의 개발 및 사용이 요청되는 상황을 고려할 때 하나의 IQ점수를 해석하고 사용함에 있어 신중을 기해야 한다는 결론이 가능하다.

## 4. 교육의 맥락에서 IQ는 정당한가

IQ의 개념과 그 검사의 목적 및 특징을 교육의 맥락에서 이해하려고 할 때 IQ의 정당성에 관한 논의는 보다 명확한 방향성을 가지게 된다고 했다. 결론부터 이야기하자면, 인간의 지적 능력에 대한 견해, 인간의 성장 및 발달, 그리고 그와 관련된 각급 학교에서의 교육 활동 등 교육의 맥락을 고려하면 전통적인 개념으로서의 IQ와 그 검사의 사용 방식 등은 정당성을 인정받기 어렵다고 할 수 있다.

우선, 전통적인 지능의 개념과 IQ검사의 입장에서 바라보는 인간의 지적 능력은 인지적 능력에 국한되어 있었다고 할 수 있다(이정모 외, 1999). 전통적인 IQ검사들에 포함된 언어, 수학, 논리, 공간지각 등의 하위영역들은 모두 인지적인 측면들이었다. 심리학에서 인간을 보는 다른 국면으로서의 정서나 동기, 의지적 측면 등등에서의 능력이 인간 지능의 한 영역으로 개념화된 것이 비교적 최근의 일이기 때문이다(Goleman, 1995; Mayer, Salovey, & Caruso, 2000). 인간의 지능을 인지적 측면에서만 이해한다면 인간의 발달과 성장을 위한 교육 활동도 인지적 요소에만 초점을 맞추게 되고 그런 상황에 대해 문제점을 찾는 것은 어렵게 된다. 이런 경향의 문제점은 심각하게는 높은 지능을 활용하여 남에게 해를 입히는 지능범들의 예나 똑똑하지만 사회성이 낮아 주위 사람들과 잘 어울리지 못하는 사람들에서부터, 보편적으로는 학업 성적만 높으면 인성이나 다른 인간 발달 영역에서의 문제점들은 용인되기 쉬운 가정, 학교 및 사회 분위기에서까지 두루 찾아볼 수 있다. 이와 같이 바람직하지 않은 상황이 모두 전통적 개념의 IQ 때문이라고 말할 수도 없고, 어느 정도가 IQ의 영향인지를 증명하는 것도 어렵지만, IQ가 높고 학업 성적이 좋은 경우 교육 현장에서 일단 선망의 대상이 되는 현상으로부터 IQ가 완전히 자유롭다고 할 수도 없을 것이다.

비록 전통적 IQ가 인지적 측면 하나의 능력을 측정한다고 하더라도 최소한 4개 이상의 하위영역에 관련된 검사를 실시하는 현실에 비추어 볼 때 그 결과를 하나의 숫자로 계산하여 점수를 부여하는 방식 역시 바람직하지 못하다고 볼 수 있다. IQ점수를 하나의 숫자로 계산할 때 보다 쉽게 타인과의 비교가 가능해지고 그로 인한 서열화가 자연스럽게 이루어질 수 있기 때문이다. 언어지능이 매우 높고 다른 영역의 지능은 보통인 사람과 수학지능이 특별하고 다른 부분은 보통인 사람을 비슷한 IQ점수라 하여 동일하게 취급하는 상황을 인간의 발달과 성장이라는 맥락에서 바람직하다고 평가하기는 어려울 것이다. 만약, 전자의 예처럼 언어지능에 의해 높은 점수를 받은 사람의 IQ가 후자처럼 수학지능이 높은 사람의 IQ보다 점수가 높을 경우 그 하나의 IQ점수로 교육 현장에서 전자를 우대하고 후자에게 마땅한 관심을 기울이지 않는다면, 혹은 전자의 지능이 전반적으로 후자의 그것보다 우수하다고 여긴다면 그런 상황은 매우 불공평한 것이 아닐 수 없다. 예를 들어, 언어지능에서 100점 만점을 받아 130의 IQ를 받은 사람과 수학지능에서 90점을 받아 120의 IQ를 받은 사람의 차이를 어떻게 이해해야 하는지, 그 두 사람의 지능을 하나의 기준과 준거로 비교할 수 있는 것인지를 생각해 본다면 하나의 점수로 주어지는 지능지수가 초래할 수 있는 부당한 상황에 대해 더욱 분명히 알 수 있다.

비슷한 맥락에서, 지능이 높아 전통적으로 우수한 학업 성취도를 보인 후 법조인이 되어서 사회 정의를 실현해 가는 데 일조하는 것처럼 여겨지는 사람이 있다고 하자. 또, 보통의 IQ를 가진 평범한 사회인이지만 주위 사람들의 정서적 어려움을 잘 헤아려서 가는 곳마다 소속한 집단의 분위기를 밝게 하며 긍정적인 영향을 미치는 사람도 있다 하자. 이 두 사람을 IQ 점수와 학업 성취도, 그것들이 만들어 낸 결과의 하나로서의 직업을 가지고 사회에의 영향력을 정당하게 평가할 수는 없다. 그 둘의 핵심 능력은 전혀 다른 차원의 능력이라 할 수 있으며 어느 것이 다른 것에 비해 우월함을 주장할 근거도 없다. 하지만 전자의 능력이 사회적으로 높은 평가를 받아온 것 또한 사실이다.

한 사람이 다른 사람들과는 다른 잠재 능력을 가지고 태어난다는 것은 상식이며 쉽게 경험할 수 있는 현상이다. 한 부모에게서 태어난 형제자매라 하더라도, 심지어는 쌍둥이라도 개인의 능력은 완벽하게 동일하지는 않다(McGue, Bouchard, Iacono, & Lykken, 1993). 그렇다면, 개인의 잠재 능력을 정확하게 판별하고 그에 알맞은 교육적 도움을 주는 것이 사회가 개인을 위해 감당해야 할 임무라 할 수 있을 것이다. 이는 단순히 사회가 그 구성원에게 바람직한 교육 서비스를 제공해야 한다는 당위성을 거론하는 것에 그치는 진술이 아니다. 그런 교육의 혜택을 받았을 때 비로소 개개인이 자신의 잠재 능력을 최대한 실현할 수 있고 그들은 최대치로 개발된 다양한 능력으로 사회에 기여함으로써 교육을 통한 사회와 개인의 상호작용이 완성된다는 점을 일깨우고자 하는 것이다.

다음 두 가지 종류의 학교의 상황에 대해 생각해 보자.

한 학교에서는 모든 학생들에게 획일적인 교육과정(curriculum)을 제

> 시하고 필수로 이수해야 할 과목들이 대부분인 반면, 학생 스스로 선택할 수 있는 과목의 여지는 거의 없다. 이 학교에서 바람직한 학생은 높은 IQ를 가지고 언어와 수학을 중심으로 사고 능력을 계속 키워 가는 학생이다. 시험은 정기적으로 치러지는데 지필고사의 형식이며 IQ검사와 비슷한 문항이 출제되곤 한다. 교사들은 학생들에게 시험 성적에 의한 석차를 부여하고 결국 성적이 우수하여 높은 석차에 오르는 학생들이 좋은 대학에 진학한다.
>
> 다른 한 학교에서는 교육과정에 있어서 반드시 따라야 할 최소한의 기준은 있지만 학생들 개개인의 다양한 관심사와 재능에 따라 선택의 폭을 부여한다. 따라서 몇 개의 필수 교과목 외에는 교사와 학생 개개인이 의견을 모아 수강 과목을 정한다. 이 학교에서는 학생들의 다양한 능력을 동일하게 인정하며 그것을 토대로 하고 싶은 공부를 원하는 수준까지 할 수 있게 해 주는 것이 가장 큰 목표다. 학업 성취도는 각 과목에서 나름대로 얼마만큼 열심히 노력했는지, 그래서 수업 초기에 비해 지식과 기술에 있어서 어떤 발전이 있었는지에 대해 교사의 평가와 학생 스스로의 평가를 종합하여 측정한다. 전체 학생을 대상으로 한 석차의 의미는 없으며 대학진학은 철저히 학생 개인의 관심과 그 관심 분야에서의 성취도를 토대로 이루어진다.[4)]

이 두 학교 중 후자가 전자보다 교육의 맥락에서 더 바람직한 것으로 여겨지는 것은 당연하다. 그만큼 인간의 능력은 이미 다양한 측면을 인정받

---

4) 이 두 가지 유형의 학교의 예는 다중지능 이론을 제시한 Gardner(1987)의 글을 원용하여 첫 번째 학교의 예를 구성하고 두 번째 학교의 예는 첫 학교의 예를 토대로 설정할 수 있는 대안을 상상하여 기술한 것이다.

고 있고 그것을 학교 상황에 제대로 적용시켜야 한다는 당위성만큼도 충분히 인정받는 듯하다. 하지만 아직까지도 우리 주변의 보통 학교의 모습은 전자에 매우 가깝다는 것 또한 사실이다. 이러한 현실을 만들어 온 과정에서 하나의 영역에서 개념화되고 측정된 IQ, 그래서 하나의 점수로 부여된 지능지수가 미친 영향은 결코 작다고 볼 수 없다. 비록 학업 성취도가 낮은 학생들을 선별하여 특수교육의 혜택을 주고자 했던 것이 초기 개발의 목적이었다고 하더라도, 일반 학생들을 대상으로 IQ를 측정하고 학업 성취도를 예측하며 학생을 서열화하여 우수 학생에게는 상급학교 진학의 우선권을 주고 그렇지 않은 학생은 소외시키는 상황에서 IQ가 차지한 자리는 하나의 숫자로 부여된 IQ점수의 미미한 듯 보이는 역할에 머물지 않는다. 오히려, 이 모든 상황 이면에 내재되어 있는 시스템의 근간과 궤를 같이 한다는 면에서 전통적 IQ의 검사 및 사용 방식에 결정적인 책임이 있다고 결론지을 수 있는 것이다.

혹자는 이미 학교 안에서 전통적인 방식으로 IQ를 검사하고 그 점수를 학생들에게 알려 주는 분위기는 많이 없어졌다는 이유로 IQ가 생성할 수 있는, 교육의 맥락에서 볼 때 정당하지 못한 상황에 대해 IQ의 책임을 면제시키려는 논리를 펴기도 한다(하대현, 2005). 하지만 대다수 사회 구성원의 뇌리에 깊이 자리 잡은 인지 능력 위주의 지능의 개념과 IQ와 학업 성취도의 관계, 학업 성취도와 사회적 성공의 관계가 미친 영향력은 학교에서 IQ 검사가 행해지지 않거나 입시 과정에 사정자료로 포함되지 않는다는 이유로 희석되지는 않는다. 학업에서 인지 능력과 관련된 언어, 수리 과목들의 중요성이 더 크고, 그것에서 성공적인 학생이 미래의 학업에서도 높은 성취도를 보일 것이며 결국 사회에 진출해서도 성공할 가능성이 크다는 일차원적 견해는 전통적인 IQ의 개념과 그 검사의 사용의 논리와 완벽하게 일치하기 때문이다.

# 제 2 부

# 지능의 새로운 패러다임 Ⅰ: 다중지능

INTELLIGENCE

| 제4장 |

# 다중지능의 이해[1]

## 1. 등장 배경: IQ의 한계

새로운 세기, 새로운 천년의 도래와 더불어, 교육의 패러다임도 서서히 바뀌어 가고 있다. 20세기 내내 지속되어 온 IQ의 시대가 저물고, EQ, SQ, NQ 등 무수한 'Q'들이 제 목소리를 내는 시대가 된 것이다. 이처럼 인간의 다양한 재능을 여러 측면에서 설명하려는 새로운 지능 개념들이 최근 들어 부쩍 많이 등장한 것은 무엇보다도 IQ가 지닌 한계 때문이라고 보아야 한다.

IQ가 지닌 한계의 핵심은 인간이 지닌 다양한 능력(재능)을 대표하지 못한다는 점이다. 인간의 정신 능력은 다양한데, IQ는 논리력과 수리력 등 몇몇 영역에만 국한된 능력을 설명하고 있다는 것이다. 물론 IQ도 중요한

1) 이 장은 홍성훈(2009)의 『다중지능 혁명』 중 일부 내용을 요약 · 정리한 것임.

능력이므로 틀렸다거나 무의미하다는 것은 아니다. 단지 그것만으론 부족하다는 것이다.

IQ가 높다고 해서 무조건 공부를 잘하는 것도 아니다. IQ가 학습을 설명하는 분량은 50% 미만으로 알려져 있기 때문이다. 그런데 IQ가 인생의 성공과 행복을 예측하는 분량은 더욱 낮아서 20% 정도로 알려져 있다. 이처럼 IQ가 인생의 성공과 행복을 설명하는 분량이 학습을 설명하는 분량보다 더 낮은 것은 당연하다. 공부를 잘한다고 해서 무조건 성공적이고 행복한 인생을 사는 것은 아니기 때문이다.

IQ의 한계를 극복하기 위해 새롭게 제시된 많은 지능 개념 중에서 최근 크게 주목받고 있는 것은 정서지능과 다중지능이다. EQ로도 불리는 정서지능은 자신과 타인의 감정 상태에 대한 정확한 인식을 바탕으로 개인적으로 행복하고 남들과는 좋은 인간관계를 형성하는 데 기여하기에 중요하고, 다중지능은 사람들이 저마다 다른 재능의 꽃을 활짝 피워서 성공적이고 행복한 인생을 살아가는 데 도움을 주니까 중요하다고 볼 수 있다.

그런데 두 지능 사이에는 유사하거나 중복되는 부분이 있어 주목을 끈다. EQ에서 자신의 정서 상태를 인식하는 능력은 다중지능에서 자신의 기분이나 동기, 욕구를 파악하는 능력인 자기성찰지능과 비슷한 역할을 하고, EQ에서 타인의 정서 상태를 인식 · 대응하고 그것을 바탕으로 원만한 대인관계를 형성할 수 있는 능력은 다중지능에서 타인의 감정이나 동기 등을 인식 · 대응하는 능력인 인간친화지능과 유사한 기능을 갖고 있다고 볼 수 있다.

EQ도 매우 중요한 능력임에 틀림없다. 그러나 EQ 역시 IQ와 유사한 한계를 지니고 있는데, 매우 중요한 능력이지만 인간의 다양한 재능은 반영하지 못한다는 점이다.

다중지능의 가장 큰 장점은 인간의 지적 능력, 즉 재능을 IQ나 EQ보다는 훨씬 더 세밀하게 파악할 수 있다는 점이다. 재능의 파악은 진로설계의 출발점이 된다는 점에서 매우 중요한 의미와 교육적 시사점을 지닌다.

## 2. 기본 개념

### 1) 재능과 지능

우리 사회는 지금까지 지능과 재능을 은근히 차별해 왔다. 공부를 잘하면 '지능이 높다'고 하지만, 공부 이외의 분야에서 뛰어나면 '재능이 있다'고 말했다. 이는 모두, 재능보다 지능을 더 중요하게 여기는 편견 때문이었다. 이러한 편견과 차별 때문에 많은 아이들은 단지 공부 하나 잘하지 못한다는 이유만으로 심리적으로 위축되었고 자신의 존재 의미를 찾지 못했다.

다중지능에서는 인간의 다양한 재능을 지능으로 파악한다. 이를테면, 머리가 좋아 공부 잘하는 것도 지능이지만, 글을 쓰거나 말을 하고 그림을 그리거나 음악이나 운동을 하는 것도, 자기 자신을 다스리고 남들과 좋은 인간관계를 유지하는 것도 모두 동등한, 별개의 지적 능력이기 때문에 차별할 이유가 없다는 것이다.

이러한 관점에서 다중지능에서는 모든 사람이 갖고 있는 다양한 정신 능력들을 모두 지능이라 보았다. 각자가 갖고 있는 다양한 재능이 바로 지능이라는 것이다. 이와 관련하여 '지능의 민주화'라는 주장도 있는데, 이는 다중지능을 바탕으로 하는 21세기 교육 패러다임의 대전환을 예고하는 의미심장한 지적이라고 본다.

## 2) 다름과 틀림

'다름'은 '틀림'을 의미하는 것이 아니다. 그런데 전통적인 IQ 개념은 인간의 지적 능력을 재는 기준이 하나뿐이었기 때문에, 그 기준에 어긋나면 무조건 '틀린' 것으로 보는 오류를 범했다. 다름을 틀림으로 보고 차별한 것이다. 그런 오류는 20세기 내내 교육의 개념과 본질을 왜곡했고, 교육의 흐름을 오도(誤導)했다.

인간의 재능은 저마다 다르다. 여행을 하다가 아름다운 강물을 만나게 되면, 언어지능이 뛰어난 사람은 머릿속으로 멋진 시구가 떠오를 것이고 음악지능이 뛰어난 사람은 아름다운 멜로디와 리듬이 일렁일 것이다. 반면 논리수학지능이 뛰어난 이들은 강물의 속도가 얼마인지, 그 강물을 가로막아 댐을 만들어 발전기를 돌렸을 때 나오는 전력의 양을 계산하느라 머릿속이 분주할 것이다.

여덟 가지 다중지능은 모두 두뇌의 담당 부위가 달랐고, 그 부위가 손상되면 그 능력이 떨어지는 것이 관찰되었다. 이처럼 두뇌의 담당 부위가 다르다는 것은 여덟 가지 능력이 모두 별개의 독립된 능력이라서 그 사이에는 우열의 차이가 있을 수 없음을 시사한다. 인간의 능력을 재는 잣대가 여럿이기 때문에 '다름'을 '틀림'으로 보지 않을 수 있는 것이다.

지능과 재능은 같은 것이기 때문에, 차별할 이유도 없고 필요도 없다. 우리 모두의 재능의 꽃이 저마다 다른 색깔과 모습의 함께 피어 있어 더욱 아름다운 세상, 바로 이것이 다중지능이 지향하는 크고 아름다운 세계다. 다중지능은 인간의 지능을 다룬 하나의 심리학이면서도 새로운 교육이 나아가야 할 방향을 제시하고 있다. 교육에 관한 과학이면서도 철학이라는 것이다.

## 3. 여덟 가지 지능

무지개의 색깔 일곱 가지는 '틀린' 색깔이 아니라 '다른' 색깔이다. 그 색깔들은 각각의 존재 의미와 역할이 있고, 저마다 자기 역할을 다했을 때 하나의 무지개로 빛날 수 있다. 인간이 지닌 재능의 무지개도 마찬가지다. 각자는 저마다 고유한 색깔의 재능이 있고, 그처럼 다양한 재능을 충분히 살렸을 때 개인의 삶은 빛나고 공동체 전체는 윤기를 더한다.

천상에서는 무지개가 하늘을 아름답게 수놓고 있지만, 지상에서는 사람들이 저마다 고유한 색깔의 재능으로 자신의 삶을 빛내고 세상을 밝힌다. 지상을 밝히는 여덟 가지 색깔의 재능의 무지개를 문용린의 『지력혁명』(pp. 33-35)을 바탕으로 요약하면 다음과 같다.

### (1) 언어지능

말과 글이라는 상징체계에 대한 소견과 적성이 뛰어난 사람이 갖고 있는 능력이다. 언어지능이 높으면 말이나 글을 통해 자신의 생각이나 느낌을 잘 표현한다. 이 능력이 발달한 사람은 시인, 소설가, 정치인, 변호사, 방송인 등이 될 소질이 있다.

### (2) 논리수학지능

숫자나 규칙, 명제 등의 상징체계를 잘 익히고 창조하며 그와 관련된 문제를 손쉽게 해결하는 능력을 말한다. 수학이나 사회 현상 등 여러 대상에 관심을 갖고 논리적으로 추론하여 규칙이나 법칙을 발견하거나 체계를 마련할 수 있는 능력을 말한다. 회계사, 통계학자, 법률가, 컴퓨터 프로그래머에 적합한 능력이다.

### (3) 음악지능

가락, 리듬, 소리 등 음악적 상징체계에 민감하고 그러한 상징들을 창조할 수 있는 능력을 말한다. 노래를 부르고 악기를 다루거나 새로운 곡을 창작하고 감상하는 데 필요한 능력이다. 이 지능이 뛰어난 사람은 악기 연주가나 성악가, 작곡가가 될 수 있다.

### (4) 공간지능

도형, 그림, 지도, 입체 설계 등 공간적 상징체계에 민감한 능력이다. 물건을 보기 좋게 배치하거나 새로운 물건을 만들고 낯선 곳에서 길을 찾는 데 필요한 능력으로, 조종사, 화가, 디자이너, 건축가 등에 적합하다.

### (5) 신체운동지능

춤, 운동, 연기 등의 상징체계를 쉽게 익히고 창조하는 능력이다. 이 지능이 발달한 사람은 신체 활동에 쉽게 몰입하고 무용이나 연극 등 신체로 자신의 내면세계를 표현하는 데 뛰어난 재능을 보인다. 무용가, 기술자, 운동선수 등에 적합한 능력이다.

### (6) 인간친화지능

다른 사람의 기분이나 동기, 바람을 잘 이해하고 그에 적절하게 대응할 수 있는 능력, 즉 대인관계를 잘 이끌어 갈 수 있는 능력이다. 이 지능에 적합한 직종은 교사, 정치가, 치료사, 사업가 등이다.

### (7) 자기성찰지능

자기 자신을 느끼고 자기 감정의 범위와 종류를 구별해 내며 그런 감정에 이름을 붙이고 자신과 관련된 문제를 잘 풀어 가는 데 필요한 능력이다. 이 지능이 뛰어난 사람은 작가, 종교인, 예술가, 심리학자 등이 될 수 있다.

### (8) 자연친화지능

식물이나 동물 또는 주변 환경에 관심을 갖고 그 인식과 분류에 탁월한 전문지식과 기술을 발휘하는 능력을 말한다. 식물학자, 동물학자, 과학자, 조경사 등의 직업에 필요한 지능이다.

## 4. 여덟 가지 이슈

Gardner의 다중지능은 기존의 지능과는 상당히 다른 개념이자 체계여서 다양한 논점이 있는데, 지능이라는 용어에 대한 문제, 지능 연구의 변천 과정, 지능의 다원성 문제, 지능의 맥락성에 대한 문제, 지능의 확산성의 문제, 각 지능의 개별화 및 독립성 문제, 지능의 교육문제, 지능과 윤리적 측면의 조화문제 등 여덟 가지로 요약할 수 있다. 이에 대해 구체적으로 살펴보면 다음과 같다.

첫째, 지능이라는 용어의 전문성 문제다. 지능은 원래 비전문적인 개념이었다. 1900년대까지 평범한 사람들이 인간의 정신 능력을 설명하기 위해 사용했으나 '지적이다(intellegent)'라고 하는 말은 문화마다 서로 다른 의미로 해석되어 왔다. 서구에서 지적이라고 할 때에는 많은 내용을 기억하고 숙달할 수 있는 사람을 지칭하지만, 동양에서는 남의 말을 잘 경청하고 순종적이며 도덕적이고 슬기로운 사람을 뜻한다. 따라서 지능이라는 용어는 처음 비전문적 개념에서 출발하여 차츰 전문적인 개념으로 변화된 것으로 보아야 한다.

둘째, 지능연구의 변천 과정이다. 20세기 초에 지능을 지필식으로 측정한 프랑스 심리학자 Alfred Binet(1905)의 시도는 미국에서 표준화된 지능검사의 개발로 발전되고, 최근에는 신경과학적이며 유전적인 도구나 컴퓨터를 활용하여 지능을 측정하는 단계로 확장되고 있는데, 이는 지능을 과학적으로 측정하려는 노력의 변화 과정이라고 볼 수 있다. 전통적 지능의 g 요인을 지지하는 사람들과 Gardner처럼 그것을 비판하는 사람들 사이에서 측정 도구에 대한 연구는 오늘날까지 지속되고 있다.

셋째, 지능이 단일한 능력이 아니라 다원적이라는 입장(The Pluralization of Intelligence)이다. 물론 Binet가 지능의 수나 유형에 대해 특정 입장을 취하지는 않았지만, 이후 Binet의 동료들과 후배들은 지능이 간단한 검사에 의해 측정될 수 있는 단일 요인이라고 생각했다. 그러나 얼마 지나지 않아 몇몇 연구자들은 지능이 서로 독립적이며 구별된 측정에 의해 파악될 수 있는 다수의 영역으로 나뉠 수 있다는 관점에 공감하기 시작했다. Thurstone(1938)과 Guilford(1967)를 중심으로 한 이러한 다원지능적 관점의 주장은 전형적으로 상관분석 및 요인분석의 통계적 기법에 기반을 두고 있고, 이런 맥락에서 Spearman(1904)은 지능을 일반 요인과 특수 요인으로 구분하여 두 요인 간의 위계적 관점을 가정했다. Gardner는 지능이 다원적이라는 가정은 동일하지만 이전의 요인분석과 같은 심리측정학적 노력과 달리 생물학, 신경과학, 인류학과 심리학 문헌을 연구하고 종합하여, 지능을 '적어도 한 문화권에서 가치 있다고 여겨지는 산물을 만들어 내거나 문제를 해결하는 정보처리 능력'으로 정의하고 다양한 후보 지능들을 정식 지능으로 판단하기 위한 준거를 마련하였다. 이를 통해 Gardner는 인간이 8~9개의 독립적인 지능을 가지고 있으며, 각 지능은 서로 다른 하위 능력으로 구성되어 있다고 주장한다. 그러나 Gardner는 지능을 확인하기 위해 전통적 방식을 취하지 않았기 때문에 심리학 내에서 거센 비판을 받아 왔다. 즉, 측정 도구를 만들고 측정학적 독립성을 증명한다면 이러한 비판이 상당히 감소되었겠지만 아직까지 그에 대한 실제적 증거를 제시하지 못하고 있기 때문에, 비판의 대상이 되는 각 지능이 상대적으로 독립성을 갖는다는 증거는 산발적으로 존재하지만 여전히 지능의 다원화에 대한 과학적 연구는 과제로 남아 있다.

넷째, 지능은 맥락 안에서 이해되어야 한다는 맥락주의(The Contextualization of Intelligence)의 논점이다. Gardner를 포함한 대부분의 심리학자들은 지능이 개인의 마음(mind) 혹은 두뇌에 기반을 두는 것으로 생각하는 경향이 있다. 이러한 입장은 인간의 지능을 마음 또는 두뇌의 독립성으로 이해하기 때문에 장점을 가진다. 그러나 최근 연구자들은 개별 사고자(thinker)와 무관한 것으로 생각되는 지능의 또 다른 측면에 관심을 갖고 있다. 이러한 학자들은 지능의 맥락화에 주목한다. 비록 인간의 지적 능력은 유전자 안에 포함되어 있다 해도, 그것이 표현되는 방식이나 표현되는 범위는 개인이 태어난 문화와 그 문화 안에서 가지게 된 경험에 의존한다.

다섯째, 지능이 맥락화된 것이라는 생각은 지능을 확산적으로 생각하는 것과 관련이 있다. '확산'이라는 용어는 지능을 개인 내적인 것을 넘어 확장된 것으로 생각하는 것이다. 특별히, 개인의 지능은 단순히 개인 스스로 획득하고 이용할 수 있는 생각이나 기술은 아니라, 인간이 이용할 수 있는 다양한 지원과 재원에 의존하고 있다. 예컨대, 프로젝트 제로(Project Zero)에서 수행된 연구는 지능이 맥락적이고 확산적임을 보여 준다. 즉, 아동의 몇 가지 지능을 발달시키고 진화시키는 데는 프로젝트 스펙트럼에서 제공하는 풍부한 환경의 제공이 필수적이라는 사실과, 핵심 학습공동체(Key Learning Community)의 프로젝트 연구와 아트 프로펠(ART PROPEL)에서 얻은 포트폴리오에서 복잡한 프로젝트를 완성할 수 있도록 이끈 미술 작업실이나 비디오 녹화 장치와 같은 물적자원과 교사나 비판적인 동료 등과 같은 인적자원의 역할이 중요하다는 점을 알 수 있다.

여섯째, 지능은 개별화되어 있는가의 문제다. 모든 사람을 하나의 종형 곡선 중 하나의 점으로 나타낼 수 있다는 지능에 대한 일원화된 관점에서 벗어나면 벗어날수록, 각 개인이 자신만의 고유한 지능들의 조합을 가졌음은 더 확실해 보인다. 실제로 신경 영상 촬영술의 발전으로, 일란성 쌍둥이라고 해도 동일한 문제를 해결하는 데 서로 다른 두뇌(정신적) 자원을 사용함을 알 수 있게 되었다. 사람들은 서로 다른 관점 · 성격 · 기질을 가지고 있을 뿐 아니라 서로 다른 마음(minds)을 가지고 있다(Levine, 2002). 각 지능의 이러한 독자성을 아는 것은 관찰자의 관점에서 볼 때 흥미로울 수 있지만, 교사와 부모에게는 도전이 되고 있다. 왜냐하면 각 개인의 고유한 지능들의 조합을 측정하는 데 얼마나 많은 노력을 해야 할지, 그리고 그러한 정보를 어떻게 사용해야 할지에 대해 교사나 부모가 결정해야 하기 때문이다. 전체주의적 사회에서 차이란 간과되거나 비난받는 대상이기에 거의 모든 사람들은 획일화되어 서로 비슷하게 되려고 노력하지만, 민주주의 사회에서는 그처럼 획일적인 통제와 관리는 용납될 수 없다.

일곱째, 지능 계발을 위한 교육에 관한 논점이다. Gardner는 지능 계발을 위한 교육을 매우 중시하는데, 심리학자들은 개인의 능력을 측정하는 데 너무 많은 시간을 소비하면서 정작 각 개인을 돕는 데는 충분한 시간을 갖지 못했다고 비판한다. 그리고 지난 50년 동안, 전 세계의 교육정책은 상당히 큰 변화를 겪었는데, 더 이상 교육의 목적을 똑똑한 학생을 선발하여 특별한 대학교에 진학시키도록 하는 데 국한해서는 안 된다고 보았다. 우리가 사는 동아시아에서는 개인 간의 차이를 최소화하고 획일화된 사람들을 양성함으로써 어느 정도의 사회적 성공을 이룰 수도 있겠지만, 개인은 서로 다른 능력 프로파일을 가지고 있으므로 개인의 고유한 성향이 간과되거나 축소되기보다 오히려 존중되고 길러지는 '개인 중심의 교육'을 목적으로 삼을 필요가 있다.

여덟째, Gardner가 주장하고 있는 지능의 인간화(The Humanization of Intelligence)의 논점이다. 최근 Gardner는 인간의 능력을 어떻게 사용해야 하는지에 관심을 갖고 Mihaly Csikzentmihalyi와 William Damon, 그리고 몇몇 대학의 동료들과 함께, 우수한 능력을 가지고 있을 뿐 아니라 사회적으로도 책임감 있는 사람들의 'good work'의 본질을 탐구해 왔다. 기술의 진보로 모든 것이 빠르게 변하고, 시장의 힘은 매우 엄청나며, 그 지배력에 대항할 힘이 거의 없는 시점에서도 윤리적인 동시에 유능하게 업무를 처리하고자 노력하는 사람들의 업무 수행에 대해 탐색했다(Gardner, Csikzentmihalyi, & Damon, 2001; goodworkproject.org). Gardner는 도덕지능의 존재에 의문을 제기하고 본래 지능이 도덕적이거나 비도덕적이라고는 생각하지 않았으며 그 지능은 목표와 가치를 포함하고 있는 지능들이 부차적으로 지향하는 목적(ends)이라고 보았다. 그러나 Gardner는 미래의 과제가 단순히 지적인 혹은 더욱 지적인 사람들을 양산하는 것은 아니라는 인식에서, 오히려 지적 능력을 도덕적 책임감과 조화시켜야 한다고 믿고 그러한 방향으로 연구를 계속 발전시키고 있다.

## 5. 지능의 조합, 재능의 다양성

다중지능의 가장 중요한 장점은 인간의 다양한 재능을 다른 지능보다 훨씬 더 정교하게 파악할 수 있는 점인데, 이러한 장점은 지능의 조합을 근거로 한다. 즉, 여덟 가지 다중지능은 모두 서로 다른 별개의 능력이지만, 2~3개씩 짝을 이뤄서 작동한다. 어떤 지능이 조합을 이루느냐에 따라 재능이 달라지고 선택하는 전공이나 직업 분야도 달라질 수 있다.

여덟 가지 다중지능이 각각 하나씩 작동한다면 여덟 가지 재능 밖에 나올 수 없다. 그러나 2~3개씩 짝을 이루어 작동하게 되면 경우의 수는 상당히 커지고, 그로 인해 다양한 재능을 설명할 수 있게 되는 것이다. 다중지능 관점에서 보면, 한 사람의 재능은 이러한 지능 조합에 의해 결정된다.

이를 테면, 신체운동지능 하나만 높으면 뛰어난 운동선수가 될 수 있다. 그러나 그 지능에다 인간친화지능이 추가되면 코치나 감독까지 할 수 있는데, 대표적인 예가 히딩크 감독이다. '히딩크 매직'은 신체운동지능과 인간친화지능의 결합으로 설명될 수 있다.

2007년도 동아일보 신춘문예 희곡 부문에서 최연소 당선의 영예를 누린 어느 작가는 논리수학지능과 언어지능을 결합하여 희곡을 썼다. 희곡을 수학적으로 쓴 덕분에 구성이 대단히 치밀한 작품이 나올 수 있었다. 만일 그가 언어지능 하나만 높았다면, 수학 법칙을 찾듯이 치밀하게 구성한 새로운 형태의 희곡은 세상에 나올 수 없었을 것이다. 이는 강점지능 사이의 여러 조합이 다양한 재능을 설명한 좋은 사례가 된다.

오케스트라에서는 다양한 음색을 지닌 악기들이 한데 모여 아름다운 하모니를 연출하는데, 다중지능도 마찬가지다. 다양한 악기 대신 여러 지능들이 한데 어울려 조화로운 협화음을 이룬다. 일반 오케스트라에서는 어떤 악기들이 모이느냐에 따라 하모니의 종류가 달라지고 청중들의 반응도 달라진다. '다중지능 오케스트라'에선 어떤 지능(재능)들이 모이느냐에 따라 다른 모습의 성취가 나타나고, 세상이라는 무대의 관객들은 다양한 반응을 보인다.

여러 색깔이 모여 아름다운 무지개를 만들고, 여러 악기가 한데 어울려 아름다운 음악을 만들며, 여러 가지 다양한 DNA의 조합에 의해 저마다 다른 개체의 형질이 결정되듯이, 인간이 지닌 여러 지능의 다양한 조합은 각자 다른 재능을 가능하게 한다.

다중지능이 교육에 가장 크게 기여하는 부분은 바로, 학생 각자가 자기 재능을 파악하고 그에 적합한 진로(전공이나 직업 분야)를 선택하는 데 큰 도움이 된다는 점이다. 여덟 가지 다중지능 사이의 다양한 조합을 활용하면 학생들이 지닌 다양한 소질이나 적성, 재능을 파악할 수 있기 때문에 진로설계와도 잘 연결될 수 있다는 것이다.

다중지능에서 재능은 강점지능을 뜻한다. 그런데 강점지능은 하나씩보다는 2~3개씩 짝을 이뤄서 나타나는 경우가 많고, 바로 이런 지능의 조합을 활용하면 IQ나 EQ 등의 다른 지능 개념보다 훨씬 더 세밀하게 재능을 파악할 수 있게 될 것이다.

## 6. 다중지능의 교육적 가치: 몰입과 자아실현

다중지능이 교육에서, 또는 개인의 삶에서 가장 크게 기여하는 것은 바로 자아실현(self-actualization)이라고 볼 수 있다. 다중지능의 강점지능을 바탕으로 재능을 탐색하고, 그에 맞는 전공이나 직업 분야를 선택하여 개인의 재능을 충분히 발휘하는 일련의 절차도 결국 자아실현의 과정인 것이다.

자아실현이란 각 개인이 갖고 있는 잠재 능력의 최대한 실현을 말한다. 인간은 누구든 자신이 원하고 좋아하는 일을 아무 방해 없이 마음대로 할 수 있을 때 진정한 행복을 느끼고, 살아 있는 기쁨을 누린다. 그것을 하고 있으면 하루가 언제 가는지 한 달이 언제 가는지 시간의 흐름에서 벗어나고, 더 나아가서는 자신의 존재까지 잊어버리게 된다. 이것은 완전한 몰입(Flow)의 상태이며 무아(無我)의 경지라 할 수 있다. 이때가 바로 자신이 지닌 능력이 최고조로 발휘되는 때임은 물론이다.

인간은 자유를 추구하는 존재이기 때문에 자신이 하기 싫은 일을 억지로 할 때는 그런 경지에 도달하기 어렵다. 박지성 선수가 축구장에 섰을 때, 박세리 선수가 잔디 위에 섰을 때, 박찬호 선수가 야구장의 다이아몬드 위에 섰을 때, 가수 조용필이 무대 위에 섰을 때, 이창호 9단이 바둑판을 마주했을 때 비로소 가능한 것이다.

이처럼 자신의 재능을 제대로 파악하여 자기가 좋아하고 잘하는 분야를 전공이나 직업으로 선택하게 되면 각자 자기 분야에서 열심히 노력하게 마련이고, 그렇게 되면 어느 정도의 성취도 가능해진다. 이렇게 하여 일과 놀이가 일치하게 되면 사는 것 자체가 즐겁고 행복해진다. 이것이 바로 인생의 진정한 성공과 행복이며, 교육의 가장 숭고한 목표인 자아실현이다.

다중지능은 인간의 다양한 재능을 새롭게 바라볼 수 있는 새로운 틀이다. 또한 각 개인이 자신의 고유한 능력을 정당하게 인정받고 그로써 자존감과 자신감을 얻으며, 재능의 최대한 발현을 통해 자아실현을 이룸으로써 최종적으로는 삶의 진정한 성공과 행복에 이르게 하는 도구요 길잡이라 할 수 있다.

## 7. 자기성찰지능의 특별한 역할

자기성찰지능은 여덟 가지 지능 중의 하나이면서도 '플러스 알파'의 역할을 맡고 있는데, 이는 매우 중요하다. 이 지능이 부족하면 어떤 전공이나 직업을 선택하든 자신의 능력을 최대한 발휘하는 데 지장이 많다. 이를 테면 음악지능 하나만 뛰어나면 훌륭한 음악가가 될 수 없고, 언어지능 하나만 높으면 탁월한 작가가 될 수 없다. 자기성찰지능이 다른 지능들을 받쳐 주는 토대 역할을 해 주어야 하기 때문이다.

자기성찰지능은 자기 자신을 잘 이해하고 통제할 수 있는 능력이다. 자신이 무엇을 원하는지, 무엇을 잘하는지, 그리고 그것을 달성하기 위해선 어떤 생애 목표를 세우고 어떻게 노력해야 하는지를 잘 헤아리고, 한 평생 실행에 옮길 수 있는 능력이다.

따라서 자기성찰지능은 다른 지능들과는 독립된 별개의 지능이면서도 그 역할은 타 지능과는 다르다는 데 특별히 유의해야 한다. 독립적인 지능이면서도 다른 지능들을 뒷받침해서 다른 지능들이 최대한 발현될 수 있는 토대 역할을 할 수 있다는 것이다. 이 지능을 직접 활용하면 종교 지도자나 철학자가 될 수 있겠지만, 대부분의 경우에는 다른 지능 발현의 토대 역할을 한다. 따라서 이 지능이 부족하면 다른 지능이 아무리 뛰어나도 자기 분야에서 뚜렷한 성과를 내기 어렵다고 보는 것이다.

자기성찰지능이 높은 사람은 자기 내면의 소리에 민감하고 충실하기 때문에, 자신의 신념과 사상을 실천하기 위해서 현실과 타협하지 않고 줄기

차게 노력할 수 있다. 그래서 세상 사람들의 마음을 뒤흔들고 큰 영향을 미칠 수 있다. 시대를 앞서가는 선구자나 개척자들이 대체로 자기성찰지능이 높은 것은 이런 까닭이다.

- 버지니아 울프: 언어지능 + 자기성찰지능
- 빌 게이츠: 논리수학지능 + 자기성찰지능
- 백범 김구: 신체운동지능 + 인간친화지능 + 자기성찰지능
- 퀴리 부인: 논리수학지능 + 자연친화지능 + 자기성찰지능

이처럼 자기성찰지능이 높은 사람은 모두 자신의 삶의 길을 용기 있게 헤쳐 나간 사람들이다. 그들이 처음 걸어간 발자국은 나중에 많은 사람들이 걸어가는 길이 된다. 그래서 인류의 역사와 문화, 학문과 예술도 발전할 수 있는 것이다.

## 8. 다중지능 시대의 부모 역할

다중지능과 전통적인 지능(IQ)의 차이는 교육의 두 측면인 '집어넣기'와 '끄집어내기'의 차이기도 하다. 집어넣기가 아이들의 고유한 재능과 상관없이 주요 교과목 내용을 일방적으로 주입시키는 방식이라면, 끄집어내기는 그들의 다양한 재능을 인정하고 최대한 길러주는 방식이다(문용린, 2009).

다중지능에 의하면 인간의 지능(재능)은 다양하기 때문에 그에 맞는 학습 방법이 제공되어야 하는데, 다수 학생들을 대상으로 보편적인 교육을 실시해야 하는 학교교육만으로는 부족함이 있다. 따라서 부모의 역할이 중요해진다고 볼 수 있는데, 다중지능에 적합한 부모의 역할을 몇 가지 제시하면 다음과 같다.

### 1) 내비게이션 vs. 터미네이터

내비게이션은 자동차 운행에 사용되는 목적지 탐색 시스템이다. 목적지에 이르는 가장 빠른 길을 안내해 준다. 그런데 재능탐색의 내비게이션은 이와 다른 시스템이다. 목적지가 사전에 결정되어 있어서 거기 이르는 길을 찾는 것이 아니라, 목적지 자체를 찾는 것이기 때문이다.

그런데 재능탐색의 내비게이션이 어렵고 더디고 힘들다고 해서 부모가 앞장서서 터미네이터(terminator) 역할을 하는 것은 위험하고 무모한 일이다. 부모는 자식에 대한 애정이 너무 강해서 냉정한 내비게이션보다는 열정적인 터미네이터가 되기 쉽다.

재능탐색 내비게이션에서는 열정보다는 냉정이 필요하다. 내비게이션의 임무가 '있는 길을 찾는 것'이라면 터미네이터의 임무는 '없는 길을 만드는 것'이라 할 수 있겠다. 부모는 자녀의 재능을 찾는 과정에서 냉정하고 겸손한 탐색자가 되어야지 열정적이고 오만한 해결사가 되어서는 안 된다. 있는 재능을 찾아야지 없는 재능을 만들어서는 안 된다는 뜻이다.

그러나 오랜 기간 동안 자녀의 재능을 탐색하고 진로를 선택하여 노력하는 과정에서 부딪히는 여러 가지 난관들을 돌파하는 데는 열정적인 터미네이터의 역할도 필수적이다. 그러므로 상황에 따라 내비게이션과 터미네이터의 역할을 적절히 혼용할 필요가 있다.

### 2) 알파맘 vs. 베타맘

다중지능 패러다임에 적합한 부모의 역할은 일단 알파맘보다는 베타맘이라고 볼 수 있다.널리 알려진 대로 알파맘은 부모가 앞장서서 자녀에게 적극적인 영향력을 행사하는 역할 모델이고, 베타맘은 그 반대로 자녀 뒤편에 머물면서 자녀의 자유로운 성장을 돕는 소극적인 역할 모델이다. 알파맘이 자녀의 모든 것을 관리하는 통제형 부모라면, 베타맘은 자녀가 알아서 크도록 놔두는 방임형 부모라고 할 수 있겠다.

일단 베타맘이 다중지능의 기본 전제에 맞는 부모 역할이라 할 수 있다. 그러나 알파맘 역할도 필요하다. 부모 자신이 모든 분야의 전문가일 수는 없으므로, 자녀의 재능을 확인하고 계발하기 위해서는 해당 분야의 전문가에 의뢰하는 등 적극적으로 길을 여는 역할도 필요하기 때문이다.

자녀의 재능을 찾았다 해도 부모 자신이 그 분야의 전문가가 아닌 이상 전문가에게 의뢰하는 것이 좋다. 김연아 선수가 7세였을 때 피겨 재능을 발견한 어머니가 전문 코치에게 데려감으로써 오늘의 김연아가 있게 한 것은 재능탐색에 임하는 부모의 좋은 역할 모델이다.

교육의 개념에는 적극주의와 소극주의의 두 가지 역할 개념이 있다. 미성숙한 아동을 성숙한 상태로 변화시키기 위해서는 부모의 적극적인 역할이 필요하다. 그러나 교육의 내용이나 방법에서는 아동의 재능과 흥미, 욕구와 필요를 인정하고 존중해 주어야 한다.

따라서 다중지능 시대라 해도 알파맘(적극주의, 터미네이터)과 베타맘(소극주의, 내비게이터)의 역할은 모두 필요하다. 재능을 탐색할 때 있는 재능을 그대로 인정해야지 없는 재능을 강요해서는 안 되기 때문에 베타맘 역할이 필요하고, 그 재능을 제대로 교육 · 훈련시켜서 해당 분야에서 최대한 발휘할 수 있도록 하는 데는 부모의 적극적인 지원과 노력이 필요하기 때문에 알파맘 역할도 필수적이라는 말이다.

그러므로 상황에 따라 알파맘과 베타맘의 역할을 잘 선택해야 한다. 알파맘이 되어야 할 자리에서 베타맘이 된다든가, 베타맘이 되어야 하는 상황에서 알파맘이 되어서는 안 된다는 뜻이다.

### 3) 산과 강의 비유

강은 산에서 시작되지만 산 옆에 머물러 있지 않고, 산은 강을 낳았지만 강을 자기 곁에 붙들어 두지 않는다. 강이 산 옆에 머물러 있거나 산이 강을 붙들어 두면 강은 더 이상 강이 아니다. 썩은 호수에 지나지 않는다. 그러므로 강은 비록 산에서 비롯되었지만 산을 스쳐서 넓은 바다로 가야 하고, 그런 강을 산은 늘 그 자리에서 바라만 보아야 한다.

다중지능 시대의 부모와 자녀의 관계도 마찬가지다. 자식은 부모의 몸에서 나왔지만 여러 가지 측면에서 부모와는 차이가 있게 마련인데, 부모는 그런 부분을 있는 그대로 받아들이고, 그런 바탕 위에서 자신의 역할을 찾아야 한다.

### 4) 줄탁동시

줄탁동시(啐啄同時)란 병아리가 부화할 때의 절묘한 메커니즘을 말하는데, 교육에서는 부모와 자녀, 교사와 학생 간의 상호작용을 의미한다. 병아리가 부화할 때가 되어 안에서 부리로 껍질을 톡톡 쪼면 어미 닭은 밖에서 이를 기다리고 있다가 즉시 껍질을 깨뜨려 주어야 하는데, 병아리가 안에서 껍질을 쪼는 것을 줄(啐)이라 하고 어미 닭이 밖에서 껍질을 깨뜨려 주는 것을 탁(啄)이라 한다.

여기서 중요한 것은 줄과 탁의 동시성(同時性)이다. 부화 직전의 병아리는 부리가 약해서 스스로 껍질을 깨뜨릴 수 없기 때문에 밖으로 신호를 보내는데, 어미닭이 이를 놓치면 병아리는 죽고 만다. 생명 탄생의 신성한 메커니즘인 줄탁동시의 원리는 부모가 자녀의 재능을 찾고 길러 주는 데도 적용될 수 있다.

재능은 자연성이 강해서, 때가 되면 미약하게나마 조짐이 나타나게 마련인데, 이는 봄철에 저절로 싹이 돋고 꽃이 피는 것과 유사하다. 이때 부모의 관심과 대응이 중요해진다. 저절로 돋아나는 여린 재능의 싹을 잘 발견해서 적절한 대응을 해 주어야 한다. 미세하게 드러나는 '줄'의 조짐을 눈여겨 보았다가 적절한 '탁'을 해 주어야 한다는 것이다.

김연아와 김진호 어머니의 역할은 '재능탐색의 줄탁동시'의 매우 좋은 사례가 된다. 먼저 김연아 모녀의 경우를 보면, 김연아 선수가 7세였을 때 과천시민회관 실내링크가 오픈했을 때 어머니가 데려갔는데, 바로 그때 피겨 스케이팅에 대한 숨겨진 재능이 표출된 것이다. 그때 어머니는 다른 분야를 원했던 자신의 기대를 미련 없이 접고 피겨 쪽으로 전폭적인 지원을 함으로써 오늘의 김연아가 있게 되었다.

김진호 모자의 경우도 비슷하다. 김진호의 어머니는 자폐아인 진호 군이 7, 8세 되었을 때 유난히 물을 좋아하고 물속에서는 정상아와 격차가 거의 없음을 알아차리고 수영을 권한다. 오늘의 김진호가 있게 된 것은 바로 이러한 어머니의 깊은 관심과 예리한 관찰 덕분이다.

이처럼 다중지능 시대에는 부모의 역할이 매우 중요한데, 그 역할의 핵심은 바로 줄탁동시의 '탁'을 제대로 해 주는 것이라 할 수 있다. 아이의 재능은 결국 아이 스스로 드러내게 되어 있다. 저절로 '줄'을 한다는 것인데, 이는 꽃이 피고 강물이 흐르는 것처럼 자연적인 과정이다.

이러한 상황에서 부모는 갓 돋아난 여린 재능의 싹을 정확히 관찰하고 적절한 대응을 해 주어야 한다. 이것이 김연아 모녀와 김진호 모자의 줄탁동시 사례에서 얻을 수 있는 귀중한 교육적 메시지다.

I 제5장 I

# 다중지능의 측정과 계발

## 1. 다중지능의 측정

### 1) 측정의 기본 입장

Gardner의 다중지능 이론이 발표된 이후 다중지능의 측정 방법에 대하여 많은 논의와 연구가 이루어져 왔다. Gardner 자신은 기존의 지능검사 방법으로 많이 사용되어 온 심리측정 방법에 대해 비판적 입장에 서 있다. 먼저 기존의 전통적 지능검사처럼 짧은 시간에 쉽고 간편하게 지능을 측정하는 것은 주로 언어나 논리적인 내용과 밀접하게 관련될 가능성이 크기 때문이다. 이와 같은 검사들은 언어 및 논리 능력으로 편향된 검사 결과를 내고, 이렇게 해서 얻어진 측정 결과들에 의해 자칫 학습자에게 새로운 꼬리표를 다는 것이 될 수도 있다는 것을 우려했던 것이다(Gardner, 1983, 2006).

Gardner는 또한 지금까지 대부분의 지능검사들이 직업이나 실제적 세계의 맥락과는 거리가 먼 탈맥락적 검사 도구라는 점을 강하게 비판한다(Gardner, 1983). 탈맥락적 검사 도구는 실제의 수행 결과를 정확히 예언해 주지 못하기 때문에, 강점지능과 약점지능을 알기 위해서는 오랜 시간 동안 활동에 참여하는 과정을 관찰하고 수행 결과를 모은 포트폴리오식 측정 방법이 적절하다고 본 것이다.

Gardner는 다중지능을 비교적 빠른 시간 안에 가장 적절하게 판단하려면, 박물관과 같은 실제 맥락 속에서의 행동이나 1년 혹은 2년 단위의 프로젝트 참여활동을 관찰하는 것이 가장 적합하다고 제안해 왔다(Gardner, 1991, 1993, 1999a, 1999b, 2006).

그러나 이런 방법을 교육 현장에 적용하는 데는 현실적으로 한계가 있다. 관찰자의 선입견이나 주관의 영향을 배제하기 어렵고, 1년이란 긴 시간 동안 여덟 가지 도입지점(entry point)을 풍부하게 제공할 필요가 있지만(Gardner, 1991, 1999b) 현재의 교육현실에 적용하기에는 어렵고 교육현장에 주는 부담도 크기 때문이다.

게다가 실제 맥락 안에서의 수행 능력을 측정하는 검사라 할지라도, 이런 프로그램에 참여하는 학생 수는 통계처리를 할 수 없을 만큼의 소수이기 때문에, 다중지능 이론의 독립성 가정을 확인하기란 쉽지 않다. 또한 통계처리가 가능한 연구라 할지라도 하위지능 간 상관이 .5를 넘는 수준이고, K-WIPPSI와 같은 전통적 지능이론에 입각한 검사 도구와의 상관도 매우 높게 보고되고 있다(이경화, 2007). 이는 Gardner가 지적한 대로 하위지능 고유의 핵심적인 요소를 담는 수행과제를 찾는 것이 그리 쉬운 일이기 아니기 때문일 것이다(Gardner, 2006).

한편 Gardner가 실제 맥락에서의 행동관찰을 적극 추천해 왔다고 해서, 다중지능에 대한 심리측정이 전적으로 불가능하다고 생각한 것은 아니다(Gardner, 1999a; 2006). 한때 Gardner도 지능의 종류에 관계없이 개별 지능검사를 실시할 수 있을 것이라고 생각했었고, 몇몇 검사들 간의 상관관계까지도 연구해 보았다고 보고한다(Gardner, 2006). 다만 이 연구들을 통해서 Gardner는 측정 도구의 개발이 쉽지 않으며, 다중지능검사 도구를 개발할 경우에 몇 가지 중요하게 유의할 점이 있다는 것을 확실하게 파악하게 되었다(Gardner, 1999a; 2006).

즉, 다중지능을 측정하기 위해서는 각 지능에 적합한 여러 도구를 개발하여 사람들이 아무런 어려움 없이 이 도구들을 사용할 수 있도록 해야 한다는 것과(Gardner, 2006), 각 지능에서 재려고 하는 것을 언어 능력과 혼동해서는 안 되며, 해당 지능 고유의 핵심적인 요인을 고려하는 여러 보완적 접근들로 지능을 측정해야 한다는 것을 제안하고 있다.

### 2) 측정 도구

다중지능 검사의 유용성과 현실성을 반영하여 지금까지 개발된 다중지능 측정 도구에는 리커트형 자기보고식 방법을 사용한 Shearer의 HAPI 검사와 MIDAS, 그리고 문용린 등(2001)의 중고생을 위한 다중지능검사를 들 수 있고, 또한 진로와 적성 두 가지를 함께 재면서 어느 정도의 수행 능력 검사가 반영된 문용린(2003)의 MI 적성진로진단검사 등이 있다.

먼저 HAPI(Hillside Assessment of Perceived Intelligences)는 두뇌손상 환자들의 손상 이전의 지적 강점과 약점을 평가하는 도구로 다중지능 이론에 근거하여 Shearer(1991)가 만든 최초의 지필식 다중지능검사다. MIDAS(Multiple Intelligence Development Assessment Scale)는 Shearer가 HAPI를 수정 · 보완하여 개발한 검사로, 검사 문항은 활동에 몰두하는 데 보내는 시간의 지속성과 빈도를 평가하는 문항, 활동에서 자신의 수행을 실제로 평가하는 문항, 특별한 활동에 대한 열정에 대해 묻는 문항으로 이루어져 있다(류숙희, 1996; 김현진, 1999). 국내에서 번안된 K-MIDAS는

MIDAS 검사의 원문과 국내에서 번안된 MIDAS 검사(김명희, 김양분, 1996), 그리고 국내에서 번역된 K-HAPI(류숙희, 1996)를 비교하여 개발된 것(김현진, 1999)으로 국내의 MIDAS와 K-HAPI에는 포함되어 있지 않았던 자연친화지능을 포함하여 여덟 가지 다중지능을 모두 측정하기 시작하였다.

또한 국내에서는 문용린 등(2001)이 Gardner의 다중지능 개념과 MIDAS 검사를 참고로 하여 중고생용 검사 도구를 제작하였다. 모두 2부로 구성되어 있는데 1부는 각 지능 문항에 대한 선호와 능력 정도를 점검하는 것이고, 2부는 특정 지능에 대한 선호와 능력의 우선순위를 파악하는 것이다. 이를 통해 선호 측정의 편리성과 피검사자의 실제 환경 맥락과의 일치성을 높이고자 하였다.

한편 문용린(2003)은 수행 능력을 측정하는 문항들을 추가하여 'MI 적성진로진단검사'를 개발하였다. 이 검사는 여덟 가지 능력의 스펙트럼에 기초해서 진로 성숙도와 진로성향을 진단하고, 적성검사와 진로검사 정보를 함께 얻을 수 있도록 구성하여 진로탐색을 위한 정보를 제공한다. 또한 이 검사는 유아, 초저용과 초고용, 중학생용, 고등학생용으로 나뉘는데, 기존의 자기보고식 검사의 형식을 넘어 개인의 능력과 흥미와 성취를 포괄적으로 측정할 수 있도록 여러 가지 구조와 형식으로 측정 방법을 다양화하였다.

문용린(2003)의 MI 적성진로진단검사에서 각 지능은 성취 · 능력 · 흥미로 구분하여 측정할 수 있는데, '성취'는 현재까지 관련 영역에서 얼마나 많은 수상 및 활동 경험이 있는지를 진단한다. 이는 자신의 능력에 대한 주관적 평정과는 구별되는 접근으로, 자신의 능력에 대해 외부로부터 받은 객관적 지표를 제시하는 것이라 볼 수 있다. '능력'은 관련 영역에서의 문제해결 기능과 사고력, 잠재력을 진단하고, '흥미'는 활동에 대한 특별한 관심을 진단한다. 따라서 학생의 성취 · 능력 · 흥미의 정도를 프로파일로 제시해서 아동의 지능이 가장 우세하게 나타난 분야가 무엇인지를 진단할 수 있을 뿐 아니라, 능력과 흥미와 성취를 서로 비교할 수 있게 하였다.

검사 형식은 능력을 객관적으로 정확히 측정하기 위해, 정답이 있는 문항을 객관식으로 만든 '선다형 검사'와 타인에 의해 관찰될 수 없는 자신의 능력을 심층적으로 진단할 수 있도록 자신의 능력에 대해 평정하는 '자기보고형 검사'로 구성하였다. 그리고 흥미를 묻는 문항은 '자기보고형 검사'의 형식으로 구성하고, 수상관련 경험을 묻는 성취문항은 '질문 검사'로 구성하였다. 특별히 Gardner가 우려했던 언어 능력에 의해 편향된 결과가 나오지 않도록 하기 위해, 본 검사의 능력 검사 문항을 제작할 때에는 문장 · 그림 · 도형 · 음표 · 도면 등으로 제시하고, 선택지에서 정답으로 가정한 답을 선택하는 방식으로 문항을 제작했다.

### 3) 측정 도구에 대한 분석

이러한 다중지능의 측정 도구들은 Gardner의 이론에 입각하여 제작된 것이지만, 각 검사들마다 약간의 관점 차이가 있으며 고려해야 할 문제점들을 내포하고 있다. 따라서 이런 문제점과 한계들을 고려하여 각각의 검사를 적절히 활용하는 것이 중요할 것이다.

먼저 다중지능검사 방법으로 주로 사용되어 온 자기보고 방식은 여러 가지 주의해야 할 문제점을 가지고 있다. 전통적으로 지능을 측정하려는 연구에서는 실제 과제를 제시하고 그에 대한 반응의 정오답 여부에 따라 능력의 유무를 판단해 왔다. 그러나 자기보고 방식에 따를 경우, 보고하는 능력과 선호는 실제 자신의 능력과 일치하지 않을 수도 있고, 실제보다 자신을 긍정적으로 혹은 부정적으로 보이도록 반응하는 경향성을 배제하기 어렵다. 따라서 자기보고식 검사 결과는 다중지능을 이해하는 데 참고적 기능은 할 수 있을지 모르나, 능력을 재는 가장 최선의 도구라고 보기는 어렵다. 왜냐하면 학생이 자신에 대해 평가한 내용은 보다 확실한 증거가 없는 한 지나치게 신뢰해서는 안 되기 때문이다(Gardner, 2006).

둘째, 검사마다 다중지능의 정의가 서로 일치하지 않는다. Gardner는 자신의 책 『마음의 틀(*Frames of mind*)』을 통해 다중지능의 각 하위지능들에 대해 상세히 설명하고 있지만 그 서술 방식이 각 지능별로 통일되어 있지 않고 서로 다른 형태로 진술되어 있어 각 지능의 핵심 내용의 선별에 대한 견해 차이가 있다.

셋째, 하위 구성요소들이 서로 일치하지 않고 있다. 각 지능을 잘 설명할 수 있으면서 다른 지능들과는 구별되는 핵심 요소를 파악하는 것은 다중지능을 측정하기 위한 가장 기초적인 작업이다. 그러나 하위요소에 대해 연구자들마다 서로 다른 입장을 취하고 있다.

넷째, 기존 검사들에서 제시된 하위요소들은 다중지능 이론을 처음 제기한 Gardner의 기본 개념과는 상당히 다른 자의적인 내용들이 포함되어 있다. 예를 들어, 언어지능에서 '읽기, 쓰기, 말하기, 듣기'를 하위요소로 규정하는 것은 언어 활동을 하위요소로 본 것으로 의문의 소지가 있다. 왜냐하면 Gardner는 언어지능의 핵심으로 음운 · 어문 · 의미 · 기능의 요소를 제안하고 있기 때문이다.

다섯째, 하위요소들이 동등하지 않고 위계적이어서 한 요소가 다른 요소를 포함하고 있는 경우가 있다. 예컨대 공간지능의 공간 요소, 그리고 평면 예술, 공간 및 입체 예술이라는 하위요소의 경우, 공간 요소가 평면 예술, 공간 및 입체 예술의 근간이 되는 요소이고, 입체 예술은 공간 요소와 평면 예술의 요소를 포함하는 것으로 위계적인 것이다.

여섯째, 다중지능 이론에서 가장 확고한 가정은 지능 간 상호독립성에 관한 것이다. 그런데도 검사에서 재려고 하는 지능의 하위요소들이 서로 유사하다면 검사 자체가 다중지능 이론에서 가장 중요시하는 기본 가정을 와해시키는 결과를 초래할 것이다. 논리수학지능과 자연친화지능의 관계는 이에 대한 대표적인 예다. Gardner는 『인간 지능의 새로운 이해 (*Intelligence reframed*)』에서 새롭게 자연친화지능을 기술했는데, 여기에 기존의 논리수학지능에 포함되어 있던 특성들과 서로 중첩되는 부분이 발견된다. 논리수학지능만의 속성을 새롭게 규명해 놓지 않은 것이다. 따라서 두 지능의 핵심 하위요소를 분리하고 논리수학지능 고유의 핵심 요소가 무엇인지 가려내는 작업이 필요하다.

### 4) 각 지능의 하위요소에 대한 분석

위의 문제점들은 여덟 가지 지능의 각 하위요소에 대한 정의의 차이에서 비롯된 것이라 할 수 있다. 이런 문제를 해결하기 위해서는 Gardner가 직접 지능에 대해 설명한 내용으로 돌아가 이를 중심으로 각 지능 및 하위요소에 대한 재분석과 조정이 필요하다.

문용린, 유경재, 전종희와 엄재윤(2007)은 Gardner의 책 『마음의 틀』 『다중지능의 이론과 실제』 『인간 지능의 새로운 이해』, 그리고 『다중지능(*Multiple Intelligences: new horizons*)』을 중심으로 하위요소에 대한 재분석을 하였다. 재분석에서 고려한 점은 무엇보다 지능의 고유 특성에 집중하고자 한 것이다. 모든 지능에 공통으로 들어가는 일반 요인과 기능들, 즉 인식, 기억, 표현, 조절, 문제해결, 논리적 사고 등은 하위요소에서 배제하였다. 즉, 영역-특수적인(domain-specific) 특성들을 중심으로 선별한 것이다. 다음은 기존의 검사들 중 MIDAS와 문용린 등(2001)의 하위 구성요소들과 문용린 등(2007)에서 재분석한 하위 구성요소들을 함께 비교·제시한 것이다.

**〈표 5-1〉 다중지능의 하위 구성요소 비교**

| 지능 | MIDAS | | 문용린 외(2001) | | | 문용린 외(2007) |
|---|---|---|---|---|---|---|
| | 하위요소 | 정의 | 하위영역 | 지식적 측면 | 기능적 측면 | 하위요소 |
| 공간지능 | 공간인식력 | 공간 안에서 물체의 이동, 놓여진 방향 등과 관련된 문제의 해결 | 공간요소 관계 | 원근, 방향, 길이 등 공간에 포함된 요소 인식력 | 공간관계의 효과적 표현 | 시각 세계에 대한 정확한 지각 |
| | 공간을 통한 예술 작업 | 미적인 혹은 디자인이 중시되는 직업, 프로젝트 | 평면 예술 | 평면 예술에서의 다양한 공간 요소 인식 | 평면에 공간적 특성을 표현 | 지각 내용 변형 및 수정 |
| | 대상을 통한 공간적 활동 | 사물들을 구축, 배열, 장식 또는 고치는 능력 | 공간 및 입체예술 | 공간 속에 포함된 요소 인식 | 입체감 있게 구성 | 시각 경험의 재창조 |
| 언어지능 | 언어에 대한 민감성 | 의사소통과 표현을 위해 언어에 주의를 기울이고 언어 표현 잘함 | 말하기 | 문법과 어휘 인식 능력 | 말을 통해 설득력 있게 표현 | 음운 |
| | 대인적 언어력 | 대인적 협상, 설득을 위해 언어를 효과적으로 사용 | 쓰기 | 쓰인 글의 논리적 맥락 이해 | 쓰기에 적절한 방법 활용 | 어문 |
| | 작문, 학문적 언어력 | 보고서, 편지, 소설을 쓸 때 단어를 잘 사용함 | 읽기 | 글의 맥락과 논리적 흐름 파악 | 글의 분위기를 파악하여 적절히 표현 | 의미 |
| | | | 듣기 | 듣기에 필요한 요소 인식 | 기존 지식과 통합하며 논리적으로 듣는 능력 | 기능 |
| 인간친화 지능 | 사회적 리더십 | 타인에게 영향 미침 | 개인 관련 | 타인 인식에 필요한 요소 인식력 | 타인 이해, 적절히 다루는 능력 | 개인차 인식 및 변별 |
| | 사회적 민감성 | 타인에 대해 알고 관심 가짐 | 집단 관련 | 집단 특성 인식에 필요한 요소 인식 | 집단 문제를 해결하고 이끌어 갈 수 있는 리더십 | 타인 배려 |
| | 대인 관련 활동 | 사람 중심적인 일에 흥미와 재능이 있음 | | | | 집단 문제의 원만한 해결 |
| 자기성찰 지능 | 자기 자신에 대한 인식, 효능감 | 자기 강점과 욕구에 대한 인식, 개인 목표의 달성을 위해 효과적으로 계획 | 감정 인식 | 자기 감정에 대한 인식 | 감정의 적절한 조절력 | 내면의 쾌, 불쾌 구별 |
| | 계산과 메타인지 | 자신의 논리적 추론을 이해할 수 있는 반성적 추론 | 능력 인식 | 자기 능력에 대한 인식 | 능력을 적절히 조절, 계발 | 복잡한 감정의 상징화 |
| | 공간적 문제해결 | 자아나 대상물을 공간 속에서 이동시키며 문제해결하도록 해 주는 자아 인식, 자신의 정신적 심상에 대한 인식 | 미래 계획 | 자기 미래에 대한 인식 | 미래를 위한 감정과 행동의 조절 및 준비 | 자기 조절 |

<table>
<tr><td></td><td>자아/타인 문제해결</td><td>사회적 관계를 만족시키기 위해 자아에 대한 지식을 사용할 수 있는 능력</td><td></td><td></td><td></td><td></td></tr>
<tr><td rowspan="2">자연친화 지능</td><td>식물에 대한 관심</td><td>식물을 이해하고 돌보고 키우는 것 좋아함</td><td rowspan="2">동 · 식물 · 광물에 대한 인식 및 문제해결</td><td rowspan="2">분류, 특징 파악 능력</td><td rowspan="2">동 · 식물 등이 갖는 문제를 적절히 해결할 수 있는 능력</td><td>환경의 인식</td></tr>
<tr><td>동물에 대한 관심</td><td>다양한 동물의 특성이나 행동에 관심이 많고 돌보는 능력</td><td>환경의 분류</td></tr>
<tr><td rowspan="4">음악지능</td><td>감상력</td><td>다양한 장르의 음악에 흥미를 가짐</td><td>부르기</td><td>가락, 박자 등의 인식력</td><td>가창에 필요한 요소를 조화롭게 활용</td><td>가락</td></tr>
<tr><td>악기 다루는 기술</td><td>악기 연주 능력</td><td>연주</td><td>악기와 악보 인식력</td><td>효과적으로 악기 연주</td><td>리듬</td></tr>
<tr><td>가창력</td><td>정확한 가락으로 조화롭게 노래하는 능력</td><td>작곡</td><td>작곡의 원리 인식력</td><td>곡 구성 능력</td><td>음색</td></tr>
<tr><td>작곡</td><td>노래나 시를 만들고 마음속으로 가락을 만드는 능력</td><td>감상</td><td>곡의 장르와 내용 인식력</td><td>상황에 적절한 곡을 선택하는 능력</td><td>음악의 감정 요소</td></tr>
<tr><td rowspan="3">신체운동 지능</td><td>운동력</td><td>스포츠나 다른 신체 활동을 좋아하고 재능이 있음</td><td>운동</td><td>힘, 리듬, 속도 등 운동에 필요한 요소 인식력</td><td>운동할 때 요소들을 적절히 활용해 균형감 있게 적용</td><td>몸의 움직임 조절</td></tr>
<tr><td rowspan="2">손작업 및 표현활동</td><td rowspan="2">대상을 다룰 때 손을 기술적으로 사용하고 신체를 통한 표현활동 좋아함</td><td>신체작업</td><td>손의 기능과 적절한 사용법 인식력</td><td>도구를 적절히 활용</td><td rowspan="2">대상을 다루는 기술</td></tr>
<tr><td>신체예술</td><td>신체 동작의 다양한 상징 인식력</td><td>신체를 효과적으로 활용하는 능력</td></tr>
<tr><td rowspan="5">논리수학 지능</td><td>학교수학</td><td>학교에서 수학 공부 잘함</td><td>수 계산</td><td>수 개념 인식, 부호화</td><td>각종 계산 능력</td><td>명제 및 명제들 간의 관계 파악 및 이해</td></tr>
<tr><td>일상수학</td><td>일상에서 수학을 효과적으로 활용함</td><td rowspan="2">논리적 사고</td><td rowspan="2">인과관계의 의미 인식</td><td rowspan="2">다양한 요소들을 분류, 범주화, 유추</td><td>문제의 추상화</td></tr>
<tr><td>전략게임</td><td>기술과 전략 사용 게임 좋아함</td><td>개념의 형태화</td></tr>
<tr><td>일상적 문제의 논리적 해결</td><td>일상적 문제해결을 위해 논리적 추론 사용</td><td rowspan="2">가설 검증</td><td rowspan="2">진술문이나 명제 인식</td><td rowspan="2">가설에 대한 논리적 해결 능력</td><td rowspan="2">연속적 추리</td></tr>
<tr><td>과학적 사고</td><td>과학과 과학적 형태의 탐구에 흥미와 관심을 가짐</td></tr>
</table>

### 5) 측정 도구의 필요조건

마지막으로 다중지능 측정 도구로서 필요한 조건들을 Gardner와 여러 연구자들이 출간한 다수의 문헌들을 토대로 종합해 보면, 다음과 같이 여섯 가지로 정리될 수 있다.

첫째로 지능에 대한 정의와 그 핵심 하위요소가 Gardner가 제안한 다중지능에 대한 설명과 일치해야 할 것이다(문용린 외, 2007).

둘째, 각 검사들이 해당지능 고유의 핵심적인 요소를 고려하는 문항들로 구성되어야 할 것이다(Gardner, 1999a).

셋째, 지능의 하위요소들 간의 중복성이나 위계성을 피한 검사 도구가 개발되어야 한다(문용린 외, 2007).

넷째, 언어나 논리 능력에 의해 편파적인 결과를 얻지 않도록 각 지능별로 공평한 도구가 제작되어야 한다(Gardner, 1999a, 2006).

다섯째, 지능을 재는 방법에 있어서도 기존의 자기보고식 검사 외에, 수행 능력을 객관적으로 측정하는 방법을 병행하여 상호 보완적이면서 포괄적으로 접근하는 측정 도구를 개발할 필요가 있다.

여섯째, 각 지능에 대한 여러 측정 도구를 개발하고 사람들이 아무런 어려움 없이 이 도구들을 사용할 수 있어야 한다(Gardner, 2006).

## 2. 다중지능의 계발

다중지능(재능)의 측정이 끝났으면 다음 과제는 계발이다. 교육의 본질은 '상태'가 아니라 '변화'라고 보아야 하기 때문에 계발은 중요성을 지닌다. 이를 테면 'A의 음악지능은 낮다'는 것은 하나의 상태를 나타낸다. 그러나 '이런저런 프로그램을 실시했더니 언어지능이 높아졌다'는 것은 변화에 해당한다. 상태의 확인에 머무르지 않고 보다 더 나은 상태로 변화시키는 것이 바로 교육의 본질이다.

### 1) 계발 과정에서 유의할 사항

다중지능의 기본 전제는 여덟 가지 지능이 모두 서로 다른 별개의 능력이라는 점이다. 따라서 교육이나 계발 방법도 다르게 마련이다. 그러므로 다수의 학생을 대상으로 일반적 · 보편적 교육을 실시해야 하는 학교교육으로서는 감당하기 어려운 부분이 있다. 그래서 가정에서 부모의 역할이 중요해진다. 다중지능의 특성상 학교교육이 미치지 못하는 구석이 있게 마련이니까 가정교육이 이를 보완해야 한다는 뜻이다. 자녀의 지능을 계발할 때 부모가 유의할 사항 몇 가지를 홍성훈(2009)의 『다중지능 혁명』(pp. 125-129)을 중심으로 정리하면 다음과 같다.

- 강점지능뿐만 아니라 약점지능에도 관심을 가져라.
- 지능 계발의 가능성과 한계에 유의하라.
- 특정 지능을 강요하거나 유도하지 마라.
- 여러 지능을 동시에 길러라.
- 강점지능을 활용하여 약점지능을 길러라.
- 계발의 최적 시기가 지능마다, 아이마다 다르니 여유를 가져라.

첫째, 강점지능뿐만 아니라 약점지능에도 관심을 가져야 한다. 최근 다중지능에 대한 관심이 고조되면서, 오로지 강점지능에만 관심이 집중되고 있다. 물론 강점지능은 진로선택의 토대가 되기에 중요하다. 그러나 지능은 본질적으로 일상적인 문제해결력이기 때문에 여덟 가지 지능 중에서 어느 하나라도 현저하게 낮으면 재능 실현은 고사하고 일상생활에 문제가 생길 수 있다. 그러니 강점지능을 최고조로 올리는 동시에, 약점지능은 적어도 평균 수준까지는 끌어올려야 한다. '강점지능의 계발과 약점지능의 보완'이라는 투 트랙(two-tracks)의 전략이 필요하다.

둘째, 지능 계발의 가능성과 한계에 유의해야 한다. 지능이나 재능은 선천성이 강해서 노력한다고 해서 무한정 길러지지는 않는다. 한계가 있다는 것이다. 하지만 노력하면 변화되는 부분도 분명히 있다. Gardner는 음악지능 · 논리수학지능 · 공간지능이 언어지능 · 인간친화지능 · 자기성찰지능 · 자연친화지능보다 유전의 영향을 더 많이 받는다고 말한다. 앞의 세 지능은 가소성(可塑性)이 낮아서, 환경이나 교육에 의한 후천적 변화의 폭이 그다지 크지 않다는 것이다. 하지만 그는 가소성이 낮은 지능이라도 매우 훌륭한 교육 프로그램만 있으면 변화의 폭이 커질 수 있고, 가소성이 높은 지능이라도 아무런 교육도 받지 못하면 제대로 발휘될 수 없다고 말한다. 타고나는 것도 중요하지만 노력도 중요하다는 뜻이다.

셋째, 특정 지능에 관심을 갖도록 유도하거나 강요하지 말아야 한다. 교육열과 내리사랑이 유난히 강해서 부모 역할이 베타맘(서포터형)보다는 알파맘(매니저형) 쪽으로 흐르기 쉬운 우리 학부모들로선 그 유혹을 참기 어려울 것이다. 아이들의 재능은 자연적으로 드러나게 마련이다. 그것은 봄에 꽃이 피는 것처럼 자연스런 현상이기 때문이다. 무슨 재능의 꽃이 언제 어디서 어떻게 필지 부모는 간섭이나 강요를 해서는 안 된다.

넷째, '1활동 多지능'의 멀티 프로그램을 활용할 필요가 있다. 다중지능은 여러 지능들이 조합을 이뤄 작용하기 때문에, 하나의 활동을 통해 여러 지능을 동시에 키울 수 있는 멀티 프로그램이 좋다. 이를테면 일기쓰기를 통해 언어지능과 자기성찰지능을 동시에 계발하는 방법을 들 수 있다.

다섯째는 넷째와 관련이 있다. 즉, 하나의 활동을 통해 여러 지능들을 동시에 계발하는 것이 바람직하다고 했는데, 그럴 경우 강점지능을 활용해서 약점지능을 계발하면 더욱 효과적이라는 것이다. 예를 들어 자연친화지능이 높아서 꽃이나 나무를 매우 좋아하는데 음악지능이 현저히 낮은 아이라면, 꽃이나 나무에 관한 노래를 부르게 하면 된다.

여섯째, 지능마다 계발될 수 있는 최적의 시기가 다르다. 물론 사람마다 개인차는 있겠지만 대체적으로 음악지능은 유아기에 잘 나타나고, 논리수학지능은 청소년기가 되어야 제대로 나타난다고 한다. 실제로 아인슈타인의 수학적 재능은 16세가 되어서야 나타났다고 하지 않은가? 장기간의 계발 과정에서는 유연성과 인내심이 필수적이다.

### 2) 지능을 계발하는 구체적 방법

지금까지 지능을 계발할 때 유의해야 할 사항에 대해 살펴보았다. 이제 여덟 가지 지능 각각을 계발할 수 있는 구체적인 방법들을 알아보고자 한다. 그런데 대상이 누구인가에 따라 계발 방법은 달라질 것이므로, 학생인 경우와 성인인 경우를 나누어 살펴볼 필요가 있다.

#### (1) 학생 대상

가정에서 부모가 중심이 되어 자녀의 여덟 가지 지능을 높일 수 있는 방법에는 여러 가지가 있을 수 있으니 각 가정의 상황이나 형편에 맞는 다양한 방법들을 찾아 실시하면 될 것이다. 그러나 이러한 방법들은 일상생활 속에서 간단하게 실시할 수 있는 방법에 불과하므로 전문적인 계발을 위해서는 별도의 과정과 노력이 필요할 것이다.

**〈표 5-2〉 지능별 계발 방법(학생)**

| 지능 구분 | 활동 내용 |
|---|---|
| 언어지능 | • 일기나 편지 쓰기<br>• 가족 간의 대화 · 토론 · 발표 |

| | |
|---|---|
| | • 역할극이나 역할 놀이<br>• 동화나 이야기 완성하기 |
| 음악지능 | • 노래 부르기<br>• 악기 연주<br>• 음악 감상이나 작곡<br>• 가족 음악회나 노래방 가기 |
| 논리수학지능 | • 생활 속의 숫자놀이<br>• 수리 능력 기르기<br>• 논리 능력 기르기<br>• 절차나 과정 익히기 |
| 공간지능 | • 지도나 약도 읽기<br>• 도면 익히기<br>• 도로나 지리 익히기<br>• 그림 그리기나 게임 하기 |
| 신체운동지능 | • 동작 능력 기르기<br>• 작동 능력 기르기<br>• 신체 언어 습득하기 |
| 인간친화지능 | • 타인 감정의 인식<br>• 공감 및 감수성 훈련<br>• 협동작업<br>• 조별 활동 |
| 자기성찰지능 | • 일기 쓰기<br>• 반성 및 사색하기<br>• 자신의 내면 이해<br>• 진로 계획 및 미래 설계 |
| 자연친화지능 | • 자연 관찰<br>• 동물원 및 식물원 방문<br>• 박물관 및 전시회 관람 |

출처: 홍성훈(2009), pp. 141-152.

### (2) 성인 대상

성인이 되면 직업 세계에 몸담고 있는 상황이므로 전술한 학생인 경우와는 많이 다르다. 문용린의 『지력혁명』에는 성인이 생활 현장에서 지능을 계발할 수 있는 방법들이 구체적으로 제시되어 있는데, 이를 정리 · 요약하면 〈표 5-3〉과 같다.

〈표 5-3〉 지능별 계발 방법(성인)

| 지능 구분 | 활동 내용 |
|---|---|
| 언어지능 | • 아이디어, 생각, 정서 등을 글이나 말로 표현하도록 노력한다.<br>• 책이나 신문에 나오는 이야기를 일기나 수필로 재구성해 본다.<br>• 휴식을 취할 때 가벼운 읽을거리를 읽는다.<br>• 각자 글을 읽고 자신이 읽은 것에 대해 이야기한다. |
| 음악지능 | • 쉽고 대중적인 악기의 연주법을 배운다.<br>• 노래 또는 악기 연주 동아리나 취미클럽 등에 가입하여 활동한다.<br>• 음악과 동작이 결합된 형태의 운동(재즈 댄스 등)에 취미를 붙인다. |
| 논리수학지능 | • 생활 속에서 숫자계산(돈 계산)을 귀찮게 여기지 말고 직접 해 본다.<br>• 정보와 자료 등을 일정한 기준에 따라 분류하는 작업을 한다.<br>• 추리소설을 읽을 때 잠깐 멈추고 다음 이야기를 상상해 본다.<br>• 기계, 장치 등이 어떻게 움직이는지 원리를 유심히 따져 본다. |
| 공간지능 | • 정보를 그림이나 도표로 풀어내 다른 사람에게 자주 설명한다.<br>• 가구나 집기, 장식물을 배치할 때 먼저 간단한 그림을 그려 본다.<br>• 까다로운 공간 퍼즐에 도전한다. |
| 신체운동지능 | • 조깅이나 걷기 외에 다소 복잡한 동작과 기술을 요하는 활동을 한다.<br>• 춤이나 스포츠 종목의 구분 동작을 선택한 후 주기적으로 연습한다.<br>• 아이디어, 사고, 감정을 표현할 때 신체를 이용한다. |
| 인간친화지능 | • 다른 사람들과 협업이나 분업을 추구한다.<br>• 취향이 맞는 사람과 공통적인 문화 경험을 많이 쌓는다.<br>• 조직이나 집단에서 상대방이 편안함을 느끼도록 배려한다.<br>• 다른 사람의 감정을 느끼고 의사를 파악하기 위해 주의를 기울인다. |
| 자기성찰지능 | • 자기계발을 위한 계획을 세우고 그 실천 여부를 스스로 점검한다.<br>• 매일 일기를 쓰거나 하루를 정리 또는 반성하는 글을 쓴다.<br>• 자기 내면세계에 집중하여 기도나 묵상 또는 명상을 한다. |
| 자연친화지능 | • 특이한 자연현상이 있는 곳에 가 보고 그 경험을 기록한다.<br>• 꽃, 나무, 애완동물 등을 기르면서 세세하게 관찰한다.<br>• 자연 다큐멘터리 등 관련 영상물을 즐겨 본다. |

| 제6장 |

# 다중지능과 진로지도

## 1. 도입 배경

다중지능 이론은 고전적인 지능 이론이 학교에서 중시하는 능력만을 지나치게 강조하는 것에 대한 비판에서 출발한 새로운 관점의 지능 이론으로서 인간의 다중지능이 전 생애에 걸쳐 개인의 경험과 환경에 의해 계발될 수 있다고 가정한다(Gardner, 1999b). 이러한 가정은 전 생애에 걸쳐 자신의 잠재 능력을 계발 · 발휘하여 훌륭한 성취를 이루어 낸 인물에 관한 연구들(Gardner, 1997; 류숙희, 2004; 문용린, 안태진, 2003 등)을 통해 뒷받침될 수 있는데, 이러한 각 분야에서 드러나는 성취의 요인과 과정에 대한 연구들은 개인의 강점(individuality)이 적절한 활동 영역(domain) 속에서 발휘되었고, 주위의 의미 있는 사람들 또는 사회문화적 환경(field)을 통해 강점이 더욱 계발 · 발휘되었음을 보여 준다.

국가진로발달협회(NCDA)가 진로의 개념을 정의한 내용에 따라, 진로를

'개인이 하는 일을 통해 목적 있는 삶을 살아가는 과정'이라고 정의한다면, 진로지도란 '개인이 목적 있는 삶을 살아갈 수 있도록 개인에게 적합한 일을 탐색하고 선택하는 과정에 대한 도움'이라고 할 수 있다. 그런 의미에서, 다중지능 이론의 관점에서 분석한 비범한 성취에 대한 연구 결과는 진로지도에 시사하는 바가 크다고 할 수 있다. 비범한 성취를 이룬 사람들의 공통점을 보면, 이들에게는 분명한 삶의 목적 또는 꿈이 있었으며, 자신에게 꼭 맞는 특정 활동 분야 또는 직업을 찾거나 때로는 그러한 분야나 직업을 창조하여 개인의 소질과 적성을 계발 · 발휘하였다. 특히, 개인의 소질과 적성 및 활동 분야는 다중지능의 개념으로 잘 이해될 수 있으며, 직업 또는 특정 분야를 찾아 가는 과정 중에 필요한 진로의 인식 · 탐색 · 선택의 과정은 다중지능 가운데 자기성찰지능의 발휘와 깊은 관련이 있다.

그동안 국내외에서는 다중지능 이론에 기초해 개인의 적성 또는 강 · 약점을 인식할 수 있는 검사들이 개발되었고(Shearer, 1997; 문용린, 2003 등), 진로지도 프로그램들이 개발되어 왔다(Shearer, 2001; Mantzaris, 2001; 김주현, 2005; 박춘택, 2003 등). 이 장에서는 이러한 연구들을 종합하여 다중지능 개념을 활용한 진로지도의 영역을 크게 '자기이해: 자기탐색과 자기계발' '진로탐색과 선택'의 두 부분으로 나누어 살펴보고, 다중지능을 활용한 진로지도 프로그램에 대해 논의하고자 한다.

## 2. 다중지능을 통한 자기이해

개인마다 생김새와 성격이 다르듯이 모든 사람은 각각 독특한 다중지능 프로파일을 가진다. 따라서 진로지도의 중요한 한 부분인 자기탐색의 영역에서 다중지능의 개념이 자신의 다양한 강점과 약점을 지각하고 이해할 수 있는 틀이 될 수 있다. 그리고 개인의 다중지능의 높고 낮음의 정도는 타고난 그대로 유지되는 것이 아니라 다양한 경험과 사회적 또는 주변 환경에 의해 변화되므로, 다중지능적 관점의 진로지도에서는 현재 수준의 재능탐색뿐만이 아니라 잠재 능력의 계발 과정도 중시할 필요가 있다. 그런 이유에서 다중지능을 활용한 자기이해의 영역을 크게 현재 수준의 '자기탐색'과 잠재 능력을 발전시켜 나가는 '자기계발'의 두 부분으로 나누어 살펴보고자 한다.

### 1) 자기탐색: 다중지능 프로파일 탐색

자신의 다중지능이 어떤 프로파일을 지니는지 짧은 시간 내에 비교적 정확히 탐색할 수 있는 방법은 다중지능을 측정하는 도구를 통하여 확인하는 것이다. 그동안 다중지능을 측정하는 도구들은 많이 개발되었다(Krechvsky, 1994; Shearer, 1997; 김현진, 1999; 문용린, 2003 등). 이러한 측정 도구들의 공통점은 다중지능의 개념과 정의에 따라 실제 상황에서 산물을 창조하고 문제를 해결하는 능력을 측정하고자 했다는 점이다. 실제로 이러한 측정 도구들은 자신의 능력을 이해하는 데 도움을 주는 것으로 나타났다(Shearer, 1997, 2001; 문용린, 김주현, 2005).

다중지능검사를 통해 점수를 확인하면, 점수 자체보다는 전체적인 프로파일을 봄으로써 자신의 강점지능이나 약점지능을 찾아야 한다. 강점지능을 확인하게 되면 이 지능을 고려하여 앞으로의 전공이나 직업 분야를 선택할 수 있다. 한편, 약점지능이 무엇인지도 확인하여 일상생활에서 불편함을 줄이기 위해서 어느 수준까지는 향상시키려 노력하는 것이 좋다.

그런데 다중지능 프로파일에서 강점지능의 분포는 모든 사람이 한 가지 지능만 높다든지, 두 가지 강점이 있다든지 하는 것이 아니라 사람마다 다른 양상을 보인다. 즉, 강점지능의 분포가 1~2개의 정점을 갖는 레이저형이 있고, 3개 이상의 정점을 갖는 서치라이트형이 있다. 레이저형 지능 프로파일을 가진 사람은 한 가지 분야에 깊이 몰입하여 탁월한 성취나 업적을 이루는 반면, 서치라이트형 지능 프로파일을 가진 사람들은 다양한 분야에 관심을 갖고 모든 요소를 종합하여 여러 분야에서 창의적인 업적을 보일 수 있다(Gardner, 2006; 홍성훈, 2009).

다음은 다중지능검사 후 받게 되는 다중지능 프로파일의 예다([그림 6-1] 참조). 표준화된 다중지능검사의 경우, 점수는 표준점수로 제시되어 다른 학생들과 비교할 때 얼마나 높은지 낮은지도 보여 주게 되지만, 해석할 때 다른 학생들과의 비교보다는 자신의 여덟 가지 지능 중 무엇이 강점이고 약점인지를 확인하는 것이 진로 준비에는 더 의미가 있다.

[그림 6-1]의 그래프를 볼 때, 김○○는 언어지능(77점)과 자기성찰지능(75점)이 다른 지능에 비해 현저히 높은 레이저형 강점을 지닌 것을 알 수 있다. 그리고 특히 자연친화지능(38점)과 신체운동지능(35점)이 약점이라는 것을 알 수 있다. 김○○ 학생은 장차 자신의 강점인 언어지능과 자기성찰지능을 잘 발휘할 수 있는 전공이나 직업 분야를 선택하게 된다면 그 분

**[그림 6-1] 김○○의 다중지능 프로파일**

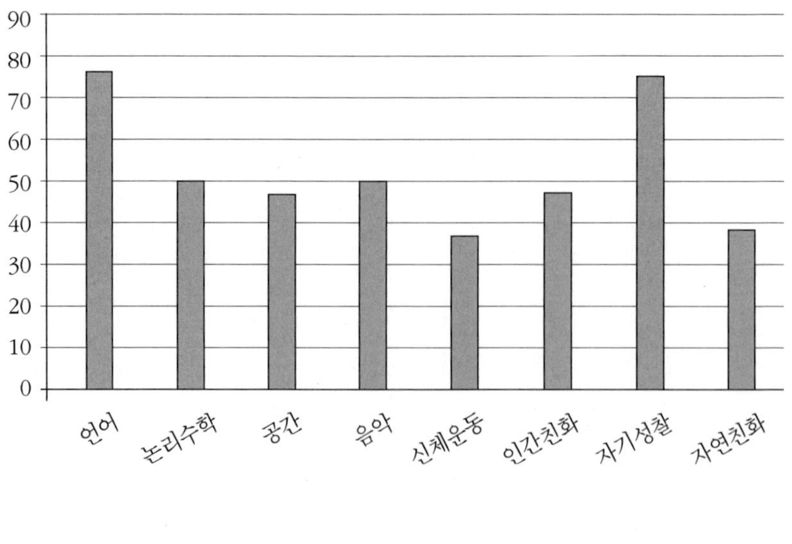

야에서 훌륭한 성취를 보이게 될 것이라 예측할 수 있다.

한편, 다중지능이 개인의 특정 영역의 활동 속에서 발휘되고, 주변 사람이나 사회문화적 환경에 의해 발견되고 지지된다는 점을 고려할 때, 다중지능의 평가는 검사에만 의존해서는 안 되며, 시간을 두고 자신에 대한 깊이 있는 성찰(Mantzaris, 2001), 포트폴리오 제작(Graver, 2000), 수행평가(Krechvsky, 1994), 교사 및 부모의 평가(김명희, 신화식, 2001) 등이 복합적으로 이루어질 필요가 있다. 이러한 과정을 통해 개인의 다중지능 강점과 약점을 정확하게 인식하는 것이 자기탐색의 중요한 부분이라고 할 수 있다.

### 2) 자기계발

다중지능을 통해 자신의 강점과 약점을 인식한 후에는 강점을 더욱 계발하고 약점은 보완하는 노력을 할 필요가 있다. 타고난 강점지능·약점지능 역시 잠재 능력이므로 어떤 경험과 노력을 하느냐에 따라, 어떤 지도자와 환경을 접하느냐에 따라 다양한 수준과 속도로 계발될 수 있다. 물론 약점지능의 경우, 강점지능에 비해 계발 속도도 느리고 눈에 띄는 변화를 보이지 않을 수 있으나, 꾸준히 노력한다면 생활의 불편함을 줄이고 그 능력이 조금이나마 꼭 필요한 순간에 그 몫을 해낼 수 있게 된다.

예를 들면, 피겨스케이트 선수 김연아의 경우 2007년 다중지능검사 결과 신체운동지능은 현저하게 높은 강점이었고, 음악지능은 가장 낮은 약점이었다(동아일보 문화부, 2007). 김연아 선수의 대회 장면을 보면, 김연아가 놀라운 스케이팅 기술을 발휘함과 동시에 음악에 맞추어 자신만의 깊이 있는 감정연기를 선보인다는 것을 알 수 있다. 즉, 김연아 선수는 대회 때마다 자신의 강점인 신체운동지능을 극대화하여 발휘함과 동시에 약점인 음악지능 또한 조화롭게 발휘하였다.

이와 같이 자신의 강점과 약점을 잘 이해하고 자신의 꿈을 이루기 위하여 가장 필요한 능력이자 계발되어야 하는 지능은 바로 자기성찰지능이다. 이는 자기성찰지능과 진로성숙도 간에 높은 상관관계를 보인다는 연구 결과(류상아, 2003; 문용린, 김주현, 박은실, 2003 등)와 자기성찰지능 내의 개인이해 능력은 진로탐색수업을 통해 유의미한 향상을 보인다는 연구 결과(Shearer, 1997)를 통해 뒷받침될 수 있다. 또한 진로 프로그램인 Ship (Student high impact project) 프로그램(Shearer, 2002)과 다중지능 이론에 기초한 진로교육 프로그램(김주현, 2005)에서도 자기성찰지능의 중요성을 인식하고 이를 계발하는 데 중점을 두고 있다.

그렇다면 자기성찰지능을 더 높일 수 있는 방법에는 어떤 것들이 있을까? 자기성찰지능을 효과적으로 높일 수 있는 몇 가지 방법을 소개하고자 한다.

첫째, 자기성찰 일기를 쓰는 것이다. 이때 일기의 내용이나 형식을 자유롭게 하되, 몇 가지 규칙을 세워 일기를 쓰는 것이 효과적이다. 예를 들면, 잠자리에 들기 전 조용한 장소에서 일기를 쓰되 제목을 달고, 그날 기억하고 싶은 일, 가장 중요하게 생각하는 일, 가장 힘든 일들을 세 가지씩 쓰는 것이다. 또한, 자기성찰 일기를 응용하여 과거 일기와 미래 일기를 쓸 수도 있다. 과거 일기에는 자기에게 큰 영향을 미친 중요한 사건이나 책 등의 목록을 작성하고, 어떤 영향과 변화를 주었는지 기술한다. 미래 일기는 자신이 성취하고 싶은 일의 목록을 작성하고, 구체적으로 기술하는 것이다(문용린, 2009).

둘째, 자신이 원하는 미래의 모습을 떠올리며 진로 또는 자기계발을 위한 계획을 세우고, 그 실천 여부를 스스로 점검한다.

셋째, 자신의 강점과 약점, 개성과 성격 등을 떠올리며 자신을 홍보하는 광고를 만들거나 자서전을 써 본다. 만약 자신에 대해 잘 알지 못한다고 생각되면 자신의 재능이나 성격을 알아보는 심리검사를 받는다.

넷째, 자기의 내면세계에 집중하여 기도나 명상 또는 묵상을 한다. 이와 더불어 명상, 사색 등의 내면세계와 관련된 서적을 읽거나 정신세계와 관련된 모임이나 종교모임에 참석한다.

다섯째, 해결하기 어려웠던 문제를 떠올리고 그 대안에 대해 생각해 본다. 문제에 대한 해답을 찾아 가는 과정 중에 스스로 긍정적인 혼잣말, 예를 들면 '나는 해낼 수 있어!'와 같은 말을 반복한다.

그 외에 Lazear(2004)가 제안한 자기성찰지능 계발 방법 몇 가지를 더 소개하면 다음과 같다.

첫째, 매일 자신의 감정의 흐름을 객관적으로 인식하는 연습을 한다.

둘째, 여러 가지 다른 상황 속에서 자신이 사용하고 있는 사고의 양식(thinking patterns)을 기록하고, 하루 일과가 끝날 때 각 사고의 양식을 평가한다. 그리고 이를 개선하거나 강화해야할 부분을 찾는다.

셋째, 모든 감각 기관을 동원하여 현재 자신의 감정을 느끼고, 정확하게 인식하는 연습을 한다.

## 3. 다중지능을 통한 진로탐색

다중지능의 개념은 개인의 자기이해의 틀인 동시에 자신의 잠재 능력을 발휘하는 전공이나 직업을 찾을 수 있는 진로탐색의 틀이 될 수 있다. 진로와 다중지능을 관련지어 볼 때 전공이나 직업의 주된 활동 분야에 따라 요구되는 다중지능이 무엇인지에 초점을 두거나 같은 직업 중에서도 활동 분야 내의 역할이 다양할 경우 그 역할에 따라 필요한 다중지능에 초점을 둘 수 있다.

먼저, 전공이나 활동 분야별 핵심적인 다중지능을 살펴보면, 의사소통과 관련된 분야는 언어지능이, 재정이나 회계 또는 과학 분야는 논리수학지능이, 사람들과 상호작용하거나 설득하는 분야는 인간친화지능이, 그리고 운송, 광고, 그래픽, 디자인 관련 분야는 공간지능이 핵심이 된다. 또한 음악 및 연예사업 분야는 음악지능이, 스포츠나 기술 분야는 신체운동지능이, 환경이나 동식물 관련 분야는 자연친화지능이, 성찰을 요구하는 창의적 작품 활동이나 자기 변화를 다루는 분야는 자기성찰지능이 핵심이 된다.

다음으로, 같은 활동 분야라도 세부적으로 어떤 역할을 주로 하느냐에 따라 각기 다른 강점지능을 요구하게 된다. 예를 들어, 기업 내의 인적자원 또는 마케팅 관련 부서에서는 인간친화지능이 더욱 요구되고, 회계나 재정 담당 부서에서는 논리수학지능이, 광고나 상품디자인 업무에서는 공간지능이, 물류 운송이나 생산 업무에서는 신체운동지능이, 상품 변별 업무에서는 자연친화지능이 요구된다.

이상의 강점지능과 관련된 활동 분야나 역할을 고려할 때 강점을 더욱 계발할 수 있는 대학전공이나 강점을 발휘할 수 있는 직업에는 어떤 것이 있을까? 자신의 강점을 고려한 전공이나 직업을 탐색하는 것은 장차 진로를 결정하는 데 직접적인 도움이 될 만한 가치 있는 활동이 된다. 〈표 6-1〉은 전공과 직업, 다중지능과의 관련성을 보여 주기 위하여 대학의 계열별로 2개 학과를 예로서 제시하고 진출 가능한 직업명과 그 학과를 공부하는 데 도움이 되는 적성 · 흥미 관련 다중지능을 제시한 것이다. 계열에 속한 학과와 진출 직업은 「2011년 직업선택을 위한 학과정보」(한국고용정보원 직업연구센터, 2010)를 참고하였다.

〈표 6-1〉 대학전공과 다중지능

| 계열 | 학과 | 진출직업 | 적성 · 흥미 관련 다중지능 |
|---|---|---|---|
| 인문 | 문예창작과 | 소설가, 시인, 시나리오작가, 방송작가, 신문기자 등 | 언어지능>자기성찰지능 |
| | 심리학과 | 상담전문가, 임상심리사, 직업상담사, 심리치료사, 피해자심리전문요원 등 | 인간친화지능>자기성찰지능>논리수학지능 |

| | | | |
|---|---|---|---|
| 사회 | 경영학과 | 사무원(마케팅, 금융, 회계, 보험, 구매 및 자재, 무역, 인사노무), 회계사, 세무사, 관세사, 경력관리전문가 등 | 인간친화지능>논리수학지능 |
| | 지리학과 | GIS전문가, 환경영향평가권, 감정평가사, 지리학연구원, 중등학교교사 등 | 자연친화지능>공간지능 |
| 교육 | 유아교육학과 | 유치원교사, 보육교사, 사회복지사, 생활지도원, 심리치료사 및 기타 치료사 등 | 인간친화지능>언어지능>공간지능, 음악지능, 신체운동지능 |
| | 물리교육과 | 중등학교 교사, 방문교사, 학원강사, 자연과학 관련 연구원, 생명과학 관련 연구원 등 | 인간친화지능>논리수학지능 |
| 공학 | 컴퓨터공학과 | 컴퓨터공학기술자, 응용소프트웨어개발자, 시스템소프트웨어개발자, 시스템운영·관리자, 컴퓨터보안전문가 등 | 논리수학지능>자기성찰지능 |
| | 토목공학과 | 토목구조설계기술자, 토목시공기술자, 토목안전환경기술자, 토목감리기술자, 토목엔지니어(건물건설, 도로 및 공항건설, 항만건설, 철도건설, 댐건설 등) 등 | 논리수학지능>자연친화지능>공간지능>신체운동지능 |
| 자연 | 통계학과 | 통계학연구원, 회계사무원, 금융사무원, 보험계리인, 정보보안전문가 등 | 논리수학지능 |
| | 식품조리학과 | 조리사(한식, 양식, 일식, 중식 등), 제과제빵사, 쇼콜라티에, 소믈리에, 요리학원강사 등 | 자연친화지능>공간지능>신체운동지능 |
| 의약 | 의학과 | 의사, 의학연구원, 생명과학연구원, 의학전문기자, 교수 등 | 논리수학지능>자연친화지능, 신체운동지능, 인간친화지능>자기성찰지능 |
| | 약학과 | 약사, 한약사, 약학연구원, 약학시험원, 의약품화학공학기술자 등 | 자연친화지능>논리수학지능 |
| 예체능 | 사진학과 | 사진가, 사진기자, 촬영기사, 방송장비기사, 일러스트레이터 등 | 공간지능>신체운동지능>자기성찰지능 |
| | 음향과 | 음향기사, 녹음기사, 마스터링엔지니어, 녹음 및 편집전문가 등 | 음악지능>논리수학지능>신체운동지능 |

## 4. 다중지능을 활용한 진로지도 프로그램

다중지능을 진로지도 프로그램에 활용할 때는 교육 대상의 연령에 맞는 진로교육의 목표뿐 아니라 다중지능의 발달 과정 역시 고려할 필요가 있다. 다중지능은 다음과 같은 궤도를 거쳐 발달하게 된다(Gardner, 1993).

먼저, 생후 1년간에는 태어날 때부터 가지고 있는 능력인 순수한 패턴을 재인식하는 능력을 발달시키게 된다. 예를 들어, 음악지능 중에서 소리를 구별하는 능력과 공간지능 중에서 3차원의 공간을 인식하는 능력이 이 시기에 발달하게 된다. 다음은 학령기 이전의 유아기에 나타나는 단계로서, 각 지능의 기본적인 상징체계들이 발달하게 된다. 이때 각 지능은 이야기, 노래, 그림, 춤 등의 상징들을 통해 표현되며 영역이 구분되기보다 통합적으로 발달하는 경향이 있다.

다음 단계는 학령기 아동에게 나타나는 단계로서 수식 · 문자 · 음악 · 기호 등 일종의 2차 상징체계라고 볼 수 있는 기초 체계들이 발달하게 된다. 이 시기의 아동들은 영역이 존재함을 깨닫고 분야에 대한 감각이 두드러진다.

마지막 단계는 청소년기 이상의 연령대에서 나타나는 단계로서 개인의 지능이 직업 혹은 취미의 형태로 표현되는 직업 및 비직업적 추구의 단계다. 이 시기에는 음악지능은 작곡가와 성악가 등으로, 신체운동지능은 무용수와 운동선수 등으로 연결된다.

진로교육의 목표를 학교급별로 구분할 때, 초등학교 시기는 진로인식, 중학교는 진로탐색, 고등학교는 진로준비의 시기라고 할 수 있다. 진로인식의 시기에는 자신의 강점과 약점을 이해하더라도 이것이 고정되어 있다고 믿기보다 현재 자신의 두드러진 강점과 약점이 무엇인지 파악한 후 다양한 활동과 역할을 경험하는 과정을 통해 자신의 강점을 재확인해 나가고, 경험이나 기회의 부족으로 인한 약점은 보완해 나가도록 해야 한다.

진로에도 다양한 가능성과 기회가 열려 있듯이, 개인의 잠재력도 이 시기를 지나는 동안 다양한 수준과 깊이로 계발될 수 있다는 점을 유의해야 한다. 진로탐색의 시기에는 자신의 강점과 약점을 깊이 성찰하여 강점을 강화할 수 있는 분야의 체험활동이나 봉사활동을 본격적으로 해 나갈 수 있다. 그리고 자기성찰지능을 적극 활용하여, 자신의 강점을 발휘하고 자신의 가치를 실현하며 욕구를 충족시켜줄 수 있는 관련 전공이나 진로를 꾸준히 탐색해 나가야 한다.

진로준비의 시기에는 자신의 잠재적 능력을 십분 발휘하고 자신이 추구하는 가치를 실현시킬 수 있는 특정한 분야로 진출할 수 있도록 진로선택을 좁혀 나가야 한다. 특히 자신이 꿈꾸는 직업과 활동이 막연한 동경이 아니라 현실적으로 인식하고 준비할 수 있도록, 자신의 강점 및 흥미와 관련된 진로선택의 범위 내에서 실제 직업이나 활동 분야의 현장 경험을 강화할 필요가 있다.

다음은 다중지능을 활용한 진로지도의 한 예로서, 창의적 재량활동 시간을 활용하여 실시한 '중학생을 위한 진로교육 프로그램'(김주현, 2005)의 활동 내용을 제시한 것이다. 진로교육 프로그램의 목표는 자기성찰지능을 통하여 자신의 잠재 능력을 이해하고, 잠재 능력을 발휘 · 계발하는 데 도움이 되는 활동을 탐색하며, 미래에 대한 구체적인 계획을 세우는 데 있다.

〈표 6-2〉 중학생용 다중지능(MI) 진로교육 프로그램 활동 내용

| 회기 | 활동명 | 내용 |
|---|---|---|
| 1 | 들어가기 | • 미래 진로 성찰<br>• 진로활동성찰일지 쓰기 |
| 2 | 다중지능검사 | • MI 검사 시행 |
| 3 | MI란 | • MI 이해하기(강의)<br>• MI별 대표적 실존 인물 탐색<br>• 진로활동성찰일지 쓰기 |

| | | |
|---|---|---|
| 4 | 나의 MI는? | • MI 검사 결과 해석<br>• 아동기 경험 성찰<br>• 진로활동성찰일지 쓰기 |
| 5 | 나의 MI 총평 | • 교사가 평가한 나의 MI 강점 및 약점<br>• 친구들이 평가한 나의 MI 강점 및 약점<br>• 나의 MI 평가 종합표<br>• 나의 MI 확신서 작성<br>• 진로활동성찰일지 쓰기 |
| 6 | MI 강점별 모둠활동<br>(Best Job10) | • 강점별 모둠 조직<br>• 모둠 내 자기소개<br>• 모둠지능 대표직업 10(직업별 주요 능력 찾기)<br>• 모둠지능의 중요성 토의<br>• 친구들에게 나의 장래 직업 추천받기<br>• 진로활동성찰일지 쓰기 |
| 7 | 직업정보탐색 | • 직업의 의미와 21세기 유망직종(강의)<br>• MI별 직업 영역 탐색<br>• 희망직업 세 가지 선정<br>• 직업정보 탐색<br>• 진로활동성찰일지 쓰기 |
| 8 | MI와 진학 | • 대학전공과 MI<br>• 고교유형과 MI<br>• 희망직업 선정<br>• 희망직업 관련 강점계발, 고교와 대학전공 탐색<br>• 진로활동성찰일지 쓰기 |
| 9 | MI와 학습 방법 | • MI별 학습 방법 탐색<br>• 내 강점 학습 방법<br>• 모둠별로 학습 방법 실습<br>• 진로활동성찰일지 쓰기 |
| 10 | MI와 학교생활 | • 교과목과 MI<br>• 계발활동과 MI<br>• 자신의 특정 지능계발을 위한 과목탐색과 계발활동 선택<br>• 진로활동성찰일지 쓰기 |
| 11 | MI와 계발 방법 | • MI 계발 방법 탐색 및 선택<br>• MI 계발 방법의 구체적 실천 계획 수립<br>• 진로활동성찰일지 쓰기 |

| | | |
|---|---|---|
| 12 | 나의 진로성찰 | • 나의 MI 프로파일<br>• MI 피자판 완성<br>• 희망 직업과 나의 현 조건 비교 및 대안 탐색<br>• 직업 명함 만들기<br>• 진로활동성찰일지 쓰기 |
| 13 | 나의 진로설계 | • 장 · 중 · 단기 목표설정<br>• MI 계발 계획 수립<br>• 진로활동성찰일지 쓰기 |

## 5. 다중지능을 활용한 진로지도를 위한 제언

기존의 다중지능을 활용한 진로지도의 한계점과 제안점을 제시하면 다음과 같다.

첫째, 다중지능을 활용한 진로지도의 경우, 자기이해의 대상이 대부분 '잠재 능력', 즉 다중지능에만 국한되는 경향이 있다. 실제 진로의사 결정을 할 때는 적성 못지않게 직업적 가치나 성격 등도 중요한 요인이 된다. 따라서 다중지능을 활용한 진로지도 프로그램을 구성할 때에는 다중지능 프로파일을 이해하는 것과 더불어 자기성찰지능을 적극 발휘하여 자신의 내면을 성찰하게 함으로써, 자신의 가치와 성격 등의 다양한 요인을 종합하여 자신이 추구하고 꿈꾸는 진로를 현실적으로 준비해야 한다.

둘째, 다중지능을 활용한 집단 프로그램의 경우 프로그램의 대상은 다양한 강점을 지닌 학생들이지만, 그 방법이나 내용은 주로 언어지능과 자기성찰지능에 의존하는 경향이 있다. 이 두 지능이 높은 학생들이 참여한 경우 매우 흥미롭고 효과적인 프로그램이 될 수 있으나, 그러지 않은 경우에는 효과도 낮고 힘든 시간이 될 수 있다. 따라서 음악지능 또는 신체운동지능 등 언어지능 이외의 특정 지능이 강점인 학생들을 대상으로 자신의 강점을 활용할 수 있는 다중지능 진로지도 프로그램을 개발한다면, 프로그램의 효과도 높이고 자신을 이해 · 탐색하는 수준 이상으로 자기강점 계발의 기회가 될 수 있을 것이다.

셋째, 다중지능을 활용한 프로그램과 더불어 기타 수업시간을 연계하여 학생과 교사가 다중지능을 활용한 교수 및 학습 방법을 사용한다면 Mantzaris(2001)의 연구처럼 교과학습에도 긍정적인 영향을 미치고, 자기강점 계발에도 효과적일 것이다.

넷째, 진로체험 활동에 다중지능을 활용하고자 할 때는, 다중지능 프로파일을 토대로 학생 개인의 강점지능을 발휘할 수 있는 체험활동을 선택하여 강점을 보다 더 강화해 나가는 것이 진로준비와 자기계발에 효과적이다. 또한 특별히 부족한 약점지능이 보인다면, 강점을 활용하여 약점을 보완할 수 있는 체험활동을 통하여 강점은 극대화하고 약점은 어느 정도 높일 수 있다.

| 제7장 |

# 다중지능형 진로지도 모형[1)]

## 1. 개요: 재능 · 영역 · 필드(분야)의 상호작용

다중지능이 지닌 커다란 장점은 각 개인이 지닌 다양한 재능을 IQ나 EQ 등 다른 지능보다 훨씬 더 세밀하게 파악할 수 있다는 점이다. 재능을 파악하는 것은 진로설계의 출발점이 된다는 점에서 매우 중요하다. 이러한 관점에서 향후의 진로교육이나 지도는 다중지능을 토대로 할 필요가 있는데, 최근(2012년 5월) 개관한 한국잡월드의 진로설계관은 좋은 사례가 된다.

다중지능형 진로지도 모형은 미국 심리학자 M. Csikszentmihalyi 교수가 제안한 창의성 모형(IDF 모형)을 바탕으로 한다. 『몰입의 즐거움』(1997)이란 책으로도 널리 알려진, 몰입 연구의 대가인 그는 개인의 창의성이 영역 및 필드(분야)와의 상호작용을 통해서 발휘될 수 있음을 밝혔다.

1) 이 장은 홍성훈(2009)의 『다중지능 혁명』 중 일부 내용을 요약 · 정리한 것이며, 다중지능형 진로지도 모형은 필자가 IDF 모형을 바탕으로 명명한 것임.

[그림 7-1] 다중지능형 진로지도 모형

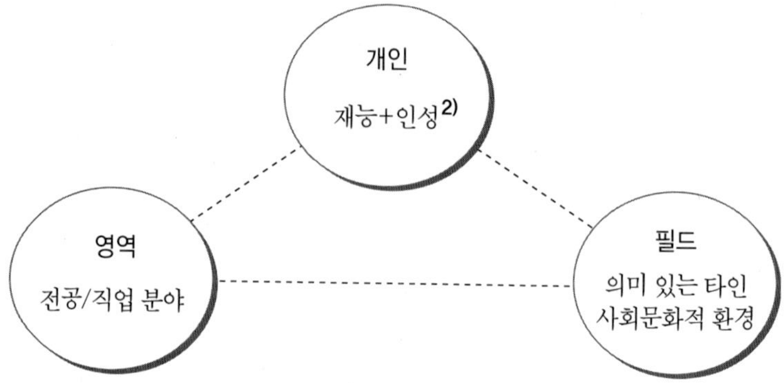


그는 창의성의 세 요소로 개인 · 영역 · 필드를 제시했다. 창의성을 지닌 창조자 개인(individual)과 그에 적합한 성취 영역(domain), 그리고 그 성취의 질을 판단하는 전문가들로 구성되는 필드(field)가 바로 그것이다. 창의성은 이 세 요소가 상호작용을 한 결과라는 것이다. 이를테면, 한 개인의 창의성은 그에 적합한 전공 · 직업 영역을 만나고, 그 영역의 전문가나 부모 등 '의미 있는 타인'과의 상호작용을 통해야만 활짝 피어날 수 있다는 말이다.

한 개인의 재능은 그 자체만으로 작용하기보다는 이러한 모형을 통해 다른 요소들과 유기적으로 작용한다고 보는 것이 타당하다. 따라서 다중지능형 진로지도 모형의 최종적인 성과는 결국 한 개인의 재능이 적절한 영역와 필드에서 얼마나 잘 발휘되느냐에 달려있다.

어릴 적에 세상 사람들을 깜짝 놀라게 할 만큼 특별한 재능을 보였지만 자신의 능력을 제대로 발휘하지 못한 채 세인의 기억 속에서 쓸쓸히 사라

---

2) 인성은 M. Csikszentmihalyi 교수의 창의성 모형에는 없으나, 재능과 인성의 상호작용의 필요성을 감안하여 포함시켰다(홍성훈, 2009 참조).

져 버린 사람들이 적지 않다. 재능만으론 안 된다. 반짝 빛나는 재능 하나만으론 몇 사람을 잠시 감동시킬 수는 있지만, 여러 사람을 오랫동안 감동시키기는 어렵다.

그러니 재능 하나만 살펴서는 부족하다. 한 아이의 어릴 적 재능이 최대한 발휘되어 생애 후반에 이르러 드디어 자아실현으로 결실을 맺음으로써 진정한 인생의 성공과 행복을 이룰 수 있는 메커니즘 전체를 바라볼 필요가 있다.

개인과 영역, 필드로 구성되는 창의성 발현의 메커니즘은 재능 실현에도 적용할 수 있다고 본다. 창의성도 재능의 일종으로 볼 수 있기 때문이다. Gardner는 이러한 창의성 모형을 바탕으로 체제적 접근(System Approach)이라는 새로운 틀을 제시했고, 이를 통해 간디와 버지니아 울프, 프로이트 등 위인들의 생애를 연구한 적이 있다.

그런데 Csikszentmihalyi의 모형은 창의성을 발휘한 소수의 비범한 인물만을 대상으로 한 것이라는 한계가 있다. 그러므로 그의 모형을 비범한 사람을 포함한 지상의 모든 사람들에까지 확장하여 적용할 필요가 있다고 본다. 다중지능의 기본 목표는 소수의 영재나 천재뿐만 아니라 모든 사람들이 자신의 재능을 찾고 발휘하여 행복하게 살아가도록 하는 데 있다고 보기 때문이다.

이 모형에서 '개인'은 재능과 인성으로 구성되는데, 여기서 재능이란 다중지능에서 말하는 장점지능의 조합을 뜻한다. 그런데 Csikszentmihalyi의 모형에는 없는 인성을 다중지능형 진로지도 모형에 포함시킨 것은, 인성은 재능 실현의 기본 토대가 된다고 보기 때문이다. 인성 없이는 개인의 잠재 능력인 재능이 제대로 발휘되기 어렵다.

이 모형의 원활한 작동을 위해서는 먼저 다중지능을 통해 재능을 제대로 탐색하여 그에 적절한 전공 및 직업 영역을 선택하고, 다음으로 재능 실현의 토대가 되는 인성이 재능을 제대로 뒷받침하며, 마지막으로 부모와 전문가, 지지자 또는 경쟁자로 구성되는 필드가 재능 실현을 지원해 주어야 한다.

이제, 이 모형에서 재능(강점지능)은 어떻게 탐색하는지, 재능에 맞는 전공이나 직업 영역은 어떻게 찾을 수 있는지, 인성은 어떤 영향을 미치는지, 그리고 그런 과정에서 부모나 교사 등의 의미 있는 타인들은 어떤 역할을 하는지 구체적으로 살펴보고자 한다.

## 2. 재능(강점지능)의 탐색

다중지능형 진로지도 모형은 재능의 탐색에서 출발한다. 다중지능에서 재능과 지능은 동일하므로 자녀의 재능을 찾기 위해서는 다중지능에서 말하는 강점지능을 탐색하면 된다. 지능(재능)을 찾는 방법으로는 검사지를 쓰는 방법과 생활 장면에서 자연스레 알아내는 방법 등 두 가지를 생각할 수 있다. 그런데 어떤 방법을 쓰든 탐색에 임하는 기본자세는 중요하다.

### 1) 탐색의 기본 자세

다른 모든 구성개념처럼 다중지능 역시 객관적으로 존재하는 실체가 아니라 인간의 두뇌가 만들어 낸 인위적 가상물에 지나지 않기 때문에 제대로 측정하기 어렵다. 이러한 관점에서 Gardner는 인간 내면의 오묘한 세계에 대해 보다 겸허한 자세를 취하기를 요구하는데, 그가 하버드 대학교에서 주도한 프로젝트 제로(Project Zero)의 '제로'가 바로 이를 의미한다. Gardner도 심리학자라서 지능에 대한 과학적 접근과 이해를 중시하지만, 인간의 머릿속을 들여다보는 것은 어렵다고 보고, 신중한 자세를 주문한 것이다.

### 2) 생활 장면에서 자연적인 탐색

지필 검사에 의해 다중지능을 측정하는 것은 바람직하지 않다는 것이 Gardner의 기본 입장이다. 지필 검사는 언어적인 검사이고, 특정 지능에 대한 선호나 흥미를 그 지능이 발현된 결과로 혼동할 수 있다는 것이다.

Gardner는 다중지능을 우리가 일상생활에서 부딪히는 문제들을 해결하는 매우 실제적인 능력이라고 본다. 그는 지필 검사로 측정되는 IQ검사나 SAT 검사를 예로 들면서, 이 검사들이 실험을 계획하고 수필을 쓰고 음악 공연을 평가하고 논쟁을 해결하는 등의 실제 생활 장면의 문제해결력을 측정하는 데는 한계가 있다고 말한다. 이를 테면 공간지능을 잴 경우, 지필 검사가 아니라 실제로 야외로 데리고 나가서 지도 한 장을 주고 길을 찾아가는 능력을 체크해야 한다고 그는 제안한다.

IQ는 지필 검사 형태로 측정할 수 있다. 그러나 다중지능은 다양한 재능을 전제로 하고 있기 때문에 IQ 방식과는 차이가 있다. 예컨대 신체운동지능과 자기성찰지능을 측정한다면, 새로운 길이나 장소를 얼마나 잘 찾아가는지, 자기 자신을 얼마나 잘 이해하고 있는지를 측정하면 된다.

봄이 되면 저절로 꽃이 피는 것처럼, 아이들의 재능(강점지능)은 때가 되면 저절로 드러나게 마련이다. 그러니 부모가 일상생활 중에 아이들을 조금만 더 유심히 관찰하면 지능의 대략적인 추세는 파악할 수 있다.

### 3) 다중지능 박물관 방식

Gardner는 자녀의 다중지능을 탐색할 때 IQ처럼 표준화된 측정 도구보다는 여러 가지 다양한 지능 스펙트럼이 갖춰진 어린이 박물관 같은 곳에 데려가서 가만히 관찰하기를 권한다. 다양한 지능들을 자극할 수 있도록 고안된 박물관이나 스펙트럼 교실 같은 곳에 아이들을 데리고 가서 자유롭게 탐색하도록 한 다음, 그들을 관찰하는 것만으로도 강점지능과 약점지능 정도는 쉽게 파악할 수 있다고 본 것이다. 물론 특정 시점의 탐색 결과에 지나치게 큰 비중을 둘 필요는 없다고 그는 말한다. 나중에 나타나는 지능도 있기 때문이다.

2008년 여름, Gardner의 박물관 체험 방식을 참고로 한 다중지능 이벤트인 '플레이 뮤지엄'이 서울에서 열렸다. 세종문화회관 등이 주최하고 다중지능연구소와 한국유치원연합회 등이 후원하여 7월 5일부터 9월 28일까지 세종문화회관 미술관 별관에서 열린 이 행사는 '다중지능 체험 놀이터' 방식으로 진행되었다. 이제 국내에서도 아이들이 다중지능을 직접 체험할 수 있는 프로그램이 시작되었다는 점에서 의의가 컸다고 본다.

이 행사에서 부모들은 여덟 가지 지능을 20개의 놀이 도구를 통해 체험할 수 있는 공간에 자녀를 데리고 가서, 그들이 어떤 지능 영역에 관심을 갖는지 자연스레 관찰하는 방식으로 자녀의 강점지능을 확인하도록 꾸몄다.

2008년의 플레이 뮤지엄 이벤트는 한시적인 행사에 불과했지만, 2009년에 개관한 송파어린이문화회관과 2012년에 개관한 한국잡월드의 경우는 다중지능 체험 공간을 상설화한 사례에 속한다. 먼저 송파어린이문화회관은 2층과 3층에 체험공간을 설치하였는데, 유아나 초등학교 저학년에게 적합하다. 2012년 5월에 개관한 한국잡월드의 경우[3]는 초등학교 고학년이나 청소년을 대상으로 하는데, 다중지능을 바탕으로 재능(강점지능)을 찾고 그에 맞는 직업을 소개받아 직접 체험까지 해 보는 통합 시스템을 갖추고 있다.

아이들은 이런 공간에 가면, 자기가 좋아하고 관심이 있는 지능 영역 앞에 저절로 발을 멈추고 시선을 집중하게끔 되어 있는데, 부모는 아이 뒤를 가만히 따라가면서 관찰하면 된다. 물론 체크리스트나 관찰지를 들고 따라다니면 더 좋을 것이다.

---

3) 한국잡월드에 대한 상세한 설명은 8장 3절의 '국내의 적용 사례' 참조.

### 4) 검사지를 통한 탐색

다중지능은 생활 장면이나 박물관 방식으로 직접 관찰하는 것이 가장 바람직한 방법이다. 그런데 이 방법을 쓰자면 각 지능의 성격이 달라서 탐색 방법도 제각각인데다 관찰자가 다중지능에 대해 상당한 수준의 지식과 기술을 확보해야 한다는 문제가 있다. 물론 경비나 시간이 많이 든다는 단점도 있다.

그래서 주목받는 것이 검사지 방식이다. 이 방식은 지능 프로파일을 한 번의 검사를 통해 쉽게 파악할 수 있는, 무시하지 못할 장점이 있다. 국내에서도 다중지능을 검사지 형식으로 재는 도구가 몇 가지 개발되어 자녀의 재능을 알고 싶어 하는 많은 학부모의 관심을 끌고 있다.

먼저 서울대학교 도덕심리연구실(책임교수: 문용린)이 대교 심리진단센터의 의뢰를 받아 제작한 다중지능검사는 유아 · 아동 · 청소년 · 성인 등 전연령층을 대상으로 하고 있다. 이 검사의 장점은 표준화가 되어 있어 타

[그림 7-2] 홍○○의 다중지능 프로파일

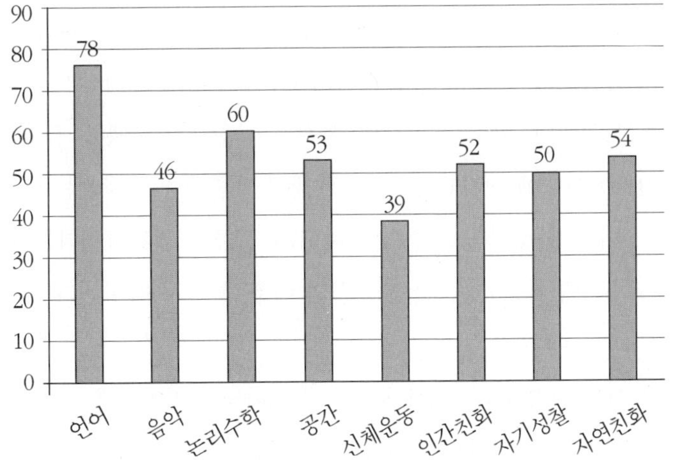

인과 비교할 수 있고, 특히 성인용의 경우 전문가 집단의 평균과도 비교할 수 있다는 점이다.

한편 다중지능연구소의 검사지는 유아용과 초등용으로 나뉘어 있고, 최근 청소년용(중고생용)이 추가되었다. 유아용은 지필 검사가 아닌 수행평가 방식을 사용한다는 장점이 있고, 부모용 체크리스트를 포함하고 있는 초등용은 국내와 외국에서 표준화되어 다양한 비교가 가능하다는 장점이 있다.

[그림 7-2]는 앞서 소개한 2007년도 동아일보 신춘문예의 희곡 부문 당선자인 홍○○의 다중지능 프로파일이다. 이 프로파일을 보면, 언어지능과 논리수학지능이 다른 지능에 비해 훨씬 높음을 알 수 있다. 이 두 지능이 바로 강점지능이고, 작가는 이를 잘 결합 · 활용하여 희곡을 써서 신춘문예에서 최연소로 당선되는 성과를 얻은 것이다. 한편, 신체운동지능 · 인간친화지능 · 자기성찰지능은 다른 지능에 비해 상당히 낮음을 알 수 있다. 이것이 바로 약점지능이다.

## 3. 재능에 맞는 진로 영역 선택

지금까지 우리나라에서 진로 영역(전공이나 직업 분야)를 선택하는 유일한 기준은 성적이었다. 수능 등급과 내신 등급에 따라 대학에서 전공할 학과를 결정한 것이다. 재능이 아니라 성적을 기준으로 학과를 결정하는 것은 20세기 IQ 시대에는 가능했지만, 21세기 다중지능 시대에는 맞지 않는다. 재능이 아니라 성적을 기준으로 자녀의 전공을 결정하였다가 크게 후회한 어느 학부모의 경우는 '반면교사'의 매우 좋은 사례가 된다.

> 경남 어느 지역의 학부모에게 문과생인 따님이 있었는데, 강점은 언어지능, 약점은 논리수학지능이었다. 그런데 수능 등급이 너무 잘 나와

서 당시 문과생 성적 우수자가 으레 선택하는 법대에 진학하게 된다. IQ의 관점에서 보면 문과의 성적우수자가 법대에 진학한 것은 누구나 바라는 '가문의 영광'이 되겠지만, 다중지능의 관점에서 보면 '가문의 위기'가 된다. 법학을 전공하기 위해서는 무엇보다도 논리수학지능이 강점으로 나타나야 하는데, 그 따님의 경우에는 도리어 약점지능이었던 것이다. 해마다 가을만 되면 따님은 수능을 다시 보겠다 하고 어머니는 만류하고……. 그렇게 씨름하느라 4년이 흘러갔다.

지능(재능)은 생물학적 · 심리학적 개념이고 진로 영역(전공 또는 직업 분야)은 사회적인 개념이라서 근본적으로 차이가 난다. 그런데 부모들은 자녀의 지능보다는 영역에 눈길이 먼저 가게 마련이다. 지능은 개인이 갖고 있는 유전성이 강한 내적인 특성인 반면, 영역은 인간이 사회생활을 통해 형성 · 분류한 것이니, 지능이 자연성이 강한 개념이라면 영역은 사회성이 강한 개념이라고 볼 수 있다. 그러므로 자녀를 키우는 부모로선 '재능의 자연성' 보다 '영역의 사회성' 에 우선 눈길이 쏠리게 마련이다.

그러나 여기서 중요한 것은 사회성이 자연성을 너무 침범해서는 안 된다는 점이다. 자연성이 사회성보다 더 근원적이고 중요하며 강력한 힘을 갖기 때문이다. 그러기에 부모는 어떤 분야가 더 사회적으로 인정받는지, 수입이 좋은지를 살피는 것보다, 자녀가 어느 분야를 더 좋아하고 잘 할 수 있는지를 먼저 살펴야 한다.

또한 부모는 자신의 주관이나 기대에 따라 자녀의 진로를 먼저 선택하고, 지능(재능)을 거기에 끼워 맞추는 오류를 범해서는 안 된다. 자녀가 어떤 재능과 특성을 갖고 있고 무엇을 좋아하며 어떤 일을 했을 때 인생이 진정으로 행복하고 보람을 느낄지를 먼저 생각해야 하고, 무엇이 되었으면 좋겠다는 부모 자신의 기대를 앞세우지 말아야 한다. 사회적 지위나 경제적 조건이 아니라 자녀의 재능에 의해서 영역을 선택하게 되면 나중에 크게 후회하는 일은 없을 것이다.

다중지능은 각 개인이 지닌 재능(지능)의 다양성을 중시하기 때문에, 각 개인의 다중지능은 전공 분야는 물론 직업 분야를 선택하는 데도 매우 유용하게 활용될 수 있다. 각 직업 분야의 직무를 분석해 보면 특정 직업에 필수적인 다중지능이 드러날 것이다. Gardner(1983)는 직업 분야를 다중지능과 연결짓는 것이 필수적이라 하면서 몇 가지 분야를 사례로 제시했다.

- 의사소통 분야: 언어지능
- 재정, 회계, 과학 분야: 논리수학지능
- 대중과의 상호작용 분야: 인성지능(인간친화지능+자기성찰지능)
- 오락 · 연예 분야: 음악지능과 기타 예술적 지능
- 운동선수, 예술가와 기술자 분야: 신체운동지능
- 항해, 운송, 광고, 그래픽 분야: 공간지능
- 환경, 식물 · 동물, 생태 분야: 자연친화지능
- 종교 분야: 실존지능

그런데 Gardner가 제시한 것은 단순한 분류라서 그대로 현실에 적용하는 데는 한계가 있다. 복잡한 현실세계에서는 하나의 지능으로 감당하기 어려운 분야가 상당히 많기 때문이다. 그러므로 하나의 지능보다는 '지능의 조합'에 부합하는 직업 분야를 찾는 것이 더 좋겠다.

대학 또는 대학원의 여러 전공 분야를 살펴보면 각 분야에 필요한 지능이 있고, 직업 분야 또한 그러하다. 그러므로 자녀의 성적이 아니라 강점지능(재능)에 맞추어 전공이나 직업 분야를 선택하면 된다.

- 법학: 논리수학지능+언어지능
- 의학: 논리수학지능(외과는 신체운동지능, 정신과는 인간친화지능 추가)

- 정치외교학: 언어지능+논리수학지능+인간친화지능
- 자연과학: 논리수학지능+자연친화지능
- 어문계열: 언어지능
- 변호사, 정치인, 외교관: 논리수학지능+언어지능+인간친화지능
- 스포츠 해설가나 앵커: 언어지능+인간친화지능
- 택시운전사, 조종사, 항해사, 조각가: 공간지능+신체운동지능
- 운동 코치나 감독: 신체운동지능+인간친화지능
- 공인중개사, 미술관 큐레이터: 공간지능+인간친화지능
- 음악치료사, 음악 교사, 음악공연 연출가: 음악지능+인간친화지능
- 무용가, 피겨 스케이팅 선수: 음악지능+인간친화지능

다중지능의 강점지능을 토대로 전공이나 직업 분야를 선택하는 방식으로 지능인자형과 지능군을 맞추는 방식을 제안하고자 한다. 이는 각 개인이 갖고 있는 강점지능의 조합('지능인자형')과 각 진로 분야가 필요로 하는 강점지능의 조합('지능군')을 일치시키는 방식인데, 그림으로 나타내면 다음과 같다.

개인 (지능인자형) ⟶ 전공/직업 분야 (지능군)

아이들의 재능을 파악하기 위해 다중지능검사를 해 보면 저마다 강점지능의 조합이 다르게 나타나는데 이를 '지능인자형'이라 부르자. 또한 전공이나 직업 분야들을 가만히 들여다보면 저마다 다른 강점지능의 조합을 필요로 하는데, 이를 '지능군'이라 부르자. 이를테면 변호사 직종에는 언어지능, 논리수학지능, 인간친화지능이 필요한데, 여기서 여덟 가지 다중지

능 각각에 대해 언어지능은 A, 음악지능은 B, 논리수학지능은 C, 공간지능은 D, 신체운동지능은 E, 인간친화지능은 F, 자기성찰지능은 G, 자연친화지능은 H라고 한다면, 변호사 직종은 ACF 지능군이 된다.

만일 어떤 사람의 강점지능이 언어지능(A)과 논리수학지능(C), 인간친화지능(F)으로 나타났다면 그의 지능인자형은 ACF형이라 할 수 있다. 그러므로 한 사람의 지능인자형이 ACF형으로 나타난다면, 지능군이 ACF형인 변호사를 직업으로 선택하면 된다. 이렇게 되면 성석이 아니라 재능에 따라 진로를 선택할 수 있게 된다.

## 4. 필드, 의미 있는 타인들의 역할

아이가 자기 재능에 맞는 분야를 잘 선택하여 능력을 발휘하는 데는 자신의 노력도 중요하지만 부모나 스승, 지지자나 경쟁자, 전문가 등 주위 사람들의 역할도 매우 중요하다. 이들을 교육학에서는 의미 있는 타인(significant others)이라 부르는데, 이들이 필드를 구성한다. 필드란 부모나 교사, 경쟁자와 지지자 등 자녀의 성장과 재능실현에 영향을 미치는 '의미 있는 타인'이 만들어 주는 심리적인 울타리라고 볼 수 있다.

그런데 이 필드는 물리적인 공간이 아니라 심리적인 공간이라는 점에 유의할 필요가 있다. 운동선수에게 경기장은 물리적인 장이지만 심리적인 장으로서도 작용한다. 오히려, 물리적인 장보다는 심리적인 장이 더 큰 영향을 미친다고도 볼 수 있다. 선수들은 경기장 자체보다는 관중의 함성이나 야유에 의해 더 큰 영향을 받기 때문이다.

한 개인의 성취를 판단하는 전문가 집단도 필드를 구성한다. 그래서 한 개인의 업적에 대한 평가는 특정 시공의 영향에서 벗어나기 어렵게 되는 것이다. 그러다 보니 예술가나 작가, 과학자 중에는 생전에 인정받지 못하다가 사후에 인정받는 경우가 많다.

고흐와 루소가 그랬고, 갈릴레이와 코페르니쿠스가 그랬다. 특히 '그래도 지구는 돈다'는 갈릴레이의 한탄은 당대 필드의 집단적 우매함에 대한 조용하면서도 통렬한 비판이었다.

루소의 불행했던 만년은 『고독한 산책자의 몽상』이라는 책에 잘 나타나 있다. 당대의 필드로부터 배척받은 '고독한 창조자의 비애'는 읽는 이의 심금을 울린다. 그러나 그는 당대의 필드와 타협하기 위해 자신의 신념을 굽히지 않았고, 그런 개인적 불행은 인류 전체에게는 커다란 축복이었고 행운이었다.

한국의 버지니아 울프로 불리는 전혜린의 경우는 어떤가? 그는 논리수학지능과 언어지능 등 뛰어난 재능을 갖고 있었지만, 당시의 폐쇄적인 사회 분위기 속에서 자신의 잠재 능력이 실현되도록 돕는 필드가 제대로 형성되지 못했다. 그래서 뛰어난 재능을 제대로 발휘하지 못하고 금세 사라지는 바람에, 그녀는 자신의 책 이름처럼 '그리고 아무 말도 하지 않았다'. 재능만으로는 안 된다는 점을 말해 주는 안타까운 케이스였다.

이처럼 필드는 특정 시공 속에서 다수에 의해 이루어지는 집단적 평가여서, 다수결이 항상 옳은 것은 아니듯이 다수의 평가가 항상 바람직한 것은 아닐 수도 있다는 문제가 있다. 당대의 필드라는 거센 시공의 물결에 휩쓸리거나 흔들리지 않고 자신의 세계를 튼튼히 구축하기 위해서도, 여덟 가지 다중지능 중 하나인 자기성찰지능과 집중력 · 인내심 · 낙관성 등과 같은 인성이 필요한 것이다.

## 5. 인성, 재능 발현의 토대

### 1) 재능과 인성의 관계

전술한 바와 같이, 다중지능형 진로지도 모형은 Csikszentmihalyi 교수의 창의성 모형(IDF 모형)을 바탕으로 하고 있나. 그런데 창의성 모형의 '개인' 속에는 재능만 있고 인성은 없지만, 다중지능형 진로지도 모형에서는 인성을 포함한다. 인성이 갖춰지지 않으면 재능이 제대로 발휘될 수 없다고 보기 때문이다.

인성은 재능이 제대로 발휘하도록 하는 토대 역할을 한다. 아무리 재능이 뛰어나도 인성이 뒷받침되지 않으면 그 재능을 제대로 발휘할 수 없다. 이처럼 '인생의 성취'에서 재능과 인성이 상호작용을 하는 것은 '학업의 성취'에서 IQ와 EQ가 상호작용을 하는 것과 같은 이치다.

비범한 성취를 거둔 사람들의 공통적인 특징은 재능과 인성을 고루 갖추고 있다는 점이다. 재능만 있고 인성이 결여되면 어느 정도까지는 성취를 이룰 수 있지만 그 이상은 어렵다.

인성이 중요한 것은 인생을 살아가다 보면 자기 뜻대로 되지 않는 경우가 많고, 시련과 역경에 처할 때도 적지 않기 때문이다. 그런데 시련과 역경은 어떤 사람에게는 성장과 발전을 위한 통로가 되고, 어떤 사람에게는 좌절과 타락으로 향하는 비상구가 된다. 원인은 같은데 결과는 상당히 다르다. 그런 차이가 생기는 것은 재능이 아니라 인성의 차이라고 보아야 한다.

그렇다면 인성과 재능의 관계는 무엇일까? 인성은 재능이 제대로 발휘되도록 하는 기본 토대가 된다. 하부구조의 지지가 없으면 상부 구조는 튼튼할 수 없다. 제 기능을 발휘할 수 없다. 재능과 인성의 관계를 그림으로 나타내면 더욱 명확해진다.

인성

재능(지능) ⟶ 수행(발휘)

재능은 능력(ability)이어서 수행(performance)과는 다르다. 재능이 있다는 것과 그것이 실제로 발휘되는 것은 차원이 다르다는 말이다. 이를 테면, 천리마는 하루에 천리를 달릴 수 있는 능력을 갖고 있다. 그러나 그 능력이 발휘되지 않으면 아무 소용이 없다. 재능(능력)을 발휘하도록 이끄는 힘이 바로 인성이라고 보면 된다.

인성의 인도를 받지 못하는 재능은 어디로 가야 할지(방향)를 모르고, 재능의 뒷받침을 받지 못하는 인성은 어떻게 가야 할지(방법)를 모르는 것이다. 따라서 재능이 결여된 인성은 무기력하고, 인성이 결여된 재능은 무용(無用)하거나 심지어 위험하다고도 말할 수 있다.

### 2) 재능을 꽃피우는 인성, CEO-M

인성의 종류는 다양하지만, 재능 발현에 필요한 인성으로 집중력 · 인내심 · 낙관성 · 도덕성 등 네 가지를 들고자 한다. 그런데 집중력 · 인내심 · 낙관성은 정서지능(EQ)의 하위영역인 자기동기화 능력(self-motivation)에도 해당된다.

자기동기화 능력이란 사람이 살아가다 어려움에 처했을 때 심기일전하여 이를 극복할 수 있는 능력을 말한다. 이 능력이 중요한 것은 인생이 개인의 뜻대로, 마음대로 되지 않아서 살아가다 보면 실패를 경험하거나 난관에 부딪힐 때가 자주 생기기 때문이다.

도덕성은 자기동기화 능력에는 해당되지 않지만 사회적 존재인 한 개인이 어디서 어떤 일을 하든 기본이 되는 특성이다. 도덕적으로 문제가 있는 사람이 재능이 뛰어나면 사회적으로 해악을 끼칠 수 있기 때문이다. 그런 까닭에 Gardner는 도덕적인 능력을 다중지능에는 포함시키지 않았지만 그 중요성을 누구보다도 더 강조하였다.

마침, 집중력의 영문 이니셜은 C, 인내심은 E, 낙관성은 O니까 이들을 한데 모으면 CEO가 된다. 여기에다 도덕성은 M이니 모두 합하면 CEO-M이 된다. CEO와 M 사이에 하이픈(-)을 넣은 것은 CEO가 우리에게 익숙한 용어이기도 하지만, 도덕성(M)은 그것들보다 훨씬 더 중요한 인성임을 강조하기 위해 따로 떼어 놓은 것이다.

우리 아이들의 재능이 '충분히' 발휘되기 바란다면 CEO를 기억하고, '바르게' 발휘되기를 바란다면 M을 기억해야 한다. 그리고 '충분하면서도 바르게' 발휘되기를 바란다면 CEO-M을 함께 기억해야 한다.

### (1) 사례 1: 김연아의 인성, 피겨 여왕의 재능을 꽃피운 힘

앞서 밝혔지만 재능의 충분한 발현을 위해서는 인성의 도움이 필수적이다. 운동선수 중에서 재능과 인성을 고루 갖춰서 비범한 성취를 보인 모범적인 사례로 박지성과 김연아 선수를 들 수 있다. 한국을 대표하는 두 선수의 인성이 각자의 분야에서 재능 발현을 어떻게 지원했는지 살펴보는 것은 교육에서 상당한 의미가 있는데, 이 장에서는 김연아 선수 위주로 살펴보고자 한다.

김연아 선수의 인성을 엿볼 수 있는 아주 좋은 사례가 하나 있는데, 2007년 12월 이탈리아에서 열린 그랑프리 대회의 쇼트 프로그램이다. 이 대회에서 김연아는 동갑내기이자 강력한 우승후보인 일본의 아사다 마오와 자웅을 겨룬다.

아사다 마오가 김연아에 앞서 빙판 위로 올랐는데, 첫 번째 점프에서 실수를 하고 나서 마음이 크게 흔들렸고, 그 결과 후속 점프를 포기하는 바람에 최하위에 머물고 만다. 그런데 뒤이어 등장한 김연아도 첫 점프에서 실수를 하지만, 조금도 개의치 않고 다음 점프를 깔끔하게 마무리함으로써 1위를 하고, 이를 바탕으로 종합 우승을 한다.

피겨 스케이팅의 승패는 '실수 관리'에서 갈린다고 한다. 두 사람은 세계 최정상의 선수이므로 실력의 차이는 별로 크지 않을 것이다. 그렇다면 승패를 가른 차이는 무엇일까? 최상위급 선수들에게 기량의 차이는 종이 한 장이라고 본다면, 결국 실수관리 능력이 승부를 가른다고 볼 수 있다. 축구로 말하자면 최선의 수비가 최상의 공격이라는 논리와 비슷하다.

운동선수도 인간인 이상, 실수는 누구든 하게 마련이다. 누구나 완벽하고 완전한 사람이 없는 데다가, 세상 일 자체가 그리 호락호락하지 않기 때문이다. 그러니 실수를 한 다음이 중요해진다. 실수는 누구에게든 똑같이 일어나지만 그것에 대한 대응 능력은 사람마다 다르고, 바로 그것 때문에 재능의 실현이 달라지고 인생도 달라진다고 보면 된다.

이러한 실수 관리를 위한 인성에는 침착성이나 집중력을 들 수 있다. 똑같은 실수를 범했지만, 김연아는 '실수하면서 배운다'는 마음으로 평정심을 잃지 않아서 실수는 한 번에 그쳤고, 그렇지 못한 아사다 마오는 연달아 실수를 범하게 된다.

김연아가 경기를 하는 장면을 볼 때마다 하이틴 소녀의 내면세계가 어찌나 단단하고 튼튼한지 감탄을 금할 수 없었다. 국내는 물론 전 세계 시청자의 시선이 집중된 큰 경기의 중압감을 이겨 내고, 설령 실수를 하더라도 금세 극복하는 내면의 힘에 감탄사를 연발하게 된다.

결과에 대한 집착이 없어서 그런 순수함과 초연함이 나왔는지, 순수함과 초연함이 결과에 대한 집착을 없앴는지, 인과의 선후 관계는 명확하지 않지만 상관관계는 분명해 보인다. 하이틴 소녀의 때 묻지 않은 순수한 열정과 결과에 대한 초연함은 놀랄 만하다. 내면의 깊이와 넓이가 성취의 높이를 더한 것이다.

두 라이벌을 보면 그들의 서로 다른 내면세계를 가늠할 수 있다. 두 사람

중 누가 더 긴장감이 컸을지, 그것이 경기에 어떤 영향을 미쳤을지 쉽게 짐작이 간다. 재능도 중요하지만 인성도 그에 못지않게 중요하다는 것이다.

### (2) 사례 2: 퀴리 부인, 재능과 인성의 완벽한 조화

외국인 중에서 재능과 인성(인내심)의 조화가 잘 이루어져 탁월한 업적을 남긴 사람으로는 퀴리 부인을 들 수 있다. 그녀는 갖가지 불리한 여건들을 극복하고 초지일관 노력해서 작고 가난한 조국 폴란드의 이름을 전 세계에 떨친 훌륭한 과학자였다.

그녀는 불우한 조국 폴란드에서 어린 시절을 보내고 여학교를 마친 다음, 6년 동안 가정교사를 하며 학자금을 모아 24세 때 프랑스 유학길에 오른다. 낯선 파리에서 그녀는 한 달에 40루블(100프랑)의 생활비로 버텼다. 아무것도 갖춰지지 않은 다락방에서 추운 겨울엔 난방비를 아끼기 위해 두꺼운 옷을 입고 잠을 잤다. 물론 제대로 먹지 못하고 공부하다 쓰러지기도 했지만, 한 번도 자신의 꿈을 버리지 않았다.

라듐을 발견한 실험실의 여건도 매우 열악했다. 축사 수준의 낡은 창고여서, 비가 새는 것을 걱정하는 것은 호사스런 일이었다. 유리 지붕이라 여름엔 한증탕이었고 겨울엔 냉동 창고였다. 그런데다 유독 가스 배기시설도 없었다. 그런데도 그녀는 그 창고 실험실에서 보낸 기간이 가장 행복한 시간이었다고 회고하니, 재능만으로는 그처럼 고결하고 위대한 생애를 설명할 수 없다고 본다.

라듐을 발견하는 과정은 인내심의 극치를 보여 주었다. 축사처럼 열악한 실험실에서 4년간 매일 피치브랜드 찌꺼기 수 톤을 1kg씩 처리했다고 한다. 1톤만 해도 1,000kg이니 수천 번이나 단순 작업을 했다는 계산이 나온다.

라듐은 한 천재 과학자의 두뇌뿐만 아니라 '근육'에 의해서도 발견되었다는 말이 그래서 나온다. 그녀는 과학자이기에 앞서 숙련공이고 기사이며 인부이기도 했다. 비범한 두뇌를 가진 천재 과학자가 막노동에 필요한 초인적인 인내심까지 갖췄으니, 라듐인들 천연의 요새 속에서 더 이상 버티기 어려웠을 것이다.

아인슈타인은 '퀴리 부인은 명예에 의해 손상되지 않는 유일한 인물'이라고 말했다. 이는 퀴리 부인이 그만큼 자기 자신에게 철저한 사람이었음을 뜻한다. 다중지능의 관점으로 보면 자기성찰지능이 높다고 볼 수 있다.

물론 과학자로서 명석한 두뇌를 갖췄으니 논리수학지능도 높다고 할 것이다. 그러나 그처럼 비범한 재능도 인내심이라는 토대를 얻지 못했다면 제대로 발휘되기 어려웠을 것이다.

그녀는 실험 때의 방사능 피폭으로 말년에 질병을 얻어 생명이 단축되었지만 열정은 꺾이지 않았다. 그녀의 위대한 생애는 재능만으로는 설명하기 어렵다. 재능과 인성의 공동 작품이기 때문이다.

| 제8장 |

# 교육 현장 적용과 미래 전망

## 1. 교육과정의 운영

### 1) 진정한 '이해'를 위한 교육과정

다중지능 이론은 교육의 가장 직접적인 목적이 이해임을 강조한다. Gardner는 『교육받지 않는 마음』에서 '이해'라는 것은 어떠한 교육적인 환경에서 획득한 지식 · 개념 · 기술 등을 적절한 새로운 환경이나 경우에 적용할 수 있는 것이라고 하였다.

따라서 만약 누군가가 배운 것을 다른 곳에 적용하지 못하고, 새로운 환경에 적합하지 않는 지식을 가져온다면 그는 이해를 하지 못한 것이다. 교실 내에서는 학생들이 금방 배운 것을 외워서 사실적이거나 규칙적인 지식을 교사에게 되새겨 보일 수 있기 때문에 그들은 모든 것을 이해하는 것처럼 보인다. 그러나 일단 학교를 벗어나 학교에서 배웠다는 개념 · 사실 · 기술 등을 새로운 환경에 적용시켜야 할 경우 그들이 제대로 이해하지 못하고 있는 것이 드러날 수 있다.

더 나아가, 이러한 이해의 여부는 학생들이 직접 수행하게 될 때 더 명확해진다. 이를 테면, 학생들이 물리학의 법칙에 대한 합당한 수행을 보여 주어야만 그들이 그것을 제대로 이해했다고 말할 수 있다. 수행이란 어떤 모형을 만들거나 개조하거나 두 변인 간의 관계를 설명해 주는 공식을 알아내거나 두 물체가 어떤 환경에서 부딪히면 무슨 일이 일어날 것인지를 예측하는 것을 말한다.

### 2) 진 · 선 · 미의 이해를 위한 여섯 가지 도입 전략

진실, 선함, 아름다움에 도달하기 위해 내용에 대해 충분히 이해하는 것이 다중지능 이론의 주창자 Gardner가 제시하는 교육의 목적이다(Gardner, 1999). 그런 이해에 도달하면, 여덟 가지 다중지능을 가지고 학생 자신이 진정으로 이해한 내용을 표현할 수 있게 된다. 따라서 이해와 표현이 다중지능 교육과정의 핵심 개념이라 볼 수 있다.

이해를 위한 교육과정에는 여섯 가지 도입 전략이 활용될 수 있다. 이 도입 방법의 개념은 교육학자 J. Davis와 그녀의 동료들이 고안한 뮤즈(Museums Uniting with Schools in Education: MUSE) 프로젝트를 발전시킨 것이다.

뮤즈는 박물관과 학교를 연결하여 교육하는 방식이다. 뮤즈의 기본 아이디어는 매우 간단하다. 관람자가 미술작품을 지켜볼 때, 도입 방법의 범위를 넓히는 질문들을 던져 보는 것이다(Gardner, 1999b).

1. 설명(당신이 보고 들은 이야기를 말하라.)
2. 수량(재료의 값을 계산하고 판매 가격과 어떤 관련이 있는지를 밝혀라.)

3. 논리(이 목표가 왜 중요한지에 대한 당신의 생각을 나눠라.)
4. 미학(색깔과 모양, 그리고 그들이 얼마나 잘 어울리는지를 설명하라.)
5. 참여(당신이 본 것을 춤으로 설계하라.)

Gardner가 제시한 다음의 도입 전략 여섯 가지(Gardner, 1999b)는 다중지능을 실현하는 교육과정을 위한 도구로서 미국과 캐나다의 여러 학교에서 소개 · 실천되었다(Kornhaber et al., 2004).

#### (1) 이야기식의 시작점

많은 학습자들을 참여시키는 가장 효과적인 방법은 명백하고 극적인 이야기를 활용하는 것이다. 모든 연령대의 사람들이 이야기를 매력적으로 받아들인다. 이야기는 당연히, 인간친화지능과 자기성찰지능을 포함한 인성지능(personal intelligence)뿐만 아니라 언어지능을 활성화시킨다. 그리고 이야기는 다른 지능이 관여되는 무언극 또는 영화 같은 다른 상징형태로 전환될 수 있다.

#### (2) 수리적인 시작점들

어떤 학생들은 숫자와 수의 관계를 좋아한다. 예를 들면 진화 이론의 경우, 학생들은 다윈의 갈라파고스 제도 여행의 전후 생각을 추적하는 것을 자극적이라 생각할 수 있다. 인근 섬들에서의 되새류(finch-다윈이 연구한 새의 일종)의 변이에 놀란 다윈은 이 분포의 본질과 이유를 알아내려고 노력했다. 수학 지향적인 학생들은 경험을 쌓을 것들을 충분히 찾을 수 있다. 예를 들면 진화 과정 또는 인구의 이동에 대한 수학적 모형, 그리고 인공생명을 만드는 프로그램 등이 그것이다.

### (3) 논리적인 시작점들

숫자들에 대한 관심과 연관된 논리적 전제, 상호 관계, 그리고 그 함의에 대한 몰두로 시작한다. 진화를 공부할 때에도 삼단 논법의 형태로 표현될 수 있다.

### (4) 실존적이고 토대적인 시작점

여러 사람들이 지속적인 관심을 갖는 주제인 삶의 의미, 죽음의 필요성, 열정, 사랑과 증오의 변화와 같은 존재에 대한 심오한 문제들을 다룰 수 있다. 진화 이론은 인간을 자연의 종으로 표현한다. 인간의 감정적인 인생 스펙트럼을 묘사하는 과정에서 모차르트는 인간이 이룩할 수 있는 위대한 창조에 대해 말해 준다. 유대인 대학살은 인간의 끔찍한 측면과 친절, 용기, 그리고 용맹에 관한 고무적인 예들을 기록한다.

### (5) 심미적인 시작점

예술작품은 전반적으로 배열, 균형감, 적절성, 색감, 명암, 색조 등의 미적인 특성에 의해 이해된다. 모든 주제들이 예술작품을 통해 소개될 수 있다.

### (6) 인간친화적인 시작점

지금까지 검토된 시작점들은 개별적인 학습자들을 대상으로 한 것이다. 그러나 몇몇 학생들은 동료 사람들과 무리지어 배우고 싶어 한다. 어떤 이들은 동료와 협동하는 것을 좋아하고 다른 이들은 토론·주장·충돌하는 견해를 제기하거나 여러 가지 역할을 맡기를 좋아한다. 프로젝트들은 이러한 대인관계적인 시작점을 위한 훌륭한 수단이 될 수 있다.

### 3) 다중지능 교수 전략

다중지능 이론은 교사들에게 교육 현장에서 비교적 새롭고 혁신적인 교수 전략을 개발할 수 있는 기회를 제공해 준다. 모든 아동들은 여덟 가지 지능에 대한 지적 성향이 서로 다르기 때문에 어떤 전략은 한 집단의 아동들에게는 효과적일 수 있지만 다른 집단의 아동들에게는 그렇지 못할 수도 있다. 예를 들어 교수 도구로서 리듬, 랩, 창가는 음악적 성향을 가진 아동들로부터는 열성적인 반향을 불러일으키겠지만 그 재능이 없는 학생들에게는 아무런 감동을 주지 않을 수 있다.

다중지능 이론을 학급 현장에 쉽게 적용할 수 있는 교수 전략은 다양한데, 대개의 경우 이미 훌륭한 교사들이 수십 년에 걸쳐 사용하여 온 전략들이다.

〈표 8-1〉 지능별 교수 전략

| 지능별 | 교수 전략 |
|---|---|
| 언어지능 | • 이야기하기 • 브레인스토밍 • 녹음하기<br>• 일기쓰기 • 출판하기 |
| 논리수학지능 | • 계산과 수량화 • 분류와 범주화<br>• 소크라테스식 질문 • 발견법 • 과학적 사고 |
| 공간지능 | • 시각화 • 색깔 단서 • 그림 은유<br>• 아이디어 스케칭 • 상징적 그림 |
| 신체운동지능 | • 신체적 응답 • 교실연극 • 운동 감각적 개념<br>• 체험적 사고 • 신체적 지도 |
| 음악지능 | • 리듬, 노래, 랩 음악, 창 • 디스코 그래피<br>• 초기억 음악 • 음악적 개념 • 무드 음악 |
| 인간친화지능 | • 또래와 함께 공부하기 • 사람조각<br>• 협동집단 • 판놀이 • 시뮬레이션 |
| 자기성찰지능 | • 1분 반성시간 • 개인적 관계 • 선택시간<br>• 감정 어린 순간 경험 • 목표 설정 시간 |
| 자연친화지능 | • 오감 사용하기 • 생로병사의 관점에서 이해<br>• 자연과의 교감 • 생태 인식 |

## 4) 학교급별 교육과정

### (1) 유치원용 프로그램: 스펙트럼 프로젝트

스펙트럼(SPECTRUM) 프로젝트는 개별화 교육(individual-centered education)을 유치원 상황에 적용시킨 프로그램이다. 이 프로그램은 특히 초기에 보이는 지능의 프로파일과 아동의 강점과 약점을 조기에 확인한다는 점에서 의의가 깊은 프로그램이다. 프로그램은 다음과 같은 활동으로 구성되어 있다(Kornhaber, Krechvsky, & Gardner, 1990).

〈표 8-2〉 스펙트럼 프로젝트의 활동 내용

| 활동 영역 | 내용 |
|---|---|
| 수 | ① 공룡게임(수 개념, 수 세기, 규칙준수)<br>② 버스게임 (숫자 정보조직, 주석체제 사용) |
| 과학 | ③ 조합활동(기계적 능력, 소근육, 시, 공적 관찰)<br>④ 보물 찾기(논리적 추론) ⑤ 발견 영역 활동(자연현상 관찰) |
| 음악 | ⑥ 곡 만들기 ⑦ 음악감각 영역 |
| 언어 | ⑧ 이야기판 활동 ⑨ 보고활동 |
| 시각예술 | ⑩ 작품 |
| 운동 | ⑪ 운동적 움직임 ⑫ 창조적 움직임 |
| 사회 | ⑬ 교실 모형(사회적 사건, 경험, 분석의 관찰)<br>⑭ 또래 상호작용 체크리스트 |

위와 같은 활동을 통해 아동들이 그 분야의 전문가와 함께 작업해 볼 기회를 가질 수 있도록 배려한다. 연말에 각 아동에 대해 보고서를 쓰는데, 그 보고서는 각 아동의 강점과 약점을 파악하고 다음 해의 코스를 결정하는 데 도움을 줄 수 있는 자료로 활용된다. 이 프로그램에 참가하였던 아동을 연구한 결과, 각 아동이 나름대로 갖고 있는 강점과 약점이 발견되었는데, 각 아동은 한두 영역에서 강점을 보이는 것으로 나타났다.

## 2) 초등학교 교육과정: 키 스쿨

키 스쿨(Key School)은 학령기 아동을 대상으로 하는 프로그램으로서, 이 시기의 연령 특징은 영역(domain)의 규칙을 숙달하는 것이 관건이 된다. 학교에 입학하면서, 어린이들은 자신의 문화 내에서 체계적으로 상호작용의 기회를 갖게 된다.

이 시기에는 영역의 규모와 문화 · 인습을 알고 싶어 하고, 가능한 한 빠르게 숙달하고 싶어 한다. 이 시기에는 모든 영역에서 은유적 묘사보다 세밀한 사실적 묘사에 치중하게 된다. 키 스쿨 프로그램은 미국의 인디아나폴리스의 한 학교에서 실시되었는데, 다중지능을 교육에 적용한 첫 번째 학교 프로그램으로서 6년 동안 진행되어 큰 성과를 낳았다. 이 프로그램을 통해 아동들은 다소 형식적인 도제 기술을 '영역에 적절한 형태(domain appropriate form)'로 획득하게 되며, 이런 기술의 목적과 사용 방법을 도제 기간에 생생하게 배우게 된다.

이 학교의 원칙은 아동 각각이 자신의 다중지능을 매일 자극받아야 한다는 것이다. 그래서 모든 학생들이 컴퓨터, 음악, 신체운동, 표준적인 읽고 쓰는 시간, 과목에 따라 구체화한 주제 중심의 교육과정에 규칙적으로 참여하게 되어 있다. 이 학교에서 주로 사용하는 교육 방법은 다음과 같다.

### ① 도제학습

각 학생들이 매일 서로 다른 연령의 동료와 그 분야에 숙달하고 있는 유능한 선생님과 함께 일하는 도제식의 수업에 매일 참석한다. 이 수업은 여러 연령층이 함께 하기 때문에, 학생들은 자신의 기술수준에서 활동에 참여하여, 자신에게 알맞은 속도로 진보해 나갈 기회를 얻을 수 있다. 학생의 옆에 더 많은 지식을 가진 사람이 함께 있기 때문에 생산적인 작업에 종사하는 전문가를 가끔 볼 기회도 생길 것이다. 이런 종류의 수업이 건축사에서 정원일, 요리에서 지폐를 제조하는 일까지 열두 가지가 있다.

② 시연

한 주에 한 번, 외부의 전문가가 학교를 방문하고 모든 학생에게 그 직업이나 기술에 대한 시범을 보여 준다. 그 전문가가 부모일 때도 있지만, 대체로 당시의 학교 체제에 맞는 사람이다. 예를 들면, 현재의 주제가 환경보호라고 한다면, 방문자는 하수처리, 삼림, 정치적 로비 과정에 대해 이야기해 줄 수 있는 사람이다.

③ 주제 수업

1년 동안 학교는 대략 10주 간격으로 서로 다른 3개의 주제를 학생들에게 소개하게 된다.이 주제는 생활양식처럼 범위가 아주 넓을 수도 있고, 르네상스, 현대, 멕시코의 유산 등 더 작은 주제에 구체적으로 초점을 맞출 수도 있다. 교육과정은 초점을 두는 주제에 대해 읽고 쓰는 학습이 자연스럽게 첨가되도록 한다. 학교는 필수조건으로서, 각 학생들이 주제와 관련한 프로젝트를 수행하도록 요청하고 학생들은 매년 3개의 새로운 프로젝트를 실행한다.

프로젝트가 끝나면 결과를 전시하여 학생들은 학교에서 모든 다른 학생들이 했던 활동을 검토해 볼 기회를 갖는다. 학생들은 급우에게 자신의 프로젝트의 내력과 목적, 문제점, 미래에 대한 함의 등에 대해 설명하고, 친구들과 선생님의 질문에도 답한다. 여기서 특히 중요한 것은 모든 프로젝트의 설명이 비디오로 녹화된다는 사실이다. 학생들은 각자 자신의 프로젝트들을 비디오테이프로 모으게 되는데, 그 테이프의 취합은 키 스쿨에서의 생활을 거치면서 학생의 인지적 발달의 전개로서 간주된다.

한편, 키 스쿨의 평가 방법에 대해서는 다음과 같은 논점이 있다.

① 개인적인 비디오 모음

프로젝트가 학생의 어떤 인지적 강점 · 약점 · 경향을 드러내느냐가 논쟁이 되고 있다. 비디오 모음은 학생의 지적인 성향(언어적 · 논리적 · 공간적 · 대인적인 것 등)뿐만 아니라 작업에 대한 학생의 성향(위험, 인내)을 포함한다.

② 사실 · 기술 · 개념의 숙달

프로젝트는 학교에서 기존에 가르쳤던 것과는 거리가 멀고, 시각도 다르다. 이런 특별한 차원에서 표준교육과정을 전개하는 기술 · 개념의 숙달과 실제적인 지식에 대한 구사력에 있어서의 학생의 능력을 볼 수 있다.

③ 작업

각 프로젝트는 어떤 장르, 즉 희곡이나 무언극, 혹은 실험이나 역사해설 등이 될 수 있다. 이런 장르는 평가 방법을 유도할 수 있는 어떤 특정 분야의 특질 내에 존재한다. 이를 테면, 희극은 강의에서 했던 것과 같은 방법으로 평가되지는 않는다.

④ 의사소통

프로젝트는 학생이 보다 넓은 의미의 청중, 즉 공동의 노력을 한 동료, 교사, 다른 성인 등과 의사소통할 기회를 제공한다. 때로는 그 의사소통이 마치 연극, 음악회처럼 매우 공개적일 수도 있다. 소규모의 과학 프로젝트나 역사 프로젝트에서도 학생들은 자신이 발견한 것을 기술적으로 전달할 필요가 있고, 그 절차는 실험연구나 도서관에서 하는 작업과는 구별되는 것이다.

⑤ 반성

자신의 목표를 감독하고 절차를 평가하며 그 과정이 얼마나 정확한지를 평가한다. 또한 프로젝트 수업을 통해 교실이나 다른 사람에게서 얻은 지식을 사용하는 방법을 아는 능력을 기르게 되는데, 이는 복합 인지적인 혹은 반성적인 활동을 위한 훌륭한 이벤트를 제공하는 기회가 된다. 교사와 학생들은 함께 반성하고, 어떻게 그것이 과거의 작업 결과와 장기간의 목표 작업유형과 연결되는가를 함께 생각할 수 있다. 또 한 가지 중요한 점은 학생이 이런 반성적인 활동을 내면화하여 다른 사람이 없을 때에도 자신의 작업을 평가할 수 있게 된다는 것이다.

### 3) 중등학교 프로그램: PIFS

PIFS(Practical Intelligences for School)는 개별화 교육을 중등학교에 적용시킨 프로그램이다. 18세까지의 학생을 대상으로 하는데, 이 시기에는 영역의 규칙을 더욱 잘 숙달한다. 이 프로그램은 특히 다중지능 이론과 Sternberg의 3원론을 결합하여 더욱 풍부한 프로그램이 되기를 도모하였다는 점에서 의의가 크다. 다중지능 이론의 메타인지적 측면과 Sternberg 이론의 학문 영역 구분을 부각시킨 프로그램이다. 이 프로그램의 주요 내용은 다음과 같다.

- 자신의 지적 프로파일, 학습 스타일과 전략 개발하기: 인간친화지능과 관련됨
- 학문적 과제의 구조와 학습: 학문적 지능과 특정 영역에서의 지능을 조합하는 것으로서, 예를 들면 과학에는 언어지능 외에 논리수학지능이 필요하고, 사회학 연구에는 언어지능과 논리적 지능이 필요함을 인식하고 그에 따라 적절한 지능을 조합하여 학문적 과제의 구조를 인식하고 학습한다.
- 복잡한 사회 체제로서의 학교를 인식하기: 인간친화지능을 주로 다룸

이러한 내용을 가지고 다음과 같은 방법을 통해 프로그램이 진행되었다.

첫째, 면담을 통해 학생의 공부습관, 평가 과정, 교과, 학문과제의 요구 등을 알게 한다.

둘째, 면담 결과 각각의 수업을 통해 주요 과목에서 문제가 되는 부분을 확인하고 학생 각자가 매일 학습하는 과정에서 이 주제를 탐색하도록 한다.

셋째, 풍부한 맥락에서 교육 내용을 제시하고 메타 교육과정의 방법으로 접근하며, 매번 자신의 장단점을 평가하고 협동하면서 학문적 과제의 구조를 배운다.

이 프로그램의 평가는 주로 단원의 목표와 중요성을 학생이 이해하는지, 단원에서 필요로 하는 실제 기술을 습득했는지, 그에 관련한 과제를 완성했는지의 기준에 비추어 이루어졌다. 그리고 각각의 특정 과제에 관련된 절차, 기술의 특성을 숙고하고 학생 자신의 수행을 평가하며, 개선점을 생각해 보는 방식으로 프로그램을 마무리하였다.

### 4) 고등학교: 아트 프로펠

아트 프로펠(ART PROPEL)[1)]은 개별화 교육을 고등학교에 적용시킨 프로그램이다. 이 시기에 학생들은 전문가의 수준에 이르게 된다. 학생들이 인습을 타파하는 쪽으로 결정적인 선회를 하고, 이제는 스승을 능가하여 자신의 영역을 구축하고 싶어 하는 등, 진정한 창의력이 발휘되려는 시기다. 이 프로그램은 특히 예술 교육에 초점을 두었다. 이 프로그램에서 사용한 교육 내용은 쓰기와 음악, 시각예술인데, 다음과 같은 방법으로 진행된다.

첫째, 영역 프로젝트(domain project) 방법을 사용하는데 여기에는 산출물(products), 지각(perception), 반성(reflection)이 포함되어 있다. 일반적

1) PROPEL은 **PRO**ducts, **P**erception, r**E**flection, **L**earning의 약어다.

으로 예술 교육과 비슷한 측면이 많다. 이를테면 작곡을 할 때 학생이 패턴의 배열 · 상관 등을 알고 있는지에 대해 교사가 예비 평가를 한다. 또한 훈련을 통해 평가부분에서 약점으로 밝혀진 부분을 대가의 작품과 비교하여, 연습시키고 작곡의 원리를 배우게 한다. 그리고 마지막으로, 스스로 작곡하고, 지각해 보고, 반성해 보고, 자신을 계속 평가하면서 다시 발전의 계기로 삼을 수 있도록 하는 평가 과정을 포함한다.

둘째, processfolio를 강조한다. portfolio란 한 예술가의 최고의 작품만을 포함하는 것이지만, 이 교육 프로그램에서는 학생의 스케치, 중간 과정, 자신과 타인의 비평, 학생이 좋아하거나 싫어하는 다른 사람의 예술작품을 모두 포함한 processfolio를 중시한다. 보다 많은 차원의 평가가 이루어지면, 일의 규칙성, 완성도, 학생의 잠재력, 자기 인식, 자기 비평력, 정확한 사고력, 자기의 발달에 대한 민감성, 영역 프로젝트에서 배운 것을 사용하는 능력, 새로운 문제를 발견하고 푸는 능력, 과거 · 현재 · 미래의 프로젝트를 연결시키는 능력 등이 포함된다.

## 2. 개별화 교육을 위한 다중지능의 적용

### 1) 다중지능을 활용한 개별화 교육 프로그램의 원리

다중지능은 학생의 강점과 약점을 고려한 개별화 교육이 가능하다는 점에서 교육적 의의가 크다. 다중지능 이론을 개별특성을 고려한 교육 프로그램에 적용하기 위해서는 다음과 같은 원리가 적용되어야 한다.

첫째, 개인 중심의 교육이어야 한다. 이것은 Gardner가 다중지능에 기반하여 학교 모습, 교육 방법 등을 포괄하여 제시한 이상적인 교육 모형이다. 보통의 획일적 학교에서는 모두가 숙달해야 할 기본적 능력과 핵심적인 지식군이 있고, 이를 거의 비슷한 속도로 배워야 한다. 또한 동일한 방법으로 배우고 동일하게 표준화된 방법으로 평가받는다. 이와는 반대로 내용 · 방법 · 속도 · 평가 등의 모든 것이 학생 개개인에게 맞추어진 교육이 개인 중심의 교육이다. 각 아동의 성향이나 관심, 목표가 지지되도록 고려하는 것이 중요하고, 아동의 잠재력이 최대한 실현되도록 도와주는 것이 필요하다. 각 개인은 모두 서로 다른 지적 프로파일을 가지고 있는데, 개인의 교육적 성취가 극대화되도록 교육되어야 한다는 것이다.

둘째, 다중지능 중에서 어느 한 지능에만 유리한 방법이 아닌, 여덟 가지 지능 모두에 대해 공평한 평가를 해야 한다. 학생 자신과, 부모, 교사, 교육과정 관계자들이 함께 하되, 여덟 가지 지능 모두에 공평하고, 영역을 고려하고, 발달적 혜안 속에서 아동의 특별한 지적 강점과 약점, 경향을 정기적으로 알아낼 수 있어야 한다.

셋째, 학교와 지역사회를 이어 주어야 한다. 지역사회 속에서 학생들이 자신의 지능 프로파일에 맞는 직업적 역할을 발견할 가능성을 증가시켜야 한다. 도제기간, 스승과의 학습기간, 공동체 조직 등에 대한 정보를 모아야 하고, 이런 정보를 이용하여 학습에 도움이 되도록 해야 한다.

넷째, 프로젝트 방식을 활용해야 한다. 오전에는 전통적인 교과 영역을 비전통적인 방법으로 공부하는데, 각 과목은 프로젝트의 형태를 취한다. 프로젝트를 통해 자기의 기술을 유지하고, 변화시키고, 산출물을 만들어 내고, 통제하고 배우게 된다.

### 2) 다중지능 계발 공간: 미술관과 박물관

다중지능은 학교 안에서든 밖에서든 전문적인 지식에 이르는 다양한 통로를 가정하고 있다. 아동 박물관, 미술관, 그리고 그 밖의 다른 문화 기관들은 아동에게 다양한 도입이 될 수 있고, 아동이 자신의 강점을 자유롭게 사용할 수 있게 해 준다. 박물관 방문자들은 자신이 선호하는 환경에서 이러한 다양한 도입부를 숙달하게 되고 그것들을 널리 적용할 수 있다 (Gardner, 2000).

아동 박물관이 교육 목표를 채택하기만 하면, 다중지능 이론은 적절하고 유용하게 활용될 수 있다. 이러한 박물관들은 상당히 많은 자원(resources)을 전시하기 때문에, 모든 지능을 각성시키고 활용할 수 있는 자료(materials)를 만들어 낼 수 있다. 그리고 전시품은 종종 다른 박물관으로 이동하기 때문에(또는 대여하거나 팔 수 있기 때문에), 오랫동안 전시할 수 있다. 예를 들면 스톡홀름에 있는 유니바켄(Junibacken) 박물관과 같은 몇몇 박물관들은 방문자 각자의 강점지능이 무엇이며, 또 그 지능이 어떤 영역에서 발휘될 수 있는지에 초점을 두고 공간을 구성하였다. 아동들은 많은 사람들 각각이 갖고 있는 다양한 지능의 관점에서 자기 자신과 세계에 대해 생각해 보도록 격려받는다.

대부분의 아동 박물관은 역사적 차원과 관리 차원, 그리고 미학적 차원의 목적을 갖고 있다. 그러나 미술관에는 만져서는 안 되는 귀중한 물건들이 소장되어 있기 때문에, 아동의 출입을 제한하고 있다. 실제로, 아동 박물관에서는 모든 아동들이 어른의 설명이나 격려 없이 즐길 수 있는 반면에, 미술관에서는 어른의 안내 없이는 거의 아무것도 즐기거나 얻어 가지 못한다.

그러나 교육적 목적을 위해 더 많은 아동들을 교육공간으로서의 미술관에 초대해야 한다. 그 한 가지 방법은 미술관 안에서 물건을 만들어 보고 체험해 보도록 하는 것이다. 미술관에서도 아이들이 직접 만질 수 있으면서도 잘 깨지지 않고, 값이 덜 나가는 미술작품을 전시할 수 있다. 그리고 아이들에게 인기 있는 컴퓨터 장치와 CD-ROM 혹은 비디오를 설치하고, 박물관 내에 아이들신이 직접 만든 작품을 전시할 수 있는 아틀리에를 만들어 서로 비교해 보도록 할 수 있다. 또한 미술작품을 많이 접하지 못한 아이들과 어른들을 위해 상설 전시장을 열어 접근의 폭을 넓히는 것도 가능할 것이다.

### 3) 강점지능의 활용

다중지능 이론을 학교 학습에 적용하는 가장 보편화된 방법이 바로 '다중지능을 활용한 학습'이라고 할 수 있다. 이는 한 가지 교수-학습 방법이 아니라 다중지능 강점별로 여러 가지 교수-학습 전략을 사용하여 학습내용(contents)을 익히도록 하는 것으로서, 지능의 프로파일이 다양한 학생들의 학습효과를 극대화하는 데 목적이 있다.

강점지능이란 여덟 가지 다중지능 중에서 가장 효율적으로 작용하는 지능을 말한다. Gardner(1983)에 의하면 지능이란 그 문화권에서 가치 있다고 여겨지는 특정 영역(domain)의 문제를 해결하고, 그 영역에서 가치 있다고 여겨지는 새로운 것을 창조해 내는 능력이라고 할 수 있다. 따라서 강점지능이란, 첫째, 특정 영역의 문제를 해결할 수 있는 능력이고, 둘째, 어떤 상징체계를 만들어 내는 창의력을 보여 주는 영역의 능력이면서, 셋째, 문제를 발견하고 새로운 지식을 얻을 가능성을 갖고 있는 영역에서의 능력이며, 넷째, 문화 속에서 합리적으로 인정을 받고 있는 영역의 능력으로서, 다른 지능보다 더욱 효율적으로 작용하는 지능이라고 할 수 있다(류숙희 외, 2006).

미국에서는 다중지능을 사용한 학습이 많이 활용되며 그 효과를 인정받고 있다. Ghosn(1997)은 Campbell(1994)과 Christison(1996)의 방법을 응용하여 외국어로서의 영어 수업(EFL)에 일곱 가지 지능(자연친화지능 제외)을 활용하도록 하여 교육 효과를 높였다. 국내에서도 국어수업 시간에 다중지능을 활용한 교수-학습 전략의 효과를 연구한 사례가 있다. 또한 음악지능을 활용한 교수-학습 방법도 개발되었는데, 리듬, 노래, 랩음악,

창을 이용하거나 초기억음악(super memory music), 무드 음악, 레코드 목록들을 이용하는 방법이다. 즉, 가르칠 내용을 리듬, 노래, 랩음악, 창의 형태로 바꾸어 사용하기, 가르칠 내용을 전달할 때 배경음악(특히 4/4 박자인 바로크와 고전음악이 효과적인 것으로 나타났음)을 듣게 하는 것, 가르칠 내용을 잘 나타내 주는 노래나 연주곡을 레코드와 같은 음악선집을 통해 들려주고 노래와 단원의 주제를 연관시켜 토의하는 방법 등을 활용하여 교육효과를 높였다.

## 3. 국내의 적용 사례

국내에서 다중지능을 적용한 교육은 활발하며 아시아에서 선두권을 차지하는데(학예대학 보고서, 2011), 이는 우리나라의 높은 교육열과 다양한 소질을 가진 교사의 높은 열의 덕분이라고 판단된다. 최근 몇 년 동안 국내에서 다중지능을 교육 현장에 적용한 사례들을 제시하면 다음과 같다.

### 1) 개별화 교육 시스템: 전북 완주군 사례

2009년 전북 완주군에서는 국내외에서 처음으로 지자체에서 주도하여 군내의 모든 초등학생을 대상으로 '강점의 발견과 계발'이라는 프로젝트(주관: 다중지능연구소)를 시작하였다. 이 사업의 핵심 내용은 대도시 아동에 비해 상대적으로 문화 및 교육 경험이 부족한 농촌에 거주하는 아동들이 자신의 다중지능 프로파일을 파악하여, 강점지능을 파악·계발하고 약점지능은 조기에 보완하도록 이끄는 것이다.

완주군의 모든 초등학교(30개)의 5,482명의 아동에게 다중지능검사를 실시하고 학교별로 방문하여 상담을 실시하였으며, 방학 중에 강점계발 캠프를 진행하고 부모 및 교사를 위한 다중지능 설명회와 강점지능 활용 설명회를 개최하였다. 완주군 내 30개 초등학생 전체에 대해서는, 저학년의 경우 다중지능을 균형 있게 계발할 수 있는 프로그램이, 고학년일 경우에는 진학이나 직업 등의 진로 과정을 스스로 탐색하여 미래에 대한 계획을 세우고 도전하는, '꿈꾸고 이루는 마음'이라는 의미의 '꿈이마음' 프로그램이 3차에 걸쳐 제공되었다. 또한, 2010년에는 이 프로젝트의 검사 결과를 토대로 하여, 학생 개인의 특성을 고려한 강점지능 계발 프로그램과 약점지능 보완 프로그램을 초등학교에서 직접 실시하였다(다중지능연구소, 2009).

이 프로그램의 교육적 효과는 참여 아동들이 각자의 강점에 관심을 갖게 되고 긍정적인 자아개념을 형성한 데서 찾을 수 있었다. 이 프로젝트를 통해 완주군은 군내의 초등학생 모두에게 각자의 미래 비전을 세울 수 있는 가장 중요한 토대를 마련해 준 것으로 볼 수 있다.

### 2) 균형 잡힌 다중지능 계발: 지능숲 프로그램

여덟 가지 다중지능은 현대의 서구적 사회 환경에서 살아가는 데 필수적인 능력으로 선별된 것이다(Gardner, 2000). 사실 각 문화권마다, 분야마다 '똑똑함'을 설명하는 수백 가지 이상의 능력이 있을 수 있지만, 그중에서 여덟 가지 지능은 아이들 대부분이 서구화된 현대 산업사회 속에서 살 것이라는 전제에서 가장 필요한 능력들이다. 아동 각자가 편리하고 적응적인 생활을 영위하기 위해서는 이 능력들이 일정 수준까지는 발달되어야 할 것이다. 일정 수준의 발달이 대부분 이루어지는 때는 유아와 초등학교 저학년이다.

이 관점에서 여덟 가지 지능의 기초 지식, 소양, 개념을 경험하고 익히고 즐길 수 있는 프로그램이 국내에서 개발되었는데, 바로 다중지능연구소의 지능숲 프로그램이다. Gardner(2004)는 5세 아이들의 머릿속에는 일종의 숲이 생기는데, 이 숲이 학교교육과 비슷하다면 좋은 학업수준을 성취할 수 있다고 말한 바 있다. 학교 성적은 좋지 못하지만 사회에서 성공하는 사람들은 학교교육과는 잘 맞지 않지만 나름의 풍부한 재능의 숲을 머릿속에 가지고 있기 때문에 그것을 활용할 수 있게 된 것이라고 한다.

풍부한 지적 자극은 아이들의 지적인 발달에 매우 중요한 것이다. 따라서 이 관점에서 여덟 가지의 다중지능 상징에 적합한 교구가 개발되었다. 이 교구로 인해 그동안 언어와 수에 치중되어 있던 영재교육이나 지능 계발 교육이 인간친화지능, 자기성찰지능 등 그동안 인지적 영역이 아니라고 간주된 부분까지 포괄하게 되었다.

### 3) 초등학교 교사주도의 교수법 연구

2012년 현재 한국교육학술정보원에 기록된 다중지능에 관한 연구는 3,500여 건에 이르는데, 그중에서 630여 개가 초등학생을 대상으로 하는 연구다. 이 연구들은 대부분 국어 · 영어 · 수학 등의 교과교육을 위한 교수방법을 주제로 하고 있다. 한편 교육청이나 지방자치단체에서 지원하는 교사주도의 교육현장 연구에서도 다중지능을 적용한 교수법 연구가 다양하게 이루어지고 있다.

### 4) 강점지능과 진로설계의 연계: 한국잡월드의 진로체험

각 개인의 재능이나 소질, 적성은 다중지능에서 말하는 강점지능을 통하면 쉽게 파악할 수 있다. 특히, (강점)지능의 조합을 활용하면 일반 소질이나 적성보다 더 정교하게 접근할 수 있을 것이다.

강점지능은 유아기부터 드러날 수 있는데, 이는 지적 영역에 따른 민감성과 선호 경향이 유전되기 때문이다(Kornhaber, Krechvsky & Gardner, 1990). 그러나 성장하면서 어떤 교육적 경험을 했고, 주변에 어떤 사람들이 있어서 자극을 해 주었느냐에 따라서 강점지능이 변화되기도 한다(류숙희, 2009). 따라서 중학생에게서 강점지능은 유전뿐만 아니라 10여 년이 넘는 가족관계나 교육, 주변 인적환경에 의해서 형성되어 온 것으로서, 이에 대한 발견은 진로교육에서 매우 중요하다.

청소년의 진로교육에 깊은 관심을 가진 고용노동부는 2012년 경기도 성남(분당)에 직업체험관인 한국잡월드를 건립하고, 거기서 다중지능검사와 진로상담을 연계하는 등 진로교육을 강화하였다(다중지능연구소, 2012). 학생들은 다중지능연구소가 개발한, 표준화된 체험형의 다중지능검사를 통해 자신의 강점을 발견하고, 이를 진로와 연계시킬 수 있는 각종 직업체험 활동을 할 수 있다.

국내 최초의 본격적인 종합직업체험관이라 할 수 있는 한국잡월드의 개관은 우리나라 진로 및 직업교육의 새 장을 열었다는 의미가 있다. 이전에도 직업체험 시설은 더러 있었지만 직업 분야별로 산재되어 있었고, 재능탐색 기능은 아예 없었다. 그러나 잡월드는 재능탐색과 진로(직업)탐색을 한곳에서, 한꺼번에 할 수 있는 '원스톱' 기능을 갖추고 있어 더욱 인상적이다.

한국잡월드는 진로설계관, 직업세계관, 직업체험관 등으로 구성되는데, 참가자들은 먼저 진로설계관에서 지필 검사가 아닌 체험형, 놀이형의 재능/흥미 검사를 통해 자신의 재능을 확인하고 그에 적합한 직업을 소개받는다. 그다음에는 직업세계관에 들러 그 직업에 대한 자세한 정보를 각종 전시물과 영상 자료를 통해 얻고, 아동 및 청소년용 직업체험관에서 직무실습이나 역할극을 통해 총 120가지 직업을 직접 체험해 보게 된다. 자신의 재능에 적합한 미래 직업에 대해 생각하고 배우며, 직접 체험하고 상담까지 받은 종합서비스를 받게 되는 것이다.

잡월드의 핵심은 진로설계관이다. 이곳은 청소년들이 다중지능을 활용하여 재능을 탐색하고 그에 맞는 직업을 찾아 직접 체험까지 해 보는 혁신적 시스템을 갖추고 있다. 진로탐색의 출발점을 재능탐색으로 보는 점이 진로설계관의 특징이자 장점이다.

재능탐색과 진로탐색의 연결은 너무도 당연한 것이다. 재능에 맞는 진로 선택이 유독 우리나라에선 제대로 이뤄지지 않았기에 만시지탄(晩時之歎)은 있지만, 그래도 매우 다행스럽고 바람직한 일이 아닐 수 없다.

다중지능을 바탕으로 하는 재능탐색과 진로탐색은 유아 · 초등학생 · 중학생 · 고등학생 · 대학생 모두에게 적용될 수 있는데, 이처럼 정부가 직접 나서서 다중지능형 진로교육 시스템을 더욱 확대 시행함으로써 국가 경쟁력을 높이는 데 기여할 수 있을 것이다.

### 5) 다문화 아동, 시설아, 저소득층 대상 프로그램: 태안교육지원청과 인천북부교육청의 사례

최근 국내에서 강점지능의 발견을 통해 재능을 계발하는 프로그램이 문화적 정체감이나 자아정체감의 혼돈을 겪는 다문화 아동이나 시설 아동, 문화적 경험이 결핍된 저소득층 아동을 대상으로도 활발하게 시행되고 있다.

충남 태안교육지원청은 다문화 가정 어린이에게는 언어 능력 계발에 못지 않게 자존감의 증진이 중요하다는 전제 아래, 다중지능연구소와 공동으로 다문화 가정 어린이를 위한 다중지능 계발 캠프를 개최하였다. 이 캠프에서 다문화 아동들은 다중지능검사를 통해 자신의 강점을 발견하고 다양한 교구를 활용하여 이를 계발하는 활동에 참여하였는데, 교육적 효과는 만족할 만한 수준이었다. 또한, 인천북부교육청 특수교육지원센터에서는 2010년에 지체장애 아동들이 강점지능을 발견하고 재능을 체험하는 프로그램을 진행하여 좋은 성과를 거두었다.

양주 ○○초등학교에서는 2010학년도 1, 2학기에 걸쳐서 학습부진 아동을 대상으로 다중지능 계발 교구를 활용한 교육활동을 전개하였다. 어린이들은 수업이 재미있을 수도 있다는 사실을 처음으로 인식하고, 강점 발견과 체험 활동을 통해서 자신감을 증진하였다.

한편, 서울 ○○초등학교에서는 2012년 1월과 2012년 5월, 모두 2차례에 걸쳐 '기초학습 부진아를 위한 다중지능 캠프'를 실시하였다. 캠프 결과, 상당수의 아동들이 다중지능검사를 통해 발견된 자신의 강점에 대해 놀라움과 만족감을 표시했는데, 이 캠프를 통해 자존감 역시 많이 향상된 것으로 나타났다. 학습부진을 겪고 있는 아동을 대상으로 한 강점 발견 프로그램은 자신감을 불러일으키고 학습의 동기를 부여했다는 점에서 의의가 큰 것으로 보고되었다. 학습부진 아동들은 공부를 못하기 때문에 아무것도 할 수 없다는 생각으로 인해 자존감이 부족한 편이다.

## 4. 미래 전망

### 1) 다중지능 이론에 대한 세계의 반응

처음 『마음의 틀(*Frames of Mind*)』를 쓰기 시작했을 때, Gardner는 심리학자들이 이 책에 흥미를 가질 것이라고 생각했는데, 의외로 몇몇을 제외한 대부분의 동료들은 별다른 관심을 보이지 않았다. 오히려 심리측정학자들의 반감을 불러일으키기도 했는데, 이들은 '지능은 검사로 측정되는 것'이라고 믿었기 때문에 Gardner의 주장을 반박하거나 지지할 심리측정학적 증거를 찾는 데만 관심을 가졌다.

이와 달리, 두뇌 과학이나 컴퓨터 과학 영역에서는 다중지능을 반대하지 않았다. 전통적 관점의 연구자들도 다중지능을 수용할 수는 없지만 흥미롭다고 언급하였고(Damasio, 2003; Posner, 2005), 두뇌에 대한 개별 · 모듈화 관점이 설득력을 얻게 됨에 따라 다중지능 이론은 자연스럽게 적절한 것으로 여겨지게 되었다(Geary, 2005; Tooby & Cosmides, 1990).

교육자들도 관심을 가졌는데, 다음 세 부류의 사람들이다. 첫 번째는 특별한 학습 능력을 가진 학생들을 가르친 교사들이다. 읽기나 수학 혹은 타인 인식과 같은 영역에서 선택적 문제를 가지고 있는 학생들을 가르치는 교사들은 학생들의 불균등한 지능 프로파일을 직접 관찰하고 이 학생들이 학교 교과과정을 이수할 수 있는지 의문을 갖게 되는데, 다중지능 이론은 이들에게 자신 있게 대답한다. 두 번째 부류는 사립학교 교사와 행정가들인데 이들은 정부의 통제로부터 비교적 자유롭기 때문에 다중지능 이론에 기반을 둔 실험을 풍부하게 수행할 기회를 가지고 있다. 또한 사립학교에 입학하는 어린아이들은 개별적인 관심을 더욱 요구하는 편인데 다중지능 아이디어는 30, 40명 혹은 더 많은 학생이 있는 학급보다 10~15명 정도의 학급에서 학습할 때 더 빠르게 이해되고 적용되기 때문이다. 세 번째 부류의 사람들은 초등학교 저학년이나 유치원생들을 가르치는 사람들이다. 어린아이들을 가르치는 교사가 발달에 대해 관심을 갖게 되면, 놀이와 탐구에 가치를 두고 교실환경을 공간적 · 시간적으로 어떻게 조성할지에 관심을 갖는다. 학습이나 놀이 공간으로 풍부하게 조성된 교실(어린이 박물관 형태)은 이미 많이 있다. 다중지능의 아이디어를 수용하는 범위는 작지만, 그들은 이미 용어나 분류에는 익숙하지 않아도 다중지능의 정신에 맞는 교육을 이미 수행해 왔다.

초기에는 이 세 부류의 사람들만 다중지능에 대해 관심을 가졌으나 오래 지나지 않아 다중지능에 대한 관심은 더 많은 사람들에게 확산되었다. 다중지능은 처음에는 사립학교 교육자들에게 관심의 대상이 되었지만, 곧 공립학교의 교사들에게까지 확대되었다. 또한 처음에 유아를 가르치는 교사에게 관심을 끌었지만, 점차적으로 상급생을 가르치는 교사에게로 확산되었다.

1990년대까지 중학교와 대학으로부터 다중지능에 대한 질문이 부쩍 많아졌다(Coreil, 2003; Diaz-Lefebvre et al., 1998). 그리고 최근에는 다중지능을 부차적으로 검토하는 대학들도 볼 수 있었는데, 하버드 대학교의 지도자들은 여전히 IQ와 SAT에 중점을 두었고, 오늘날도 그러하다. 그럼에도 불구하고, 하버드 대학교의 입학 담당자는 다중지능에 대해 부정적으로 생각하지는 않는다고 언급하곤 한다. 그들은 각자 갖고 있는 증거들을 제시하면서, 하버드 대학교는 지적으로나 문화적으로 각기 다른 학생을 확보하는 데 관심이 있고, 이에 따라 입학관리부는 다양한 지능에서 두각을 드러내는 잠재 능력이 있는 학생을 찾는다고 말한다.

교육기관 이외에 박물관이나 다른 문화 기관에서도 다중지능이 쉽게 받아들여지는 것을 볼 수 있다. 이러한 기관들은 다양한 관객을 유인하고 재방문을 유도할 활동과 전시를 제공하는 데 관심을 갖는다. 특히 아이들을 대상으로 하는 전 세계의 체험 박물관이 다중지능에 관심을 보였고, 많은 곳에서 다중지능에 관련된 전시를 하기도 했다.

다중지능은 미술관이나 박물관에서도 설득력이 있었는데, 그것은 동일한 대상에 대해 다른 진입점을 제시하는 생각 때문이다. 일례로 덴마크 남서부의 손더버그(Sonderberg) 인근에 설립된 Danfoss Universe는 설립자 가문을 기념하는 전통적인 박물관과 전시관 및 회의센터를 갖추고, 실제 학습이 가능한 실물 크기의 전시물과 날씨가 좋을 때 가족이 즐길 수 있는 넓은 공원까지 포함하는 등 여러 가지 목적으로 세워진 곳인데, 그중에서도 익스플로라마(Explorama) 박물관은 약 50개의 정교한 전시물을 수용할 수 있는 규모의 크기로 각 전시물은 한 가지 이상의 특정 지능을 표현하고 활동할 수 있도록 설계되었다.

예를 들면, 언어 전시물은 일본어 학습의 예를 보여 준다. 방문객들은 그들이 들은 단어나 구를 모방하고 음성화한 것에 대한 시각적 표현을 볼 수 있다. 이런 시각적 표현은 방문객들이 모방을 정확하게 했는지 여부를 확인할 수 있도록, 원어민의 정확한 소리 스펙트럼과 함께 제시된다. 또 다른 전시물에서는 방문객이 손의 움직임을 통해 테레민(전자악기)에서 멜로디를 만들 수 있게 되어 있다. 또 어떤 전시물에서는 신체 능력(혼자 혹은 타인과 균형을 맞추는 신체 움직임)과 공간 능력과 협동 능력을 확인할 수 있다. 가장 독창적인 전시물은 팀봇(Teambot)과 마인드볼(Mindball)이다. 팀봇은 참가자가 로봇이 잡고 있는 물체를 한 지점으로부터 다른 지점으로 이동시키기 위해 함께 참여해야만 하는 전시물이고, 마인드볼은 전극 장치가 있는 머리띠를 착용한 두 참여자가 스트레스 수준을 낮추어서 컴퓨터에 특정 두뇌 파장으로 전환되도록 시도하여 탁구공을 다른 선수의 영역으로 옮기는 데 사용되는 장치다. 또한 시설에서 시간을 보내는 사람은, 6세이든 60대이든 자기 자신의 마음은 어떻게 작동하는지, 타인의 마음이 작동하는 다른 방식은 무엇인지에 대해 새로운 통찰을 얻을 것이라고 예상할 수 있다. 또한 관람객들은 자신의 자기성찰지능을 확인할 놀라운 기회를 갖는다. 그들은 전시물을 관람하기 전에, 자신의 지능 프로파일을 설명하는 질문을 완성한다. 시설을 둘러보면서 시간을 보내고 난 후, 그들은 그 질문에 다시 반응하고 자기 자신에 대한 통찰을 확고히 하며 자신의 다양한 수행을 통해 질문을 완성한다.

뿐만 아니라 기업체의 관리자나 지도자들도 다중지능에 대한 관심을 표시했는데. 이들의 관심은 Daniel Goleman(1995)의 책, 『정서지능』에 대한 광범위한 관심으로부터 시작되었다. 이러한 관심은 각기 다른 사원들을 유인·후원하고 인적자원을 개발해야 하는 필요로 인해 시작되었는데, 이것은 지능에 대한 표준적인 학문 모형을 따르지 않는 것이다.

그러나 복합적인 형식으로 핵심적인 아이디어에 대한 포트폴리오와 프레젠테이션의 활용을 포함하는 다중지능 이론은 미국과 그 밖의 곳에서 기업가들에게도 관심을 끌며 적용되었다. 일례로 콜롬비아(Colombia)의 재정관리 회사 Skandia International의 CEO인 제라도 곤잘레스(Gerardo Gonzales)는 다양한 국가의 고용인 사이에 나타나는 이론과 일화, 기술을 변화시키는 방법을 설명하는 데 다중지능을 활용하였다. 그는 '다양한 표상'이라는 아이디어와 '다양한 도입 지점'을 사용하여 가능한 한 많은 미디어와 형식으로 문화의 바람직한 변화를 제시하는 것이 필요하다고 했다.

다중지능에 대한 책과 논문에 대한 꾸준한 관심은 전 세계에서 공통적으로 나타난다. 출판물에서 대부분의 사례를 다루지는 않았지만 인터넷 검색 엔진에 누적되고 있음을 알 수 있다. 작가는 그의 아이디어가 '책 밖에서' 나타날 때 특히 유명해진다. 다중지능 이론은 소설(Richard Power)에서도, 텔레비전 프로그램(ER)에서도, 그로스 퍼즐(New York Time)에서도, 말의 지력 신난(by Jane Smiley)에서도 그리고 다른 영역인 인기 있는 보드 게임인 크레니움(Cranium)에서도 나타나고 있다.

한편, 덴마크의 교육자들은 다중지능의 교실 도입이 적합한지 열띤 논쟁을 했고, 영국 교육부는 교사가 아동의 다중지능에 대해 인식하게 된 것이 검사점수 상승의 주된 요인이라고 인정했다. 그러나 프랑스에서는 반응이 느렸는데, 주요 신문인 Le Monde가 '왜 다중지능이 프랑스에서는 영향력이 없는가?'라는 기사를 게재한 것을 보면 다중지능이 세계적인 이슈가 된 것은 확실하다. 마카오에서는 식료품 가게 우유광고에서 우유를 먹으면 다중지능이 계발되는 것으로 오용되기까지 하고 북한도서관에 비치된 단 두 권의 영어책 중에 『마음의 틀』이 포함된 점은 그만큼 다중지능이 전 세계인의 관심을 받고 있음을 대변해 준다.

그러나 이로 인한 문제점도 있다. 다중지능 이론이 세계 각국으로 소개될 때 문화권마다 해석이 달라지는 현상이 나타나고 있다. 즉, 미국 사람들은 서로 다른 여덟 가지 지능이 있다는 데 대해 자녀의 특별한 재능과 그 고유한 지적 특성에 초점을 두어 생각하는 반면, 중국인들은 가르치고 유능해져야 할 영역이 여덟 가지라고 해석하는 등 차이를 보이고 있다.

다중지능의 이해를 위한 교육에 중점을 두는 프로젝트 제로(The Project Zero) 사업에 함께 합류하여 다중지능 교육과정과 측정 도구를 사용하려는 학교들은 꾸준히 늘고 있다. 미국 내에서는 Long Island, East Hampton의 Ross School과 Arizona Glendale의 Glendale 단과대학 등 참여 학교가 늘고 있고, 바르셀로나의 Montserrat School과 필리핀의 MI International Foundation School의 경우, 이해를 위한 교육이라는 지침하에 다중지능 아이디어가 인상적으로 통합되어 있다. 또한 더블린(Dublin)의 National Collage of Ireland의 학장인 조이스 오코너(Joyce O'Connor)는 교육 서비스를 제대로 제공받지 못하는 소외 계층에게 '이해를 위한 도입 방법'에 대한 아이디어, 다중지능, 프로젝트 제로에서 개발된 대안적 측정 도구를 도입하여 사용하기도 했다.

## 2) 향후 다중지능 연구의 방향

여러 영역의 저자들과 실천가들은 금융지능, 도덕지능, 영성지능, 정서지능, 성적지능을 포함하는 다양한 지능을 제안했다. Gardner도 지능의 확장 자체에 대해서는 그렇게 부정적으로 보고 있지는 않지만, 지능을 확장할 경우 그 준거가 필요하고 그 지능이 어떻게 활용되는지에 대해서도 별도로 설명될 필요가 있다고 지적하였다.

이를 확인할 수 있는 가장 유리한 분야는 생물학이다. 생물학의 발전을 통해 우리는 인간 두뇌의 발달과 기능에 대해 더 많이 알게 되었다. 또한 인간의 경험에 따라 더 개발할 수 있고 더 민감할 뿐만 아니라 신경체계에서 이미 회로화된 능력도 더 명확히 구별해 낼 수 있게 되었다. 또한 신경학적 구조나 기능이 특별한 수행과 프로파일을 나타내는 사람의 특성과 어떻게 다른지도 알 수 있다.

다양한 유전자와 유전 복합체의 역할을 알았을 때 이러한 정보는 인간 능력을 어떻게 설명하는지에 대한 또 다른 제약이 될 수도 있을 것이다. 유전학 연구가 더욱 진전되면 음악지능이나 공간지능과 같은 특정 지능의 강도가 특정 유전자나 유전 복합체의 통제하에 있음을 밝힐 수 있게 될 것이다. 함께 양육되거나 분리되어 양육된 일란성, 이란성 쌍생아의 연구는 어떤 지능 프로파일이 유전적인지, 변화가 가능한지에 대한 우리의 이해를 증진할 것이다. 그리고 미래에는 측두엽 깊은 곳에 자리한 실존지능에 대해서도 언급할 수 있게 될 것이다.

'드라이웨어(dryware)'인 컴퓨터 영역의 발달도 역시 우리의 이해를 증진시킬 것처럼 보인다. 우리는 인간에 대한 어떤 종류의 실험을 수행할 수는 없지만 종이와 컴퓨터 시뮬레이션상에서 다양한 지적 능력을 모형화하는 것은 가능하며, 그러한 모형을 통해 어떤 과제가 한 종류의 메커니즘으로 수행되는지, 메커니즘의 결합 혹은 새로운 종류의 메커니즘을 요구하는지 결정할 수 있다. 그러한 시뮬레이션은 마음(mind)의 조직화에 대한 또 다른 귀중한 안목을 제공해 줄 것인데, 특히 정신 모듈의 다양성을 통해 최고의 모형화가 될 수 있는 범위와 이러한 모듈을 설명하는 최상의 방식을 제공할 것이다.

컴퓨터와 생물학의 발전은 앞으로 인간 지능의 정의와 모형화를 제한하지 않고 다양한 방식으로 지능의 정의와 모형을 확대할 것이다. 그리고 컴퓨터는 향후 다양한 방법으로 내용을 가르치는 데 이용될 수 있다.

예를 들면, 컴퓨터는 신체적으로 장애를 가진 사람의 신체운동 능력을 향상시킬 수 있고 공간 능력이 부족한 사람을 위해 기하학적 구조물을 보여 주고 조작할 수 있게 해 준다. 그들은 또한 먼 시공간의 탐험과 같이, 교실에서 실행하기에는 너무 어렵거나 많은 비용이 소요되거나 불가능한 경험을 가능하게 할 수도 있다.

최상의 교육적 개입은 계속해서 단순한 자료와 재치를 사용하는 현명한 교육자들로부터 비롯된 것이라고 추측할 수 있다. 예컨대 유명한 수학 교육자인 로버트 모세(Robert Moses)는 보스턴의 대중교통 체계에 대한 지식을 활용하여 중학교 1, 2학년 연령의 학생들에게 대수학을 가르쳤다. 교육자 Annick Winokur는 농구공이 튀는 것을 학습하면서 수학적 공간 추론을 어떻게 가르치는지를 설명하는 스포츠 측정학(sportsometry)을 만들었다. 하버포드(Haverford)의 물리학 교사인 Walter Smith는 대학생들에게 물리학 개념을 전달하는 데 더욱 효과적인 것으로 판명된 음악을 모아 놓은 웹사이트(www.physicssongs.com)를 개설하였다(Gardner, 2006).

이처럼, 다중지능은 1983년 처음 등장한 이래 계속 새로운 영역을 개척하는 등 발전된 면모를 보이고 있고, 앞으로도 교육이나 인간의 삶의 다양한 영역으로 확장될 것이다. 이로 인해 21세기, 새로운 천년의 교육의 발전에도 의미 있게 기여할 것이라 본다.

# 제 3 부

# 지능의 새로운 패러다임 Ⅱ: 정서지능

INTELLIGENCE

I 제9장 I

# 정서지능의 의미

## 1. 정서지능의 개념

인간의 정서에 대한 연구는 끊임없이 이루어져 왔다. 대부분의 연구들은 인간의 정신을 이성(사고)과 감정(정서)으로 나누어 설명하는 이분법적 견해를 펼치고 있다. 일반적으로 서양철학에서는 정서란 혼란스럽고 통제할 수 없는 것이기 때문에 정서와 이성은 양립할 수 없는 상호 배타적인 것으로 간주했다. 현대 심리학에서는 인간의 정신활동을 성격 · 정서 · 인지의 세 가지 측면으로 나누어 접근하고 있으며, 이 가운데 특히 정서에 관해서는 1980년 이후 다시 활발한 연구가 이루어지고 있다. 20세기 초까지 '정서'라는 용어는 감정(affect, feeling)과 동일한 것으로, 또는 혼동되어 사용되었으나 현재는 여러 가지 감정들을 포괄하는 상위 개념으로 사용되고 있다.

정서란 어떤 대상이나 상황을 지각하고 그에 따르는 생리적 변화를 수반하는 복잡한 상태라는 정의에 학자들은 어느 정도의 의견 일치를 보이고 있다. 정서가 갖는 강한 주관적 경험 가운데 하나는 행위충동으로서 환경과의 특정한 형태의 만남을 통해서 나타난다. 이 행위충동은 정서란 단어의 어원적 근원에 내포되어 있다. 즉, 라틴어로 'e'는 '밖으로'란 뜻이며 'moere'는 '움직이다'라는 뜻이다. 밖으로 움직이려면 우선 주위에 자극 존재가 있어야 가능하며, 또 이렇게 움직이는 반응행위를 하는 유기체의 조건이 고려되어야 한다. 따라서 심리학의 다른 개념들과 마찬가지로 정서를 유기체, 환경 가운데 어느 쪽에 초점을 두느냐에 따라 정의가 달라지며, 이에 기초한 정서 이론과 연구 방법도 달라지게 된다. 정서에 대해 여러 가지 차원에서 논의되고 있지만 아직 학자들 간에 무엇이 필요조건이고 무엇이 충분조건인지에 대한 일치를 보지는 못했기 때문에 정서를 한마디로 정의하기가 쉽지는 않다.

정서지능(emotional intelligence)은 지능과는 분리된 개념으로서, 정서를 통제하고 조절할 줄 아는 능력을 말한다. Gardner(1983)는 정서가 지적 기능을 갖고 있으며, 인간의 지적 능력은 언어지능, 논리수학지능, 신체운동지능, 공간지능, 음악지능, 인간친화지능, 자기성찰지능, 자연친화지능과 같은 여덟 가지 요인으로 구성된다는 다중지능(multiple intelligences) 이론을 제안하였다. 그는 이 요인들 가운데 인간친화지능과 자기성찰지능을 합쳐 개성(個性; personal)지능이라 불렀는데, 이 능력들은 전통적인 IQ 검사에서는 고려되지 않는 요인으로 정서적 능력을 포함하고 있다고 지적한다. 정서지능을 학문적으로 체계화시킨 Salovey와 Mayer(1990)는 정서지능 개념의 기초를 Gardner의 이러한 다중지능의 인간친화지능과 자기성찰지능의 개념 속에서 찾고 있다. 이러한 두 지능은 그 이전부터 논의되어 오던 사회지능과 거의 같은 개념이라고 볼 수 있는데, Salovey와 Mayer는 정서지능을 이러한 사회지능의 한 하위요소라고 주장하고 있으며, 특질(trait)이나 재능(talent)과는 구별되는, 정서와 관련된 능력(ability)

이라고 보았다.

그러나 사회지능과 다른 점은 정서지능이 더 일반적 지능과 구별될 수 있는 개념이라는 것이다. 즉, Salovey와 Mayer는 사회지능이 너무나 광범위하여 그 능력이 일반지능과 확실히 구분되지 않는 데 반해, 정서지능은 이보다는 일반지능과 구별되는 능력이라고 주장한다. 또한 정서지능은 일상생활에서의 정서사건에 대한 추론(emotional reasoning)으로 이루어진 복합적이고 지능적인 측면에 초점을 둔 개념이다. 이에 따라 정서지능을 정서 정보를 포함하고 있는 일련의 정신 과정으로 규명하였는데, 다시 말해서 정서지능은 자신과 타인의 정서를 평가하고 표현하는 정신 과정, 자신과 타인의 정서를 조절하는 정신 과정, 그리고 정서를 사회적응적인 방식으로 활용할 줄 아는 정신 과정으로 구성되어 있다고 보았다. 이를 바탕으로 정서지능의 개념을 정의하면, "정서지능이란, 정서를 정확히 지각하고 평가하며 표현하는 능력, 정서에 접근하고 사고를 촉진시킬 수 있는, 정서를 발생시킬 수 있는 능력, 정서 및 정서와 관련된 지식을 이해할 수 있는 능력, 그리고 정서적-지적 성장을 향상시키기 위하여 정서를 조절하는 능력" (Mayer & Salovey, 1997)이다.

정서지능이라는 개념은 처음 등장했을 때부터 현재까지 대중과 학문 공동체 내에서 끊임없는 논쟁의 대상이 되어 왔다. 학문 공동체 내에서는 최근까지 개념에 대한 합의와 측정의 난제들을 해결하기 위해서 많은 노력을 기울여 왔다(Zeinder, Matthew, & Robert, 2001). 이 노력에는 정서지능의 명확한 개념화, 측정, 결정 요인, 다른 심리 구인들과의 관계, 적용 가능성 등에 대한 논의가 포함되어 있다.

일반 대중 또한 정서지능이라는 개념에 많은 흥미를 보이며 관심을 가졌는데, 정서지능의 개념을 다방면에 너무 포괄적으로 활용함으로써 이러한 관심이 오히려 정서지능의 개념을 더 모호하게 만들었다(Mayer et al., 2000). 대표적인 예로, Goleman(1995)은 정서지능이라는 개념을 대중화하는 데 큰 기여를 하였으나, 정서지능을 능력이 아닌 바람직한 성격 유형이나 성격 특성으로 설명하면서 그에 입각한 정의를 내려 정서지능을 자아 개념이나 동기 등의 심리적 변인들과 구별하기 어렵게 만들었다.

Goleman은 정서지능이 두 가지 핵심 영역과 네 가지 하위 구성요소로 이루어져 있다고 주장하였다. 두 가지 핵심 영역은 정서의 인식과 조절이라는 '능력의 영역'과 자신과 타인이라는 '대상의 영역'이다. Goleman은 이 영역들을 조합하여 자신의 정서 인식, 타인의 정서 인식, 자신의 정서 조절, 타인의 정서 조절이라는 네 가지 구성요소를 산출하였는데, 이러한 분석에 구성요소의 산출 원리와 개념의 조작적 정의에 대한 설명이 포함되어 있지 않다. 더욱이, 정서지능과 성격 특성을 구별할 수 있는 근거를 제시하지 못하고 있기 때문에 Goleman이 규명한 정서지능의 개념은 불명확하다고 볼 수 있다.

과학적 구인(construct)으로서 정서지능을 개념화한 연구 중에서 가장 널리 알려진 것은 Salovey와 Mayer가 내린 정서지능의 정의다. 이들에 의하면, 정서지능이란 자신과 타인의 정서를 모니터하고 정서들을 구별하며 한 사람의 사고와 행위를 이끌어 내기 위하여 정서를 활용하는 능력이다(Salovey & Mayer, 1990, p. 189). 이 정의는 정서 조절의 선행 조건으로서 정서 정보의 처리를 들고 있다는 점에서 Goleman의 정의와 차이가 있다.

또한, 이 정의에서 말하는 정서는 정서 상태 그 자체를 의미하기보다는 자신과 타인 사이의 관계를 말한다고 볼 수 있다(Mayer, 2001). 과거에는 이성 능력을 방해하는 반응으로서 정서를 인식하고 연구하였으나, 정서지능 이론에서의 정서는 단순한 정서의 상태를 의미하는 것이 아니라 인지 능력으로 처리될 수 있는 정보이며, 이 정보 속에는 대상 자체 그리고 각 대상 간의 관계가 포함되어 있다. 예컨대, 기쁨이라는 정서는 보상이 따르는 긍정적인 감정이라는 정보를 가지고 있으며 슬픔은 손실이나 상실이라는 정보를 포함하고 있다(Roseman, 1984). 따라서 정서지능에서 말하는 정서는 규칙적이고 일반적이며 사회적인 특성을 가지고 있다고 할 수 있다.

한편, 정서지능에서의 지능은 지적인 능력(ability)을 말하며, 이 능력은 정신 기능의 인지적인 측면을 의미한다. 즉, 어떤 대상에 대한 학습 · 기억 · 추론 · 판단 · 응용 등의 인지적인 처리 과정과 작용을 포함하는 인지 영역의 효율적인 조작을 의미한다(Salovey & Mayer, 1990). 이에 따르면, 정서지능은 정서라는 정보를 이성적으로 처리하는 능력이라고 할 수 있다.

그러나 이와 같은 정서지능의 개념은 정서지능이 기존의 전통적 지능이나 사회지능과 어떻게 구분되는지를 확실하게 밝혀 주지 못하는 한계점을 가지고 있다(Salovey, Bedell, Detweiler, & Mayer, 2000). 최근 이러한 문제를 해결하기 위하여 보다 엄격하고 명확하게 정서지능의 개념을 규정하고 새로운 모형을 제시하고 있는데, 이에 따르면 정서지능에는 정서를 인식 · 평가 · 표현하는 능력, 정서가 인지를 촉진하는 경우 감정에 접근하고(access) 감정을 발생시키며 정서가 포함되어 있는 정보를 이해하고 정서를 활용할 줄 아는 능력, 그리고 정서적 · 지적 성장을 향상시키기 위하여 정서를 조절할 줄 아는 능력이 포함된다(Mayer et al., 2000).

이러한 정의는 과거의 정서지능에 대한 개념과 다음과 같은 점에서 구별된다. 첫째, 정서지능은 행동의 생산성과 효율성을 결정하고 영향을 줄 수 있는 정서성(emotionality)과 정서 상태를 처리하는 과정을 포함하고 있는 능력이다. 이는 정서지능이 성향 · 성격 · 재능 등의 심리적 특성이 아닌 정신 능력임을 뜻한다. 이 능력은 다양한 계획 세우기, 가능한 결과를 예측하기, 과제의 우선순위를 결정하기, 중요한 자극에 주의를 먼저 기울이기 등의 행동에 영향을 준다(문용린, 곽윤정, 이강주, 1998).

둘째, 정서지능에는 정서 표상(emotional representation)과 관련되어 있는 정보의 부호화(coding)와 해독(decoding) 능력이 포함되며, 이는 다른 사회지능이나 일반지능 속에 포함되어 있지 않은 독특한 능력이다. 이 능력은 정서의 정보 경로(information channel)에 영향을 주게 되어 상황에 더 적합한 정서 조절 행동과 사고를 이끌어 내도록 한다.

이러한 정서지능의 개념에 따라 정서지능의 구성요소가 결정되고 모형이 개발되었다.

## 2. 정서지능의 심리적 작동 기제

많은 학자들(Bar-On, 1997; Mayer & Salovey, 1997; Goleman, 1995)이 정서지능에 대하여 다양한 정의를 내리고 있지만, 정서지능을 발달시킬 수 있는 교육 프로그램에서는 정서지능이 성향이나 기질이 아닌 발달 가능한 능력임을 가정하는 개념에 따라야 한다. 정서지능을 지적인 능력으로 보는 개념은 4영역 모형에 입각하여 정서를 효율적이고 효과적으로 처리하는 인지적 능력이 정서지능이라고 정의했다(Mayer & Salovey, 1997).

이 장에서는 정서지능의 4영역 모형에서 말하는 정서지능 구성요소의 발달을 위한 프로그램을 개발하고자 한다. 교육 프로그램의 개발에 앞서 프로그램에서 초점을 두고 있는 구성요소에 대하여 분석하고, 구성요소의 특성과 기저하고 있는 능력 간의 관계를 구조화하는 모형에 대하여 탐색하도록 하겠다.

정서지능 개념에 대한 이론적 논의에서 살펴본 바와 같이, 정서지능에서의 정서는 인지 능력을 방해하는 심리적 상태가 아닌 관계를 의미하고 있는 하나의 정보를 말한다(Mayer, 2001). 즉, 정서지능에서 정서는 대상과 대상 사이의 관계를 반영하고 있는 정보로서, 관계는 생리적 각성상태나 정서성(emotionality)을 의미할 수도 있고, 규칙일 수도 있다. 이를테면, 절망이라는 정서에는 거부나 실패 등의 규칙이 존재한다. 정서지능에서의 정서는 다른 능력을 작용하지 못하게 하는 부정적인 역할이 아닌 주로 인지적 능력의 활성화나 사고와 행동의 동기화 등에 영향을 주는 역할을 담당한다. 즉, 정서지능에서의 정서는 인지 능력이 향상되도록 만든다.

정서지능에서의 인지는 대상에 대한 이해 · 기억 · 추론 · 판단 · 응용 등과 같은 지적인 조작 능력을 말한다(Mayer et al., 1990). 즉, 정서라는 표상 정보를 부호화하고 해독하며 주어진 상황과 정서의 관계를 이해하고 판단하는 능력을 말한다. 정서지능에서의 지능은 주로 정서에 대한 이해 능력, 추론 능력, 응용 능력 등의 지적인 능력의 작용을 의미한다. 정서지능에서의 인지는 정서를 안정시키고, 구조적이지 못한 정서 상태를 체계화하는 역할을 한다. 예컨대, 정서 지식의 활용의 구성요소에서 인지는 정서를 지식으로 구조화하고 정서의 변화 과정을 판단하고 추론하는 역할을 담당한다.

정서지능은 이와 같은 정서와 인지의 작용에 의해 활성화되며 두 측면의 활성화는 정서 조절적 행동에 영향을 준다(Mayer et al., 1990). 즉, 정서 조절적 행동의 선행 조건으로서 정서 정보의 처리 과정이 일어난다.

정서지능 개념 모형을 살펴보면, 구성요소 내의 수준이 있는데 이 수준은 정서 정보의 처리 능력의 복잡성과 발달에 따라 배열되어 있다(Mayer & Salovey, 1997). 예컨대, 1수준은 이해나 인식, 지각과 같은 인지 능력과 관련이 있고, 2수준은 판단, 유추 등의 인지 능력의 작동과 관련이 있으며, 3수준에는 해석, 적용 등의 인지 능력이 포함되고, 4수준은 앞의 세 수준이 모두 통합된 인지 능력의 작용과 관련되어 있다. 앞의 수준의 인지 능력은 다음 수준의 인지 능력의 선행 조건으로서 역할을 한다고 볼 수 있다. 또한, 이러한 수준의 구분은 한 구성요소 내에서 인지 능력 작동의 수준이 복잡성에 따라 나누어지며, 4수준을 향하여 앞의 수준들이 수렴성을 갖는다는 것을 의미한다.

또한, 구성요소들은 능력의 중요성과 복잡성에 따라 구조를 이루고 있다(Mayer & Salovey, 1997). 즉, 상위 능력으로 갈수록 정서지능에 포함된 여러 능력들의 발달에 기초하며 정서지능의 핵심적 능력이 되는 것이다. 4영역 모형에 따르면, 정서 조절은 가장 중요하고 핵심적인 능력이 된다. 즉,

[그림 9-1] 정서지능의 심리적 작동 기제

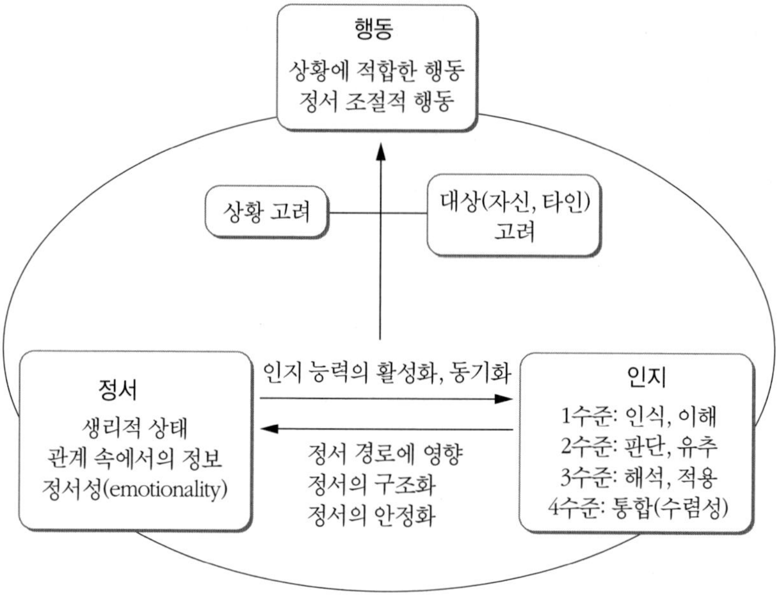


정서 조절은 다른 구성요소들의 발달이 선행되어야 하며 이를 바탕으로 행동으로의 전환을 이끄는 핵심 능력이 되는 것이다. 이러한 심리적 구조를 그림으로 나타내면 [그림 9-1]과 같다.

[그림 9-1]과 같이 정서와 인지의 상호작용에 의해 정서 조절 행동에 영향을 주게 되며, 이러한 과정들이 정서지능의 내용이 되는 것이다. 이때, 자신과 타인이라는 조망 대상과 직면한 상황에 대한 고려가 개입된다.

정서지능 교육 프로그램의 모형에서는 이러한 정서지능의 심리적 기제를 반영할 필요가 있다. 즉, 관계를 포함하고 있는 정서 정보의 다양성을 포함하고, 각 수준에서 작동하는 인지적 능력들을 향상시킬 수 있으며, 행동 경향성을 증진시키는 프로그램의 기초가 되는 프로그램 모형을 개발하도록 한다. 또한, 정서지능 개념 모형에서의 정서지능의 각 구성요소 발달도 포함하도록 한다. 정서지능 구성요소는 프로그램을 구성하는 내용이 될 수 있다. 정리하면, 정서지능의 심리적 기제인 정서적 · 인지적 · 행동적 차원은 프로그램의 구조가 되며, 정서지능의 구성요소는 내용이 된다.

유아용 프로그램일 경우 중요한 고려 사항은 유아의 발달 특성이다. 특히, 인지적 발달을 고려해야 한다. 왜냐하면 정서지능의 발달은 지적인 능력의 작용에 의해서 이루어지므로(Mayer & Salovey, 1997), 인지적 발달 상태와 부합하는 인지 능력과 관련한 프로그램 활동을 개발해야 한다. 예컨대, 유아는 정서를 이해하고 상황과 타인의 견해를 해석하고 정서적 갈등의 문제해결까지의 과정을 동시에 할 수 없다. 그러므로 이를 수준별로 나누어 적용하는 것이 보다 적합하다.

정서지능 교육 프로그램의 모형은 정서지능의 4영역 개념 모형에 근거하여 네 가지 구성요소를 프로그램 모형의 구성요소로 삼으며, 각 구성요소를 발달시키는 심리적 기제인 인지적 차원과 정서적 차원을 중심으로 하는 프로그램 모형을 구축하도록 한다. 즉, 각 구성요소의 수준에 해당하는 정서와 인지, 행동의 특성을 발달시키는 프로그램의 구조를 포함하도록 한다.

인지적 차원의 발달은 [그림 9-1]에서 제시한 바와 같이, 인지 능력의 수준에 따르면서 동시에 유아의 인지적 발달 상태에 맞게 이해 능력, 추론 능력, 적용 능력에 초점을 두도록 하며, 정서적 차원의 발달은 유아의 발달 상태에 따라 단일 정서에서 복합 정서로 나아가도록 한다. 행동적 차원의 발달은 다양한 갈등 상황에서 어떤 행동 선택을 하는 것이 좋은지, 어떤 행동 표현이 사회적으로 가장 용인될 만한 것인지 등을 연습할 수 있는 행동 선택의 기회를 반복적으로 제공하도록 한다.

또한, 정서지능의 작동 대상도 자신에서 수준에 따라 타인으로, 그리고 관계로 나아가도록 한다. 이는 조망 발달의 순서에 따른 것이다.

정서지능의 작동 기제에 기초하여 정서지능 교육 프로그램 모형의 심리적 기제에 대하여 요약하면, 인지적 차원의 발달은 각 수준별 인지 차원의 능력, 즉 이해 · 판단 · 적용 능력 등의 발달을 이끌 수 있는 인지적 불평형 상태를 일으키는 다양한 활동을 제공하도록 함으로써 발달하게 될 것이다. 정서 차원의 발달은 다양한 정서의 종류와 관계의 의미를 담고 있는 정서 정보를 제공함으로써 일어날 것이다. 또한, 인지 차원과 정서 차원의 발달과 함께 정서 조절적 행동을 연습할 기회를 통해 행동적 차원을 발달시킬 것이다. 정서 조절은 정서지능 구성요소 중 행동으로 이끌어 내는 핵심 능력이자 정서지능의 가장 중요한 상위 능력이므로 정서 조절 행동의 발달은 정서지능의 발달을 이끌어 낼 것이다.

이와 같이 정서지능의 심리적 기제를 살펴봄으로써 정서지능의 각 구성요소를 향상시켜 주기 위해 어떤 심리적 측면에 초점을 두어야 할지에 대하여 명확하게 밝힐 수 있다.

| 제10장 |

# 정서지능의 구성요소와 모형

앞에서도 언급한 바와 같이 초기에는 대중의 이해를 돕기 위해 정서지능의 개념을 비교적 포괄적으로 제시하였기 때문에 정서지능의 개념과 구성요소가 모호하고 복합적이라는 비판을 받았다. 포괄적인 정서지능의 개념에 입각하여 구성된 모형을 가리켜 정서지능의 복합 모형(mixed model)이라고 하는데, 정서를 인식하고, 정서에 동화하며 그것을 이해하고 처리하는 능력뿐만 아니라 외향성 등과 같은 성격적 측면, 그리고 동기화 요소, 정의적 성향(affective disposition) 등의 심리 특성도 포함되어 있었다(Bar-On, 1997; Goleman, 1995). 이러한 개념과 모형은 정서지능의 구성요소와 인간의 다면적인 심리 특성 간의 구별을 어렵게 만들었다.

다른 심리 특성과의 변별화를 위해서 정서 정보를 처리하는 능력에만 초점을 둔 정서지능의 '정신 능력 모형(mental ability model)'이 등장하였는데, 이를 다시 초기 모형과 최근의 수정 모형으로 구분할 수 있다(Salovey & Mayer, 1990; Mayer et al., 1999, 2000). 이제부터 정서지능의 초기 모형과 수정 모형에 대하여 살펴보도록 하겠다.

## 1. 정서지능의 초기 모형

정서지능에 대한 초기 연구에서는 정서지능이 사회지능의 특정 유형이며, 자신과 타인의 정서를 인식하고, 생각하고 행동하는 데 정서 정보를 이용할 줄 아는 능력이라고 정의하였다(Salovey & Mayer, 1990). 이러한 정의에 따라 정서지능의 구성요소를 나누었는데, 초기 정서지능 모형에서의 구성요소는 크게 세 가지로 구분할 수 있다. 즉, 정서의 인식과 표현 능력, 정서 조절 능력, 그리고 정서의 활용 능력이다. 정서의 인식과 표현 능력, 정서 조절 능력은 자신과 타인이라는 대상에 따라 범주화할 수 있으며, 정서 활용 능력에는 융통성 있는 계획 세우기, 창의적 사고, 주의집중의 전환, 동기화의 내용이 포함되어 있다. 정서지능의 초기 모형을 그림으로 나타내면 [그림 10-1]과 같다.

[그림 10-1] 정서지능의 초기 모형

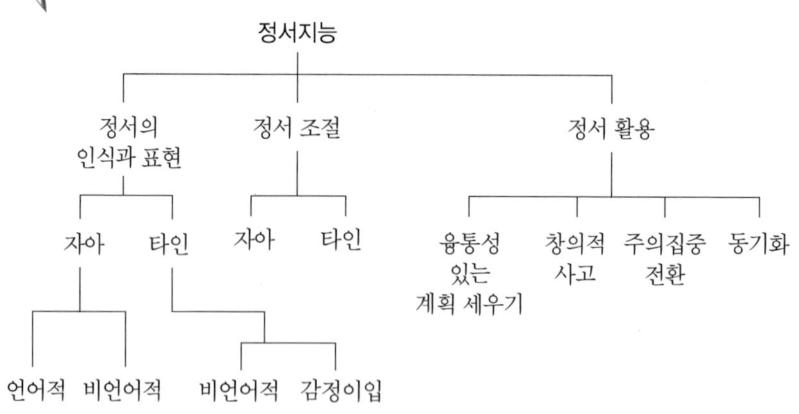


출처: Salovey & Mayer(1990).

[그림 10-1]에서와 같이 초기 정서지능의 구성요소는 정서의 인식과 표현 능력, 정서 조절 능력, 정서 활용 능력으로 구분할 수 있다. 각 구성요소의 내용을 보다 더 자세히 살펴보면 다음과 같다.

정서의 인식과 표현 능력(appraisal and expression of emotion)은 정서지능의 기본 능력으로서 자신과 타인이 가지고 있는 정서를 정확하게 이해하고, 자신이 느끼는 정서를 상황에 적절하게 표현할 줄 아는 능력을 말한다(Salovey & Mayer, 1990). 자신이 느끼는 정서를 인식하고 표현하는 방식에는 언어적 방식과 비언어적 방식이 있다. 언어적 방식이란 자신의 정서를 언어로 명명하고 변별하며 언어를 매개로 왜곡 없이 표현하는 방식을 의미한다. 정서의 인식과 표현의 비언어적인 방식이라 함은 표정, 몸짓, 말투 등의 비언어적인 경로와 신호를 말하며, 이를 이용한 의사소통이라고 볼 수 있다. 타인의 정서 인식과 표현 능력은 타인이 보여 주는 비언어적인 내용의 정서를 정확하게 파악하고 해석하는 능력을 말하며, 인식된 타인의 정서를 자신의 내부에서 재경험해 보면서 자신의 것처럼 느끼게 되는 감정이입(empathy)도 여기에 포함된다(곽윤정, 1997).

정서의 조절 능력(regulation of emotion) 역시 자신과 타인이라는 대상으로 활성화되는 능력으로서 부정적인 정서를 긍정적인 정서로 바꾸거나 부정적인 정서를 적응적 방향으로 조정하는 능력을 말한다. 이 능력은 감정이나 기분 상태를 처리하는 과정을 보다 강조한 것으로, 처리 과정의 능숙도에 따라 특정 목표에 도달하는 능력으로 간주할 수 있다(문용린, 곽윤정, 이강주, 1998).

정서의 활용 능력(utilization of emotion)은 연역적·귀납적 사고, 추론, 문제해결, 과제의 창의적 해결 등을 위해서 정서 정보를 적용하고 활용하는 능력을 말한다. 이 능력의 기본 가정은 문제해결을 위해서 정서 상태를 생성해 낼 수 있다는 점이다. 정서의 활용 능력에는 융통성 있는 계획 세우기(flexible planning), 창의적 사고(creative thinking), 주의집중의 전환

(mood redirected attention), 동기화(motivation) 등이 포함된다.

융통성 있는 계획 세우기는 미래의 계획을 세우는 데 있어서 정서의 변화를 이용하고 가능성 있는 결과를 예측해 보는 것을 말한다. 창의적 사고는 기억을 구조화하고 문제를 해결하는 데 있어서 정서를 적절하게 활용하는 능력이다. 예컨대, 긍정적인 기분을 이용하여 범주화하는 과제를 해결할 수 있고, 부정적인 기분을 활용하여 귀납적 과제를 해결할 수 있는 능력이 포함된다. 주의집중의 전환은 여러 가지 복잡한 문제와 기분에 빠져 있을 경우에 복잡한 체계를 차단하여 우선순위의 과제에 주의를 집중하도록 정서의 초점을 맞추는 것을 말한다. 동기화는 과제를 수행하는 데 있어서 좋은 기분을 이용하여 자신감을 부여하는 능력을 의미한다.

이와 같은 정서지능의 초기 개념과 모형은 정서를 처리하는 능력의 중요성을 부각시켰다는 점에서는 주목을 받았으나, 일반지능과의 변별의 문제나 구성요소 간의 연계성 등의 문제에 대한 비판이 있었다(Salovey & Sluyter, 1997). 또한, 사회지능(social intelligence)의 개념과 정서지능의 개념이 크게 다르지 않다는 주장도 제기되었다(Mayer & Salovey, 1997). 이러한 비판을 극복하기 위해서 정서지능의 새로운 모형과 구성요소가 제기되었다.

## 2. 정서지능의 수정 모형

일반지능 및 사회지능과 변별되며 보다 세련되고 견고한 개념화를 위해서 정서지능의 새로운 모형과 구성요소가 제시되었는데(Mayer & Salovey, 1997), 새로운 정서지능의 모형과 구성요소는 초기 모형과 세 가지 점에서 근본적인 차이가 있다.

첫째, 정서와 사고를 보다 명백하게 관련시켜 정서지능의 독특한 능력에 대한 규명을 하는 동시에 정서지능과 일반지능과의 공통점을 부각시켰다

(문용린 외, 1998). 둘째, 정서지능을 구성하는 영역이 보다 정교하게 세분화었으며 각 영역에 포함되어 있는 능력들이 수렴적으로 구성되었다(Zeinder & Matthews, 2000). 셋째, 정서지능을 구성하는 능력들이 능력의 중요성이나 복잡성에 따라 위계를 갖게 되었고 발달 수준에 따라 능력의 배열을 달리하였다. 예컨대, 초기 모형에서 정서 조절 능력은 다른 구성요소들과 단일한 수준에서 정서지능 구성요소와 모형에 포함되어 있지만, 수정된 정서지능 모형에서는 가장 상위의 능력으로 간주되고 있다. 즉, 정서 조절 능력은 정서 인식이나 정서의 이해와 같은 능력이 선행됨으로써 갖추게 되는 능력임을 의미하며, 다른 수준의 능력보다 복잡하고 복합적인 능력임을 말해 준다.

이상과 같은 정서지능의 최근 개념 모형을 〈표 10-1〉과 같이 정리할 수 있다(Mayer & Salovey, 1997).

〈표 10-1〉 수정된 정서지능의 4영역 모형

**정서의 인식, 평가, 표현**

- 신체적 · 심리적 상태의 정서를 규명하는 능력
- 타인과 대상의 정서를 규명하는 능력
- 정서를 정확하게 표현하고 그 감정과 관련된 요구를 표현하는 능력
- 정확한 감정과 부정확한 감정, 솔직한 감정과 그렇지 않은 감정, 표현 등의 차이를 구별하는 능력

**사고에 대한 정서의 촉진**

- 외부와 관련 있는 감정에 따라 사고의 방향을 재설정하고 우선순위를 매기는 능력
- 감정과 관련 있는 판단, 기억을 촉진하기 위하여 생생한 정서를 발생시키는 능력
- 다양한 관점을 취해 보기 위하여 기분의 흐름을 이용하는 능력과 이러한 기분으로 유도된 관점을 통합하는 능력
- 문제해결과 창의성을 촉진하기 위하여 정서 상태를 활용하는 능력

| 정서 정보의 이해와 분석: 정서 지식 활용 |
|---|
| • 다양한 정서가 어떻게 관련되어 있는지 이해하는 능력<br>• 감정의 원인과 결과에 대하여 인식하는 능력<br>• 복합적인 정서와 서로 상반된 감정 상태와 같이 복잡한 감정을 해석하는 능력<br>• 감정 간의 추이와 같은 것을 이해하고 예측하는 능력 |
| **정서의 반성적 조절** |
| • 유쾌한 감정, 불쾌한 감정 모두를 받아들이는 능력<br>• 정서를 모니터하고 반성적으로 생각하는 능력<br>• 정보성과 유용성을 판단하여 정서 상태를 느껴보고, 지연해 보고, 객관적으로 생각해 보는 능력<br>• 자신과 타인의 정서를 조절하는 능력 |

출처: Mayer & Salovey(1997), p. 162.

## 3. 한국형 정서지능 모형과 구성요소

Mayer와 Salovey(1997)가 제시한 정서지능 모형에서 제안하고 있는 네 가지의 구성요소에 포함되는 하위영역 및 내용에 따라 보다 명확하게 구분하고, 측정 및 교육 프로그램을 쉽게 개발하도록 하기 위하여 문용린(1998)은 이들이 제안한 정서지능의 구성요소를 '4영역 4수준 16요소 모형'으로 수정 · 명명하였다. 이 모형을 간략히 요약하면 〈표 10-2〉와 같다.

정서지능의 4영역 4수준 16요소 모형에서는 아래 영역으로 갈수록 상위의 능력이며, 한 영역 내에서도 아래로 갈수록 세련되고 복잡한 수준의 능력이 된다. 이때 정서지능에 포함되는 능력은 네 가지인데, 첫째는 정서를 정확히 지각 · 평가 · 표현하는 능력이고, 둘째는 사고를 촉진하는 감정을 생성시키고 접근하는 능력이며, 셋째는 정서 자체와 정서에 관한 지식을 이해하는 능력이다. 마지막은 정서적 · 지적인 성장에 도움이 되는 정서 조절 능력이다(Salovey & Sluyter, 1997, p. 10). 각 영역별 정의와 내용에 대

〈표 10-2〉 정서지능의 4영역 4수준 16요소 모형

| 영역 | 수준 및 하위 구성요소 |
|---|---|
| 정서의 인식, 평가, 표현 | [수준 1] 자신의 정서를 파악하기<br>[수준 2] 자신 외부의 정서를 파악하기<br>[수준 3] 정서를 정확하게 표현하기<br>[수준 4] 표현된 정서들을 구분하기 |
| 사고에 대한 정서의 촉진 | [수준 1] 정서 정보를 이용하고 사고의 우선순위 정하기<br>[수준 2] 정서를 이용하여 판단하고 기억하기<br>[수준 3] 정서를 이용하여 다양한 관점 취하기<br>[수준 4] 정서를 활용하여 문제해결 촉진하기 |
| 정서 정보의 이해와 분석: 정서 지식 활용 | [수준 1] 미묘한 정서 간의 관계를 이해하고 명명하기<br>[수준 2] 정서 속에 담긴 의미를 해석하기<br>[수준 3] 복잡하고 복합적인 감정을 이해하기<br>[수준 4] 정서들 간의 전환을 이해하기 |
| 정서의 반영적 조절 | [수준 1] 정적 · 부적 정서들을 모두 받아들이기<br>[수준 2] 자신의 정서에서 거리를 두거나 반영적으로 바라보기<br>[수준 3] 자신과 타인의 관계 속에서 정서를 반영적으로 들여다보기<br>[수준 4] 자신과 타인의 정서를 조절하기 |

출처: 문용린 외(1998).

하여 자세히 살펴보면 다음과 같다.

첫 번째 영역은 정서의 지각과 표현 능력(emotional perception and expression)으로, 가장 하위의 발달 단계이자 낮은 수준의 영역이며 정서를 정확하게 파악하는 능력을 말한다. 사람마다 자신의 정서 상태를 느껴 보고 평가하고 표현하는 데 있어서 능숙할 수도 있고 그렇지 않을 수도 있지만, 정서의 지각과 표현 능력은 정서를 처리하는 데 가장 기본적인 능력이라고 할 수 있으며 대상의 특성과 상태에 따라 능력의 발달 정도가 다르다. 이 영역은 유아기에 자신의 정서를 지각하고 인식하는 능력에서부터 출발하여 타인이나 외부 대상에 표현되어 있는 정서를 인식하는 범위까지 확대된다. 그에 따라 자신의 욕구와 감정을 표현하는 능력도 발달하게 되며 정

서지능의 다른 영역의 발달에도 영향을 준다. 그 이유는 빠르고 정확하게 정서를 평가하고 표현하는 사람이 자신의 환경과 타인에게 보다 적절하게 대처하고 그 반응까지 조절할 가능성이 높기 때문이다(Mayer, Salovey, & Caruso, 2000a, b).

이처럼 가장 하위범주인 정서의 지각, 평가와 표현은 각 개인이 정서나 정서적 내용을 규명하는 데 있어서의 정확성에 관한 것이다. 이 범주에는 '자신의 정서를 규명할 수 있는 능력' '타인의 정서를 규명할 수 있는 능력' '정서 및 그 정서와 관련된 욕구를 정확하게 표현할 수 있는 능력' 그리고 '표현된 정서의 정확성을 구분할 수 있는 능력'의 네 가지 수준이 포함되어 있다(Mayer & Salovey, 1997).

수준 1의 '자신의 정서를 규명할 수 있는 능력'은 자신의 표정이나 신체 감각에 근거하여 자신의 정서를 규명하고, 자신의 내적 감정을 정확하게 감지하며, 자신의 복합적 감정을 인식하고 평가하는 것을 말한다.

수준 2의 '타인의 정서를 규명할 수 있는 능력'은 타인의 얼굴표정이나 몸짓, 행동, 언어나 상황적 맥락을 고려하여 타인의 정서를 정확하게 판단하고, 나아가 음악, 미술, 조각 등의 예술작품이나 문학작품 속에 내재되어 있는 정서를 파악하고 표현할 수 있는 능력을 의미한다.

수준 3의 '정서 및 그 정서와 관련된 욕구를 정확하게 표현할 수 있는 능력'은 자신의 정서나 그 정서와 관련된 자신의 욕구를 언어로 표현하고, 자신의 정서 표현에 대한 상대방의 반응을 기대할 수 있고, 타인의 정서적 표현을 보고 상대방의 욕구를 인식할 수 있는 능력을 의미한다.

수준 4의 '표현된 정서의 정확성을 구분할 수 있는 능력'은 정확한 감정 표현과 부정확한 감정 표현, 솔직한 감정 표현과 솔직하지 않은 감정 표현을 구별하고 복합적 감정 표현을 인식할 수 있는 능력을 말한다. 즉, 정서가 거짓되거나 조작된 표현인지 아닌지를 구분할 수 있는 능력을 의미한다.

정서를 지각하고 평가하고 표현하는 것과 같은 기본적인 정서 능력은 이들 상호간에도 관련이 있을 뿐 아니라 타인에 대한 반응에 영향을 미친다는 점에서 중요한 의미가 있다. 정서 표현 불능증과 같은 정서장애의 경우에는 자신의 정서를 지각하는 데 상당히 어려움이 있기 때문에 결과적으로 정서를 표현하는 데도 어려움이 있게 된다. 또한 자신과 타인의 정서를 지각 · 평가 · 표현하는 능력이 뛰어난 사람들은 우울함을 덜 경험하며 타인에 대한 감정이입도 잘 이루어지는 것으로 나타났다.

두 번째 영역은 정서에 의한 사고 촉진(emotional facilitation of thought) 능력으로, 초기 모형의 세 번째 능력에 포함되는 정서 활용 능력과 유사한 것으로 볼 수 있다. 두 번째 영역의 기본 가정은 정서가 지능에 영향을 미칠 수 있다는 것이다. 즉, 다양한 기분과 정서는 인지적인 처리 과정이나 인지 능력의 작용에 영향을 줄 수 있다.

사람은 자신이 설정한 목표를 향하여 다양한 정서를 가질 수 있고 정서 상태를 만들어 낼 수 있으며 목표 도달의 결과에 영향을 줄 수도 있다. 가령, 긍정적인 기분을 가지고 과제에 임하면 긍정적인 결과를 만들어 내는 것처럼 느껴지기도 하고 부정적인 기분을 가지고 과제에 임하면 부정적인 결과를 만들어 내는 것처럼 느껴지기도 하는 것과 같은 것이다(Salovey et al., 1999). 똑같은 문제라고 하더라도 임하는 기분에 따라 다양한 행위와 결과가 가능해지는 것이다. 이와 마찬가지로 어떤 정서는 문제를 해결하는 데 적합한 정신 상태, 즉 우선순위를 생각한다거나 주의를 전환하는 인지 작용을 조성하여 적응적이고 생산적인 결과를 이끌어 낼 수 있다. 즉, 다양한 정서는 다양한 정보처리 양식을 만들어 낸다. 예를 들어, 직관적이고 광범위하게 사고하여 창의적인 문제를 해결해야 할 경우에는 행복한 기분이나 긍정적인 기분이 문제를 해결하는 데 유용한 인지 작용을 촉진한다. 그와 반대로 집중을 요하고 주의 깊게 관찰하여 문제를 해결해야 할 경우에는 슬픈 기분이나 우울한 기분이 이에 적합한 인지 기능을 촉진한다.

정서지능의 두 번째 영역에서 뛰어난 사람은 이러한 정서의 동기적 특성을 잘 활용한다. 예컨대, 어떤 학생은 시험공부를 끝까지 하기 위해 낙제라는 부정적인 결과를 생각하여 공포나 불쾌감을 의도적으로 유도해 내기도 하고, 어떤 학생은 시험에 성공적으로 마친 결과를 생각하여 긍정적인 감정을 유도해 내기도 한다. 이렇게 의도적으로 유도된 정서는 과제를 해결하는 인지 작용을 촉진시키는 역할을 담당하는 것이다.

이처럼 정서지능의 두 번째 범주인 정서에 의한 사고 촉진은 정서가 사고에 영향을 미치는 것을 의미한다. 이 범주에는 '중요한 정보에 우선적으로 주의집중하는 능력' '정서 생성 능력' '정서의 가변성을 이해하는 능력' '문제해결을 위한 정서 활용 능력'의 네 가지 수준이 포함되어 있다(Mayer & Salovey, 1997).

수준 1의 '중요한 정보에 우선적으로 주의집중하는 능력'은 자신의 내적 갈등이나 대인 간 갈등을 해결하기 위하여 정서의 운선순위를 결정하는 것을 의미한다. 출생 시부터 정서는 하나의 경보체계로 작용한다. 배가 고프거나 춥거나 다른 도움이 필요할 경우에 영아는 이를 울음으로 표현하며, 다른 사람의 미소나 즐거운 상황에 대해 웃음으로 반응하게 된다.

수준 2의 '정서 생성 능력'은 자신의 내부 혹은 과거에 경험했던 정서를 필요에 따라 생성함으로써 판단이나 이해를 돕는 것이다. 이야기 속의 주인공이 어떻게 느끼는가에 대해 질문을 받거나 다른 사람이 어떻게 느끼는가에 대해 판단해야 할 때, 아동은 다른 사람의 입장에서 생각해 보기 위해 감정을 생성해 내며, 이를 통해 감정에 대한 실제적인 검토가 가능하며 어떤 일에 대한 계획이 가능해진다.

수준 3의 '정서의 가변성을 이해하는 능력'은 정서의 전환이나 정서에 대한 다양한 관점이 있음을 이해하는 것이다. 성장하면서 유아는 정서에 대한 여러 다양한 관점이나 기분의 변화에 따라 예상되는 보다 많은 가능성을 고려할 수 있다.

수준 4의 '문제해결을 위한 정서 활용 능력'은 문제해결을 위해 가장 적절한 정서를 생성하고 이를 활용하는 것을 의미한다. 또한 여러 다양한 형태의 일이나 사고가 기분에 따라 촉진될 수 있음을 이해하는 것을 의미한다.

실제 문제해결 상황에서 개인의 정서 상태에 따라 정보처리 방식도 달라져서 행복한 상태에서는 보다 창조적인 과제에 도움이 되는 직관적 · 환산적 사고가 촉진되는 반면 슬픈 상태에서는 세부적인 과제에 도움이 되는 신중한 수렴적 사고가 이루어지는데, 이러한 사고방식은 각각 귀납적 · 연역적 과제를 수행하는 데 효율적인 접근 방법이라고 볼 수 있다(Palfai & Salovey, 1993). 또한 개인의 정서 상태에 따라 초래하는 결과도 상이한데, 긍정적인 정서 상태에서는 보다 긍정적인 결과를, 부정적인 정서 상태에서는 보다 부정적인 결과를 초래하는 것으로 나타났다(Johnson & Tversky, 1983).

세 번째 영역은 정서 정보에 대한 이해와 분석(understanding and analyzing emotion) 능력으로, 정서를 이해하고 정서 속에 담긴 정보와 관련된 지식을 활용하는 것을 말한다. 즉, 다양한 정서들 간의 관계를 이해하고 정서가 발생하게 된 원인과 그 결과에 대하여 평가할 수 있는 능력이다(Mayer & Salovey, 1997). 이때의 정서는 단순히 느껴진 상태가 아닌 언어로서 이름을 붙일 수 있는 상태이며 여기에는 관계가 포함되어 있다. 즉, 정서를 느끼게 하는 원인이나 대상과의 관련성을 이해하는 것을 말하며 이것이 바로 정서가 담고 있는 정보이며 지식이 되는 것이다.

정서 정보에는 관계와 더불어 정서의 종류와 강도에 대한 구분과 정서 내에서의 관련성도 포함되어 있다. 예컨대, 귀찮음, 화, 격분은 분노(anger)라는 감정과 모두 관련이 있지만 강도에 있어서 차이가 있으며 분노를 이끌어 내는 원인을 아는 것이 정서 정보가 되는 것이다. 이와 더불어 상반되거나 복합적인 정서가 미묘하게 결합될 수 있다는 점을 이해하는 것도 이 영역에 포함된다. 예를 들어, 오랜만에 만난 친구를 보고 향수에 젖으면 기쁨과 동시에 슬픔도 느낄 수 있다는 것을 이해하게 된다.

세 번째 영역에는 정서의 변화 과정도 포함되는데, 정서가 어떤 행위에 의해서 일어나며 이것이 어떤 감정을 유도하게 되는지를 말한다. 이를테면, 어떤 불공정에 대하여 분노를 표출하면 이것이 만족이나 죄책감을 이끌 수 있다는 변화 과정을 알게 되는 것을 말한다.

정서를 이해하고 분석하는 능력은 전통적인 지능과 가장 가까운 능력이라고 볼 수 있다(Mayer, 2001). 즉, 정서 정보를 인식 · 요약 · 추론하는 인지적 처리 과정이 포함되어 있다.

이와 같은 정서지능의 세 번째 범주는 정서를 이해하고 정서적 지식을 활용하는 능력에 대한 것으로, 이는 '정서들 간의 관계에 대한 이해 능력' '정서의 원인과 결과에 대한 인식 능력' '복합적인 정서의 해석 능력' '정서들 간의 전환에 대한 이해와 예측 능력'의 네 가지 수준으로 구성되어 있다(Mayer & Salovey, 1997).

수준 1의 '정서들 간의 관계에 대한 이해 능력'은 여러 다양한 정서를 명명하고, 정서와 이들 명칭들 간의 관계를 인식하고, 정서의 강도에 따라 명칭이 달라지는 것을 이해하는 것이다. 아동이 정서를 인식하게 되면 이를 명명하고 이들 상호간의 관계를 인식하기 시작한다. 정서적으로 지적인 사람들은 정서를 묘사하는 용어들이 일련의 군을 이루고 있음을 알게 된다. 예를 들어, 격노, 짜증, 성가심은 분노와 관련된 정서로 뭉쳐질 수 있음을 알게 된다. 그리고 짜증과 성가심은 이를 상쇄할 수 있는 자극이 주어지지 않으면 격노로 바뀔 수 있음을 알게 된다(Salovey, Bedell, Detweiler, & Mayer, 2000).

수준 2의 '정서의 원인과 결과에 대한 인식 능력'은 다양한 정서에 내포된 상황을 인식하고 그 관련성을 아는 것을 말한다. 정서를 이해하기 위해서는, 분노의 정서는 자신에 대한 공격을 방어하기 위해서, 희망의 정서는 최악의 상황에서 보다 나아지기를 소망하는 것에서 비롯되는 것과 같이 정서가 특정한 상황에서 전달하고자 하는 의미를 알아야 한다.

수준 3의 '복합적인 정서의 해석 능력'은 두 가지 인상의 정서가 혼합된 복합적인 정서나 상호불일치하는 정서가 공존하는 것을 이해하고 활용하는 것을 의미한다. 성장하면서 아동은 어떤 상황에서는 복잡하고 상반되는 정서가 존재하며, 동일한 사람에게 사랑과 증오의 감정을 모두 경험하는 것이 가능함을 알게 된다. 또한 경외감처럼 공포와 놀라움이 혼합된 것과 같은 복합적인 정서를 이해하게 된다(Salovey et al., 2000).

수준 4의 '정서들 간의 전환에 대한 이해와 예측 능력'은 정서가 일정한 연쇄로 일어난다는 것을 알게 되는 것이다. 분노는 격노의 정서로 발전되기도 하고, 이러한 분노의 정서를 표현하고 나면 상황에 따라 만족감이나 죄의식의 정서를 경험하기도 한다. 또한 수치심의 정서가 분노로 바뀔 수도 있다. 이처럼 인간상호관계에서 감정이 어떻게 발달해 나가는가에 대해 사고할 수 있는 능력은 정서지능의 핵심이 된다(정옥분 외, 2006).

네 번째 영역은 정서의 반영적 조절(reflective regulation of emotion) 능력이다. 이 영역은 정서지능의 가장 상위의 능력으로서 정서적 · 지적 성장을 위하여 정서를 의식적으로 관리하고 통제하는 능력을 포함하고 있다(Mayer & Salovey, 1997).

정서의 조절 능력이 정서지능에서 가장 상위의 능력인 이유는 조절의 의미가 단순히 불쾌한 장면을 회피하거나 억압함으로써 정서의 표출을 통제하는 행동을 의미하는 것이 아니라 현재 경험하고 있는 정서를 그대로 받아들이고 객관적으로 또는 반영적으로 숙고함으로써 정서를 관리하는 능력이기 때문이다. 이는 다양한 정서 조절 기술이나 전략으로 표출된다. 불쾌한 활동이나 장면에서 벗어나 보상을 찾을 수 있는 활동을 모색하는 행동 등의 기분 유지나 기분 회복 전략 등이 이에 해당된다.

또한, 자신이 느끼는 정서를 객관적이고 반영적으로 받아들이고 정서의 발생 원인과 관련된 인간관계 등에 대하여 이해함으로써 정서 조절을 행할 수 있다. 정서 조절은 자신과 타인을 대상으로 모두 실행될 수 있는 능력이며, 특히 타인의 정서를 조절함으로써 사회적 연결망(social network)을 구축하는 데 도움이 되는 능력이라고 볼 수 있다.

정서지능의 가장 상위범주는 정서적 · 지적 성장을 위해 정서를 반영적으로 조절하는 능력으로, '정서를 개방적으로 수용하는 능력' '정서적 상황에 개입 · 지속 · 초연할 수 있는 능력' '정서를 반영적으로 평가하는 능력' '자신과 타인의 정서 조절 능력'의 네 가지 수준으로 구성되어 있다(Mayer & Salovey, 1997).

수준 1의 '정서를 개방적으로 수용하는 능력'은 긍정적 · 부정적 정서를 모두 수용하고, 이에 대해 반응 · 조절할 수 있는 능력이다. 즉, 정서가 유쾌하거나 불쾌한지에 무관하게 이를 수용 · 표현 · 억제할 수 있는 능력으로서 이는 감정에 대한 개방성에서 시작된다. 이러한 정서 조절 기술은 개인으로 하여금 불쾌한 활동은 회피하고 보상을 주는 활동을 추구하게 함으로써 기분유지나 기분회복 전략을 사용하는 것을 가능케 한다. 이러한 방식으로 자신의 정서를 조절할 수 없는 사람들은 보다 부정적인 정서를 많이 경험하는 것으로 보인다(Erber, 1996).

수준 2의 '정서적 상황에 개입 · 지속 · 초연할 수 있는 능력'은 적절한 시기에 정서를 표현하거나 이를 차단하며, 그러한 정서가 자신에게 유리한지 또는 실용적인지를 숙고하여 정서를 표현하거나 차단하는 능력을 말한다. 성장하면서 아동은 점차 감정과 행위 간의 구분을 내면화하게 되고, 정서가 행위로부터 분리될 수 있음을 배우게 된다. 그 결과 적절한 시기에 정서를 표현하거나 이를 차단하는 방법을 배우게 된다.

수준 3의 '정서를 반영적으로 평가하는 능력'은 자신의 정서를 사회문화적인 기준으로 평가하고 자신의 정서가 타인에게 미치는 영향을 평가하는 능력이다. 이를 통해 개인은 정서경험의 원인과 관계에 대해 보다 깊은 지식을 얻게 되며, 이러한 지식은 자신과 환경과의 관계에 대한 이해를 향상시키고 보다 만족스러운 결과를 얻게 해 준다. 이러한 이유로 정서를 반영적으로 평가하는 능력이 뛰어난 상태를 '정서적 교양(emotional literacy)'

이라고 한다.

수준 4의 '자신과 타인의 정서 조절 능력'은 사회문화적으로 수용되는 방식으로 자신의 정서를 조절하고, 비효율적인 정서를 효율적인 정서로 전환시키며, 자신의 정서를 활용하여 타인의 정서를 조절하는 능력을 말한다. 이는 부정적인 결과를 미연에 방지함으로써 자기효능감을 높여 줄 뿐만 아니라 타인에게 도움을 줌으로써 사회적 관계형성에도 유리하게 해 준다(Salovey et al., 2000).

이처럼 자신의 내적 정서 상태에 대한 성찰적인 인식을 의미하는 상위정서(meta emotion)는 정서지능의 초석이 되는 개념이다. 누구에게 화를 내고 있는 상태에서 자신이 화를 내고 있다는 사람에 대한 인식을 할 수 있는 경우와 그렇지 못한 경우는 정서반응에서 상당히 차이가 있다. 자신이 화를 내고 있다는 사실에 대한 인식을 가지고 있는 것만으로도 우리는 보다 자유롭게 정서반응을 표현할 수 있게 된다. 대부분의 심리요법도 바로 이러한 인식 능력을 강화하는 것이 그 주목적이라고 볼 수 있으며 이는 보다 상위단계의 정서지능을 갖기 위해 기본이 되는 것이다.

정서지능 모형은 인지와 정서체계를 통합하는 개념으로 이처럼 네 가지 범주로 구분할 수 있지만 하나의 통합된 체계로서 작용하게 된다. 정서지각에서부터 시작하여 정서와 인지가 하나로 통합되고 정서에 대한 이해가 촉진된다. 정서에 의한 사고의 촉진이 인지 과정을 향상시키기 위해 정서를 활용하는 과정이라면, 정서 이해는 정서를 이해하기 위해 인지적 과정을 활용하는 것이다. 이러한 능력을 근간으로 하여 자신과 타인의 정서관리가 이루어지게 된다.

앞에서 살펴본 네 가지 영역이 수정된 정서지능의 구성요소와 능력들이다. 네 가지 능력 모두 인지적인 추론의 작용을 통해서 발달된다는 공통점을 가지고 있다. 즉, 정서지능은 이해, 활용, 추론 등의 인지적 처리 과정으로 작용하는 지적인(intelligent) 능력이라고 볼 수 있다. 이와 같은 정서지능의 각 하위영역의 개념정리를 통해 정서지능이 단순한 심리 특성이 아닌 인지적인 처리 과정으로 작동되는 능력이라는 점이 분명해졌으며 정서지능 능력들 간의 위계와 수준이 설정됨에 따라 구성요소들이 보다 조직적으로 구조를 이루게 되었다.

Ⅰ제11장Ⅰ

# 정서지능의 발달 요인과 발달 경향성

## 1. 정서지능의 발달 요인

정서지능은 정서를 처리하는 능력이라고 볼 수 있다. 연령이 증가함에 따라 또는 인지 발달에 따라 단순한 과제에서 복잡한 과제를 해결할 수 있게 되듯이 정서를 처리하는 능력도 발달하게 된다(Mayer & Salovey, 1997). 그렇지만 현재까지의 연구를 고찰해 보면, 특정 정서 능력, 예컨대 정서 인식 능력이나 정서 조절 능력 등의 발달에 대한 연구는 많은 진척을 보이고 있으나 정서지능이라는 구인에 대한 다면적인 발달 요인에 관한 연구는 큰 진전을 보이지 않고 있다.

정서지능은 대인관계에서 발생하는 문제를 해결하는 능력뿐만 아니라 적응, 대처 등의 발달에 대하여 결정적 역할을 하기 때문에 정서지능의 발달 요인에 관하여 이해하는 것이 중요하다(Eisenberg, Cumberland, & Spinrad, 1998).

이제까지 밝혀진 정서지능의 발달에 영향을 미치는 다면적인 요인들을 살펴보면 생물학적 발달 요인, 사회적 발달 요인, 교육적 발달 요인으로 크게 나누어 볼 수 있다.

### 1) 생물학적 발달 요인

정서지능은 부분적으로 생물학적 요인에 의해 결정되는 능력으로 개념화되었기 때문에 정서지능의 발달을 이해하기 위해서 선천적 요인에 대하여 알아볼 필요가 있다(Goleman, 1995). 일부 연구자들은 정서지능이 지능이나 성격과 마찬가지로 유전적인 요인을 갖고 있다고 주장한다. 이들은 성격의 전조로서 기질(treatment), 즉 정서성, 적응력, 사회성 등과 같은 생물학적 특성이 성격을 형성하며(Kagan, 1994), 이러한 생물학적 기질은 정서 반응과 정서 통제 등과 같은 정서지능의 핵심 능력의 성장과 발달에 영향을 미친다고 주장한다(Halberstadt, Denham, & Dunsmore, 2001). 또한, 정서성은 수많은 복잡한 처리 과정을 통하여 정서지능의 발달을 방해하기도 하고 촉진하기도 한다(Izard, 2001).

정서지능은 연령에 따라 발달의 영향을 받는데, 어떤 연구자들은 전 생애 중 유아기와 아동기를 정서지능이 발달하는 결정적인 시기로 간주한다(Goleman, 1995). 즉, 정서지능을 구성하는 여러 능력들이 각기 발달하는 결정적 시기가 있으며 유아기와 아동기의 몇 년 동안 확장된다(Zeinder & Matthews, 2000). 예컨대, Schaie(2001)의 연구를 살펴보면, 유아기에 들어서면서 인지 능력과 더불어 정서 표현과 정서에 대한 이해 능력이 급속하게 발달하게 되며 이러한 능력을 바탕으로 타인의 정서 인식 능력이 확장된다. 또한, 정서지능의 구성요소 중 정서 인식 능력의 경우, 유아기부터 생물학적 요인에 의해 영향을 받는데, 유아가 보이는 정서 신호에 대한 표현 반응은 선천적으로 결정되며 주로 정서 인식과 표현 체제의 기능을 한다. 유아의 정서 인식과 표현 체제는 이후에 타인과의 의사소통을 하는 데 촉진제의 역할을 한다(Magai & McFadden, 1995).

유아의 정서 능력에 대한 연구(Izard, 2001)를 살펴보면, 정서 신호를 인식하고 구별하며 의미 있는 방법으로 반응하는 유아의 능력을 통해서 정서 능력과 적응력은 인지 발달과 독립적인 것임이 밝혀졌고, 일부 신생아는 사회적 자극이나 새로운 자극에 대한 각성의 역치가 낮은 경향이 있는 것으로 나타났다. 이는 정서 능력의 발달에 대한 선천적 요인의 영향을 밝혀 주는 증거가 된다.

### 2) 사회적 발달 요인

정서지능은 생물학적 요인에 의해서 영향을 받기 때문에 선천적으로 정서지능의 능력 중 일부 능력이 낮은 사람은 정서지능의 기술이나 능력의 학습에서 어려움을 겪는 것이 사실이다(Taylor, Parker, & Bagby, 1999). 그러나 정서지능의 발달은 생물학적 요인뿐만 아니라 사회 · 문화 · 교육 경험이 함께 결합하여 이루어지는 것은 분명하다(Goleman, 1995). 즉, 정서지능은 환경의 힘에 의해서도 결정된다고 볼 수 있다. 정서지능에 대한 환경의 영향과 관련한 연구를 살펴보면, 대부분 부모의 사회화가 아동의 정서지능의 발달을 결정짓는다고 볼 수 있다(Saarni, 1999, 2000; Salovey & Sluyter, 1997). 즉, 부모로부터 직간접적으로 학습하는 내용을 통해서 아동의 정서의 규명, 정서의 조절 능력뿐만 아니라 정서 지식의 기초가 형성된다.

부모의 사회화가 정서지능의 구성요소들의 발달에 미치는 영향에 관한 최근까지의 연구 결과에 대하여 요약하면 다음과 같다(Zeinder, Roberts, & Matthews, 2002; Saarni, 1999; Denham, 1998). 첫째, 아동과 부모 사이의 초기 애착의 질은 정서 조절 능력뿐만 아니라 감정이입 능력에도 결정적인 영향을 미친다. 둘째, 아동이 보이는 정서에 대한 부모의 반응 표현이나 민감성은 이후 아동의 정서 이해 능력과 친사회적 행동, 타인의 감정에 대한 반응 양식, 스트레스에 대한 대처 등에 영향을 미친다. 셋째, 아동 양육 방식은 아동의 정서 조절, 정서 반응성, 스트레스 대처, 대인관계 능력 등의 발달에 영향을 미친다. 넷째, 정서에 대한 가족들의 개방적인 담화(discourse)는 아동의 정서 인식 능력, 대인관계 능력, 정서 조절 능력 등에 영향을 미친다.

가족 환경과 부모의 사회화는 정서지능의 발달에서 중요한 영향력을 가진 것으로 보인다. 가정은 정서 지식과 능력, 기술을 학습하는 첫 학교이며 부모는 아동의 정서 능력을 발달시키는 매개자로 볼 수 있다. 또한, 아동이 어릴수록 부모와 가정의 사회화 영향은 커진다고 할 수 있다(Saarni, 1999; Mayer & Salovey, 1997).

아동의 정서지능의 발달에 영향을 주는 사회화 방법은 다음과 같다. 첫째, 관찰과 모델링이다. 즉, 아동은 부모가 보이는 정서지능 기술을 관찰하고 부모의 정서 조절 반응을 모델링한다는 것이다. 정서지능의 모델링은 사례에 의해서 교육하는 것을 의미한다(Epstein, 1998). 즉, 아동은 부모가 일상생활에서 보이는 정서지능 기술을 자신의 행동 레퍼토리의 일부에 포함하여 행동을 개시하는 경향이 있다고 한다. 또한, 일부의 연구자들은 아동이 역할 모델의 정서 정보와 정서 경험을 처리하고 조절하는 방법을 학습한다고 주장한다(Salovey et al., 2000; Saarni, 1999). 이 과정에서 학습한 정서지능 기술과 능력은 이후 아동이 또래 관계를 형성하고 상호작용하는 데 결정적인 영향을 미친다고 한다.

정서 표현 능력의 발달에서도 이와 마찬가지의 결과를 보이고 있다(Saarni, 1999). 예를 들어, 부모의 논쟁을 관찰함으로써 아동의 정서지능에 미치는 영향을 연구한 사례를 살펴보면, 아동은 우울하고, 분노를 표출하고, 공격적인 분쟁을 하는 부모를 관찰함으로써 부적응적인 정서 조절을 학습하게 된다. 이러한 학습은 아동의 이후 정서 조절의 발달에도 영향을 주어 대인관계와 관련된 문제 상황에 직면했을 때 신체적 공격과 같은 부적응적인 조절 행동을 표출하는 경향을 보였다.

둘째, 직접 훈련과 지도다. 아동기 초기의 부모나 교사는 아동의 정서지능 능력 중 정서 표현과 정서 조절에 대한 훈육자의 역할을 한다. 예를 들어, 5세와 7세의 아동을 대상으로 한 Nolen-Hoeksema 등(1995)의 연구에서 어머니가 아동들이 어려운 퍼즐을 할 때 과제를 끝까지 수행하도록 격려하고 인내의 방법을 설명해 주면 아동은 끝까지 과제를 수행하면서 좌절을 덜 경험하는 것으로 나타났다. 또한, Eisenberg 등(1998)의 연구에서 사회적인 기준에 적합한 방식으로 정서를 표현하도록 자녀를 격려하고 훈육한 부모의 자녀는 감정이입적이고 정서적 표현력이 있는 것으로 나타났다. 그러므로 아동과의 대화, 직접 훈육, 지도 등은 아동의 정서지능의 발달에 중요한 영향을 미치게 된다(Thompson, 1998).

정서지능의 발달에 영향을 미치는 사회화 요인은 유아기나 아동기 초기에 결정적인 역할을 한다. 유아와 아동이 주로 생활하는 장이 가정이며 가장 가까이 있는 유의미한 대상이 부모이기 때문에, 가정에서 형성되는 사회화는 유아와 아동기 초기의 아동의 정서지능의 발달에 영향을 준다.

### 3) 교육적 발달 요인

가정에서의 정서지능의 발달은 주로 비형식적인 맥락을 통해서 이루어진다고 볼 수 있다. 그에 비해 학교나 교실은 체계적이고 구조적인 내용과 교육과정으로 정서지능을 발달시킬 수 있다. 그러므로 학교 환경이나 교실 환경이 정서지능의 능력과 기술을 학습하는 데 있어서 중요한 맥락이 될 수 있다(Mayer & Salovey, 1997).

특히, 생물학적으로 낮은 정서지능 능력을 가지고 있더라도 학교교육이나 교육 프로그램을 통해서 정서를 인식 · 표현 · 조절하는 능력이 향상될 수 있다는 연구 결과(Mayer & Geher, 1996)에 비추어 볼 때, 교육적 발달 요인은 정서지능의 향상에 지대한 역할을 한다고 볼 수 있다.

정서지능의 교육적 발달 요인으로 교육과정 프로그램을 들 수 있는데, 교육과정 프로그램에서는 아동에게 정서지능에 관련된 능력뿐만 아니라 정서 능력의 가치에 대해서도 의도적으로 교육한다(Cohen, 1999). 교육과정 프로그램들에서는 정서지능의 구성요소들을 향상시키기 위해서 노력하며 다양한 교육 방법을 실시하고 있다. 즉, 아동들에게 실제 모델, 상징 모델 등을 관찰하고 모델링할 수 있는 기회를 제공할 뿐만 아니라 다양한 교양 과목의 내용을 통해서 자연스럽게 정서지능을 향상시켜 줄 수 있는 교육과정으로 구성되어 있다.

최근 들어 정서지능을 발달시켜 주기 위하여 설계 · 개발된 교육과정 프로그램이 계속해서 등장하고 있으며 그 이름들도 매우 다양하다. 자아 탐구(Self-Science) 프로그램, 배려 교육(Education for Care) 프로그램, 사회 문제해결(social problem-solving) 프로그램, 사회적 능력(social competency) 프로그램, 창조적 갈등 해결(resolving conflicts creatively) 프로그램, 대안적 사고전략 향상(Promoting Alternative Thinking Strategies) 프로그램 등이 대표적이다. 또한, 국내에서는 아동과 성인을 대상으로 하는 프로그램들(문용린, 1997, 1998; 문용린 외, 2002; 이영자, 이종숙, 신은수, 1999)이 있다.

그러나 모든 프로그램이 정서지능의 발달에 기여한다고는 볼 수는 없다. 예컨대, 배려 교육 프로그램과 사회적 능력 프로그램의 경우 기존의 사회성 발달 프로그램의 내용을 그대로 다루고 있으며 프로그램의 최종 목표는 정서지능의 교육이나 발달보다는 일반적인 문제 행동에 대한 교정 프로그램에서 제시하는 목표 행동과 다르지 않다. 이는 정서지능의 개념이나 구성요소를 프로그램 모형에 포함하고 있지 않거나 철저한 이론적인 고찰을 토대로 정서지능 교육 프로그램을 설계하지 않았기 때문이다.

## 2. 정서지능의 발달 경향성

정서지능의 특정 능력이 발달하는 시기를 밝혀내는 연구는 정서교육에 많은 시사를 줄 수 있다. 학교급별에 따라, 성별에 따라 정서지능의 구성요소가 발달하는 경향이 다르다면, 그에 따라 학년별, 성별에 따른 교육적 관심도 차별화되어야 한다.

아동이 발달함에 따라 정서 조절 능력도 발달한다는 연구(Mayer & Salovey, 1995)가 있다. 이 연구는 인지적으로 발달함에 따라, 아동들의 머릿속에 정서 경험에 대한 지식을 포함하여 일반적인 지식이 축적된다는 점을 전제로 하고 있다. 이때 정서 경험에 대한 지식이란, 주변에서 일어나는 사건을 이해 · 해석하기 위해서 사용하는 정서와 정서적 경험에 대한 정보의 축적이다. 연령과 관련하여 아동의 정서 경험에 대한 지식도 증가하는데, 이는 정서의 지속기간, 다양한 정서를 구별하는 능력, 표현하는 능력, 다양한 정서의 경험을 설명하는 능력, 정서 표현에 대한 문화적 규칙을 습득하는 능력 등이 증가함을 말한다(Brenner & Salovey, 1997). 이러한 능력은 정서지능의 구성요소에 모두 포함되는 능력으로 연령과 함께 정서지능이 발달함을 설명할 수 있다.

이처럼 인지 능력이 발달함에 따라 정서경험이 풍부해지면서 정서지능도 함께 발달한다고 지적한다. 그러나 곽윤정(1997)의 논문에 따르면 연령에 따라 정서지능의 발달 경향성은 나타나지 않았다. 좀 더 자세히 그 결과를 살펴보면, 정서지능의 하위 구성요소와 정서지능검사의 총점 평균을 비교해 보았을 때 연령에 따라 정서지능점수의 발달의 차이는 나타나지 않았다.

그렇다면 왜 이처럼 상이한 결과가 나타난 것일까? 여러 가지를 생각해 볼 수 있겠지만, 곽윤정(1997)은 이를 자기보고 검사(self-reporting test)의 한계 때문으로 지적하고 있다. 흔히 하나의 능력을 측정하는 도구를 제작할 때 자기보고의 형식을 취한다. 그러나 구인이 이론적으로 방대한 개념이거나 연구 대상의 인지적 발달이 미성숙한 단계일 경우 자기보고 형식보다 다면적이고 다차원적인 도구가 필요하다. 정서지능의 경우에도 각각의 하위요소를 측정하기 위해서는 단면적인 검사보다는 과제나 연습에 의존한 도구가 필요하다(Mayer & Salovey, 1997).

ㅣ제12장ㅣ

# 정서지능의 측정

'어떻게 한 개인의 정서적 능력을 측정할까?'와 같은 질문은 학문적으로 정서지능이 실재하는 개념으로 인정받고, 실제적으로 학생들의 정서적 역량을 판단하고 교육 프로그램을 제공하기 위해서 매우 중요하다. 일반적으로 개인의 '지능'이나 '동기' 등의 심리적 구인을 측정하고자 할 때는, 여러 가지 과정이 포함된다. 먼저 심리적 개념에 대해서 조작적 정의를 내리고, 그 개념의 정의에 따른 문항을 작성하여 다양한 그룹의 집단에 검사를 실시한 다음, 그 검사 결과에 기초하여 심리적 구성요소를 추출한다. 그 후, 추출된 심리적 구성요소를 검사할 수 있는 검사 도구를 제작한 후, 타당도와 신뢰도를 구해 보는 절차를 거치면서 검사지가 개발된다(김신호, 2000). 정서지능 측정 도구도 그 종류가 다양하지는 않지만 학문적 수준에서 신중하게 개발되고 있다.

다양한 정서지능검사들은 Mayer와 Salovey(1997), Bar-on(1997), Goleman(1995) 등의 각기 다른 정서지능 모형을 바탕으로 하고 있고, 측정하는 영역도 검사마다 차이가 있다. 또한 검사 방식도 정서와 관련된 문제를 제시하고 그 해결 능력을 측정하는 수행중심 평가(performance-based assessment)와 개인이 자신의 정서적 능력의 정도를 보고하는 자기보고식 평가(self-report assessment)가 있다. 따라서 정서지능을 측정하고자 할 때는 검사의 특징을 잘 파악하고 연구의 목적이 맞는 적절한 도구를 선택해야 한다. 이 장에서는 국내외에서 개발된 정서지능을 측정하는 대표적인 방법들을 소개하겠다.

## 1. 수행중심 평가

수행중심 평가로 가장 잘 알려져 있는 것은 Mayer, Salovey와 Caruso (2003)가 개발한 MSCEIT(Mayer-Salovey-Caruso Emotional Intelligence Test)이다.[1] MSCEIT는 Mayer와 Salvey의 정서지능 모형에 근거하였으며, 5,000명의 표본을 대상으로 각 문항에 대한 정답의 기준을 세웠다. MSCEIT는 정서를 지각 · 사용 · 이해 · 조절하는 네 하위영역으로 구성되어 있으며 총 141문항이다.

각 하위영역별로 살펴보면, '정서 지각' 영역의 문항들은 사람이나 사물의 정서를 정확하게 식별하는지에 대한 능력을 측정하기 위한 것으로, 개인의 얼굴표정이나 추상화 등에 개별 정서가 얼마나 포함되어 있는지 5점 척도로 평가한다([그림 12-1] 참조). '사고 촉진' 영역의 문항들은 사람들이 인지활동을 촉진하기 위해 정서를 얼마나 활용하는지를 측정한다. 예시 문항으로 개인은 '배우자가 될 사람의 부모를 처음 만날 때 도움이 되는 것은 어떤 기분입니까?'의 문제에 긴장, 놀람, 기쁨 등의 정서가 얼마나 도움이

1) http://www.eiskills.com/index.html

되는지 판단한다. '정서 이해' 영역의 문항들은 정서가 변하는 것을 이해하고, 단순한 정서가 어떻게 복잡한 정서를 형성하는지 이해하는 능력을 평가한다. 예시 문항으로, '강민이는 자신이 해야 할 모든 일을 생각하니 불안해지고 스트레스를 느꼈다. 강민이의 상사가 추가로 다른 일을 시켰을 때, 강민이는 ______를 느꼈다.'가 있으며, 개인은 당황함, 우울함, 수치심, 자의식, 신경과민 중 어떤 기분이 가장 적절한지를 선택한다. 끝으로, '정서관리' 영역의 문항은 효율적인 의사결정을 위해 정서와 사고를 통합하는 능력을 측정한다. 예를 들어, '순이는 막 휴가를 마치고 돌아와서 평화롭고 만족스럽게 느끼고 있다.'와 같은 상황에서, 집안일을 하기 위한 목록을 작성하거나, 다음 휴가를 어디로 갈지에 대해서 생각하는 일 등이 현재 느끼고 있는 만족스러움을 유지시키는 데 얼마나 효과적인지를 평가한다. MSCEIT는 검사-재검사를 통해 살펴볼 때 점수의 안정성(Brackett & Mayer, 2003)과 검사 문항의 내적 합치도(Mayer et al., 2003)가 우수하다.

국내에서 사용되고 있는 수행중심 평가로는 이수정이 개발한 정서 인식 검사(Emotional Recognition Test-Revised: ERT-R)가 있다(이수정, 2001; 이수정, 김혜진, 2009; 이수정, 황혜정, 2003). 정서 인식 검사는 자극의 정서적 내용을 사람들이 얼마나 정확하게 파악하는지를 문제해결 과제를 통하여

**[그림 12-1] MSCEIT에서 정서 지각 검사의 예**

질문: 이 사진에서 각각의 정서가 얼마나 표현되어 있는지 체크하세요.

| 정서 | 전혀 아님 | | | | 매우 많이 |
|---|---|---|---|---|---|
| 행복 | 1 | 2 | 3 | 4 | 5 |
| 두려움 | 1 | 2 | 3 | 4 | 5 |
| 슬픔 | 1 | 2 | 3 | 4 | 5 |
| 놀람 | 1 | 2 | 3 | 4 | 5 |

측정하는 검사 도구로서 정서자극에 대한 민감도를 측정할 수 있다. 컴퓨터로 운용되는 이 검사는 여섯 가지의 기본 정서인, 놀라움, 두려움, 분노, 슬픔, 역겨움, 즐거움을 기본으로 하였으며, 다양한 그림 자극들을 이용한 비언어적 문제로 구성되었다. 각 문항 평균변별도 .33, 평균난이도 .74를 갖는 비교적 쉬운 검사다. 정서 인식 검사의 하위 척도에는 무표정한 얼굴들로부터 감정이 있는 얼굴들을 구분해 내는 쉬운 문항들과(정서 인식, 18문항)([그림 12-2]), 6개의 개별 정서별로 수집된 사진들 중 감정가가 다른 얼굴들을 골라내는 중간 난이도의 문항들을 포함한다(정서 변별, 12문항). 마지막은 상황의 정서적 맥락을 이해해야만 해결할 수 있는 어려운 문항으로, 이에는 주인공의 감정 상태와 근접한 사진이나 반대되는 사진들을 찾는 문항들이 있다(맥락 이해, 24문항)([그림 12-3]). 이 검사에 대한 타당도

[그림 12-2] 정서 인식 검사에서 정서 인식 문항의 예

[그림 12-3] 정서 인식 검사에서 맥락 이해의 문항의 예

검증 결과 정서 인식 능력이 동일 연령 내에서 지능 요인과 유의한 상관을 보이지 않으며, 정서 인식 검사에서 우수한 점수를 받은 사람이 다른 지필 검사에서도 비슷한 결과를 보고하는 것을 확인하였다(이수정, 황혜정, 2003). 본 검사는 비행청소년에 대한 연구나 정서장애에 대한 연구 등에서 사용되었으나, 정서지능의 다른 하위영역인 조절 · 표현 능력 등을 측정하지 못하는 한계를 보이기 때문에 다른 영역들도 측정할 수 있는 수행중심 평가의 개발이 필요하다.

## 2. 자기보고식 평가

정서지능을 측정하는 자기보고식 검사는 수행 검사에 비해 검사의 경제성 때문에 많이 이루어지는 편이다. 아동, 청소년 및 성인을 대상으로 하는 자기보고식 검사들이 개발되었으며, 유아의 경우에는 자기보고식 검사와 교사가 평정하는 검사가 있다.

### 1) 아동, 청소년 및 성인 대상 정서지능검사

외국에서는 주로 사용되는 정서지능검사는 Goleman의 정서지능 모형을 바탕으로 한 ECI(Emotional Competence Inventory)와 Bar-on의 정서지능 모형을 바탕으로 한 EQ-i(Bar-on Emotional Quotient Inventory)가 있다(Bar-on, 1997; Boyatzis, Goleman, & Rhee, 2000). ECI에서는 정서지능을 자신과 타인의 감정을 인식하는 능력, 스스로에게 동기를 부여하는 능력, 자신과 관계 속에서 정서를 잘 관리하는 능력으로 정의한다. ECI는 자신의 정서지각, 자기관리, 타인의 사고와 정서 인식, 사회적 기술의 네 가지 하위영역으로 구성되어 있다. 한편 EQ-i는 환경적 요구와 압력에 성공적으로 대처하는 능력에 영향을 주는 적성 등의 비인지적인 능력을 측정하기 위한 것이다. EQ-i는 개인이해, 대인관계, 스트레스 관리, 적응성, 전반적인 기분의 5개의 하위영역으로 구성되어 있다. 이 두 검사에 대해 다양한 표집 대상을 활용하여 검사의 신뢰도를 확보하려고 노력하였으나, 정서를 다루는 능력이 아닌 성격이나 성향 등을 평정하고 있는 검사로 보인다는 비판을 받고 있다(곽윤정, 2004).

국내에서 개발된 대표적인 정서지능검사는 이수정의 정서특성 검사(이수정, 이훈구, 1997; 이수정, 2001)와 문용린이 개발한 정서지능검사(문용린,

1997, 2003)가 있다. 정서특성 검사는 Salovey, Mayer, Goldman, Turvey와 Palfai(1995)의 Trait Meta-Mood Scale(TMMS)를 번안하여 타당도 검증을 한 후에 문항들을 보완한 것이다. 정서특성 검사는 정서 인식, 정서 표현, 정서 조절의 세 가지 영역을 측정하기 위한 것이며, 각 영역별 10문항씩 전체 30문항으로 구성된다. 각 문항에 대해 개인이 얼마나 동의하는지에 대해서 7점 척도로 평정하는 형식이다. 각 하위척도별 신뢰도 지수는 정서 인식 .81, 정서 조절 .86, 정서 표현 .80이다. 정서 인식에 대한 문항에는 '나는 대체로 나의 느낌을 안다.' '나는 내가 어떻게 느끼는지에 대해 혼란스러울 때가 별로 없다.' 등이 있다. 정서조절 영역에는 '화가 날 때면 내 인생에 있어서 즐거웠던 일들을 떠올린다.' '아무리 기분이 나쁘건 즐거운 일을 생각하려고 노력한다.' 등의 부정적인 정서를 적극적으로 바꾸어 보려는 노력을 하는지를 묻는 문항들이 있다. 정서특성 검사는 외국에서 개발된 검사를 번안하여 타당도를 검증하여 수정 · 보완하였다는 데 그 의의가 있지만, Mayer와 Salovey의 초기의 정서지능 모형을 바탕으로 했기 때문에 검사에서 측정할 수 있는 영역이 제한적이다.

문용린(1997, 2003)은 Mayer와 Salovey(1997)의 수정된 정서지능 모형을 한국인에 맞게 보완하여 정서지능검사를 개발하였다. 정서지능검사는 정서 인식 및 표현, 감정이입, 정서의 사고촉진 능력, 정서 지식의 활용, 정서조절 능력의 다섯 가지 영역으로 구성되어 있다. 아동용은 47문항, 청소년용은 40문항, 성인용은 50문항으로 구성되었고, 5점 척도로 평가된다. 이 검사의 경우 광범위한 표준화를 통하여 .68에서 .89의 안정된 신뢰도를 보이고 있으며, 많은 연구에서 사용되고 있다.

각 하위영역에서 측정하고자 하는 능력과 그 예시 문항은 다음과 같다. 정서 인식 및 표현 영역에서는 개인이 자신과 타인의 감정이나 기분을 정확하게 이해하고 표현하는 능력을 측정하며, '나는 다른 사람의 표정이나 말투만으로도 기분이나 감정을 잘 알아차리는 편이다.' 등의 문항이 있다.

감정이입 능력은 다른 사람의 감정과 기분에 대해 공감하는 능력으로, '나는 내 친구에게 기분 나쁜 일이 생기면 내 기분도 언짢고 속상하다.' '나는 따돌림을 받거나 외톨이로 지내는 아이를 보면 불쌍하고 마음이 아프다.' 등의 문항이 있다. 정서의 사고 촉진 능력은 자신에게 중요한 일에 주의를 전환하여 집중하는 능력과 자신이 해결해야 하는 과제를 잘 처리하게 위해서 자신의 감정과 기분을 활용하는 능력을 포함한다. 예시 문항으로는 '나는 꼭 해야 할 일을 하기 위해 그 일에 흥미를 가지려고 노력하는 편이다.' '나는 중요하게 생각되는 일을 하기 위해 당장 하고 싶은 일을 참는 편이다.' 등이 있다. 정서 지식의 활용 능력은 정서와 관련한 지식이 얼마나 풍부한가에 대한 능력으로, 예시 문항으로는 '나는 어떤 사람을 사랑하는 동시에 미워할 수 있다고 생각한다.' '나는 경외심이나 두려움이 복잡한 감정이라고 생각한다.' 등이 있다. 마지막으로 정서의 조절 능력은 자신의 감정과 기분을 상황에 따라 적절하게 통제 · 조절하는 능력으로, '나는 기분 나쁜 일이 생기면 다른 일에 방해되지 않도록 잊으려고 노력한다.' '나는 내 일이 마음대로 되지 않으면 짜증을 잘 내는 편이다.' 등의 문항이 있다.

### 2) 유아 대상 정서지능검사

유아의 정서지능에 대한 검사는 크게 두 가지 부류가 있다. 교사가 문항을 읽어 주고 유아 스스로 평정하게 하는 자기보고식 검사와, 유아에 대해서 잘 아는 교사가 유아의 능력을 평가하는 교사 평정용 검사가 있다. 이 중에서 교사 평정용 검사가 유아 정서지능 연구에서 더 많이 사용된 편이다. 유아들을 대상으로 한 정서지능 측정 도구 중 대표적인 세 가지를 살펴보겠다.

문용린(1997)이 개발한 유아용 정서지능검사는 Mayer와 Salovey의 초기 정서지능 모형을 바탕으로 하고 있다. 이 검사 도구는 정서 인식 능력,

정서 표현 능력, 감정이입 능력, 정서 조절 능력의 구성요소로 이루어져 있으며 총 21문항이다. 유아용 정서지능검사는 유아가 직접 자신의 정서지능을 평정하는 자기보고 방식으로 구성되어 있다. 검사의 신뢰도는 정서 인식 능력이 .65, 정서 표현 능력이 .67, 감정이입 능력은 .68, 정서 조절 능력은 .69로서 비교적 안정적인 신뢰도를 보이고 있다(곽윤정, 2004).

정서지능검사의 문항을 살펴보면, 정서 인식 영역에는 '나는 내 기분이나 감정을 정확하게 알 수 있다.' '나는 엄마의 얼굴만 보고도 엄마가 화가 났는지 알 수 있다.' 등의 문항이 있고, 유아가 '그렇다'와 '아니다'를 선택한다. 감정이입 능력에는 '텔레비전이나 책에서 주인공에서 슬픈 일이 생기면 나도 슬프고 눈물이 난다.' 등의 문항이 있다. 이러한 문항에 대해서 '매우 그렇다' '약간 그런 편이다' '아무렇지도 않다'에서 유아는 주로 어떤 편인지 선택하게 된다. 정서 조절 능력에 해당하는 문항에는 '친구와 싸워서 화가 났을 때 선생님께서 심부름을 시키시면 즐겁게 할 수 있다.' '나는 기분이 나쁘더라도 친구가 말을 걸어오면 웃으면서 들어 줄 수 있다.' 등이 있다. 유아는 항상 그런지, 가끔 그러한지, 그렇지 않은지의 세 가지 경우 중에서 선택하게 된다. 유아용 정서지능검사는 간편하게 측정할 수 있는 장점이 있으나, Mayer와 Salovey의 초기 모형을 바탕으로 만들었기 때문에 정서의 사고 촉진이나 정서 지식의 활용 등의 능력을 측정하는 문항은 없다는 제한점이 있다.

이병래(1998)는 Mayer와 Salovey(1997)의 정서지능 모형과 Goleman(1995)의 다섯 가지 정서지능 구성요소를 기초로 한 유아용 정서지능평가 도구를 만들었다. 이 도구에는 자기 인식 능력, 자기 조절 능력, 타인 인식 능력, 타인 조절 능력의 네 가지 하위 구성요소로 되어 있으며 교사가 유아의 정서지능을 평정하는 것이다. 각 하위영역별 신뢰도와 문항수는 자기 인식 능력 .77(7문항), 자기 조절 능력 .87(8문항), 타인 인식 능력 .83(7문항), 타인 조절 능력 .80(9문항)으로 안정적이다. 총 31문항으로 구성되어 있으며 5점 척도이다.

각 영역별 예시 문항을 살펴보면, 자기 인식 영역에는 '이 아이는 어떤 만족스러운 일을 해냈을 때 자랑스러워하거나 기뻐한다.' '걱정스러울 때 그 감정을 잘 표현한다.' 등의 문항이 있다. 자기 조절 능력에는 '게임에서 졌을 때 화내지 않고 결과를 수용한다.' '친구들이 별명을 부르거나 놀리더라도 공격적인 방법으로 대응하지 않는다.' 등의 문항이 있다. 타인 인식 능력에는 '다른 사람의 표정을 보고 그 사람의 기분 상태를 잘 안다.' '상대방의 말을 듣고 그 사람의 기분 상태를 이해한다.' 등이 있으며, 타인 조절 능력에는 '친하게 지내고 싶은 아이에게 친밀감 있게 접근한다.' '다른 친구를 자기가 하고 있는 놀이에 참여시킬 줄 안다.' 등의 문항이 있다.

이영자 등(1999)도 Mayer와 Salovey(1997)의 연구에 기초하여 교사 평정용 유아 정서지능 측정 도구를 만들었다. 이 검사지는 네 가지 영역, 즉 정서의 인식과 표현, 정서의 사고 촉진, 정서 지식의 활용, 정서의 조절이라는 네 가지 능력으로 구성되어 있다. 신뢰도와 문항수를 살펴보면, 정서의 인식과 표현 영역이 .77(32문항), 정서의 사고 촉진 .79(25문항), 정서 지식의 활용 영역이 .79(28문항), 정서의 조절이 .82(23문항)이고, 전체 신뢰도는 .88(전체 108문항)로 비교적 신뢰도가 높으며 문항수도 많은 편이다(이영자, 이종숙, 신은수, 권미경, 권신숙, 2005). 각 문항이 제시하는 상황에서 교사가 판단하기에 유아가 어떤 경향성을 보이는지 4점 척도를 이용하여 평가한다.

각 영역별 문항을 살펴보면 정서의 인식과 표현에는 '유아는 계획한 놀이를 끝냈을 때 기분이 좋아진다는 것을 안다.' '유아는 언어, 음률, 미술 등으로 다른 사물이나 상황에 대한 감정을 표현할 수 있다.' 등의 문항이 있다. 정서의 사고 촉진 영역에는 '유아는 두 가지 놀이 중 한 가지만 선택하면 선택하지 않은 다른 놀이가 더 하고 싶어지는 마음은 있지만, 참고 놀이를 한다.' '유아는 실패하거나 잘 안 될 경우 성공해서 즐거웠던 경험을 생각하여 말하며 다시 시도해 본다.' 등의 문항이 있다. 정서 지식의 활용 영역에는 '유아는 (억양과 어조로 알아낸) 친구의 성의 없는 사과에 이의를 제기할 수 있다.' '유아는 자신이 실수한 것이 알려지면 실수한 것이 화가 나기도 하고 다른 사람에게는 창피하다고 말할 수 있다.' 등의 문항이 있다. 정서의 반영적 조절의 영역에는 '유아는 화가 나면 다른 친구에게 화풀이를 한다.' '유아는 화가 나면 감정을 가라앉힌 다음에 자신의 요구를 주장한다.' 등의 문항들이 있다. 이 검사는 교사가 유아의 능력을 평정할 수 있도록 교실에서 발생하는 구체적인 사건을 다루었고 정서지능의 다양한 하위 영역을 포함하였다는 장점이 있다.

**| 제13장 |**

# 정서지능 교육 프로그램

정서지능의 개념이 처음 등장하였을 때 정서지능이라는 구인의 개념화 연구보다 더 많은 관심을 끌었던 연구는 바로 교육 프로그램 연구다. 그렇지만 대부분의 정서지능 교육 프로그램들은 사회 · 정서 학습 프로그램(Social and Emotional Learning Program: SEL)이라는 광범위하고 일반적인 이름으로 제공되고 있으며 정서지능 자체의 발달보다는 대인관계 기술 훈련, 행동 수정, 폭력이나 공격성 감소 등의 다른 목적을 위해서 설계 · 실행되고 있다(Elias et al., 1997).

최근의 여러 연구들에서 정서 기술과 능력의 학습 및 정서교육에 있어서 가장 중요한 맥락의 하나로 학교 환경을 들고 있다(Mayer & Salovey, 1997). 학습자는 자신이 어려서부터 접해 온 환경에서 가장 잘 학습할 수 있으며, 특히 학교라는 공식적인 장을 통해서 교육과정 속에 포함된 정서를 배우게 되는 것이 가장 효율적이라고 한다. 어릴 때부터 인지적 학습을 통하여 인지 능력이 향상되는 것과 마찬가지로 정서를 조절하고 환경에 대처하는 능력을 기를 수 있는 기회를 유아기부터 제공하고 정서 학습을 실시한다면 정서 능력이 발달하게 되는 것이다. 이에 대하여 Mayer와 Salovey(1997)는 아동이 정서를 구별하고 정서를 사회적으로 연결하여 적응적으로 살아가는 능력은 어릴 때부터 키워 주어야 하기 때문에 가정에서뿐만 아니라 기관에서의 정규 교과과정에서도 정서 기술을 가르쳐야 한다고 강조하였다.

정서지능 교육 연구에서의 기본 가정은 정서지능과 관련된 능력을 학습함으로써 정서적으로 보다 똑똑해질 수 있다는 것이다. Mayer와 Geher(1996)는 정서 능력이 낮은 사람에게 자신의 감정을 보다 잘 인식 · 표현 · 조절하는 능력을 교육하는 것이 가능하다고 주장하였다. 그러므로 유아기에 가정에서 정서 능력이 크게 발달하지 못했다고 하더라도 학교에서 결점을 고칠 수 있는 교정 학습의 기회는 열려 있다고 볼 수 있다(Mayer & Salovey, 1997).

이에 더하여 정서지능이 학교에서의 성공이나 학업 성취에 중요한 영향을 미친다는 연구들(Zeinder, Matthews, & Roberts, 2001; Elias et al., 1997)이 등장하면서 많은 학교에서 정서지능 교육 프로그램을 실시하고 있다. 그렇지만 앞에서도 밝힌 바와 같이 정서 능력이나 정서지능의 향상에 초점을 둔 체계적인 연구보다는 외현적 행동이나 갈등 해결, 학업 성취 등의 다른 목적을 위한 프로그램이 대부분이다(Topping, Holmes, & Bremner, 2000).

많은 정서지능 프로그램 중 정서지능의 구성요소와 처리 과정을 교육과정에 포함하고 있는 프로그램으로 자아탐구 프로그램(Self-Science Program), 대안적 사고전략 향상 프로그램(Promoting Alternative Thinking Strategies: PATHS), 아동 발달 프로젝트(Child Development Project: CDP) 등이 있다. 또한, 국내의 프로그램으로는 아동과 성인을 대상으로 하는 문용린의 연구(1997, 1998, 2001)와 학령기 아동의 방과후 프로그램(이영자 외, 1999)이 정서지능의 구성요소를 중심으로 하여 구성되었다고 할 수 있다.

각 프로그램의 교육 목표, 교육 내용, 이론적 구조틀, 프로그램의 효과 등을 자세히 살펴보도록 하겠다.

## 1. 자아탐구 프로그램

자아탐구 프로그램(Self-Science Program)은 미국 Nueva 초등학교에서 1~8학년 학생을 대상으로 일주일에 두 번씩 실시하고 있는 정서지능 프로그램이다(McCown, Freedman, Jensen, & Rideout, 1998). 이 프로그램은 경험중심 프로그램(experienced based program)으로, 모든 학습 장면과 대인관계를 맺는 상황에서 아동이 자신의 이해 능력과 기능을 확장할 수 있도록 정서 영역과 인지 영역을 발달시켜 주는 데 초점이 있다. 과거에는 대인관계 능력이나 정서 능력은 가정에서 교육하는 것으로 간주했지만, 자아탐구 프로그램은 학교에서 아동이 자신의 정서 능력을 확장하고 학습할 수 있는 기회를 제공받도록 설계되어 기관에서 체계적으로 정서교육을 실시할 수 있게 되었다. 즉, 가정이 아닌 학교와 같은 기관에서 정서 능력을 교육하기 위해서 설계된 것이다.

자아탐구 프로그램은 아동이 직면하게 되는 여러 상황에서 적절하게 반응하고 스스로 문제를 해결하기 위해서 자신을 들여다보고 자신의 생각과 감정을 명료하게 파악하는 능력을 키우는 데 교육 목적이 있다. 자아탐구(self-science)라는 용어를 사용한 것도 이러한 목적을 드러내기 위함이다.

자아탐구에서 최종적으로 습득하고자 하는 정서지능의 기술은 자아존중감(self-esteem)의 확장, 동기화 · 창의성의 향상, 공격 행동의 감소, 책임감 발달, 교실과 공동체 내에서의 협력 증가 등이다. 이와 같은 기술의 습득은 자아탐구 프로그램의 최종 교육 목표가 된다.

자아탐구 프로그램의 교육과정과 교육 내용의 이론적인 가정은 크게 두 가지로 나누어 볼 수 있는데, 첫째는 자신의 경험을 의식적으로 보다 명료하게 숙고할수록 자신에 대한 지식과 이해가 증가하며, 이러한 이해가 증가함에 따라 자신과 타인에 대하여 긍정적이고 적절하게 반응할 수 있는 가능성도 높아진다는 것이다. 즉, 자아탐구 프로그램은 경험중심 이론에 근거하고 있다. 둘째는 프로그램의 초점이 정서 발달에 있지만 이를 위해서는 인지 발달, 정서 발달, 행동 발달 모두를 고려해야 함을 강조하면서 합치 모형(confluent model)을 프로그램 모형으로 제시하고 있다. 합치 모형을 그림으로 제시하면 [그림 13-1]과 같다.

[그림 13-1]과 같은 프로그램의 개발 모형에 따라 계열성이 있는 연속적인 10개의 학습 목표에 입각한 자아탐구 교육과정이 형성되었다. 각 학습 목표에는 다양한 정서 능력의 기술과 대인관계 기술의 획득이 포함되어 있

**[그림 13-1] 자아탐구 프로그램의 합치 모형**

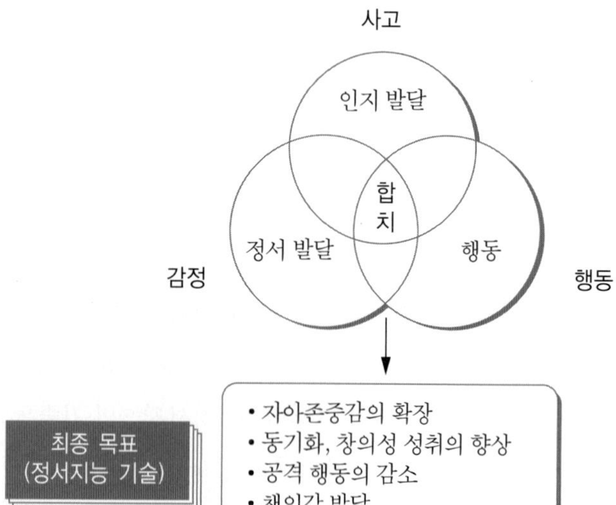


출처: McCown, Freedman, Jensen, & Rideout(1998)의 내용을 구조화한 것임.

으며 이를 획득하기 위한 교육 내용과 교육 방법이 함께 제시되어 있다. 예컨대, 감추어진 감정과 드러내기라는 학습 목표에서는 '나 전달 메시지(I-message)'의 사용과 토론, 역할 놀이 등의 교육 내용과 교육 방법이 포함되어 있다. 이러한 과정들을 해결법(approaching)이라고 하는데, 각 학습 목표의 해결법은 학생들이 직면하게 되는 대인관계 상황과 정서적 요구에 대처하는 기술과 이를 극복할 수 있는 방법 등을 다룬다. 이 해결법들은 정서지능의 개념 모형의 발달에 따라 배열되어 있기 때문에 계열성(sequence)을 갖는다. 즉, 반드시 순서에 따라서 학습해야 한다.

자아탐구 프로그램에서는 교사가 말해 주고 설명하기보다 학생들이 질문을 하고 이를 스스로 해결하도록 하는 교육 방법을 주로 사용한다. 스스로 해결하는 방법이란 트럼펫 과정(trumpet process)이라는 절차에 따라 호기심을 갖고, 문제를 탐색하고 재정의하며, 다양한 기법들을 이용하는 것을 말한다. 즉, 트럼펫 과정은 교육 방법을 구체적으로 알려 주는 지침이 되는 것이다. 트럼펫 과정을 이용한 질문법 이외에 교육 방법으로는 토론, 게임, 역할 놀이 등이 있다. 각 학습 목표를 달성하는 데 적합한 교육 방법이 제시된다.

자아탐구 프로그램에서 교사는 촉진자(facilitator)의 역할을 담당한다. 즉, 직접 훈육하고 프로그램을 이끌어 가기보다는 학습자들에게 질문을 제공하고 학습자가 스스로 해결하도록 한다.

자아탐구 프로그램은 정서지능이라는 개념이 등장하자마자 개발된 교육 프로그램이지만 교육 효과에 대해서는 아직 명확하게 밝혀지지는 않았다. 총 10개의 학습 목표를 포함한 50개의 수업을 진행한 후 프로그램에 참여한 학생들 중 3학년 학생들의 정서지능, 대인관계 기술 등을 측정한 결과, 정서 인식 능력, 대인관계 기술, 정서 조절 능력, 정서 표현 능력 등에서 효과가 있었다(McCown et al., 1998). 그러나 이러한 효과 검증은 실험집단과 통제집단을 구분하여 엄격하게 실시한 연구 결과가 아니기 때문에 신뢰성 있는 연구 결과라 볼 수 없다.

자아탐구 프로그램은 정서지능의 발달에 초점을 두고 출발한 교육 프로그램이라는 점에서 의의가 있으나 몇 가지 문제점을 갖고 있다.

첫째, 프로그램 개발 모형의 불명확성의 문제다. [그림 13-1]에서 살펴보았듯이 자아탐구 프로그램은 정서 발달, 인지 발달, 행동 발달 모두에 초점을 두고 있는 합치 모형을 바탕으로 프로그램의 목표를 설정하였다. 그렇지만 합치 모형은 정서지능에 대한 철저한 이론적 고찰을 토대로 하여 구성된 모형이라기보다는 일반적인 통합적 발달에 대하여 다루고 있는 것으로 보인다. 즉, 자아존중감, 대인관계 기술 등의 일반적인 심리 특성에 대한 처치 프로그램의 모형과 구별하기 어려운 모형이라고 할 수 있다.

둘째, 프로그램 구성요소와 모형의 위계와 체계가 명확하지 않다는 점이다. 정서지능의 구성요소는 위계와 수준을 가지고 있으며(Mayer & Salovey, 1997), 세분화된 구성요소로 이루어져 있다. 그런데 자아탐구 프로그램의 합치 모형은 이러한 정서지능의 핵심적인 구성요소로 이루어져 있기보다는 포괄적인 용어, 예컨대 정서 발달, 인지 발달 등으로 구조틀을 구성함으로써 프로그램의 방향을 모호하게 하였다.

이러한 문제점은 자아탐구 프로그램의 목표에서 다시 드러나는데 프로그램 목표가 정서지능의 핵심적인 측면, 즉 정서 인식 능력, 정서 표현 능력, 정서 이해 능력, 정서 조절 능력 등의 발달을 설명하기보다는 일반적인 문제 행동의 개선 등에 초점을 두고 있어서 다른 폭력 감소나 갈등 해결 프로그램과 차이점을 발견할 수 없다. 즉, 정서지능의 능력 자체의 향상을 위한 프로그램이 아니라 폭력적 행동을 통제하고 공격적 행동을 감소하는 데 도움이 되는 하나의 방법으로서 정서지능을 포함하고 있는 것이다.

Goleman이 정서지능을 일반인에게 각인하는 역할을 하였듯이, 자아탐구 프로그램은 정서지능 교육의 필요성이나 교육과정의 중요성을 일반인들에게 널리 알렸다는 점에서 의의가 있으나, 보다 견고한 프로그램 개발 모형과 프로그램에 대한 엄격한 평가와 효과를 검증할 수 있는 연구가 필요하다고 할 수 있다.

## 2. 대안적 사고전략 향상 프로그램

대안적 사고전략 향상 프로그램(Promoting Alternative Thinking Strategies: PATHS)은 현재까지 가장 주목받고 있는 정서지능 발달 프로그램의 하나다. 이 프로그램은 유치원 아동부터 고등학교 3학년까지의 일반 학생과 특수교육 학생을 대상으로 하고 있으며, 특히 초등학교 연령대의 아동들에게 양질의 정서교육의 기회를 제공하는 데 초점이 있다.

이 프로그램의 목표는 아동의 정서 이해 능력, 정서 표현 능력, 정서 조절 능력의 발달뿐만 아니라 대인관계에서 발생하는 문제를 해결하는 능력의 증진에 있다(Greenberg, Kusche, Cook, & Quamma, 1995). 이 프로그램에서 궁극적으로 달성하고자 하는 정서지능 기술은 자신과 타인의 정서의 이해, 인지적 기술과 언어 기술과 정서 이해의 통합, 자기 조절을 통한 정서의 각성과 행동의 통제, 긍정적인 자아존중감의 발달, 대인관계 문제의 정확한 분석과 적절한 해결, 긍정적인 또래 관계의 증진 등이다.

이 프로그램의 이론적 가정은 읽기나 수학과 같은 인지 학습과 마찬가지로 정서교육도 선수 학습에 기초하여 보다 발달된 상태로 나아갈 수 있다는 것과 아동이 성장함에 따라 복잡하고 복합적인 내용을 점진적으로 다룬다면 정서지능의 향상이 나타날 것이라는 점이다(Graczyk et al., 2000). 또한, 아동의 사고와 행위가 정서 능력에 의해서 영향을 받기 때문에 최상의 발달은 정서 능력의 향상에 의해 좌우된다고 본다(Eisenberg et al., 1994).

이러한 가정은 정신분석학적 발달 이론에서 출발한 것으로 정서가 일상사의 필수적인 부분으로 사회 · 언어 · 인지의 성장에 역동적으로 영향을 미친다는 점을 강조하고 있다(Graczyk et al., 2000). 정신분석학적 발달 이론을 바탕으로 개발된 대안적 사고전략 향상 프로그램의 기본 모형은 정서 능력과 관련 있는 정서적 · 행동적 · 언어적 · 인지적 이해의 발달적 통합을 도모하는 데 초점을 맞추고 있다. 이 프로그램의 기본 모형을 ABCD 모형(Affective-Behavioral-Cognitive-Dynamic Model)이라고 명명하고 있는데, 모형의 구체적인 내용은 [그림 13-2]와 같다.

[그림 13-2]에서와 같이 이 프로그램은 정서 · 행동 · 인지 능력이 역동적으로 상호 작용하면서 정서지능의 능력을 향상시켜 준다는 점에 초점을 두고 교육과정을 구성하였다.

교육과정의 내용은 정서 · 행동 · 인지 능력의 발달 모두를 통합한 내용으로 구성되어 있다. 교육과정의 내용은 크게 세 가지 단원으로 구성되어

**[그림 13-2] 대안적 사고전략 향상 프로그램의 모형**

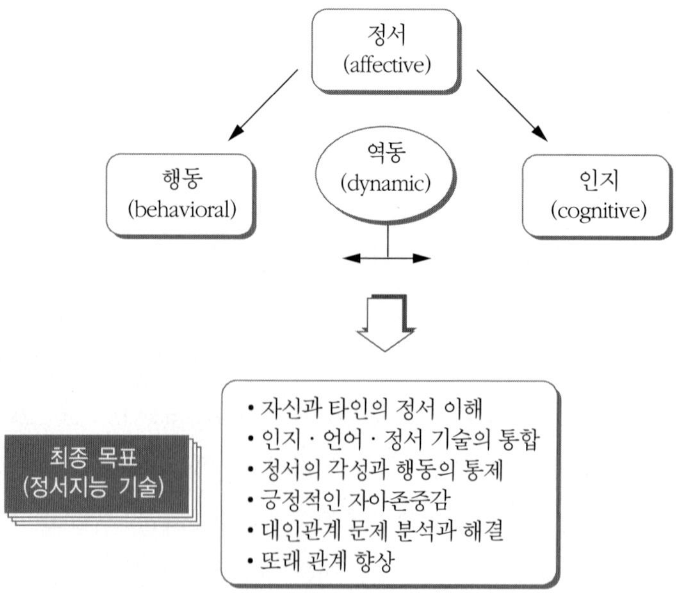


출처: Greenberg et al.(1995)의 내용을 구조화한 것임.

있다. 즉, 준비성(readiness)과 자기통제, 감정과 관계(feeling and relationship), 대인관계의 인지적 문제해결(interpersonal cognitive problem-solving)이다. 준비성과 자기통제 단원은 준비성 기술과 기본적인 자기통제의 발달에 초점을 둔 내용을 다루고 있는데, 감정과 관계 단원에는 다양한 정서 상태에 대한 학습, 자신과 타인의 정서 인식의 학습, 정서 변화의 이해에 대한 학습, 타인에게 미치는 정서의 영향, 정서와 대인관계에 대한 이해 등이 포함된다. 대인관계의 인지적 문제해결 단원에서는 대인관계 문제를 해결하기 위한 11단계의 수업을 진행하며 주로 통제 신호 전단(control signals poster: CSP)[1]을 학습하고 연습함으로써 자신의 정서 경험을 조절하는 방법을 배운다.

대안적 사고전략 향상 프로그램에서 가장 핵심적인 교육과정은 두 번째 단원, 즉 감정과 관계 단원으로 정서지능의 발달과 가장 밀접한 관련이 있다. 이 단원에는 발달 위계를 가진 35개의 다양한 정서 상태가 포함되어 있으며 가장 기본적인 정서에서 출발하여 점차 복잡한 정서로 전개되어 간다. 교육과정은 정서의 이름에 관한 어휘, 자신과 타인의 정서에 대한 평가, 정서 관리 방법 등을 강조하며 그에 따라 아동들은 정서를 규명하고, 이름 붙이기, 감정을 표현하기, 충동을 통제하기, 타인의 관점에서 이해하기, 언어적 의사소통 기술, 문제해결 기법, 삶에 대한 긍정적인 관점 기르기 등의 수업을 받게 된다(Greenberg et al., 1995).

1) 통제 신호 전단은 교통 신호 개념을 응용한 것으로 아동이 자신의 정서 경험의 강도를 인식하고 행동을 평가하게 할 수 있는 통제 신호를 말한다. 대안적 사고전략 향상 프로그램에 참여한 아동들은 교통 신호 전단을 가지고 있으며 매번 자신의 감정을 인식하는 연습을 하였다(Henrich, Brown, & Aber, 1999). 원래 통제 신호 전단은 Yale-New Haven 학교의 대인관계 문제해결 프로그램(social problem-solving program)에서 멈춤 신호라는 명칭으로 사용되었던 것으로 대안적 사고전략 향상 프로그램에서 수정, 응용한 것이다. 통제 신호 전단에서 빨간 불은 '멈춤, 흥분을 가라앉혀라'를 의미하고, 노란 불은 '천천히 생각해 봐라'를 나타내며, 초록 불은 '생각한 바를 행하라'를 의미한다.

이 프로그램의 교육 방법으로 집단 토론, 워크시트(work sheet)의 활용, 역할 놀이, 교사 모델링 등을 들 수 있으며, 일주일에 한 번, 20~30분씩 진행된다.

대안적 사고전략 향상 프로그램에서 교사는 아동에게 강력한 모델이 되는 동시에 프로그램을 적극적으로 이끌어 나가는 역할을 하기 때문에 프로그램을 실시하기 전에 짜임새 있는 교사 교육을 받게 되어 있다.

다양한 정서지능 교육 프로그램 중에서도 프로그램의 효과 연구나 프로그램 평가, 추후 연구(follow-up research)가 가장 활발히 진행되고 있는 것이 바로 대안적 사고전략 향상 프로그램이다. Greenberg 등(1995)이 실시한 프로그램 평가 연구를 살펴보면, 2~3학년 학생 286명을 대상으로 프로그램을 실시한 결과, 아동들은 정서 경험에 관한 어휘가 증가하였으며 정서의 조절과 표현에서 유의미한 발달을 보였다. 이 연구 결과를 토대로 하여 1~2학년 아동들을 위한 장기적인 정서지능 교육과정을 보강하여 프로그램을 실시하였는데, 7개월의 처치 후에 아동들은 타인의 정서 이해, 긍정적·부정적 정서에 대한 정서 어휘의 증가와 적절한 사용, 감정의 변화에 대한 이해 등에서 통계적으로 유의미한 향상을 보였다(Greenberg et al., 1995). 그 후 7~11세의 연령대의 일반 아동과 특수교육과정 아동을 대상으로 프로그램 효과 연구를 실시하였는데, 일반 아동과 특수교육과정 아동 모두 자신의 정서 상태를 표현하는 어휘의 증가, 감정의 변화에 대한 이해, 정서 표현 규칙의 이해 등에서 유의미한 향상을 보였으며, 특수교육과정 아동들은 기본 정서의 이해와 복합적 정서의 관련성에 대한 이해에서 일반 아동보다 유의미한 향상을 보였다. 또한, 동시발생적인 정서의 이해에서 일반 아동이 특수교육과정 아동보다 유의미한 향상을 보였다. 결국 이 프로그램에 참여한 아동들은 모두 정서의 이해, 표현, 관리 능력 등에서 유의미한 향상을 보였다(Greenberg et al., 1995).

정서지능 처치 프로그램이나 교육 프로그램을 표방하는 대부분의 교육과정들이 실제는 정서지능의 구성요소를 체계적으로 포함하고 있기보다는 또래 관계 훈련, 갈등 해결과 책임감 있는 의사결정, 건강 증진, 알코올, 담배, 약물 남용 방지, 폭력 감소 등의 목표 행동의 달성에 초점이 있다. 즉, 정서지능의 향상에 초점을 두기보다는 다른 목적을 위해서 설계된 프로그램이 대부분이다(Elias et al., 1999). 이러한 점에서 비추어 볼 때, 대안적 사고 전략 향상 프로그램의 모형과 내용에 정서지능의 구성요소를 대부분 포함하고 있으며, 다른 행동이 아닌 정서 능력과 관련된 행동의 발달을 다루고 있다는 점에서 유력한 정서지능 교육 프로그램이라고 볼 수 있다. 게다가 계속적인 효과 연구와 추후 연구를 실시하여 프로그램의 내용을 수정 · 개선하여 교육과정과 내용의 질을 높이고자 노력하고 있다.

대안적 사고전략 향상 프로그램이 정서지능 교육 프로그램으로 인정받고 있지만 다음과 같은 몇 가지 문제점을 논의할 수 있다. 첫째, 정서 발달을 모든 능력의 필수 조건으로 삼고 있다는 것이다. 대안적 사고전략 향상 프로그램의 이론적 가정이 정신분석학을 바탕으로 하였기 때문에 프로그램 개발 모형에서 정서 발달이 인지 발달과 행동 발달에 선행하며 정서가 인지와 행동에 역동적으로 영향을 미치는 것으로 구성되어 있다. 그렇지만 정서지능은 인지적인 처리 과정과 조작이 포함된 정신 능력이다. 정서지능에서 정서는 선행되어야 하는 조건이 아니라 인지 능력으로 처리될 수 있는 정보를 의미하며, 정서는 규칙적이고 일반적인 사회적 특성을 가지고 있다(Mayer & Salovey, 1990). 이러한 개념적 정의에 의하면 이 프로그램의 모형은 수정될 필요가 있다. 즉, 정서 능력이 선행 조건으로서 인지 능력과 행동을 지배하는 것이 아닌 인지 기능의 대상으로서 위치해야 한다.

둘째, 프로그램의 최종 목표 행동이 다른 교육 프로그램과 차별성이 없다는 것이다. 대안적 사고전략 향상 프로그램의 최종 목표의 대부분은 바람직한 사회적 행동이다. 이러한 목표는 정서지능 프로그램 이외에 다른 사회성 발달 프로그램이나 정서 발달 프로그램에서도 언급되고 있는 것이다. 정서지능 교육 프로그램이 다른 교육 프로그램과 변별되기 위해서는 정서지능 구성요소에 초점을 둔 교육 목표를 설정해야 할 것이다. 예를 들면, 자신과 타인의 정서를 이해하는 능력의 향상이나 자신이나 타인의 감정과 기분을 조절하는 능력의 증진 등으로 교육 목표를 설정해야 한다.

## 3. 아동 발달 프로젝트

아동 발달 프로젝트(Child Development Project: CDP)는 캘리포니아의 발달 연구소에서 개발한 정서 학습 프로그램으로서 초등학교 아동의 사회적 · 정서적 · 지적 · 윤리적 발달을 위해서 개발된 광범위한 교육과정이 포함되어 있다. 아동 발달 프로젝트의 대상은 유치원 아동부터 6학년 학생들이며 주로 지지적인(supportive) 대인관계 형성, 인간의 가치 교육, 아동의 내적 동기화의 향상, 이해 교육 등에 초점을 두고 있다. 대부분의 정서교육 프로그램이 학업 성취나 지적 발달을 소홀히 다루는 반면에 이 프로젝트는 학업 발달도 중요 발달 영역으로 다루고 있다는 점이 특이하다.

아동 발달 프로젝트의 이론적인 가정은 인간의 기술 · 이해 · 의지가 동시에 통합적으로 작용하는 학습을 제공한다면 보다 이상적인 발달을 이끌 수 있다는 것이다. 이 프로젝트 개발의 토대가 되는 이론은 구조적 발달 이론(structural development theory)과 행동주의 이론이다. 구조적 발달 이론을 바탕으로 하고 있기 때문에 아동이 건설적인 의미 형성, 자신의 발달을 위해서 자신이 이해하고 있는 바를 생각하고 행동으로 옮기며 자신의 행동을 평가하는 기회를 경험할 필요가 있다고 강조하고 있다. 또한, 성인은 아동에게 있어서 정서적 · 도덕적 역할 모델이 된다는 점을 받아들여 이를 내용에 포함시켰다. 이와 같은 이론적 배경에 따라 아동 발달 프로젝트에서는 세 가지 영역(domain)의 능력의 발달과 관련된 구성요소들을 포함한 모형을 구성하였다. 세 가지 영역은 이해(understanding), 의지(will), 기술(skill)로서 이 프로젝트의 목표 영역이자 구성요소가 된다(Dasho, Lewis, & Watson, 2001).

이해는 사고 능력을 의미하며 지적인 능력이 여기에 포함된다. 의지는 동기화를 의미하는 것으로 자신과 타인의 감정과 기분에 대하여 경험해 보고 이를 토대로 친사회성, 책임감 등을 키워 주는 것이다. 기술은 행위(action)를 의미하며 의지를 가지고 이해한 바를 실천하는 것을 말한다. 아동 발달 프로젝트에서는 이 세 가지 영역을 통합한 교육 내용을 포함하고 있다. 이 프로젝트의 구성요소와 내용은 [그림 13-3]과 같다.

[그림 13-3]에서와 같이 아동 발달 프로젝트에서는 아동 발달의 장기적 목표를 설정하고 이를 달성하기 위하여 프로그램의 세 가지 구성요소인 이해 · 의지 · 기술을 통합하는 모형을 개발하였다. 이 모형은 프로그램의 교

**[그림 13-3] 아동 발달 프로젝드의 프로그램 모형**

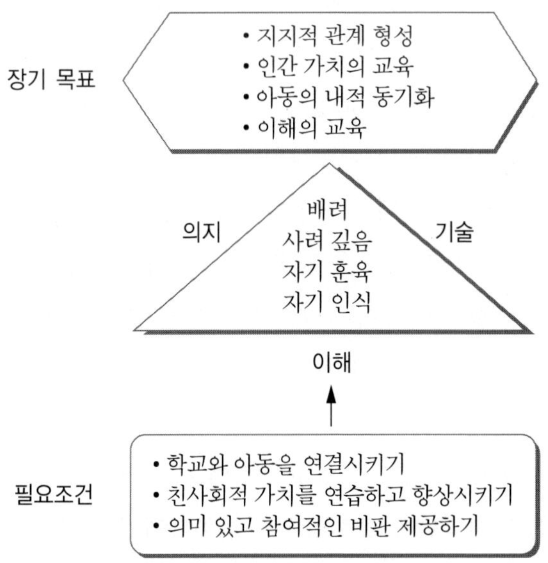


출처: Dasho, Lewis, & Watson(2001)의 내용을 구조화한 것임.

육 활동과 내용을 구성하는 구조가 된다.

아동 발달 프로젝트의 교육 내용은 크게 네 가지 단원으로 나누어 볼 수 있다. 교실 공동체 형성, 협동 학습, 문학작품 독서, 발달 훈육이다. 교실 공동체 형성 단원에서는 같은 교실의 학생들이 서로의 경험을 공유하고 공감하며 친밀한 관계를 형성하는 수업 내용으로 구성되어 있다. 협동 학습 단원에서는 학생들이 학습에 대한 내적인 동기를 갖게 하기 위해서 수행을 격려하고 함께 협동하여 과제를 해결하는 장점을 깨닫게 해 주며 협동 학습의 장점과 책임감을 이해하도록 하는 수업으로 구성되어 있다. 문학작품 독서 단원은 다양한 인간관계, 여러 사람들의 다양한 가치와 경험, 감정과 기분 등을 유명한 문학작품을 통해서 이해할 수 있도록 하는 내용을 다룬다. 예를 들어, 다양한 정서를 경험하고 있는 등장인물을 묘사한 작품을 읽으면서 간접적으로 여러 가지 정서를 학습할 수 있다. 아동들은 등장인물이 자신의 정서를 어떻게 표현하는지, 등장인물이 그러한 감정을 느끼게 된 원인이 무엇인지, 그에 대하여 어떻게 대처해야 하는지 등에 대하여 관찰하고 이를 학습하게 된다. 이때 등장인물에 대한 관점 채택의 기회도 갖게 되면서 동시에 읽기를 통해 인지 학습도 가능해지는 것이다. 발달 훈육 단원에서는 학생들이 스스로 교실의 규칙을 설정하고 이를 유지하기 위하여 어떻게 행동해야 하는지 등에 대하여 교사의 훈육을 활용하는 수업을 다룬다. 각 단원의 수업은 대상 연령에 맞게 수정되기도 한다.

이와 같은 내용을 다루는 교육 방법은 토론, 게임, 역할 놀이, 소집단 활동 등이 있으며 이를 이용하여 다양한 활동을 구성한다. 예컨대, 토론과 소집단 활동을 거친 후 소집단의 결과물을 전시하는 과학 전시회 수업이 있다(Watson & Greer, 2001).

아동 발달 프로젝트는 프로그램의 평가와 효과 연구를 위한 종단 연구를 실시하였는데, 실험집단과 통제집단을 구분하여 5개월의 프로그램 처치 전후에 걸쳐 관찰과 심리검사를 통해 효과 검증을 실시하였다. 연구 결과,

실험집단은 통제집단에 비해 민주적 가치의 실행, 갈등 해결 기술, 타인에 대한 관심, 교사에 대한 신뢰, 친사회적 동기, 긍정적 대인관계 기술, 학업적 동기화, 교실에서의 적극적 참여, 학교를 사랑하는 마음 등이 긍정적으로 향상되었다(Solomon, Battistich, Watson, & Schape, 1997).

아동 발달 프로젝트는 광범위한 내용을 다루고 있는 교육 프로그램으로 평가받고 있고 프로그램 효과에 있어 많은 긍정적 행동을 이끌어 내는 결과를 보이고 있다. 그러나 정서지능 교육 프로그램으로서는 여러 가지 문제점을 갖고 있다. 첫째, 프로그램의 초점이나 목표 행동이 정서지능 자체에 초점을 두고 있지는 않은 것으로 보인다. 이러한 문제는 앞의 프로그램 개발 모형에 드러나고 있는데, 자아탐구 프로그램과 마찬가지로 아동 발달 프로젝트는 정서지능의 이론적 개념에 따르지 않고 광범위한 개념, 즉 이해 · 의지 · 기술 등을 구성요소로 구조화했기 때문에 정서지능 프로그램이 아닌 포괄적인 사회 발달 프로그램으로 보인다.

둘째, 프로그램 목표 행동의 모호성이다. 프로그램의 개발 모형이 정서지능의 개념과 구성요소를 포함하고 있지 않으므로 목표 행동이 광범위한 행동, 예컨대 정신 건강 향상, 지지적 관계 형성 등으로 진술되어 있는데 정서지능의 능력이나 기술과 직접적으로 관련이 있는 행동으로 보이지 않는다.

그러나 아동 발달 프로젝트 등과 같이 포괄적인 행동을 다루는 프로그램을 대부분의 교사나 학생들이 선호하고 있으며 대인관계 행동에 도움을 준다고 생각한다(Salovey & Sluyter, 1997). 그러나 이러한 프로그램이 문제 행동을 개선하고 사회적 행동에 영향을 주더라도 정서지능을 발달시켜 주는 근본적인 처치 프로그램이라고 보기는 어렵다.

## 4. 국내의 연구

정서지능 개념이 알려지면서 국내에서는 무엇보다 정서지능의 교육을 위한 프로그램에 대한 연구가 활발히 진행되었다. 그러나 많은 프로그램들이 정서지능의 정의나 구성요소에 맞추어 설계 · 개발되기보다는 다양한 심리적 구인의 발달 프로그램들을 구조나 개념틀 없이 짜 맞추어 놓거나 기존의 사회성 발달 프로그램과 차별화하지 않은 채 명칭만 바꾸어 놓았을 뿐이었다.

국내 연구 중 정서지능의 이론에 입각하여 프로그램의 구성요소를 개념화하고 이를 발달시켜 주기 위한 프로그램을 고찰하여 보면, 대상에 따라 아동과 성인을 위한 프로그램으로 구분해 볼 수 있다.

아동을 대상으로 한 정서지능 발달 프로그램으로 EQ 발달 프로그램(문용린, 2001)과 방과후 프로그램(이영자 외, 1999)이 있다. EQ 발달 프로그램은 학령기 아동을 대상으로 하여 매주 2회씩 총 10개의 프로그램 활동으로 구성되어 있다. 이 프로그램은 정서지능의 구성요소를 정서 인식, 정서 표현, 감정이입, 정서 활용, 정서 조절 등으로 구분하고, 각 구성요소 발달에 적합한 교육 방법과 교육 내용을 개발하여 프로그램을 구조화하였다.

방과후 프로그램의 경우, 학령기 아동의 방과후에 기관에서 실시할 수 있는 프로그램으로서 프로그램 활동의 구성요소를 정서 인식, 정서 표현, 정서 조절 등으로 나누고 구성요소의 발달을 위한 다양한 놀이가 제시되어 있는데, 대부분의 활동은 혼합 연령의 아동들이 함께 참여하도록 구성되어 있다.

성인을 대상으로 한 정서지능 발달 프로그램으로는 신입사원 연수 프로그램(문용린, 1997)과 부모를 위한 EQ 프로그램(문용린, 1998)이 있다. 신입사원 연수 프로그램은 기업에 처음 입사한 성인을 대상으로 하며, 회사에서의 적응과 업무능력의 향상을 목적으로 한 정서지능 발달 프로그램으로서 프로그램의 구성요소를 정서 인식, 정서 표현, 감정이입, 정서 활용, 정서 조절 등으로 구분하였다.

부모를 위한 EQ 프로그램의 경우, 자녀를 가진 부모의 정서지능을 향상시켜 주기 위한 4주 프로그램으로서 정서 인식과 표현, 감정이입, 정서 활용, 정서 조절 등의 구성요소에 초점을 두고 있다.

앞에서 살펴본 프로그램들은 정서지능의 이론에 따라 프로그램의 개념틀을 구성하고 그에 적합한 교육 내용과 방법을 개발하였지만, 프로그램 설계와 개발을 위한 견고한 프로그램 모형에 대한 연구가 미흡하고 프로그램의 효과에 대한 연구나 추후 연구(follow-up studies)가 부족하다는 한계를 갖고 있다. 즉, 프로그램을 개발하는 데 있어서 정서지능의 개념과 구성요소에 입각하여 프로그램 활동을 구성하였지만, 구성요소 간의 연계성이나 구조 등에 대한 모형에 대한 고려가 없으며, 프로그램 활동이 정서지능의 구성요소의 발달에 어느 정도 영향을 미쳤는지에 대한 평가 연구가 이루어지지 않았다. 이러한 한계는 정서지능 프로그램으로서 장기적으로 활용하는 데 있어 문제점으로 지적되고 있다.

# 제 4 부

# 새로운 지능의 가능성: 역량으로서의 지능

INTELLIGENCE

ㅣ제14장ㅣ

# 도덕지능: 도덕교육의 새로운 방향

## 1. 도덕성 및 도덕지능의 개념

도덕성에 관한 한 그것이 철학적이든 심리학적이든 어떠한 학문적 논의의 대상이 되었든지 간에 고대부터 현대까지 인간의 화두로 다루어져 온 것은 자명한 사실이다. 더욱이 현대사회가 점점 더 복잡해지고 때론 각박해지기까지 하면서 도덕성 부재를 우려하는 목소리가 높아져 가고 있는 것 또한 현실이 되었고, 이에 따라 다양한 입장에서 도덕성을 정의하려는 시도들이 있어 왔다.

사전적 의미에서 도덕성은 '사회구성원들이 양심, 사회적 여론, 관습 등에 비추어 스스로 지켜야 도리와 그 도리를 자각하여 실천하는 행위의 총체'라고 정의할 수 있다. 즉, 그것을 어길 경우 외적 강제력을 가지고 처벌이 가해지는 법률과 달리 개인 각자의 내면적 원리로 작용하며, 또한 종교에서 이야기하는 초월자와의 관계와는 달리 인간 상호 관계를 규정하고 있다. '법은 최소한의 도덕'이라는 말이 의미하는 것처럼 법을 잘 지키는 것은 사회생활을 하면서 범죄를 저지르지 않기 위한 기초를 의미하는 반면, 훨씬 더 넓은 개념에서의 도덕성은 동서양을 막론하고 사람답게 잘 살고 행복하기 위한 필수적인 덕목으로 간주되어 왔다.

문용린(2011)은 도덕성이란 개개인이 가지고 있는 잣대처럼 추상적이지 않고 매우 구체적인 가치이고, 또한 행동에 국한되지도 않으며 자신이 생각하는 도덕적 가치는 도덕적인 삶으로 확장된다고 기술하고 있다. 즉, 도덕성은 자신이 어떠한 삶을 살아가야 하는지의 기준점이 된다. 예컨대 남을 해하지 않고 살아가는 것, 나보다 못한 사람을 도와주며 살아가는 것, 사회적 법규를 지키며 살아가는 것 등 삶을 살아가는 방식을 정하는 기준점이 바로 도덕성이라는 것이다. 부모라면 누구나 아이가 도덕적인 삶을 살기를 바라게 되는데, 아이에게 도덕성을 가르쳐야 하는 이유가 바로 여기에 있다고 강조한다.

최근 도덕성의 개념과 발달 과정을 새롭게 설명하려는 움직임이 일면서 '도덕지능(moral intelligence)'이라는 개념이 대두되었다. 도덕지능은 도덕성을 훈련과 연습을 통하여 계발할 수 있는 인간의 지적인 능력으로 간주하는 것으로, Boss(1994)는 「도덕지능의 자율성(The autonomy of moral intelligence)」이라는 글에서 도덕지능은 일반지능과는 구분되고, 사회지능과도 구별되는 독립적인 상징의 체계와 발달의 과정을 갖는 자율적인 별개의 지능 영역이라고 주장하였다. 이와 같은 도덕지능의 개념은 도덕교육의 실제에도 의미 있는 변화를 가져올 수 있을 것으로 기대한다.

한편, 조난심(2001)은 도덕교육 연구의 새로운 동향을 소개하면서 종래에 자율론적 접근[1]에서 강조했던 보편적이고 추상적인 도덕적 원리가 아

1) 도덕교육의 자율론적 접근은 개인의 자율적 추구라는 근본 이념을 바탕으로 삼고, 도덕적 원리를 기초로 한 엄밀한 도덕적 추론 능력의 개발에 일차적 관심을 두는 것으로, 도덕교육 이론의 체계화에 크게 기여한 바 있다(조난심, 2001). 대표적으로 Kohlberg의 관점이 이에 해당한다.

니라 구체적인 사회 속에서 추구되어 온 도덕적 덕목들에 가치를 부여하고, 또 도덕적인 추론 능력만이 아니라 도덕적 정서와 도덕적 행동이 중요하게 고려되어야 한다는 점을 강조하였다. 이 장에서는 도덕교육 연구의 새로운 개념으로 등장한 도덕지능의 정의와 구성요소를 살펴보고, 선행 연구들을 고찰해 보고자 한다.

## 2. 도덕지능의 정의

도덕지능이란 무엇인가? 앞서 기술했듯이 도덕지능은 '훈련과 연습을 통하여 도덕성을 계발할 수 있는 인간의 지적인 능력'으로 정의할 수 있다. 도덕성을 하나의 고유한 영역으로 간주하여 그 영역을 다루는 지적인 능력, 즉 지능(知能)으로 이해하는 것이다.

사실 '도덕지능'에서 '도덕' 자체는 지능이 아니다. 도덕지능이라는 것은 도덕이 아니라 '도덕에 관련된' 지능으로 보아야 한다. 정서지능이 정서 자체가 아니라 '정서적인 능력'이듯이, 도덕지능은 도덕 자체가 아니라 '도덕적인 능력'을 뜻한다, 도덕이나 정서에 능력(ability)의 측면이 있다는 것이다(정수연, 2010). 사람마다 능력에 차이가 있고 그에 따라 삶이 달라진다고 본다면, 도덕지능은 어떤 부분을 인식하고 판단하는 것에서만 그치는 것이 아니라 실천할 수 있는 '수행'에도 영향을 주고 행위자가 도덕적 행동을 할 수 있는 능력이다. 즉, '도덕적 행동'은 도덕지능이 진정한 도덕지능일 수 있도록 만드는 중요한 의미를 내포한다.

그동안 우리는 학교에서 주로 언어 · 논리 · 수리와 같은 학업지능(academic intelligence)을 지나치게 강조하고, 실생활에서 가치 있게 여겨지는 도덕지능(moral intelligence)을 계발하고 교육하는 데는 소홀했던 것이 사실이다. 하지만 요즘처럼 사회와 학교에서 도덕적 문제가 계속 제기되는 한 도덕지능의 중요성은 더 부각될 것이다. Gardner의 다중지능 이론의 관점에서 보더라도 사회지능(social intelligence)과 정서지능(emotional intelligence)의 의미를 내포하고 있는 도덕지능의 교육적 의미는 더욱 크다고 할 수 있다(정종진, 2009).

도덕지능은 인간 심리의 분석이나 측정의 차원에 초점을 두고 있기보다는 성품, 혹은 실천적 지혜 함양 차원에 강조점을 두고 있다(노희정, 2005). 물론 도덕지능은 학자에 따라 다양하게 정의되고 있지만, 대체로 다양한 삶과 인간관계 속에서 타인을 배려하고 이해함으로써 더불어 살아가려는 윤리적 마음가짐과 실천적 지혜, 옳고 그름을 판단하는 능력을 의미한다.

도덕지능이라는 개념을 처음 도입한 사람은 Robert Coles로 알려져 있다. 탁월한 소아정신과 의사이며 도덕성에 관한 여러 저서를 내놓아 퓰리처상을 수상한 이론가이자 문필가이기도 한 그는 전공의 시절 의대 교수였던 Rustin McIntosh를 통해 '도덕지능'이라는 용어를 접하게 되었다(Coles, 1997).

Coles(1997)에 의하면, 도덕지능이 높은 이른바 '착한' 아이들은 6~7세임에도 불구하고 사려 깊고 정중한 태도를 가지고 있을 뿐만 아니라, 다른 사람의 관점으로 세상을 바라볼 줄도 알고 다른 사람을 먼저 생각하고 배려하기도 한다는 것이다. 즉, 도덕적으로 뛰어난 아이는 행동이나 말하는 태도, 다른 사람을 배려하는 태도가 어딘가 다르다고 보았다.

그에 따르면, 도덕지능은 법칙이나 규칙을 암기하거나 교실에서 토론을 한다고 길러지는 것이 아니라 어떻게 다른 사람들과 같이 지내고 어떻게 이 세상에서 행동해야 하는가를 배움으로써, 특히 주위에서 직접 보거나 들은 내용을 마음 깊이 새겨 두는 배움의 과정을 통해서 길러진다.

그렇기 때문에 특별히 아이들은 어른들의 행동의 목격자로서, 어른들이 가진 도덕성이나 부도덕성을 유심히 지켜본 후 어떻게 행동해야 하는지를 터득하게 된다. 즉, 아이들은 고스란히 부모나 교사의 생활 방식에서 그 해답을 얻게 마련인 것이다. 어른들의 행동은 우리가 생각하는 것보다 훨씬 많은 것을 아이들에게 보여 주며, 마음속 깊이 숨어 있는 욕구나 가치관까지도 아이들의 사고와 행동에 영향을 미치게 된다.

Borba(2001)는 도덕지능을 '옳고 그름을 판단하는 능력'이라고 정의하였다. 그것은 확고한 윤리적 신념에 따라 올바르고 부끄럽지 않게 행동한다는 의미이기도 하다. 이런 훌륭한 능력에는 다른 사람의 고통을 깨닫고 잔인하게 굴지 않는 능력, 자신의 충동을 조절하고 욕구 충족을 나중으로 미루는 능력, 판단하기 전에 편견 없이 경청하는 능력, 차이점을 받아들이고 이해하는 능력, 비윤리적인 선택을 판별하는 능력, 공감 능력, 부정부패에 대항하는 능력, 연민과 존경을 가지고 타인을 대하는 능력과 같이 생활에 필수적인 특성이 포함된다. 이런 것들이 바로 아이가 예의 바르고 친절한 인간이 되도록 도와주는 핵심적인 특성들이라는 설명이다. 게다가 이는 강인한 인격과 확고한 시민정신의 근본 원리이며, 우리가 아이들에게 가장 원하는 특성들이기도 하다.

Lennick과 Kiel(2005)에 의하면, 도덕지능은 '인간의 보편 원칙들이 가치관과 목표, 활동에 어떤 식으로 적용되어야 하는지 판단하는 심적인 능력'이다. 간단히 말해 도덕지능은 '보편 원칙에 따라 옳고 그름을 구분하는 능력'인 것이다. 보편 원칙이란 세계 모든 문화에서 흔히 찾아볼 수 있는 개념으로서, 인간이라면 어떻게 행동해야 하는지를 말해 주는 것이다. 그러므로 우리는 그러한 원칙이 성별, 민족, 종교적 신념 혹은 장소와 상관없이 모든 이들에게 적용되고 있다고 믿는다.

한편, Boss(1994)는 도덕지능을 '본래적인 가치(inherent value)를 가진 존재로서 자기 자신과 타인을 존중하는 것'이라고 정의하였다. 여기서 존중한다는 것은 실천적인 면을 강조하는 것이다.

인간의 지능을 단일지능으로 간주하여 인간 지능의 개념이 추상적 추론, 관계적 이해, 기억 등을 중심으로 구성된다고 보면서 이들에 기초한 지능검사를 개발했던 Spearman이나 도덕적 추론은 이러한 단일지능의 한 가지 기능이라고 파악했던 Piaget 등과는 달리, Boss(1994)는 Rest의 '도덕 행동의 4구성요소'를 도입하여 도덕지능은 추론만이 아니라 배려 · 보살핌 · 덕성 · 공감과 같은 도덕적 민감성, 도덕적 동기화 및 도덕적 행동이 포함된 것이라 하였다. 또한 도덕지능은 일반지능이나 사회지능과도 구분되는 독자적인 상징체계와 발달 과정을 갖는 자율적인 별개의 지능 영역이라고 주장하였다.

마지막으로 도덕지능과 관련하여 Gardner(1999a)는 한 영역을 '지적인' 것으로, 즉 '지능'의 위치에서 생각한다는 것은 그 영역의 본질적인 요소가 성공적으로 포착되고 나서야 의미가 있는 것이라고 지적하면서, 우리가 도덕지능이라는 용어를 인간의 생명에 대한 신성한 의무와 이와 같은 의무에 대한 자신의 입장과 관련된 능력이나 성향으로 제한할 수는 있다고 기술하고 있다. 이에 Gardner는 도덕지능을 자신이 고안한 다중지능의 목록에 추가하는 대신 실존지능이나 영성지능의 맥락에 포함시켜 다루고자 하였다.

이상과 같이 도덕지능에 대한 정의를 Coles, Borba, Lennick과 Kiel, Boss, 그리고 Gardner의 이론을 중심으로 살펴보았다. 도덕지능에 대한 정의는 학자들의 입장에 따라 다소 차이가 있으며, 도덕지능을 보는 기본적인 관점에도 차이가 있다(정종진, 2009). 예컨대, Coles는 도덕지능은 '도덕적 상상력'이며 인간 마음의 정의적 · 인지적 자원을 활용하여 무엇이 옳고 그른지 생각하고 판단하는 능력이라고 정의하였다. 반면, Boss는 도덕지능을 정의하는 데 있어 분석적인 추론 등의 인지적인 요소에 중점을 두기보다는 양심이나 도덕적 직관에 중점을 두었다는 것을 알 수 있다.

물론 아직까지도 도덕지능에 대한 합의된 정의가 도출되지 않은 것이 사실이다. 다만 앞서 살펴본 여러 연구자들이 도덕지능에 대하여 공통적으로 갖고 있는 견해를 종합해 보면, 도덕지능은 타인에 대한 배려, 다양한 인간관계 속에서 타인을 이해하고 배려함으로써 더불어 살아가려는 마음가짐,

그리고 인간 본연의 마음속에서 옳고 그름을 판단할 수 있는 능력으로 정의할 수 있을 것이다.

## 3. 도덕지능의 구성요소

이 절에서는 도덕지능을 이루는 구체적인 구성요소에 대하여 살펴보고자 한다. 학자별로 제시한 보다 구체적인 도덕적 덕목을 추출해 봄으로써 실생활에서의 활용 가능 정도를 가늠해 볼 수도 있을 것이다.

도덕지능을 처음 언급한 Coles(1997)는 도덕지능은 전반적인 도덕성을 의미하고 있으며, 도덕지능이 높은 사람은 한마디로 선한 사람이라고 하였다. 선한 사람은 타인을 이해 · 존중하고 타인과 원만하게 상호작용을 할 수 있는 사람을 말하며, 도덕지능이 발달된 사람은 자신과 마찬가지로 다른 사람을 존중하고 인간의 상호관계를 깨닫고, 그것을 실천하는 사람이다(정수연, 2010). 또한 그는 도덕지능의 구성요소로 관용(tolerance), 친절(kindness), 사려성(reflection), 민감성(sensitivity), 동정심(compassion), 공감(empathy)을 제시하고 있으며, 이러한 덕목들이 도덕지능을 이루는 토대가 된다고 보았다(정종진, 2009).

Borba(2001)는 도덕지능이 일곱 가지 필수 덕목, 즉 공감 능력, 분별력, 자제력, 존중, 친절, 관용, 공정함으로 구성되어 있다고 본다. 이 덕목들은 아이가 인생을 살면서 윤리적 문제와 고난을 뚫고 나가도록 도와주며, 아이들을 올바른 길로 이끌고 도덕적으로 행동하게 도와줌으로써 도덕적 태도를 가진 사람으로 자라나게 한다.

첫째, 공감 능력(empathy)은 남의 기분을 생각하는 방법을 알려 주는 핵심적인 도덕적 정서로서 다른 사람들의 요구나 감정에 좀 더 민감해지고, 상처를 입었거나 고통받는 사람들을 그냥 지나치지 않고 배려하는 마음이다. 옳은 행동을 하도록 독려하는 강력한 도덕적 정서로서 정서적 고통이 주는 충격을 인식하고 잔인하게 행동하지 않도록 해 준다.

둘째, 양심(분별력, conscience)은 옳고 그름을 판단하고 올바른 길로 이끌어 주는 강력한 내면의 목소리다. 아이가 나쁜 길로 빠질 때마다 죄의식을 일으키며 유혹에 직면했을 때도 올바르게 행동하도록 이끌고, 정직 · 책임감 · 성실성 같은 중요한 덕목 계발에 필요한 초석이 된다.

셋째, 자제력(self-control)은 충동을 억제하며 행동하기 전에 생각하도록 도와줌으로써, 올바르게 행동할 뿐만 아니라 잠재적으로 위험한 결과를 초래할 조급한 선택을 하지 않도록 한다. 즉각적으로 욕구를 충족시키기보다는 다른 누군가를 위해 뭔가를 할 수 있는, 관대함과 친절을 끌어내는 덕목이라고 할 수 있다.

넷째, 존중(respect)은 배려하는 마음으로 남을 대하는 것으로 자신이 대접받고 싶은 방식으로 남을 대하는 것이다. 폭력의 부당함과 증오를 막는 기초가 된다.

다섯째, 친절(kindness)은 남의 행복과 감정에 대한 자신의 관심을 표현하도록 도와준다. 이 덕목을 익히면 아이는 이기적이 되지 않고 남을 잘 배려하는 사람이 되고 곤란한 처지에 있거나 고통받고 있는 사람들에게 감동을 줄 것이다.

여섯째, 관용(tolerance)은 타인이 자신과 다름을 인정하고 새로운 견해와 신념에 개방적이며, 인종 · 성 · 용모 · 문화 · 종교 · 능력 · 성별에 상관없이 타인을 존중하도록 도와준다. 증오와 폭력이나 완고함에 당당히 맞서게 하고, 무엇보다 인격을 근거로 사람을 존중하도록 해 주는 덕목이다.

일곱째, 공정함(fairness)은 다른 사람들을 편견 없이 올바르고 정당하게 대하도록 이끌어 준다. 이 덕목은 도덕적 민감성을 증대시키기 때문에 아이는 억울한 사람들을 변호하고 인종과 문화, 경쟁상태, 능력이나 신념에 상관없이 모든 사람들을 똑같이 대하라고 요구할 용기를 얻게 될 것이다.

위의 덕목 중에서 세 가지 덕목, 즉 공감 능력, 분별력, 자제력은 도덕지능의 토대를 이룬다. 사실 이들 덕목은 도덕지능 중에서도 매우 중요한 핵심 덕목으로 어느 하나라도 충분히 습득하지 못한다면 아이는 자신에게 닥친 치명적인 영향에 대해 도덕적으로 무방비 상태에 놓이게 된다. 또한 세 가지 핵심요소가 모두 빈약하다면 아이는 언제든 터질 수 있는 시한폭탄과 같아질 것이다. 핵심덕목을 확실하게 익혀야만 아이들의 도덕지능을 높일 수 있다. 이 덕목들은 안팎의 부도덕한 행위에 대항할 힘을 아이들에게 제공함으로써 옳은 행동을 하게 만들기 때문이다(Borba, 2001).

일단 도덕적 성장을 위한 토대가 확실하게 자리를 잡게 되면 도덕지능의 다음 두 가지 덕목, 즉 존중(모든 생명을 아주 소중히 여기는 것)과 친절(인간관계에 있어 공손하고 연민을 느끼는 능력)이 추가된다. 마지막 덕목인 관용과 공정함은 성실과 정당성과 시민정신의 초석이 된다. 이 일곱 가지 덕목들은 아이의 도덕적인 나침반이 되어 책임감 있게 생활하고 윤리적으로 행동하도록 인도한다.

일단 아이가 일곱 가지 필수덕목들을 성취했다 해도 그것으로 교육이 끝난 것은 아니다. 도덕적 성장은 평생 동안 계속해서 진행되는 과정이며, 성인이 될 무렵에는 도덕성 목록에 수십 개가 넘는 덕목들이 추가될 것이다. 사실 윤리학 전문가들이 밝혀낸 덕목만 해도 이미 400개가 넘는다. 아이의 도덕지능이 확장되고 도덕적 성장을 위한 적절한 조건들까지 갖춰진다면 아이는 자제력과 겸손, 용기, 중용, 성실, 자비, 이타주의 같은 매우 많은 덕목을 획득하게 될 것이다. 하지만 도덕지능지수의 근간은 아이가 성취하도록 당신이 도움을 주었던 일곱 가지 필수덕목들로 구성된다. 이러한 덕목은 인격을 창조하고 인간성을 명백히 하는 바탕으로 사용될 것이며 아이의 남은 인생에도 적용될 것이다(Borba, 2001).

한편, 우리는 인간의 보편적인 원칙들을 곳곳에서 발견할 수 있다. 그러나 그러한 고매한 원칙들을 행동으로 옮기는 것은 상당히 도전적인 일이다. 따라서 원칙을 행동으로 옮기는 것은 우리의 도덕적인 능력이다. 도덕적 능력은 실제로 여러 가지 능력들이 결합된 것이다. 그 각각이 효과적인 리더십의 열쇠인 보편 원칙들, 즉 성실(integrity), 책임(responsibility), 동정(compassion) 그리고 용서(forgiveness) 가운데 한 가지 원칙과 관련이 있다(Lennick & Kiel, 2005). 각각의 보편 원칙들은 다음과 같은 도덕적 능력들을 포함한다.

첫째, 성실(integrity)은 원칙 · 가치관 · 신념에 일치하게 행동하는 능력, 진실을 말하는 능력, 옳은 편에 서는 능력, 그리고 약속을 지키는 능력 등을 포함한다. 성실은 도덕지능이 높은 사람의 두드러진 특징이다. 성실하게 행동할 때 우리의 행동이 인간의 보편 원칙과 일치를 이룬다. 우리는 옳다고 생각되는 것을 행한다. 즉, 우리의 원칙과 신념에 일치되게 행동한다는 의미다. 이 정의에 따르면, 성실함의 부족은 도덕지능이 떨어진다는 것을 의미한다.

둘째, 책임(responsibility)은 자신의 선택에 책임을 지는 능력, 실수와 실패를 인정하는 능력, 타인에게 봉사할 책임을 다하는 능력 등을 포함하고 있다. 따라서 책임 역시 도덕지능이 높은 사람의 또 다른 중요한 특성이다. 자신의 행동과 그 결과에 책임을 지는 사람은 인간의 보편 원칙에 일치되게 행동할 수 있다.

셋째, 동정(compassion)은 타인을 적극적으로 배려하는 능력을 포함한다. 동정은 도덕지능이 높은 사람에게 절대적으로 필요하다. 다른 사람을 배려한다는 것은 다른 사람에게 존중하는 마음을 전달할 뿐 아니라, 우리가 동정을 필요로 할 때 그들 역시 우리에게 동정을 베풀 수 있는 분위기도 이끌어 낸다.

넷째, 용서(forgiveness)는 자신의 실수를 용서하는 능력과 타인의 실수를 용서하는 능력을 포함한다. 용서 역시 중대한 원칙이다. 우리 자신이 불완전한 존재임을 인식하지 못한다면, 그리고 타인의 잘못을 눈감아 주지 못한다면 우리는 지나치게 엄격하고 완고해질 것이다. 그러면 다른 이들과 협력하며 서로의 이익을 증진시킬 방법을 모색하는 것이 불가능해질 것이다.

위와 같은 구성요소 중에서 동정과 용서에는 두 가지 차원이 있다. 첫째는 우리 자신에 대한 동정과 용서이고, 둘째는 타인에 대한 동정과 용서다. 완벽한 도덕지능을 지닌 사람은 없다. 그러므로 보편 원칙을 실천하는 과정에서 우리가 어쩔 수 없는 실수를 저질렀을 때, 그리고 보편 원칙에 맞게 행동하지 못했을 때 자신을 동정하고 용서해야 한다. 우리가 너그럽지 못하여 자신을 용서하지 못한다면, 우리는 도덕적 능력을 키우기 위해 앞으로 나아갈 힘이 부족하게 될 것이다. 마찬가지로 다른 사람들이 도덕지능을 향상시키도록 의욕을 북돋으려면, 우리는 그들에게 동정과 용서를 베풀어야 한다(Lennick & Kiel, 2005).

Boss(1994)는 Piaget의 '실천적 도덕성'과 더불어 Rest의 '도덕행동의 4구성요소'를 언급하면서 도덕지능이 인지적 · 정의적 · 행동적 요소를 동시에 가지고 있다고 하였다.

Boss의 구성요소는 Rest의 도덕행동의 4구성요소를 통해서 잘 이해할 수 있는데, 구체적인 내용은 다음과 같다.

첫 번째는 도덕적 민감성(moral sensitivity)이다. 이는 어떠한 사건이나 상황을 도덕적 사태로 인지하고 이에 대한 행동이 관련된 사람들에게 어떤 영향을 주는지 해석해 보는 것이다. 도덕적 상황을 감지할 수 없거나 제대로 해석하지 못하면 도덕적 반응이나 행동이 불가능하다는 것이다.

두 번째는 도덕적 판단(moral judgement)이다. 도덕적으로 어떤 행동이 가장 올바르고 공정하고 정의로운지 판단하는 단계다.

세 번째는 도덕적 동기화(moral motivation)로서 갈등을 일으킬 수 있는 다른 가치들, 즉 정치적 · 경제적 · 사회적 · 문화적 · 종교적 · 도덕적 가치 중에서 도덕적 가치를 가장 우선시하는 것이다.

네 번째인 도덕적 품성(moral character)은 결정된 도덕행동을 실제로 행하고 끝까지 완성하는 단계다.

이와 같은 4구성요소 모형의 가장 두드러진 특징은 도덕성을 인지 측면에서만 보려 하지 않고 정서와 행동의 측면까지 포함시켜 종합적으로 파악했다는 것이다.

한편, 국내에서는 문용린(2011)이 도덕지수를 판단하는 기준으로서, '정약용책배소'라는 여섯 가지 도덕적 덕목을 논의한 바 있다. 즉, 정직, 약속, 용서, 책임, 배려, 소유의 첫 글자를 조합하여 만든 단어로 일종의 도덕적 성격강점을 일컫는다. 각각의 의미는 다음과 같다.

첫째, 정직은 남에게 거짓을 말하는 것을 뜻하는 것이 아니라 우선 자기 자신에게 정직해야 함을 뜻한다.

둘째, 약속은 신뢰의 바탕으로서, 아무리 사소한 것일지라도 다른 사람과 한 약속은 항상 지키는 것을 뜻한다.

셋째, 용서는 남을 용서하는 마음인데, 진정한 용서는 상대방을 위한 무조건적 용서가 아니다. 나 자신을 위한 용서이며 결국 나 자신의 행복을 위해서 용서해야 하는 것이다.

넷째, 책임은 자신이 맡은 것에 항상 최선을 다하고 책임을 지는 것을 의미한다. 아주 사소한 일이라도 책임을 지는 사람은 자신의 인생에 대해서도 책임을 지게 되며 그것이 성공적인 삶을 이끌게 될 것이다.

다섯째, 배려는 남을 생각하고 위하는 마음을 가지는 것이다. 타인에게 양보하고 배려하는 것은 결코 희생이 아니며 결국 '역지사지'를 통해 그 양보와 배려가 다시 자신에게 돌아오게 되어 있다.

여섯째, 소유는 자기 것과 남의 것을 철저히 구분하고 욕심내지 않는 것이다. 아이의 미래를 생각한다면 어려서부터 건전한 소유의식을 심어 줌으로써 도덕적인 삶을 살아갈 수 있는 미래를 보장해 주어야 한다.

〈표 14-1〉 학자별 도덕지능의 구성요소

| 학자 | 구성요소 |
|---|---|
| Coles | 관용(tolerance), 친절(kindness), 사려성(reflection), 민감성(sensitivity), 동정심(compassion), 공감(empathy) |
| Borba | 공감 능력(empathy), 양심(분별력, conscience), 자제력(self-control), 존중(respect), 친절(kindness), 관용(tolerance), 공정함(fairness) |
| Lennick & Kiel | 성실(integrity), 책임(responsibility), 동정(compassion), 용서(forgiveness) |
| Boss & Rest | 도덕적 민감성(moral sensitivity), 도덕적 판단(moral judgement), 도덕적 동기화(moral motivation), 도덕적 품성(moral character) |
| 문용린 | 정직, 약속, 용서, 책임, 배려, 소유 |

출처: 한국임상심리학회(1992)를 바탕으로 재구성한 것임.

## 4. 도덕지능에 관한 선행 연구들

도덕지능 관련 연구는 국내외를 모두 포함하여 '도덕지능'이라는 개념의 중요성이 대두되기 시작한 2000년대 이후 집중적으로 이루어졌고 관련 저서와 학술논문도 다수 있다. '도덕지능'의 개념을 처음 언급한 Coles(1997)를 시작으로 하여 Gardner(1999a, b), Borba(2001), 그리고 Lennick과 Kiel(2005) 등이 대표적인 저서라고 할 수 있다. 또한 Boss(1994)는 학술논문을 통해 도덕지능의 개념을 강조하였으며, Gardner(1999a, b)는 지능의 개념을 새롭게 정의하면서 자신의 저서에서 '도덕지능'의 중요성을 언급한 바 있다. 위와 같은 선행 연구가 초석이 되어 국내외적으로 많은 도덕지능 연구들이 수행되었는데, 크게 세 가지 연구 방향으로 정리해 볼 수 있겠다.

첫째, '도덕지능'의 개념을 정립하고자 노력한 연구들[2](Boss, 1994;

Coles, 1997; Gardner, 1999; Borba, 2001; Lennick & Kiel, 2005)이 있다. 한편, 국내연구로는 앞서 언급한 국외문헌에 기초하여 도덕지능의 개념을 통합적으로 접근한 정수연(2010)의 연구가 있다.

둘째, 우리나라의 경우 도덕지능을 교육과정에 반영하여 도덕교육에서의 방안을 도출하고자 하는 연구들(권승혁, 2000; 조난심, 2001; 정두현, 2002; 허재복, 2004; 노희정, 2005; 이인재, 정수연, 2010; 정수연, 2010)이 있다. 위의 연구들의 공통점은 종래의 도덕교육이 도덕적 추론이라는 협소한 영역에 한정되었던 것에서 벗어나 보다 통합적인 도덕적 능력과 도덕적 성장 과정에 관심을 갖도록 하는 데 강조점을 두고 있다는 것이다.

학교에서의 도덕교육은 학생들로 하여금 학교 공동체의 생활 속에서 겪는 도덕적 문제들에 대해 항상 탐구심을 가지고 접근하도록 하며 친구와 이웃을 사랑하는 가치와 태도를 갖도록 배려하고 더 나아가 행동으로 옮길 수 있도록 다양한 학습기회를 제공해야 한다. 노희정(2005)은 학생들이 어른이나 교사의 도덕적 모범을 본받으며, 자신이 직접 목격하고 경청한 여러 사실들을 매개로 하여 감정 이입의 도덕적 상상력을 발휘하도록 하는 것이 도덕지능의 계발 방법이라고 강조한다. Coles(1997) 역시 도덕지능은 '도덕적 상상'을 통해서 이루어진다고 강조하였다. 학생들의 도덕적 상상은 그들이 목격한 행동을 통해서 이루어진다. 이에 정두현(2002)은 도덕지능 계발의 구체적인 방법으로는 도덕적 상상을 자극할 수 있는 다양한 자원을 제공하는 것인데, 이러한 자원에는 도덕적 행동에 대한 '목격', 영화, 연극, 문학, 도덕적 위인들의 삶 이야기, 미담 사례, 대화 등이 있을 수 있다고 언급하였다.

외국의 경우에 Clarken(2009, 2010)도 도덕지능이 학습과 행동을 이해하는 데 큰 영향을 미친다는 자신의 연구를 통해 도덕지능의 교육적 함의

2) '2. 도덕지능의 정의' 부분에서 다루었음을 밝힌다.

를 언급한 바 있다.

한편, 도덕지능의 측정 가능성 논의와 관련하여, 전통적인 지능 이론에서 지능의 측정 가능 여부에 많은 관심을 쏟아 왔던 것과 마찬가지로 도덕지능 역시 인간의 하나의 능력으로서 측정이 가능한지의 여부를 살펴보려는 시도가 있었음을 몇몇 연구들(Borba, 2001; Lennick & Kiel, 2005; 조영아, 2008; 정종진, 2009; 김혜진, 이경정, 김옥분, 이영주, 2010)을 통해 엿볼 수 있었다.

도덕지능 연구자들에 의해서 개발되어 현재 소개된 도덕지능검사로서, 국외 연구로는 Borba(2001)의 도덕지능 체크리스트와 Lennick과 Kiel (2005)에 의해 개발된 MCI(the Moral Competency Inventory)가 있다. Borba의 도덕지능 체크리스트는 아동의 도덕지능을 진단하고자 하는 부모와 교사용 체크리스트로 제작된 도구이며, Lennick과 Kiel의 MCI는 성인의 도덕지능을 측정하기 위한 자가진단 체크리스트로 제작된 도구다.

Borba(2001)의 검사지는 이른바 일곱 가지 필수 덕목인 공감 능력, 분별력, 자제력, 존중, 친절, 관용, 공정함에 대한 체크리스트로서 초등학생을 대상으로 제작된 도구다. 각 덕목별로 점수를 합산하여 네 가지 범주로 평가하는 방식이다. Borba가 제시한 도덕지능 체크리스트의 타당도를 국내 청소년을 대상으로 살펴본 김혜진 등(2010)의 연구에서도 7개 하위 요인이 확인되었으며, 요인별 신뢰도(Cronbach a=.733~.832) 역시 양호한 것으로 나타났다.

Lennick과 Kiel(2005)의 평가 방법(MCI)은 총 40개의 항목으로 이루어진 성인 대상의 '자기보고식' 설문조사라고 할 수 있는데, 각 항목을 측정하고 도덕적 능력 워크시트(Moral Competencies Worksheet)를 작성하여 관련 있는 도덕적 능력에 대한 개별 점수를 구하는 방식이다. 이 점수로 도덕 능력의 강점과 약점이 파악되고, MCI 총점을 통해 신념과 목표에 일치하는 행동을 하고 있는지 알 수 있다.

한편, 국내에서는 정종진(2009)이 초등학교 4~6학년 학생들을 대상으로 전국에 걸친 표집을 통해서 자기보고식 도덕지능검사(Moral Intelligence Test for Elementary School Children: MIT-ESC)를 개발하여 타당화한 연구가 있다. 정종진(2009)은 외국 검사 도구의 단순 번역 및 사용의 한계로 인한 신뢰도와 타당도의 결여를 지적하며 한국 실정에 맞는 초등학생용 도덕지능검사를 개발하여 타당화한 결과, 확인적 요인분석을 통한 구인타당도와 신뢰도 역시 양호한 것으로 나타났음을 보고하고 있다.

이 밖에도 이윤승(2007)은 「학급의 사회심리적 풍토가 도덕지능 발달에 미치는 영향」이라는 연구를 통해 학급의 풍토를 긍정적으로 인식하는 학생들이 보다 높은 도덕지능점수를 보인다고 것을 확인하였다. 한편, 김정은(2011)은 초등학생의 도덕지능이 친사회적인 행동이나 정서지능과 유의미한 상관이 있음을 확인함으로써 도덕지능과 다른 변인과의 관계를 통해 도덕지능의 특성을 보다 명확하게 하고자 하였다.

도덕적인 능력을 계발 · 발달시키는 것은 다른 능력을 연마하는 것처럼 일종의 학습 과정으로 생각할 수 있다. 따라서 피검자의 현재의 도덕지능의 수준과 양상을 측정하여 도덕적 약점과 강점을 파악할 수 있다면 이에 맞는 전략을 수립할 수 있어서 도덕지능의 향상에 도움이 될 수 있을 것으로 기대된다.

앞서 여러 학자들의 견해에 비추어 도덕지능의 개념과 도덕지능을 구성하는 각각의 요소들, 그리고 도덕지능에 관한 선행 연구들을 살펴보았다.

도덕성은 인지적 · 정서적 · 행동적 측면이 함께 작동할 때 비로소 완성되는 것이다. 그중에서도 행동이 가장 중요한 측면이라고 할 수 있겠는데, 이는 도덕성의 완성을 위한 척도로 작용하기 때문이다. 마음만 굳게 먹는다고 금방 도덕적인 행동이 이루어지는 것은 아니다. 그러므로 도덕적인 행동은 부단한 노력과 연습이 요구된다고 할 수 있다. 반복적인 연습과 경험을 통하여 비로소 자신의 습관이 되고 도덕적으로 성숙한 인격체가 되었을 때, 갈등을 일으킬 수 있는 순간에도 흔들림 없이 도덕적인 행동을 하게 될 것이다. 또한 이러한 반복적인 연습과 노력을 통해 도덕지능, 즉 도덕적인 지적 능력이 계발·향상될 수 있을 것이다.

도덕지능은 어린 시절부터 교육을 통해 계발될 수 있다는 것이 많은 연구자들의 공통된 견해였다. 무엇보다 도덕지능의 가장 중요한 요인은 바로 부모와 교사다. 그러므로 부모와 교사가 의식적인 본보기의 역할을 수행하고 도덕지능 계발을 일찍 시작할수록 아이가 강인한 인격을 형성하는 데 필요한 기초를 습득하고 도덕적으로 사고하고 행동하게 되는 온전한 도덕지능을 갖게 될 것이다.

또한 어느 누구나 감정이입을 통하여 도덕적 상상력을 발휘하면 공정하고 정직하며 관대한 마음과 다른 사람을 이해하고 배려할 줄 아는 마음을 갖게 된다는 Coles(1997)의 주장처럼, 교실 현장에서도 다양한 사실들을 매개로 감정이입의 도덕적 상상력을 발휘하도록 한다면 도덕지능 계발에 효과적일 것으로 기대된다. 따라서 교사들은 학생들이 도덕적·사회적으로 어려운 상황을 만났을 때 보다 적극적으로 도덕적 상상력을 발휘할 수 있는 분위기를 조성함으로써 학생들의 도덕지능 계발 및 성장을 도울 수 있을 것이다.

요컨대, 부모나 교사가 적극적으로 개입하여 아이들의 도덕성 정도를 평가하여 장점을 강화시키고 단점을 보완할 수 있어야 하며, 부모나 교사 자신의 행동 역시 아이들에게 좋은 본보기가 될 수 있어야 한다. 따라서 부모나 교사는 아이에게 도덕적인 좋은 토양을 제공함과 동시에 그들 자신이 훌륭한 도덕적 모델이 되어서 올바른 삶의 방향을 제시해 주어야 할 것이다.

**| 제15장 |**

# 도덕성을 바라보는 새로운 관점, 도덕역량[1]

## 1. 도덕성에 대한 역량 중심 접근의 가능성

연구자들은 1980년대 초 '역량(competence)'이라는 단어가 본격적으로 등장한 시점부터 현재까지 다양한 정의를 만들어 내고 있다. 실제로 역량을 정의하기 위한 준거는 학자가 가지고 있는 기본 철학이나 학문 배경, 주변 환경에 따라 다양하며, 용어가 사용되는 학문 영역 및 시기에 따라 그 의미가 다양하기 때문에 역량에 대한 하나의 정의를 도출하기는 어렵다.

역량의 사전적 정의는 '적절하거나 뛰어난 자격을 갖춘 상태나 질'이다 (Lucia & Lepsinger, 1999). 초기 산업 심리학자들은 특정 전문 분야에서 성

1) 이 장은 인간발달연구 학회지에 수록된「도덕성 발달 연구를 위한 역량중심 접근의 개념화」(이지혜, 문용린, 2011)와 서울대학교 박사학위논문인「도덕귀감자의 도덕역량에 관한 연구」(이지혜, 2012)'의 일부 내용을 발췌하여 수록한 것임.

공한 개인을 설명하기 위해 역량이란 개념을 사용하였다. 뛰어난 이들에 대한 기존의 모든 설명을 뒤로 한 채 '역량'은 성공적인 수행과 특정 영역에서 요구하는 지식과 기술에 적합한 능력을 정의하는 용어로 사용되기 시작한다(Schippman et al., 2000). 더 나아가 역량이란 개인적 측면에 국한된 것이 아니라, 사회와 인류의 삶 전반에서 요구되는 광범위한 개념이다. DeSeCo 프로젝트에서 정의한 핵심역량의 준거는 삶의 다양한 분야의 요구를 충족시키는 수단이 될 수 있어야 하고, 개인의 성공적인 삶과 올바르게 기능하는 사회를 이끄는 데 공헌해야 하며, 모든 개인이 필요로 해야 한다는 것이다(Rychen & Salganik, 2003).

역량에 대한 다양한 정의는 크게 두 가지 의미로 분류할 수 있다. 하나는 훈련의 결과로 숙련된 수행, 즉 산출요소(output)와 관련된 의미이며, 다른 하나는 숙련된 수행을 하기 위해 요구되는 내적 변인들인 투입요소(input)와 관련된 의미로 보는 것이다(Hoffman, 1999). 도덕심리학에서 바라보는 도덕성은 도덕적 행위를 궁극적 목적으로 하지만, 그 행위가 기반하고 있는 개인 내면의 도덕적 특성을 파악하고자 한다는 점에서 후자의 역량 개념과 더 가깝다.

다양한 정의 가운데서도 역량이 '단지 어떤 것을 알고 있는 데서 그치지 않고 수행할 수 있는 능력'이라는 Boyatzis(1982)의 정의와, '기술 · 지식 · 태도의 집합체로서 알고 있을 뿐만 아니라 할 수 있는 것'이라는 Wynne과 Stringer(1996)의 정의는 도덕적 지식과 행동 간의 불일치에 대한 도덕심리학자들의 꾸준한 논의와 맥락을 함께 한다. 또한 역량이 '지식 · 태도 · 정서 · 행동 등이 종합된 집합체적 성격을 지닌다'(Dubois, 1993; Parry, 1996; Spencer & Spencer, 1993)는 여러 학자들의 정의는 인지 · 정의 · 행동의 측면으로 분절된 채 연구되어 온 도덕성에 대해 이제는 통합적인 설명을 시도하는 근래의 도덕심리학자들의 입장과 일치한다. 특히 Spencer와 Spencer(1993)는 개인 내적 특성(underlying characteristic)

인 역량을 다양한 상황에서 일반적으로 나타나며 비교적 장시간 지속되는 행동 및 사고방식으로 정의하였다. 그들은 내적인 특성을 '동기, 특질, 자기개념, 지식, 기술'의 다섯 가지 역량으로 유형화하였는데, 이는 도덕성을 구성하는 요소들과 유사하다.

지금까지의 도덕심리학은 도덕행위가 기반하고 있는 개인 내면의 도덕적 특성들에 초점을 맞춰 왔다는 점에서 후자의 역량 개념에 가깝지만, 내적 특성과 관련된 역량의 정의들을 살펴보면 역시나 수행, 즉 내적 변인들의 작용적 측면 또한 강조하고 있다. Boyatzis, Spencer와 Spencer, Dubois, Wynne과 Stringer의 정의는 도덕심리학자들의 관심이 '아는 것'에서 '할 수 있는 것'으로 이동한 것과 같은 맥락에서 행위로서의 역량을 강조하고 있다.

이처럼 역량은 기술, 특질, 동기, 자기개념, 태도, 가치 등과 같은 개인의 내적인 특성을 포괄하는 집합체적 개념이며, 도덕적인 행동을 유발하는 인간의 다양한 심리 기저를 종합하여 설명하는 틀로 사용될 수 있다. 최근에는 조직뿐만 아니라 학업, 일상생활에 필요한 인간의 다양한 기능과 능력에 역량 개념을 도입한 연구가 늘면서 직업역량, 지도성역량, 대인역량, 팀워역량, 문화적 역량, 또래역량 등의 역량 관련 신조어 또한 늘어나고 있다.

인간의 능력에 대한 역량 중심 접근은 교육심리, 직업 분석, 리더십 연구, 다중지능 이론 등 다양한 영역과 상호작용하며 발전해 왔다. 인간이 가지고 있는 능력의 차이를 파악하고 교육을 통해 행동을 변화시켜 삶을 성공적으로 이끌고자 하는 교육심리학자들의 열망은 '역량'에 대한 관심이 생겨나기 훨씬 이전에 시작되었다. 그 대표적인 예로 1950년대에 학습목표분류를 시도한 Bloom과 개인발달에 따른 목표분류학을 연구한 Gagné는 역량 모델링 방식과 같이 성취해야 할 구체적인 행동유형으로 대부분의 성취목표를 진술하고 있다. 우수한 리더와 뛰어난 수행을 보이는 직업인을 대상으로 한 리더십 연구는 방대한 연구와 오랜 연구 역사를 보여 주며 역량 모델링 연구로 발전하였다(Richard, 2008; Schippman et al., 2000). 또한 지능의 역동성과 다양성을 개발하고자 한 Gardner의 다중지능 이론을 살펴볼 때, 역량 중심 접근 방식은 예전부터 교육심리 분야의 한 관점으로 자리매김하고 있었다.

## 2. 도덕성과 역량의 관계

도덕성 연구 분야에서도 역량에 대한 관심은 이미 오래전에 시작되었다. 도덕심리학의 저명한 도덕성 발달 이론인 Kohlberg와 Rest의 연구를 살펴보면 '역량'이라는 단어가 사용되지 않았을 뿐 인간 능력에 대한 역량 관점은 내재되어 있었다. Kohlberg는 1950년대에 이미 광범위한 인터뷰 자료 수집을 통해 인간의 도덕판단 능력의 수준 차이를 분류해 냈고, 능력의 높고 낮은 수준 차이에 따라 도덕성 발달의 6단계 이론을 제시하였다. 도덕 딜레마를 다루는 사람들의 사고 능력을 직접 관찰하여 수준별로 분류한 그는 분명 도덕적인 판단 역량에 관한 연구를 수행한 것이다(Lind, 2008). 도덕심리학 관점에서 도덕역량을 살펴보기 위해서는 먼저 도덕행위를 설명하고자 한 도덕심리학 이론들에 대한 이해가 필요하다.

인간을 도덕적으로 행동하도록 하는 원천 혹은 동기에 대해 20세기의 여러 도덕심리학 접근들은 나름대로의 관점을 제시해 왔다. 오늘날 가장 주도적인 도덕심리학 이론으로 자리 잡은 인지발달론적 접근을 체계화한 Kohlberg는 도덕성을 도덕과 관련된 사태에서 옳고 그름을 판단할 수 있는 인지적 능력으로 본다. 따라서 인지적 도덕발달 이론에서는 도덕적 판단 혹은 도식이 있어야 도덕적인 행동이 가능하다는 입장이다. 그러나 인지발달론적 접근 방법은 도덕적 사고가 행동으로 연결되는 과정을 명확히 설명하지 못했으며, 결국 도덕심리학 분야는 지나치게 도덕인지만을 강조해 왔다는 비판을 받게 되었다.

도덕행동을 설명하기 위한 통합적 접근의 필요성이 제기되면서 Rest, Blasi, Bandura, Damon, Gibbs, Hoffman, Turiel 등의 대표적인 도덕심리학자들은 도덕행동의 표출에 관여하는 복잡하고 다양한 심리적 과정 변인에 대한 연구들을 시도하게 된다. 그중 Rest는 도덕성 발달은 결국 도덕행동을 이끌어 내야만 그 의미를 갖는다고 보고 도덕행동이 일어나는 심리 과정에 대한 체계적인 접근을 취하였다.

도덕성 연구의 궁극적인 목표를 도덕행동의 실현으로 보는 도덕심리학적 입장은 궁극적인 수행을 달성하는 과정에서 요구되는 개인의 내적 특성을 파악하고자 한 역량 접근 방식과 유사한 지향성을 보인다. 도덕성 연구 분야에 역량 접근 관점을 적용하기 위해서는 기존의 도덕심리학 관점과 역량 접근 관점이 파악하고 있는 인간의 내면과 행동을 이끌어 내는 심리 과정을 바라보는 출발점이 다르지 않음을 확인해야 할 것이다. 대표적인 역량 연구자인 Spencer와 Spencer의 이론과 Kohlberg 사후 가장 오랫동안 도덕심리학의 중심을 차지하고 있는 Rest의 이론을 통해 역량과 도덕성의 구조를 비교해 볼 수 있다.

Spencer와 Spencer(1993)는 역량을 다양한 상황에서 개인의 행동을 예측할 수 있도록 해 주는 개인 성격의 심층적이고 지속적인 측면으로 정의하고, 내적인 특성을 '동기, 특질, 자기개념, 지식, 기술'의 다섯 가지 역량으로 유형화하였다. 그들은 역량 인과관계 모형(competency casual flow model)에서 개인의 내적 특성인 동기 · 특질 · 자기개념 · 지식이 기술, 즉 행동을 예측하며 성과로 이루어지는 과정을 제시하였다.

역량에는 항상 의도(intent)가 포함된다. 의도는 특정 결과를 지향하는 행동을 유발하는 동기나 특질이다. 지식이나 기술적 역량의 이면에는 반드시 동기, 특질, 자기개념이 있어서 지식과 기술이 발휘되도록 추진력을 제공하는 것이다. 이 중 지식과 기술은 비교적 가시적이며 표면적인 특성으로 개발 가능성이 높고, 자기개념과 특질 및 동기는 잘 드러나지 않는 부분으로 개발하기가 어렵기 때문에 동기와 특질을 갖춘 인재가 미래에 우수한 수행자가 될 가능성이 더 높다고 보았다(Spencer & Spencer, 1993).

행위를 유발하는 인간의 내적 특성을 보여 주는 역량 인과관계 모형은 도덕심리학 분야에서 도덕적 행위의 과정을 설명하는 Rest(1983, 1986)의 4구성요소 모형(four component model)과 공통점을 찾아볼 수 있다. 그는 도덕성에 대한 통합적 접근을 시도하여, 도덕성과 관련된 다양한 유형의

〈표 15-1〉 도덕행동의 4구성요소 모형과 역량 인과관계 모형

| 도덕행동의 4구성요소 모형 | 역량 인과관계 모형의 개인 내적 특성 |
|---|---|
| 제 1요소: 도덕민감성(moral sensitivity)<br>• 결과에 대한 반응을 미리 파악하고 신속하고 민감하게 반응<br>• 사회적 상황에 대한 감각적 인식 체계의 수용성 | 의도: 특질(traits)<br>• 상황에 대한 신속한 반응, 신체적인 반응 특성, 상황 또는 정보에 대한 일관적인 반응성 |
| 제 2요소: 도덕판단력(moral judgement)<br>• 지식과 정보들에 대한 논리적인 추론<br>• 도덕적 가치 체계에 대한 지식, 지적 과정 | 의도: 지식(knowledge)<br>• 특정 분야에 대해 가지고 있는 정보<br>• 무엇을 할 수 있는지에 대한 인지 능력 |
| 제 3요소: 도덕동기(moral motivation)<br>• 모든 가치 중 도덕적 가치에 우선권을 부여하고 그 가치를 실행하고자 하는 추진력 | 의도: 동기(motive)<br>• 개인이 일관되게 마음에 품고 있거나 원하는 어떤 것으로, 행동의 원인이 됨 |
| 제 4요소: 도덕품성(moral character)<br>• 인격(character)과 관련된 요소(인내, 굳건함)<br>• 도덕행동 실천에 필요한 자아강도 | 의도: 자기개념(self-concept)<br>• 태도, 가치관, 또는 자기상(self-image) |
| 산출 결과: 도덕행동<br>• 도덕행위를 산출하는 데 필요한 네 가지 내적 과정이 일어난 결과 실제로 나타난 행동 | 행위: 기술(skill)<br>• 특정한 신체적 또는 정신적 과제를 실제로 수행할 수 있는 능력<br>• 결과: 직무수행 결과 |

인지 과정을 설명하기 위해 도덕성 발달의 '4구성요소 모형'을 제안하였다. 그의 모형에 따르면 도덕 행위는 네 가지 심리적 과정을 수반하게 된다. 도덕민감성(moral sensitivity), 도덕판단력(moral judgement), 도덕동기(moral motivation), 도덕품성(moral character)이 그것이다. 모형에서 인지와 정서는 모두 각각의 요소 안에 서로 얽혀 있으며 네 요소의 상호작용은 도덕행동의 산출과 관련된다. 도덕민감성은 어떤 상황을 도덕적 상황으로 지각하고 해석하는 것, 도덕판단력은 주어진 상황에서 어떤 행동이 도덕적으로 정의로운가를 판단하는 것, 도덕동기는 도덕적 가치를 다른 가치보다 우선시하는지의 여부를 결정하는 것, 도덕품성은 판단된 도덕행동을 실행으로 옮기기 위한 용기나 의지와 같은 자아강도를 의미한다. 두 모형의 구성요소와 요소별 특성을 비교하면 〈표 15-1〉과 같다.

두 모형은 사람들이 특정한 사회적 상황에서 어떻게 반응 · 행동하는지를 설명하는 주요한 분석 단위를 제공한다는 공통점이 있다. 또한 도덕적으로 행동하는 것, 우수한 수행을 하는 것 모두 각각의 과정에 대한 수행과 동시에 전체적인 과정의 실행을 필요로 한다. 행위가 완성되기 위해서는 개인 내부의 다양한 측면이 복잡하게 상호작용하고 조화를 이루어야 하는 것이다. 두 모형에 기반하여 우리는 도덕적으로 행동하지 못하거나 저조한 수행을 보이는 사람은 최소한 네 가지 과정을 통제하지 못했거나 구성요소들 간의 약한 연계가 일어났을 것임을 추론해 볼 수 있다.

Rest의 4구성요소 모형은 도덕성 발달과 작용에 새로운 관점을 적용하는 것이 가능한지를 판단하는 데에도 유용한 기준을 제공한다. Spencer와 Spencer의 역량 인과관계 모형을 Rest의 이론과 비교한 예와 같이, Narvaez와 Vaydich(2008)는 도덕심리학에 신경생물과학적 접근을 시도하면서 fMRI를 이용한 기존의 뇌 연구들을 도덕민감성, 도덕판단력, 도덕동기, 도덕품성의 4구성요소를 기준으로 분류하였다. 그들은 도덕성 발달 연구에 신경생물과학적 접근을 시도한 이유로 Kohlberg가 도덕성의 외적 측면, 즉 원칙에 의한 도덕성에 주목하느라 양심과 정서를 고려하지 못했다는 점을 들며, 도덕행동을 이끄는 정서적 동기에 초점을 두어 Kohlberg 이론의 간극을 매우고자 한 것이다.

그럼에도 불구하고 도덕심리학 분야에서는 새로운 이론의 필요성을 강력히 주장하고 있다. 최근 도덕심리학의 변화를 이끌고 있는 학자들 사이에서는 Rest의 이론에 대한 비판적 성찰이 꾸준히 제기되어 왔다. 그의 공헌은 인지와 정서, 행동으로 나누어졌던 도덕성의 작용을 도덕성 구성요소 간의 상호작용으로 연결시켰고, 도덕적 중재가 가능하도록 측정과 적용이 가능한 체계를 제공했다는 점이다. Rest는 만약 주어진 상황에서 주어진 사건에 대한 네 가지 구성요소에 대한 충분한 정보가 있다면 도덕행동을 분명히 예측할 수 있다고 주장한다.

그러나 도덕심리학자인 Walker는 Kohlberg부터 현재까지 도덕심리학을 주도하고 있는 미네소타 학파와 그 중심에 있는 Rest 이론의 한계를 다음과 같이 지적한 바 있다(Walker, 2002). 그는 첫 번째 요소인 도덕민감성이 네 가지 구성요소 중 인지와 정서의 상호작용이 가장 요구되는 부분이지만 실제로는 인지적 측면에 초점을 둔 도덕적 해석에 대한 연구가 대부분이며, 두 번째 요소인 도덕판단력에서도 정서와 인지의 상관성에 대한 주장이 제기되고 있지만 아직까지 이 부분을 명확하게 드러내지는 못했음을 꼬집었다. Rest는 세 번째 요소인 도덕적 동기에 대한 주요 반론들을 재개념화하고 스스로 다양한 경험 연구를 시도했지만, 여전히 4구성요소 모형이라는 틀 안에서 도덕적 동기가 어떻게 다른 요소들과 종합되고 포괄될 수 있는지를 명확히 하지는 못했다. 네 번째 요소인 도덕적 품성은 도덕행동을 유지할 수 있게 만드는 용기, 인내력, 자기 조절, 청렴 능력을 포함하고 있다. 이 중 자기 조절 능력의 발달은 사회화의 과정에 수반되기 때문에 매우 방대한 연구가 이루어졌으나, 그 외의 성격 특성들에 대한 연구는 거의 이루어지지 않았다. Walker(2002)는 그 이유에 대해 도덕심리학이 덕목을 폄하하는 입장을 취하기 때문이며 현재까지도 그러한 입장이 고수되고 있다고 비판하였다.

실제로 Rest를 비롯해서 저명한 도덕심리학자인 Narvaez와 Bebeau(1999)는 여러 덕목들을 통해 도덕성을 향상시키고자 하는 인격교육(character education)에 대해, 교육의 효과를 검증하는 경험 연구의 기반도 없이 마치 도움이 될 만한 모든 약을 투여하여 환자를 고치려고 하는 의사에 빗대어 비판한 바 있다(정창우, 2004 재인용). 그러나 공교육 체제 안에서 교사, 학부모, 학생 공동체의 통합적인 인격 발달을 도모하고 교육과정 전반에서 덕목의 가치를 강조하고 체화시키는 인격교육론은 분명한 교육적 가치를 가지고 있다.

Walker는 개인의 도덕적인 성격 특성과 가치를 포함한 덕목에 대한 강조는 도덕성의 작용에 유의미한 영향을 미친다는 경험 연구들을 발표하기도 하였다(Walker, 1999; Walker & Hennig, 2004; Walker & Pitts, 1998). 그의 주장대로, 4구성요소 모형을 활용한 20여 년의 연구 결과들을 돌아보면 Rest의 이론은 본래의 의도대로 측정되고 적용하기 어려워 보인다. 더불어 내적 요소를 강조해 온 도덕심리학의 연구 경향으로 인해 외부 환경과의 상호작용이 도덕성의 작용에 미치는 중요성을 간과하고 말았다.

비판과 한계에 대한 지적은 있지만, 도덕성 발달에 대한 통합적 측정의 가능성을 열어 준 Rest의 공헌은 결과 중심의 교육과정, 즉 '산출물'의 효율성을 고려한 도덕교육을 가능하게 했다는 점에서 역량 중심 접근과 연결된다. 인간의 복잡한 심리 상태를 거쳐 행위가 발현되는 과정을 체계화한 두 모형은 결국 인간의 능력발현에 필요한 핵심역량을 추려 놓은 한 형태다. 두 모형의 가장 뚜렷한 차이는 4구성요소 모형에서는 역량 인과관계 모형과 달리 도덕행동에 대한 과정요소들의 상호 과정에만 초점을 두었을 뿐 궁극적 성취 결과인 '행위'에 대한 논의가 없다는 점이다.

결국 도덕행동에 대한 종합적인 설명을 시도한 Rest조차도 도덕성의 내적 특성으로부터 도덕행동을 분석해 나가는 도덕심리학 연구의 전형을 벗어나지는 못한 것이다. 때문에 Rest 이론이 기존의 이론들에 비해 도덕행동에 대한 예측력을 높였다고는 하나 여전히 여러 가지 심리적 과정 변인들이 도덕행동으로 연결되는 고리는 명확치 않다.

도덕성 연구에 대한 새로운 시도에서는 도덕성을 구성하는 개인 내적 요소 및 성격특성들과 개인 외적 요소들 간의 상호작용에 대한 고려가 필요하다. 덧붙여 도덕성의 인지와 정서적 요소의 접점에 대한 고려는 도덕성의 작용을 해석하는 데 필수적이다. 행동이 나타난 사태 속에서 행위의 원인을 분석하는 역량 중심 접근은 도덕성 연구의 시작점을 도덕행동 자체에 둔다.

최근 도덕심리학 분야에서도 도덕성 발달에 영향을 미치는 외부 요소들에 대한 확장된 시각을 제안하는 새로운 이론이 제시된 바 있다. Kim과 Sankey(2009)는 신경생물학적 발달 이론인 Thelen과 Smith(1994)의 역동적 체계 접근(dynamic system approach)을 도덕심리학 분야에 적용하였다. 인지발달 선상에서 나타나는 인지역량과 수행의 차이를 분명히 강조한 역동적 체계 접근의 관점에서도 역량과 환경의 상호작용은 중요하다. 그들은 낯선 단어를 해석하지 못하는 미숙한 수행을 보인 어린아이의 인지역량을 예로 든다. 아이의 수행은 미숙해 보이지만 실제로 그 아이의 두뇌 속에는 그 단어에 대한 인지역량이 충분할 수 있다. 다만 이 아이는 기억력, 집중력, 언어 구사 능력 등 수행에 직접적으로 표현되지 않았던 다른 인지역량들과의 역동적 상호작용에 실패했을 뿐이다. 어느 분야에서건 단 하나의 역량만으로는 그가 보이는 수행을 충분히 설명할 수 없다. 이러한 이유로 역량에 대한 정의는 합의점을 찾기 어렵다(Thelen & Smith, 1994).

마치 도덕적 지식과 행동의 차이에 대한 설명과도 같은 위의 예는 도덕적 수행을 통해 단일의 인지 능력인 추론 능력을 측정하는 것의 위험성을 경고한다. 인지적 범주 내에서만 역량과 수행의 차이를 다루었다는 차이점을 고려한다 해도, 역량에 대한 그들의 견해는 도덕성에 역량 중심 접근을 접목하는 과정에서 풀어 가야 할 주요한 과제를 시사한다.

신경생물학적 인지발달 이론을 도덕성 발달에 적용한 Kim과 Sankey (2009)는 도덕행동이 불안정하게 나타나는 이유를 도덕성 발달이 복잡하고 예측 불가능하며, 심한 개인차와 상황특수성을 가질 뿐만 아니라, 경험과 맥락의 변화에 따라 비선형적이고 질적인 변화를 경험하기 때문으로 본다. 그들의 시도로부터 얻을 수 있는 중요한 시사점은 도덕성에 대한 역량 중심 접근에서 매우 신중히 다루어야 할 부분이 바로 '발달'이라는 점이다. 발달의 개념에는 도덕역량의 개인 내부와 외부의 요소가 모두 포함된다. 도덕성의 작용을 설명하는 새로운 이론의 필요성을 역설한 JME(Journal of Moral Education)의 특별호(2008)는 바로 이 도덕성의 발달에 대한 논쟁을 수면 위로 이끌어 냈다.

Gibbs와 동료들(2009)은 이 특별호에 실린 도덕심리학 이론들이 도덕성의 발달적 측면을 고려하지 않는 오류를 범했다고 지적하며, Kohlberg의 인지발달론에 대한 현재의 비판에 문제를 제기하였다. 그들은 인지발달론이 지난 50년 동안 꾸준히 진보해 왔고, 도덕심리학자들이 새로운 발견이라고 주장하는 도덕적 동기와 사회적 행동과의 관련성, 문화적 맥락성에 대한 경험적 증거들은 이미 Kohlberg의 이론 안에 충분히 반영되어 있다고 주장한다.

Kim과 Sankey(2009) 또한 도덕성의 작용을 설명하는 새로운 체계로 소개된 도덕심리학 이론들에 실망감을 표명하며, 유기체의 발달을 선형적이고 양적인 변화, 경험과 맥락의 변화가 창발(emergence)적으로 일어나는 비선형적이고 질적인 변화로 본다. 즉, 인간의 발달은 Kohlberg와 Piaget식의 점진적이고 선형적인 단계적 발달이 아닌, 안정과 불안정 상태의 연속적인 변화다. 이처럼 발달에 대한 관점이 달라지면 연구의 기본단위는 집단이 아닌 개인 유기체로 바뀐다. 대부분 대규모 집단 검사에 기반한 심리 발달 이론들은 역동적 체계 이론으로부터 근본적인 도전을 받게 되는 것이다.

그러나 새로운 이론에 대한 우려의 목소리도 있다. 역동적 체계 이론은 아직 도덕성 분야에서 경험적 연구를 수행한 적이 없으며, 다양한 도덕성 발달 연구와 비교 검증을 통해 타당성을 입증받지 못하였다(Reed, 2009).

도덕성 발달에 대한 역량 중심 접근은 역동적 체계 이론과 같이 도덕성의 작용을 설명하는 새로운 체계로의 시도이며 아직 개념적 논의 수준에 머물러 있다. 앞으로 도덕성에 대한 역량 중심 연구에서는 도덕성의 작용을 단순한 '변화'가 아닌 '발달'로 해석하는 것이 타당한지, 어떠한 수준을 발달로 보아야 하는지에 대한 신중한 태도가 필요하다.

도덕역량을 중심으로 도덕심리학 연구의 범위를 확장시키기 위해서는 역량연구 방법을 적용한 경험 연구 또한 뒷받침되어야 한다. 또한 우수한 성과를 통해 고수행자를 분류하는 역량 중심 접근과 같이 도덕적 문제 상황에서도 분명 도덕적 행동을 잘하는 사람과 못하는 사람이 구분된다. 그러나 우리는 '도덕' 사태가 갖는 추상적이고 복잡한 가치, 맥락에 따른 수행지속성의 난관 등으로 인해 도덕적 수월성을 개념화할 수 있는 가능성을 현실화 하지 못하고 있는 것이다.

## 3. 도덕역량 연구의 최근 동향

도덕적 측면에서 역량 개념을 적용한 사례는 아직 많지 않다. 도덕과 역량의 관계 혹은 도덕역량을 직접적으로 언급한 연구로는 국내에서 7건, 국외에서 16건의 학술논문과 1권의 저서(Liszka, 1999)를 찾을 수 있었다.[2)]

2) 검색(2012년 현재)에 사용된 Database: Academic Search Complete(Ebscohost), Business Source Complete(Ebscohost), Educational Research Complete(Ebscohost), Eric(CSA), ScienceDirect, 누리미디어(KRPIA), 한국학술정보(KISS), 학술교육원(E-Article)

국내 연구 3건은 경영학 분야에서 이루어졌는데 단순히 '청렴 능력(integrity capacity)'을 '도덕역량'으로 번역한 것으로, Petrick과 Quinn(2000)의 연구에 기반한다. Petrick과 Quinn은 청렴 능력을 도덕적 인식, 도덕적 검토, 균형적인 판단을 나타내는 특성과 행동들의 반복되는 과정에 대한 개인적 혹은 집단적 역량으로 정의한다. 여기에는 도덕 발달을 지속적으로 강화하고 도덕적 의사결정을 위한 지원 시스템을 촉진하는 도덕적 태도와 행위가 모두 포함된다. 그들의 연구는 국내에 '도덕역량'으로 번역되어 주로 직장인의 도덕적 능력을 측정하는 데 활용되고 있다(고종식, 이옥분, 2007; 박경선, 최애경, 2008; 이승미, 2004).

Liszka(1999)는 저서인 『도덕역량: 윤리학 연구에 대한 통합적 접근(*Moral Competence: An Integrated Approach to the Study of Ethics*)』에서 도덕역량을 '선한 도덕적 행동을 구성하는 요소들이 상호 의존하여 옳은 행동을 언제나 일관성 있게 수행하도록 숙달된 것'으로 정의하였다. 옳은 행동을 하는 능력인 도덕역량은 옳은 행동을 하겠다는 갈망과 의지, 지속하겠다는 성향, 옳은 행동을 어떻게 하는지에 대한 지식과 해야 할 옳은 행동이 무엇인가에 대한 지식이 상호 의존함으로써 비로소 발현된다. Liszka는 이를 전통적인 용어로 '도덕 정서(moral sentiment)' '도덕 강점(moral strength)' '타고난 덕목(virtuous disposition)' '지혜(wisdom)', 그리고 '도덕 지식(moral knowledge)'이라고 표현하였는데, Rest(1983, 1986)가 제시한 도덕행동의 4구성요소와 유사하다.

Jormsri, Kunaviktikul, Ketefian과 Chaowalit(2005)는 태국 간호사들을 인터뷰한 자료를 바탕으로 도덕역량을 '특정 상황에서 무엇이 옳고 그른지를 결정하는 데 영향을 미치는 감정을 지각하고, 결정을 내리기 위해 그 감정을 성찰해 보고, 상대방(환자)에게 최상의 도움을 줄 수 있는 행동을 수행하는 능력'으로 정의한다. 그들의 정의에서 도덕역량은 상대방이 추구하는 가치와 감정을 인식하기 위한 정서적 차원인 '도덕적 인식', 논리적인 추론과 비판적 사고에 입각하여 선택된 가치들의 의미를 인지하는 차원인 '도덕적 판단', 마지막으로 선택한 가치를 행동으로 실현하고 대중의 평가를 겸허히 받아들이며 동일한 행동을 꾸준히 지속시킬 수 있는 행동적 차원인 '도덕적 행동'이라는 세 차원이 결합될 때 발현될 수 있다.

Park와 Peterson(2006)은 긍정심리학의 성격 강점 측정 도구(VIA)를 개발하고 타당화하는 과정에서 좋은 성격을 포괄하는 범주로 도덕역량을 제시하며, 도덕역량은 인간이 가치 있고 선한 행동을 추구하고, 행동하도록 이끌어 준다고 본다. 그들은 도덕역량을 '선한 삶을 추구하고 선한 행동을 효과적으로 수행하기 위한 지식 · 능력 · 동기로서, 가치 있고 선하다고 여겨지는 목표를 향한 행동과 직결되는 능력'으로 정의한다.

이와 같은 학자들이 도덕역량을 바라보는 관점은 이 장에서 도덕성 연구에 역량적 관점을 도입한 이유를 뒷받침해 준다. 도덕역량을 제외한 역량은 사회적으로 가치 있는 목표달성을 위한 것으로 도덕역량과 달리 반드시 윤리적일 필요는 없다. 때문에 역량이 뛰어난 사람은 다른 사람을 이기고 희생시킨다는 전형적인 인식이 역량과 도덕성을 함께 하기 어려운 개념으로 만들고 만 것이다. 하지만 역량의 다차원성에 주목한 그들의 입장에서 도덕역량은 다른 역량과 완전히 동떨어진 것이 아니며 모든 역량들을 건설적인 방향으로 이끄는 포괄적 개념이다.

그 외에 도덕성이 높은 사람과 역량이 높은 사람에 대한 인식의 차이를 분석한 몇 편의 연구에서는 도덕과 역량에 대한 이분법적 설문과 분석으로 인해 둘 사이의 관련성을 찾기 어려웠다(Kuther, 2000; Wojciszke, 2005a, 2005b). 예를 들어 Kuther(2000)는 일반인에게 정직한 영업사원 사례와 영업을 잘하는 영업사원 사례를 동시에 보여 주고 두 사원이 가지고 있을 것이라고 예상되는 역량을 평가하도록 하였는데, 이 실험에서 사람들은 영업을 잘하는 영업사원의 영업역량은 높게 평가하였지만 정직성과는 거리가 멀 것이라고 인식하였고, 반대로 정직한 영업사원은 영업역량이 낮을 것이라고 인식하였다. 이처럼 사람들의 머릿속에는 두 개념에 대한 인식의 차이가 존재하며, 역량을 중시하는 집단과 남들보다 뛰어난 역량을 가진 사람은 타인을 이기고 희생시킨다는 의식이 깔려 있다는 연구들은 역량과 도덕성의 관계를 규명하는 데 중요한 의미를 갖는다(Ellemers, Pagliaro, Barreto, & Leach, 2008; Straughan & Lynn, 2002). 이는 역량이 뛰어난 사람에 대한 부정적인 인식이 역량과 도덕성을 함께 논의하기 어렵게 만든다는 Park와 Peterson(2006)의 주장과도 일치한다.

멕시코 고등교육 연합이 대학생들의 윤리역량을 향상시키려는 목적으로 추진하고 있는 장기 교육 계획인 QEP(Quality Enhancement Plan, 2008~2013)는 역량 개념이 도덕적 능력 향상을 위한 교육 프로그램에 어떻게 활용되는지를 보여 준다(Patiño-Gonzàlez, 2009). 그들은 역량을 '고등교육에서 제공하는 다양한 학생활동에 참여하고 검증받은 학과 과목을 수강한 학생들에게서 개발되는, 측정 가능한 지식 · 기술 · 행동과 가치들'로 정의한다. QEP를 통해 학생들이 얻게 될 네 가지 윤리역량은 도덕역량을 정의할 때 개인 내부의 역량뿐만 아니라 사회와 개인의 상호작용까지 사고의 폭을 확장시켜야 함을 보여 준다. 그 네 가지 윤리역량은 첫째, 행동 · 환경 · 사람과 관련된 윤리적 이슈들을 평가하고 분석하는 능력, 둘째, 인간과 환경에 대한 존중, 셋째, 사회적 · 경제적 · 정치적 현실에 대한 민감성과 지식, 넷째, 시민성을 갖춘 행동과 공동체(특히, 소외계층)의 삶을 향상시키려는 책임감이다. 국가 차원에서 역량 개념을 활용하여 국민의 시민성과 윤리의식을 도모하는 멕시코의 교육정책은 DeSeCo 프로젝트와 같이 사회와 인류의 삶 전반을 고려한 광범위한 역량 개념을 윤리교육정책에 반영한 사례다.

이 외에 상당히 많은 연구에서 도덕성과 역량이 함께 언급되었으나, 이들은 단순히 도덕추론 능력, 의사결정력, 도덕적 갈등 해결력, 청렴도, 도덕적 언어 능력과 같은 다양한 도덕 능력들을 한데 묶는 포괄적 개념으로 역량이라는 단어를 사용하는 데 그쳤다(Brugman & Aleva, 2004; Corley, 2002; Duriez & Soenens, 2006; Dwyer, 1999; Sekerka, 2009; Spurgin, 2004). 지금까지 도덕역량 연구는 도덕적 행동을 설명하기 위해 그 행동을 구성하는 여러 가지 능력들을 한데 묶는 포괄하는 개념으로 역량 개념을 도입하거나, 도덕성에 대한 새로운 접근 방식으로서의 도덕역량을 개념화하기 위한 시도에 머물러 있다. 도덕역량을 개념화하기 위해 간호사들을 인터뷰한 Jormsri 등(2005)의 선행 연구가 있다 할지라도, 수행 수준이 높은 사람을 대상으로 그들의 행동 사례를 분석하여 역량을 추출해 내는 일반적인 역량연구 방법을 따르는 연구는 찾아보기 어렵다.

도덕역량은 도덕귀감자로부터 도출되기 때문에, 도덕역량이 어떠한 역량들로 구성되는가의 문제는 도덕귀감자의 유형을 구분하는 데서부터 시작되어야 한다. 윤리 · 도덕 분야의 학자들은 오래 전부터 도덕적인 사람에 대한 정의를 내려 왔다. 아리스토텔레스는 '윤리적인 사람(ethical person)'을 합리적으로 판단하고 공동체와 사회인으로서의 행동이 내면에 확고히 자리 잡은 사람으로 정의하였다. 윤리적인 사람은 선한 품성을 가졌으며 상황에 흔들리지 않는다. 외국 문헌에서 '도덕귀감자(moral exemplar)'로 명명되는 이 '윤리적인 사람'들에 대한 연구는 주로 많은 사람들에게 극적인 영향을 준 영웅적 인물이나 고위층 혹은 전문직업인들에 한정되어 있다(Damon, 2004; Rugeley & Van Wart, 2006; Rule & Bebeau, 2005).

도덕귀감자는 학자들에 따라 다소 다르게 표현되지만, 사회적 기여, 도덕행동, 선행의 실천, 공공선의 신장 등으로 표현되는 그들의 도덕적 수행 능력은 도덕귀감자의 정의에서 나타나는 공통된 특성이다. Luke와 Hart(2001)는 도덕귀감자가 '선한(good)' 인격뿐만 아니라 '고결한(high)' 인격을 가졌다고 정의하였다. 선한 인격의 도덕귀감자는 의도적으로 지속적인 선행을 하고 타인과 비교해 볼 때 흠잡을 데가 없는 사람으로 관찰된다. 고결한 인격의 도덕귀감자는 어떤 방식으로든 실질적인 기여를 한다. 여기서 기여란 수천 명을 대상으로 하는 것이 아니라 단지 한 사람이라 할지라도 그 사람에게 반드시 필요한 기여를 하는 것을 의미한다. 도덕성은 알려지기 위한 것이 아니기 때문에, 도덕귀감자의 기여는 공개적으로 논의되거나 알려지지 않는다(Rugeley & Van Wart, 2006 재인용).

도덕귀감자는 선한 인격과 고결한 인격을 모두 가지고 있으며 이를 행동으로 실천하는 사람이다. 용기를 내어 기업의 비리를 공개한 내부고발자의 경우처럼, 도덕귀감자는 막대한 손해를 볼지라도 순간의 요구나 행복을 위해 자신의 원칙을 포기하지 않는다. 그러나 이러한 극적인 예가 아니더라도 매일의 삶에서 선행을 실천하는 도덕귀감자들도 있다. 일상 속에서 선행을 실천하는 도덕귀감자들은 극적인 희생이나 영웅적인 행동을 하지는 않지만 공공선의 신상에 분명한 기여를 하고 있으며 사회 전체의 빌진이라는 선한 임무를 수행하고 있다(Rugeley & Van Wart, 2006).

현재까지 도덕귀감자에 대한 논의는 고위층이나 상위 계층의 직업을 가진 사람들을 중심으로 이루어져 왔다. Rugeley와 Van Wart(2006)의 훌륭한 판사 연구, Rule과 Bebeau(2005)의 훌륭한 치과의사 연구, 윤리적 경영방침으로 성공한 최고경영인들을 대상으로 도덕적 수월성을 연구한 Damon(2004)과 같이 기존의 도덕귀감자 연구 대부분은 주로 전문직이나 고위층을 대상으로 하고 있다. 그러나 일상 속에서 선행을 실천하는 리더들과 일선관료 수준의 사람들도 충분히 도덕귀감자가 될 수 있다.

도덕귀감자에 대한 학자들의 정의에서 그들이 선한 인격과 도덕적인 행동을 통해 공동체의 도덕성에 기여하고 있다는 합의점을 찾을 수 있다 하더라도, 도덕귀감자에게 요구되는 역량은 그들이 속한 도덕적 수행의 영역에 따라 변화할 수 있다. 도덕귀감자를 선정하는 기준이 여러 유형으로 존재한다는 것은 도덕귀감자를 통해 추출되는 도덕역량의 유형 또한 도덕귀감자에 따라 달라질 수 있음을 의미한다.

실제로 도덕심리학자인 Walker는 사람들이 도덕귀감자의 유형에 따라 각기 다른 인식을 가지고 있을 것이라는 가정하에 1990년대 후반부터 도덕귀감자의 유형에 대한 사람들의 인식 차이를 연구해 왔다. 오랜 도덕철학의 역사 속에서 도덕귀감자는 정의, 용맹함, 배려 등의 영역에 따라 논의되어 왔고 도덕귀감자가 심리학 연구의 대상으로 등장한 이후 사회운동가, 봉사자, 독지가와 영웅, 그리고 홀로코스트에서 유대인을 구한 사람들이 도덕귀감자로 인정받고 연구되어 왔다(Walker & Hennig, 2004). Walker는 먼저 도덕귀감자와 종교적 귀감자(religious exemplar), 정신적 귀감자(spiritual exemplar)에 대한 일반인들의 인식 연구(Walker, 1999)를 통해 사람들이 도덕귀감자를 다른 두 유형의 귀감자들에 비해 훨씬 더 양심적이며 착한 사람들이라고 인식하고 있음을 확인하였다.

도덕귀감자는 도덕적 수행이 일어나는 모든 영역에서 존재하며 종종 전혀 다른 특성을 나타낸다. 봉사, 정의, 용맹함의 영역 각각의 도덕귀감자에 대한 인식 연구를 통해 Walker와 Hennig(2004)는 각각의 유형에서 공통적으로 도출할 수 있는 특성과 도덕귀감자의 유형에 따른 독특성을 찾아내고자 하였다.

Walker와 Frimer(2007)는 서로 다른 특성을 가진 용감한 귀감자와 배려하는 귀감자에 대한 광범위한 사례연구를 통해 두 유형의 귀감자가 나타내는 성격 특성(trait)을 비교하고 공통점을 찾아내고자 하였다. 그들이 도덕귀감자를 두 유형으로 나누어 연구한 목적은 도덕적 수월성을 설명할 수 있는 단일 모형을 개발하기 위한 시도였다. 위험을 무릅쓰고 타인의 생명을 구하여 용감한 시민상(Medal of Bravery)을 받은 도덕귀감자들과 오랜 시간 특별한 봉사활동을 수행하여 배려하는 시민상(Caring Canadian Award)을 받은 전혀 다른 유형의 도덕귀감자로부터 그들이 확인하고자 한 것은 '더 이상 쪼개지지 않는 도덕적 수월성'이었다.

도덕심리학자인 Walker가 오랜 기간 도덕귀감자에 대한 사람들의 인식 차이를 연구하고, 도덕귀감자 사례 연구를 위해 '사회운동가, 봉사귀감자,

용감한 귀감자'라는 각기 다른 도덕귀감자들의 성격 특성을 연구한 이유는 실제로 도덕귀감자 간에는 유형에 따른 성격 및 행동 특성 등의 차이가 존재하기 때문이다. 이는 높은 수준의 도덕적 수행자라 할 수 있는 도덕귀감자를 대상으로 도덕역량 모형을 개발하고자 할 때 연구 대상을 어디까지 확장하여야 하는지, 또한 도덕역량을 규명하기 위해 얼마나 다양한 연구가 이루어져야 하는지를 보여 준다.

도덕역량은 도덕적 수행에 대한 총체적인 개념으로 개인의 내적 역량뿐만 아니라 개인이 속한 집단 및 문화적 역량까지를 고려하는, 도덕적 수월성 이상의 범위를 다루고 있는 포괄적인 개념이다. 따라서 비범한 도덕적 수행이 나타나는 모든 영역의 도덕귀감자들을 광범위하게 연구하여 그들의 역량을 도출하고 각 영역에서 나타나는 서로 다른 역량들의 공통점을 종합하여 '더 이상 쪼개지지 않는' 도덕역량의 근원을 확인할 수 있어야 한다.

도덕심리학 분야에서 도덕귀감자에 대한 실제 사례 연구는 근래에 들어 몇 차례 수행되었으나(Colby & Damon, 1992; Damon, 2004; Rugeley & Van Wart, 2006; Matsuba & Walker, 2005; Walker & Frimer, 2007), 역량 중심 접근에 기반한 도덕귀감자 연구는 현재까지 이루어지지 않고 있다.

도덕심리학 분야에서 도덕역량과 가장 가까운 개념은 Damon, Walker와 Frimer가 도덕귀감자가 보이는 도덕적인 능력을 지칭한 '도덕적 수월성(moral excellence)'이다. Colby와 Damon(1992)의 훌륭한 사회운동가들에 대한 연구에 의하면 그들의 도덕행동은 변화에 대한 개방성, 도덕적 가치와 원칙에 대한 확신, 긍정적이고 인간적인 태도와 신념, 도덕적인 삶에 대한 강한 정체감 때문이었다. 도덕귀감자는 개인적 관심과 삶의 목표가 도덕적으로 헌신하는 삶과 완벽하게 통합되어 있었다. Damon(2004)은 후에 도덕귀감자들 중 성공한 기업인 사례만을 분석하여 그들의 성공에 도덕적 수월성이 강력한 강점으로 작용했음을 밝혔다.

도덕적 인간상에 대한 사람들의 자연주의적 신념(naturalistic conception)으로부터 시작된 Walker의 연구는 도덕귀감자에 대한 인식 연구와 다양한 사례분석으로 이어졌다(Walker & Pitts, 1998). 도덕귀감자의 삶을 조망한 Colby와 Damon(1992)의 연구가 계기가 되어 Walker와 동료들은 도덕적 자아와 관련된 성격 이론과 동기 이론을 바탕으로 한 도덕귀감자 연구를 시작하게 된다.

Walker와 동료들은 도덕귀감자들을 인터뷰하기 전, 일반인들이 도덕귀감자의 특성들을 어떻게 인식하고 있는지 조사하였다. 그들은 대학생, 대학원생, 성인 약 2,000명이 도덕귀감자에 대하여 갖고 있는 다양한 인식 정보들을 종합하여 유형화하였다(Walker, 1999; Walker & Hennig, 2004; Walker & Pitts, 1998).

연구 결과, 사람들은 도덕귀감자에 대해 '양심적인, 착한, 선량한'과 같이 인지적인 측면이 아닌 성격이나 덕목을 중요하게 인식하고 있었으며 도덕귀감자의 종류(배려, 정의, 용기)에 따라 상이한 인식 유형을 보여 주었다. 연구자들이 도덕귀감자의 종류를 '배려가 남다른 사람, 정의로운 사람, 용기 있는 사람'으로 분류한 이유는 도덕적 수행에도 다양한 차원이 있으며, 사람들은 그 다양성에 대한 분명한 인식적 구분을 짓고 있음을 의미한다.

이러한 결과는 사람들이 도덕귀감자의 인지적 측면 이상의 다양한 특성들을 인식하고 있으므로 추후 도덕귀감자 사례 연구에서는 반드시 통합적 접근이 필요하며 도덕적 수행을 구분하는 기준이 요구됨을 보여 준다. 도덕귀감자에 대한 인식 연구 결과는 사람들의 인식 속에 숨어 있는 도덕귀감자의 성격적 특성을 찾아내고 유형화하는 데 성공한 것으로 보인다. 그러나 성격의 Big Five 모형에 근거하여 사람들의 인식을 분류한 Walker식의 범주는 성격 특성에 한정된 결과만을 보여 주며 복잡한 도덕성 요소들의 수준을 척도화하거나 행동지표를 제시하지는 못하였다.

그 후 Matsuba와 Walker(2005)는 40명의 청소년 도덕귀감자와 일반 청소년 40명의 생애사를 비교하여 도덕귀감자들만이 보이는 도덕적 수월성을 추출하였다. 청소년 도덕귀감자는 어린 시절부터 타인의 고통을 인식하는 능력이 뛰어났고, 적이 없으며, 도덕역량을 강화할 만한 경험이 많았다. 그들은 자신을 희생하여 사람들을 구원한 경험이 많고, 순수하며, 삶의 목표 역시 사회를 개선하는 데 초점이 맞춰져 있다.

청소년 도덕귀감자 연구는 성인 도덕귀감자 연구로 이어진다. Walker와 Frimer(2007)는 용감한 시민상을 받은 50명의 캐나다인을 만나 인터뷰를 하고 그들이 보인 도덕행동의 원인을 탐색하였다. 각기 다른 차원의 도덕수행을 보여 준 도덕귀감자들을 분석한 결과, 도덕적 동기나 인지보다 도덕적 정체감이 도덕적 행동을 더 잘 예언하는 것으로 나타났으며, Walker와 Frimer는 양석 분석보나는 생애사 분석과 같은 질적연구를 통해 그들의 삶을 분석할 것을 제안하였다.

도덕귀감자는 자신의 이익과 도덕민감성 사이에서 어떠한 갈등도 겪지 않았다. 그들이 생각하는 자신을 위한 이익은 곧바로 도덕적 행동의 동기로 연결된다. 즉, 개인의 정체성에 도덕 중심화(moral centrality)를 이룬 귀감자들은 도덕적 확신을 자아에 끊임없이 불어넣는다(Frimer & Walker, 2008). 이는 도덕적 자아와 정체성에 대해 탐색한 Blasi(1984), Damon (1984; Colby & Damon, 1992), Gibbs(1991), Hart(1998)의 연구와 도덕적 행동과 관련된 자아정체감 요소들 사이의 도덕적 균형을 강조한 Nisan (1995)의 연구와 같은 맥락이다.

도덕귀감자 연구의 궁극적인 목표는 도덕심리학을 이어갈 새로운 모형을 찾는 것이었다. 그들이 제시한 도덕적 인간상(moral personhood)은 도덕 중심화를 이룬 이상적 인격체로, 삶의 목표와 동기가 도덕을 중심으로 강하게 형성되어 있다. 도덕적 인간상은 자기 중심성을 극복하고 개인 행위자와 공동체 일원으로서 개인이 겪게 되는 갈등에서 완전한 균형을 찾은 상태다(Frimer et al., 2009). 통합적 인격체로서의 도덕적 인간상 접근은 지금까지 도덕심리학 이론에서 다룬 인지적·정의적 측면의 모든 도덕성 요소들을 포괄할 수 있는 개념이다.

그러나 도덕적 인간상은 Lickona의 통합적 인격 교육이 갖고 있는 매력이자 한계로부터 벗어나기 어렵다. Lickona의 통합적 인격 교육은 매우 포괄적인 개념으로 도덕추론 및 인지발달, 사회 및 감정 학습, 덕교육, 배려 공동체 등 모든 도덕발달 및 교육을 포함한다는 장점이 있지만, 이로 인해 개념 정의가 쉽지 않다. 또한 도덕적 사고와 감정의 관계가 무엇인지 명확하게 제시되지 않았으며, 사고와 행동의 간극을 줄이기 위해 제시된 양심, 공감, 겸양 등과 같은 정의적 요소들이 실제로 어떻게 기능하는지에 대해서도 충분한 답변을 하지 못하고 있다(정창우, 2004).

결과적으로 도덕적 인간상 접근은 도덕성의 모든 부분을 아우르는 '통합적' 개념이라는 한계로 인해 사례 중심의 능력발현 연구나 도덕성 발달 연구에 있어 실질적인 도움을 주기 어려워 보인다. 물론 통합적 이론에 기반하고 있는 모형이나 접근 방식이라고 해서 이상적인 논의에만 머무르는 것은 아니다. Boyatzis(2008)의 역량 이론은 통합적 이론에 기반하고 있음에도 교육을 통해 발전할 수 있는 개인 내·외적 요구와 환경적 영향력, 성과의 극대화를 위한 구체적인 전략을 제공한다. 수행을 통한 도덕성 연구라는 역량 중심 접근의 특수성은 기존의 도덕심리학적 도덕귀감자 사례 연구들로 인해 기존의 연구와 다르지 않다는 오해를 받을 수 있다. 그러나 도덕귀감자에 대한 도덕심리학 접근 방식이 도덕역량의 구조를 밝히는 데 유용한 사례를 제시해 준다 할지라도, 도덕귀감자의 능력을 통합적으로 해석하지는 못하며 도덕귀감자의 성격 특성에 치우친 결과라는 한계를 벗어나기는 어렵다. 도덕역량 연구는 도덕귀감자의 비범한 수행 내면에 숨어 있는 복잡성이나 독특한 차원에 대한 새로운 해석을 가능하게 하며, 그들이 보이는 개인 내적 특성과 외부 환경과의 도덕적인 상호작용은 역량 연구 방법을 통해 새로운 접근 방식으로 해석된다.

최근 이러한 역량 연구 방법을 적용하여 도덕성 연구를 수행한 이지혜(2012)는 도덕귀감자들을 인터뷰하여 그들의 도덕적 수행에 영향을 미치는 요인들을 확인하였다. 이지혜의 연구에서는 봉사귀감자를 대상으로 한정하고 있으나 그들이 보이는 성격특성이나 삶의 자세는 봉사 이외의 도덕적 수행 영역의 도덕귀감자들을 대상으로 한 외국의 선행 연구 결과와 유사하게 나타났다. 그리고 사회운동을 하고 있는 청소년 도덕귀감자에 대한 Matsuba와 Walker(2005)의 연구에서 도덕귀감자의 특성으로 나타난 '공감 능력, 다양한 경험, 순수함, 사회를 개선하고자 하는 선한 목적의식' 등이 이지혜의 연구에서도 발견되었다. 특히 훌륭한 사회운동가들을 연구한 Colby와 Damon(1992)의 연구 결과에서 도덕귀감자의 특성으로 확인된 '변화에 대한 개방성, 도덕적 가치에 대한 자기 확신, 긍정적이고 인간적인 태도와 신념, 도덕적인 삶에 대한 강한 정체감'은 이지혜의 연구에서 봉사 영역의 도덕귀감자로부터 명확하게 나타난 삶의 자세와 일치하였다.

이러한 모습은 용감한 시민상과 봉사상을 받은 도덕귀감자들의 도덕적 자아에 대해 연구한 Walker와 Frimer(2007)의 연구에서 제시한 '도덕 중심화(moral centrality)된 자아'의 전형이었다. 도덕귀감자들의 도덕역량이 발휘되는 영역(domain)과 환경(field) 조건을 확인한 결과가 주는 시사점은 직장인 도덕귀감자들의 잠재되어 있던 역량이 도덕적 수행으로 이어지는 데에는 그들을 둘러싼 개인 외부 지원 체계의 역할이 크게 작용한다는 점이었다(이지혜, 2012).

## 4. 후속 연구를 위한 제언

지금까지의 연구 결과들을 바탕으로 앞으로 도덕역량 연구의 발전 가능성을 탐색해 보면 다음과 같다.

첫째, 도덕행동을 이끌어 내고 지속시키기 위해서는 가치 덕목이나 도덕 품성, 도덕판단력을 기르는 노력 외에 도덕적인 수행을 이끌어 낼 수 있는 환경에 대한 고려가 요구된다. 도덕행동을 수행할 준비를 마친 개인에게 도덕적인 수행을 할 수 있는 기회를 주고, 오랜 기간 이를 유지할 수 있는 장을 마련하는 것은 영역과 환경적 차원에서 지원되어야 할 부분이기 때문이다. 도덕적 능력을 보이는 개인을 둘러싼 보이지 않는 환경 및 심적 · 물적 차원에서 그들을 지원하고 있는 인적자원과의 상호작용에 대한 연구는 도덕성에 대한 확장된 시각을 제공할 것이다.

둘째, 도덕역량을 명확하게 규명하기 위해서는 다양한 도덕적 수행을 보이는 도덕귀감자에 대한 보다 광범위한 규모의 연구가 이루어져야 한다. 실제로 캐나다에서는 용감한 시민상을 받은 도덕귀감자, 봉사상을 받은 도덕귀감자, 사회공헌을 한 도덕귀감자들에 대한 국가지원의 대규모 연구 프로젝트(Walker & Frimer, 2007)가 진행된 바 있다.

셋째, 한국 사회의 도덕적 역할 모델을 찾아야 한다. 도덕귀감자에 대한 국내 연구(이지혜, 2012)에 의하면 그들의 도덕적 행동에 직접적인 영향을 준 인물은 마더 테레사가 아니었다. 그들 중 대부분은 도덕적 실천을 이끌어 준 의미 있는 타자와의 관계를 기억하고 있었다. 이제는 동시대의 삶을 살아가는 도덕적 역할 모델인 도덕귀감자 사례를 적극적으로 발굴하고 도덕교육 자료로 널리 활용하여 현재를 살아가는 사람들에게 직접적인 본보기를 보여 줄 필요가 있다.

끝으로, 도덕 · 윤리 분야에서 도덕역량 개념을 활용한 교육과정과 활용 방안을 연구할 필요가 있다. 도덕역량은 도덕성을 향상될 수 있는 능력 차원으로 정의하기 때문에 덕목 중심의 엄격한 도덕교육이라는 부담 없이 직장인과 학생을 대상으로 한 교육 프로그램에 효율적으로 적용될 수 있다. 또한 도덕성의 발달을 개인과 환경 측면으로 확장시킴으로써 개인 차원의 역량 강화뿐만 아니라 조직과 기관, 사회 분위기를 개선할 수 있는 도덕역량 강화 프로그램으로도 활용될 수 있을 것이다.

도덕성을 바라보는 관점은 변화하고 있다. 역량 중심 접근을 도덕성 연구와 결합시킨 시도처럼 새로운 이론을 통한 도덕성의 재해석은 현재 진행 중인 과제다. 도덕성 연구 분야의 다양한 시도들이 당장은 기존의 이론을 넘어서지 못하거나 학자들의 합의를 이끌어 내지 못한다 할지라도 앞으로의 도덕성 연구에 있어 든든한 발판이 되어 줄 것이다.

| 제16장 |

# 능력의 발휘 · 활용에 대한 새로운 패러다임, 집단지성[1)]

## 1. 시대적 요구 · 필요로서의 집단지성

현대사회는 갈수록 생존 경쟁이 치열해지고 있으며, 이러한 분위기 속에서 많은 조직은 어떻게 하면 더욱더 성공적으로 해당 분야에서 자신들의 입지를 공고히 할 것인지에 대해 끊임없이 고심하고 있다. 이러한 시대적 분위기 속에서 이제는 뛰어난 한 개인에게만 의존해서는 생존 경쟁에서 승리할 수 없다는 사회적인 인식이 팽배한 상황이다. 즉, 한 개인에게만 전적으로 의존하는 시대는 지났으며, 그와 같은 방식으로는 살아남기 어렵다는 것이다. 이처럼, 경쟁을 기본으로 한 양적 성장을 지상 과제로 삼았던 시대에서 이제는 질적 성숙을 추구하는 시대로 변화하고 있다. 즉, 단편적인 경

1) 이 장은 전종희(2012)의 서울대학교 박사학위논문 「공과대학 대학원에서의 집단지성(Collective Intelligence) 속성 및 조건 탐색」 중 일부 내용을 발췌 · 정리하여 제시한 것임.

쟁 시대에서 벗어나 공존과 협력의 시대가 온 것이다(문용린, 2009).

조직은 서로 다른 특성을 가진 개인들 간의 상호작용을 통해 개인 혼자서는 이룰 수 없는 수준의 성취를 이루어 낼 수 있다는 것을 경험하고 있으며, 그러한 방법을 활용함으로써 집단이 얻을 수 있는 유용성을 절실히 체감하고 있다. 최근, 세계적인 기업들도 소수의 탁월한 개인의 능력에만 집중하기보다는 다수의 인재들 간의 협업의 중요성을 인식하고 업무 상황에서 적극적으로 활용하고자 하는 움직임을 보이고 있다. 이처럼, 어떻게 하면 인재를 잘 활용하여 조직의 생산성과 효율성을 극대화할 수 있을지가 초미의 관심사가 되었다.

지난 시대가 '틀림의 논리' 속에 함몰된 모더니즘의 시대라면, 이제 새로운 세기, 새로운 천 년은 '다름의 논리' 속에서 인간의 다양한 잠재 능력을 인정하고 북돋을 수 있는 포스트모더니즘의 시대라고 할 수 있다(홍성훈, 2009). 다른 사람을 이겨야 한다는 경쟁의식에 사로잡혀 있으면 타인은 협력의 대상이 아니라 경쟁의 대상이 된다. 이러한 상황에서는 개인 간의 부정적인 시너지로 인해 각자가 가진 장점과 능력을 충분히 발휘·활용하기 어렵다. 집단 구성원 상호간의 긍정적인 시너지 속에서 각자의 강점이 집단의 목표를 달성하고 성과를 향상시키는 데 유용하게 활용될 때, 구성원들은 기존과는 다른 새로운 것을 창조해 내고 최선의 해결책을 도출해 내는 능력을 유감없이 발휘하게 될 것이다.

이와 같이, 서로 다른 종류의 강점을 가지고 있는 사람들 간의 긍정적인 시너지가 나타나는 상호작용을 통해 집단이 개인의 단순한 합 이상의 능력을 발휘하게 된다면, 개인과 조직 모두가 원하는 건설적인 결과를 이루어 낼 수 있게 될 것이다. 이를 위해서는 집단 구성원의 능력을 잘 발휘·활용할 수 있는 효과적인 메커니즘이 무엇인지에 대한 탐색이 필요하다(Surowiecki, 2004).

최근, 한 명의 똑똑한 개인보다 개별적인 다양성을 가진 다수가 모여 함께 머리를 맞대고 시너지를 발휘할 때, 더 나은 아이디어와 산출물을 생산할 수 있다는 측면에서 집단지성에 관한 논의가 인적자원의 개발 및 활용 차원에서 활발하게 진행되고 있다. 이미 글로벌 선진기업들은 다양한 방법으로 집단지성의 활용에 박차를 가하고 있고, 국내 기업들도 그 추세를 따르고 있다.

집단지성(collective intelligence)이란 집단 내 상호간의 긍정적인 시너지를 통해 집단, 팀 내에서 구성원들이 가진 장점이 잘 발휘되어 집단의 목표를 달성하도록 이끄는 집단의 능력이라고 할 수 있다. 즉, 집단지성은 팀의 효율성 및 생산성 향상과 관련하여 'work hard'가 아닌 'work smart'를 위해 인적자원의 활용을 극대화하자는 맥락에서 등장한 개념이다. 최근 다양한 조직에서는 기존의 업무 관행에서 벗어나 보나 창의적으로 일해야 한다는 의미에서 'work smart'가 강조되고 있다. 'work smart'는 구성원의 다양한 개성을 존중하고 창의성을 이끌어 내되, 이를 조직창의성으로 승화시키고자 하는 움직임이다(삼성경제연구소, 2011). 이러한 맥락에서 집단지성은 산업 간 기술협력, 직업 간 협력 시스템을 찾아낼 수 있는 수평적 사회조직의 탄생으로 이끌고 있다(매일경제 세계지식포럼 사무국, 2007).

일반적으로 집단지성이라는 개념을 사용할 때에는 일반인, 네티즌, 시민들을 그 주체로 설정하는 것이 최근의 추세다. 즉, 인터넷의 등장과 함께 대중지성을 강조하는 측면이 부각되어, 집단지성을 곧 온라인 중심의 대중지성으로 규정하는 경우가 많았다. 이처럼, 네트워크상의 협업을 통해 수평적 관계를 형성하는 대중지성은 근본적으로 전문가군에 들어가지 못한 평범한 이들도 그 나름대로 어느 정도의 지성을 보유하고 있으며, 이들의 개별 능력이 합해질 때 전체에서 나오는 능력은 개별 능력의 산술적 합보다 훨씬 더 큰 힘을 갖는다는 인식에서 나온 개념이다. 즉, 대중지성은 대중의 지혜에 기초하는 집단지성인 것이다. 대중지성으로서의 집단지성은 전문가 집단만이 지식을 생성할 수 있다고 생각하는 것은 더 이상 적절하지 않으며, 지식을 생성하는 일반 대중의 능력에 주목할 필요가 있다는 인식에 근거한다. 이러한 맥락에서 집단지성의 '집단'은 전문가로 공인받지 않았지만 일상에서 체험한 지식을 공유하고 지식을 공동으로 생산하는 데 참여하는 일반인들을 의미하는 것으로 자연스럽게 개념화되었다.

이와 같이, 집단지성을 언급하고 있는 국내외 연구들은 주로 비전문가 집단의 지성을 의미하는 대중지성의 맥락에서 집단지성을 논의하고 있다. 하지만 'collective'라는 단어는 그 자체로 주체의 성격을 규정하지 않는 것이므로, 집단의 주체가 누구냐에 따라 대중지성과 전문가 지성으로 구분할 수 있다(최항섭, 2009).

전문가 지성의 맥락에서 최근에는 전공 내 협업뿐만 아니라, 전공 간 협업이 강조되면서, 공과대학 등 다양한 맥락에서 서로 다른 전문지식을 가진 이들이 협력하여 zero-sum이 아닌 positive-sum을 이루고자 하는 시도가 적극적으로 이루어지고 있다. 전공 내 깊이와 타 전공에 대한 넓이를 동시에 고려하는 학제 간 연구에 이르기까지 다양한 형태, 방식으로 협업이 나타나고 있는 것이다(오헌석, 심한식, 위현진, 배형준, 2009). 즉, 한 명의 뛰어난 개인에게 의지하는 것은 결과의 성패에 따른 위험부담을 감수해야 하는 일이지만, 서로 다른 다양성을 가진 개인들이 모여 시너지를 발휘할 때, 개인 차원에서 이루기 힘든 공동의 의미 있는 결과물을 만들어 낼 수 있다는 것이다. 이와 같은 맥락에서 최근 집단지성은 개인의 능력 발휘 및 활용, 집단 창의성의 증진을 위한 새로운 패러다임으로 등장하여 사회적 화두가 되고 있다.

## 2. 집단지성의 개념적 계보

집단지성은 다수의 개체들이 서로 협력하거나 경쟁하는 과정을 통하여 얻게 된 집단의 지적 능력을 의미한다. 이 개념의 시초는 미국의 곤충학자 William Morton Wheeler가 1910년 출간한 『개미: 그들의 구조 · 발달 · 행동(*Ants: Their Structure, Development, and Behavior*)』에서 제시되었다. Wheeler는 개체로는 미미한 개미가 공동체로서 협업하여 거대한 개미집을 만들어 내는 것을 관찰하였고, 이를 근거로 개미는 개체로서는 미미하지만 군집하여 높은 지능체계를 형성한다고 설명하였다.[2)]

개미들은 하나의 유기체를 뛰어넘어 각 개체들의 능력을 뛰어넘는 초유기체적인 행동을 보여 주는데, Wheeler는 개미의 이러한 협력적인 과정을 '초유기체성(superorganism)'이라고 불렀다. 이와 유사하게, 꿀벌 또한 특정한 상황 속에서 집단적으로 행동하여 높은 수준의 지능체계를 보여 준다는 것이 밝혀졌다. 개미나 꿀벌과 같은 사회적 곤충들은 무리를 지어 행동함으로써, 공동체적 문제를 해결하거나 효율적인 집단 관리를 시도할 때 일종의 시너지 효과를 불러일으켜서 예상치 못한 능률의 향상을 도모할 수 있다는 것이다.

한 마리의 개미 그 자체로는 아주 미미하고 지능을 갖지 않은 것처럼 보이지만, 그들은 개별적으로 행동하지 않고 하나의 군집을 이루면서 무리로 떼를 지어 행동한다. 이렇게 집단을 이루어 협업하였을 경우, 전체 개미 집단은 큰 힘을 발휘하게 되며, 바로 이것이 집단의 힘, 다수의 능력이라는 것이다(김성민, 2010).

2) 두산백과사전의 내용을 참고하여 반영함. 집단지성은 비교적 최근에 본격적인 논의가 이루어지고 있는 개념이기 때문에, 집단지성에 대한 관련 정보를 파악하고 일괄적으로 종합, 수렴하기 위해서는 온라인 · 오프라인상의 공신력 있는 다양한 출처를 참고할 필요가 있음. 그러므로 다양한 출처로 분산되어 있는 집단지성의 정의, 이론적 흐름, 계보 등을 제시하기 위해 다양한 학술자료들과 함께, 필요한 경우에는 그동안 논의되어 온 집단지성에 관한 관련 정보를 제공하는 국내외의 여러 온라인 사이트도 함께 참고 · 번역하여 반영함(Doopia, Wikipedia, Wapedia 등).

집단지성에 관한 Wheeler의 논의를 시초로 하여 시작된 집단지성의 개념적 계보를 연대순으로 간략하게 정리하면 〈표 16-1〉과 같다.

〈표 16-1〉 집단지성의 개념적 계보

| 학자 | 주요 내용 |
|---|---|
| W. M. Wheeler(1910) | 개체로는 미미한 개미가 공동체로서 협업하여 거대한 개미집을 만들어 내는 것을 관찰하였고, 이를 근거로 개미는 미미하지만 군집하여 각 개체들의 능력을 뛰어넘는 초유기체적인 행동(superorganism)을 보여 준다고 설명함. |
| Emil Durkheim(1912) | 사회는 개인을 초월하여 보다 높은 지능을 구성함. |
| Peter Russell(1982) | 정보통신기술을 활용한 전 세계적인 지적 네트워크로서 '글로벌 브레인(global brain)'이라는 용어를 언급함. |
| H. G. Wells(1983) | 서민 대중이 계몽된 세계 시민으로 거듭나도록 도와줄 범세계적 백과사전의 진화를 바라면서 '월드 브레인(world brain)'을 제시함. |
| Pierre Levy(1994) | 집단지성은 개인으로서는 할 수 없는 일이 집단 차원에서는 가능해진다는 개념에 기반을 둠('나는 생각한다'에서 '우리는 생각한다'로 패러다임 전환). |
| Mayer-Kress & Barczys(1995) | 컴퓨터 네트워크를 통해 '글로벌 브레인(global brain)'이라는 전 세계적으로 자기 조직화된 구조의 출현을 이끌 수 있음. |
| Howard Bloom (1995, 2000) | 집단정신(mass mind)은 각 개체들의 정신을 통합한 것으로서, 구성원들은 고유의 개체를 잃지 않으면서 상호 호혜적으로 공존함. |
| Howard Rheingold (2002) | 단일 지도자가 없이 디지털 네트워크를 활용해서 스스로 조직화하는 '똑똑한 군중(smart mobs)' 개념을 제시함. |
| James Surowiecki (2004) | 특정 조건에서 집단은 집단 내부의 가장 우수한 개체보다 지능적임. 즉, 특정 조건만 충족된다면, 대중의 집단적 지혜가 전문가 개인의 지혜보다 더 훌륭한 문제해결책을 제공해 줄 수 있다며 집단의 힘을 강조함. |
| Francis Heylighen (2005) | 글로벌 브레인(global brain) 개념의 발달에 크게 기여함. 글로벌 브레인에 관한 세 가지 관점, 즉 organicism, encyclopedism, emergentism을 제시함. |

| | |
|---|---|
| Tom Atlee(2008) | 집단지성은 집단지능(group IQ)보다 한 차원 높은 것으로서, 집단의 모든 구성원들이 동일한 사고를 가지는 것, 즉 집단사고(groupthink)를 극복하여 지적인 수행을 성취하기 위해 개개인들이 협력 활동을 통해서 개인의 인지를 향상시키는 과정임. |
| Charles Leadbeater (2008, 2009) | 개별적 구성원들이 참여와 협업, 다양성과 공통의 가치, 독립된 사고와 공동체적 특성이 적절히 결합될 때 강력한 집단지성이 탄생함. |
| Barry Libert & Jon Spector(2008) | 새로운 다수인 '우리'는 어느 한 개인으로서의 '나'보다 훨씬 똑똑해졌고, 이제 사람들은 원래 개미나 벌들의 특성으로만 간주되었던 집단지성을 이용하여 협업을 할 수 있게 됨. |

출처: 전종희(2012).

〈표 16-1〉에서 제시된 바와 같이, 집단지성의 개념에 관한 기존의 선행 연구를 토대로 하여 최근에는 집단이 형성되었을 때 발휘할 수 있는 집단의 능력을 집단지성이라는 용어로 수렴하여 본격적으로 논의하기 시작하였다. 사이버 공간에서의 집단지성을 중심으로 논의한 Pierre Levy (1994)는 집단지성을 '어디에나 분포하며, 지속적으로 가치가 부여되고, 실시간으로 조정되며, 역량의 실제적 동원에 이르는 지성'으로 정의하였다. 그에 의하면, 집단지성이란 개인으로는 할 수 없는 일을 집단은 가능하게 하는 것이다.

이후 James Surowiecki(2004)는 특정 조건에서 집단은 집단 내부의 가장 우수한 한 명의 천재보다 지능적이라고 주장하였다. 즉, 다양성, 독립성, 분산화, 통합과 같은 특정 조건만 충족된다면 대중의 집단적 지혜가 전문가 개인의 지혜보다 더 훌륭한 문제해결책을 제공해 줄 수 있다고 하면서 집단의 힘을 강조하였다. 물론, 그가 말하는 대중에는 한 명의 천재도 포함된다.

Tom Atlee(2008)는 Howard Bloom이 '집단지능(group IQ)'이라고 부른 개념을 발전시키는 데 주로 초점을 맞춘다. Atlee는 집단지성이 집단의 협동을 위해 '집단사고(groupthink)'와 개인의 인지 편견(cognitive bias)을 이겨 내도록 도움을 줄 수 있다는 입장에 있다. 그에 의하면, 집단지성은 집단지능보다 한 차원 높은 것으로서, 집단의 모든 구성원이 동일한 사고를 가지는 것, 즉 집단사고를 극복하여 지적인 수행을 성취하기 위해, 개개인들의 협력 활동을 통해서 개인의 인지를 향상시키는 과정으로 정의하고 있다. 개인의 지성의 합 이상의 집단지성으로 유도하려면 개인의 헌신이 필요하며, 이러한 헌신을 유도하기 위해서는 모든 구성원이 함께 만들어 가는 공유된 비전이 중요하다는 것이다(이유나, 이상수, 2009). 또한 Charles Leadbeater(2008)는 개별적 구성원들 간에 참여와 협업, 다양성과 공통의 가치, 독립된 사고와 공동체적 특성이 어우러지고 적절히 결합될 때, 강력한 집단지성이 탄생할 수 있다고 하였다.

## 3. 집단지성의 종합적 정의

집단 구성원 간의 상호작용을 통해 구성원의 합 이상의 능력을 발휘한다는 개념인 집단지성(collective intelligence)은 개개인의 지능의 단순한 합인 집단지능(collected intelligence)과는 엄연히 다르다. 집단화된 개별 주체들이 하나의 동질화된 집단에서 특정한 목적을 위해 함께 행동할 때 그것은 집단지성이 아니라 집단지능에 가깝다고 할 수 있다. 집단 속에 있는 개별 주체들이 어떻게 존재하고 있는지, 각 개인들의 주체성과 자율성이 보장되는지에 따라 집단지성이라고 부를 수 있을 것인지 없을 것인지 구별될 수 있다(이유나 외, 2009).

집단지성을 과정 혹은 결과라는 관점에서 정의하고 있는 연구들도 있다. 집단지성을 과정의 관점에서 보는 Atlee(2008)는 집단지성을 집단의 단순한 합인 집단지능(group IQ)보다 한 차원 높은 것으로 규정하고 있다. 그는 집단의 모든 구성원들이 동일한 사고를 가지게 되는 집단사고(groupthink)를 극복하여 개개인들의 협력 활동을 통해서 개인의 인지를 향상시키는 과정으로 정의하고 있다. 이와는 달리, Leadbeater(2008)는 집단지성을 공유된 지적 결과로서 본다. 그는 아이디어를 공유 · 검증 · 폐기 · 개발하는 과정을 통해 완성된 하나의 결과물을 만들어 가는 것을 집단지성으로 정의하고 있다. 또한 그는 그 대표적인 예로 Wikipedia가 전 세계 사람들이 각자가 가진 전문 지식을 모아 하나의 온라인 백과사전을 만드는 대규모 협업을 통한 공유된 지적 결과물이라고 하였다(이유나, 이상수, 2009).

하지만 집단지성을 둘 중의 하나, 즉 과정 혹은 결과의 관점에서 보는 것은 집단지성의 총체적인 면이 아니라 일부만을 파악하는 것이라고 할 수 있다. 왜냐하면 집단지성을 활용하여 얻고자 하는 것은 개인적으로는 성취할 수 없는 긍정적인 상호작용을 통해 집단이 바라는 공동의 결과물을 도출하는 것이기 때문이다. 그러므로 집단지성은 집단 구성원들이 특정 맥락 속에서 상호작용을 통해 개인적으로는 달성하기 어려운 문제를 해결해 나가는 과정에서 각자가 가지고 있는 지식을 조작 · 처리하여 결과물을 산출해 내는 공동의 능력, 즉 과정과 결과가 모두 내포되어 있는 개념이라고 할 수 있다.

집단지성은 단순한 기계적 · 집단적 협업의 결실과는 다른 것으로서, 역동적인 인지적 협력의 결과를 의미한다. 여러 개인들이 상호작용을 하면서 자신의 사고와 판단에 영향을 주는 새로운 요인을 경험하게 되는 과정에 창안한 개념이다. 그러므로 집단지성은 통일된 하나의 의사결정에 합의할 것을 기대하는 기존의 개념과는 차별화될 필요가 있다. 즉, 역동적인 상호작용을 거치는 과정에서 개별적으로 작업을 했을 때와는 다르게 문제를 해결하는 과정에서 시너지를 발휘하여 집단적 성찰을 함으로써 새로운 통찰을 얻고, 그 이후의 작업에 의미 있게 피드백되는 과정을 거치는 것 또한 집단지성을 통해 얻을 수 있는 중요한 측면이라고 할 수 있다(양미경, 2010,

2011).

지능은 지식을 습득할 수 있는 능력, 추상적으로 생각하고 추론할 수 있는 능력, 새로운 환경에 잘 적응할 수 있는 능력으로 정의될 수 있다(Eggen & Kauchak, 2010). 이와 같이, 지능(intelligence)에 관한 기존의 논의는 본래 인지적 요소를 중심으로 이루어졌으나, 지능을 확장하여 종합적으로 정의하게 되면서 의지적 요소나 정서적 요소도 포함시키고 있다(한국교육심리학회, 2000). 이러한 지능의 정의를 수렴하여 집단지성을 정의한다면, 개인으로 모인 집단 구성원들이 특정 맥락에서 문제를 해결해 나가는 과정에서 발휘되는 개인의 합 이상의 집단의 능력으로 규정할 수 있다(Gardner, Kornhaber, & Wake, 1996).[3]

기존의 선행 연구를 종합하고, 공통적으로 수렴한 집단지성의 정의는, 다양성을 가진 개인들이 모여서 서로에게 압력이나 불필요한 영향력을 행사하지 않고 각자가 가진 능력을 발휘하고 협력 · 조율하여 시너지를 발휘함으로써, 개인의 합 이상의 최선의 결과를 도출하는 집단의 능력이다.

결론적으로 말하면, 집단지성은 다양한 구성원들이 모여 각자가 가진 능력과 재능을 발휘하여 뛰어난 한 개인에 의존해서는 도출할 수 없는 최선의 결과물을 도출해 내는 집단의 능력이라고 정의할 수 있다.

집단지성의 개념을 명확하게 파악하기 위해서는 집단지성과 유사한 개념들을 탐색함으로써, 집단지성과의 개념상의 근본적인 차이점을 확인할 필요가 있다. 따라서 집단지성 개념이 유사개념과 어떻게 차별화되고, 또 고유한 특징을 보이는지를 살펴보고자 한다. 주요 내용을 표로 정리하면 〈표 16-2〉와 같다.

3) Gardner, Kornhaber와 Wake(2006)가 제시한 '지능(Intelligence)'에 관한 종합적인 정의를 반영하여 논의함.

〈표 16-2〉 집단지성(collective intelligence)의 유사개념

| 종류 | 정의 | 집단지성과의 차이점 |
|---|---|---|
| 집단창의성<br>(group creativity) | 집단 수준의 창의성은 개인의 창의적 행동을 투입 요소로 하며, 개인이 관여된 상호작용, 특성, 프로세스, 상황적 요인의 함수이지만, 개인 창의성의 단순 합이 아님(신지연, 2007). 팀 차원에서는 창의성을 결과물과 과정으로 정의하는 것이 유익함(Levi, 2007). | 집단지성은 개인들의 강점을 드러내어 상호간의 시너지를 발휘함으로써, 집단의 목표를 달성하기 위해 창의적인 결과물을 도출하는 데 초점을 두고 있음. 즉, 집단지성은 개인들의 단순한 합 이상의 집단창의성을 극대화하는 것과 밀접한 관련이 있음. |
| 집단응집력<br>(group cohesiveness) | 서로서로가 뭉치는 강도와 전체로서의 집단과의 연대감의 강도로서 알 수 있는 집단의 일체성과 결속력, 집단에의 소속감과 공동체감, 집단 성원들이 목표 달성을 위해 상호 협응하는 노력의 정도 등의 조합임(Forsyth, 2006). | 집단지성의 발휘를 위해서는 팀원들 간의 상호존중이 필수적임. 하지만 응집력이 지나치게 높을 경우, 동조현상이 지나치게 되어 구성원의 자율성과 창의력을 저해하는 부정적 결과를 초래할 수 있는데(손태원, 2005), 이러한 경우 집단지성의 발휘를 저해할 수 있음. |
| 집단역학<br>(group dynamics) | 집단의 본질, 집단의 발달법칙, 그리고 개인 및 다른 집단, 또 더 큰 기관과의 상호관계에 대한 지식을 다룸. 집단역학은 집단에 대한 과학적 연구, 사회집단에서 일어나는 행동, 과정 및 변화를 다룸(Forsyth, 2006). | 집단역학은 집단 내에서 일어나는 관계, 행동 등의 다양한 현상을 다루는 매우 포괄적인 개념이라고 할 수 있음. |
| 집단사고<br>(groupthink) | 집단 내부의 압력으로 인해 현실적 감각이나 도덕적 판단, 정상적 사고 능력이 현저하게 감퇴되어 나타나며, 구성원 간의 친밀한 관계와 높은 응집력 때문에 발생하는 병리적 현상임. 즉, 자신을 제외한 모든 구성원들의 결정이 틀렸음을 아는데도 불구하고, 집단의 의견에 따르는 현상임(손태원, 2005). | 집단지성이 활발하게 발휘되기 위해서는 집단사고를 미연에 방지하는 것이 중요함. 다른 사람들의 영향을 받지 않고, 개인의 다양한 의견을 독립적으로 피력하도록 할 때, 집단지성은 잘 발휘될 수 있음. |

| | | |
|---|---|---|
| 팀워크 (teamwork) | 최근 들어 팀워크의 개념은 관찰을 통한 팀 행동 외에, 팀원의 지식, 태도, 성격 등의 인지적 변수를 포함하는 통합화 경향을 보임. 대표학자인 Cannon-Bowers 등의 정의를 참고로 하면, 팀워크란 팀 활동에 역동성을 유발시키는 팀원들의 팀워크 스킬, 팀워크 지식, 팀워크 태도의 집합체로서, 팀원의 역량에 중심을 두고 정의됨(박원우, 2006). | 집단지성이 발휘되는 팀에는 좋은 팀워크(good teamwork)가 존재함. 하지만 좋은 팀워크가 존재하는 팀에 집단지성이 반드시 존재한다고 할 수는 없음. 왜냐하면 팀워크 자체가 매우 포괄적인 개념이므로, 좋은 팀워크가 드러나게 되는 원인은 다양하게 나타날 수 있기 때문임. |
| 학습공동체 (learning community, community of practice: CoP) | 동일한 관심사와 일련의 문제, 어떤 주제에 대한 열정을 공유하고 있으면서 지속적으로 상호작용하는 과정을 통해서 이 분야에 대한 지식과 전문성을 보다 깊이 있는 것으로 만들어 나가는 사람들의 집단임.<br>CoP의 목적은 지식을 창출하고, 확장, 교환하며, 개개인의 능력을 계발함으로써, 자신의 관심 분야에 투자하는 것임(Wenger, McDermott, & Synder, 2002) | 학습공동체는 주어진 과업으로서가 아닌 개인적으로 관심이 있는 분야를 탐구하고, 관련 지식을 개발하며, 공유하는 것에 초점이 있음. 그러므로 개개인의 능력을 발휘함으로써 나타나는 시너지를 통해 팀 또는 조직을 위해 보다 나은 결과 및 목표를 달성·성취하는 데 초점을 두는 집단지성과는 차이가 있음. |
| 협력학습 (collaborative learning) | 학생이나 학생과 교사에 의한 공동의 지적 노력과 관련된 교육에서의 다양한 접근법에 대한 '포괄적인 용어(umbrella term)'로 사용됨.<br>협력학습은 학생 집단이 학습의 결과물이나 산물을 만들기 위해 이해, 의미, 해결책을 찾기 위해 함께 일하는 데 대한 포괄적인 개념임(김득준, 2007).<br>협력학습은 단순히 교실에서 사용하는 수업 기술이 아니라 개인적 철학으로 집단에서 서로 존중하고 집단구성원의 개념을 최대한 발휘하는 방법을 제시함(이종일 외, 2008). | 집단지성은 교수-학습 상황뿐만 아니라 연구, 일과 관련되는 보다 통합적이고 복잡한 상황 속에서 일반적으로 잘 나타날 수 있고, 집단 내에서 구성원들 간의 상호작용을 통해 집단의 목표 달성에 기여함으로써 효율성 및 생산성 향상을 기하는 데 초점을 두는 것이므로, 주로 학습적인 맥락 속에서 논의되는 협력학습, 협동학습과는 차이가 있음.<br>제시된 문제에 대한 해결책을 얻기 위해 학생들 간의 상호작용 과정 속에서 서로의 영향을 주고받으면서 학습하는 것을 포괄하여 설명하는 개념이 협력학습임.<br>협력학습은 교수-학습 상황에서 학생 간, |

| | | |
|---|---|---|
| 협동학습<br>(cooperative learning) | 특정 목표의 성취나 결과물의 개발을 위해 함께 상호작용하도록 돕는 일련의 과정임. 따라서 협동학습은 협력학습 체계보다 훨씬 지시적이며, 교사에 의해 통제됨(이종일 외, 2008). | 교사와 학생 간 상호작용이 일어나는 방법을 포괄하는 것이고, 협동학습은 협력학습에 속하는 개념임.<br>협동학습에서는 교사의 개입이 더 많고, 인지적인 차이가 있는 학생들이 서로 영향을 주고받으면서 학습한다고 가정함. |

출처: 전종희(2012).

집단지성은 리더와 팔로워, 즉 팀장과 팀원을 중심으로 하여 각자가 가진 능력을 발휘하여 집단이 원하는 최선의 결과물을 도출하는 데 초점을 두고 있다. 즉, 집단지성은 교수-학습 상황에 제한되지 않고, 집단 내에서 탑 리더십과 중간리더십의 안내와 중재하에 팀원들이 불필요한 긴장감을 최소화하고 긍정적인 시너지를 통해 각자가 가진 능력을 극대화하는 데 중점을 두는 개념인 것이다.

## 4. 집단지성의 대표 사례

집단지성의 발휘 조건을 잘 보여 주는 대표적인 경우로서 첫 번째는 마이크로소프트(MS) 사를 들 수 있다. 빌 게이츠는 일 년에 두 번 일주일 간 칩거하면서 MS의 장래와 디지털 세계의 향방을 좌우할 수 있는 아이디어와 전략을 창출하는 생각주간(Think Week)을 갖는다. 그는 이 기간 동안 온종일 전 세계 MS 직원들이 작성해 온 보고서와 제안서를 읽고 새로운 아이디어와 전략을 구상하는 데 골몰한다고 한다. 또한 눈에 띄는 아이디어를 발견하면 이메일을 통해 담당자와 다양한 의견을 주고받기도 한다. 1995년 당시 독보적 위치였던 넷스케이프를 무너뜨리고 MS의 익스플로러를 탄생시킨 계기가 되었던 빌 게이츠의 메모 '인터넷의 조류(The Internet

Tidal Wave)' 역시 생각주간의 산물이었다고 한다.

이는 최고경영자가 조직 구성원의 아이디어를 소중히 여기고 그것을 적극적으로 반영, 수평적으로 공유함으로써 문제를 해결하고자 했던 적극적인 움직임이 조직의 발전으로 귀결된 사례로서, 기업 조직에서의 집단지성의 대표적인 경우라고 할 수 있다.4)5)

두 번째로, 러시아의 상트페테르부르크 연구소를 들 수 있다. 러시아의 과학자인 Alshuller는 분야에 따라 문제를 표현하는 방법이 다를 뿐, 문제의 본질과 해결책이 비슷한 점이 많다고 하면서 '세상만사의 근본 원리는 결국 통한다'고 주장하였다. 그는 20만 건 이상의 특허를 분석한 후, 서로 다른 분야의 특허라 하더라도 문제의 본질은 비슷해서 몇 가지로 유형화할 수 있고, 그 해결책도 40가지로 유형화할 수 있다고 밝혔다. 그는 이 40가지의 문제해결 원리를 '트리즈(teoriya resheniya izobretatelskikh zadatch: TRIZ)'라는 이름으로 집대성했는데, 이것은 말하자면 '창의적 문제해결 기법(theory of inventive problem solving)'인 셈이다.

Alshuller의 뜻을 이어받아 운영되고 있는 세계적인 트리즈 컨설팅 회사인 '젠스리(GEN3) 파트너스'의 상트페테르부르크 연구소에는 과학 및 공학 박사인 80여 명의 전문가들이 연구에 몰두하고 있다. 이 회사의 창의적 문제해결력의 단초는 연구실 복도에서도 확인할 수 있다고 한다. 복도 벽을 따라 철사 줄이 기다랗게 놓여 있고, 거기에 연구원들이 메모를 써 놓은 종이들이 집게로 즐비하게 걸려 있다. 이것은 연구원들끼리 서로 궁금한 것을 적어 놓은 뒤 다른 전문가들의 아이디어를 구한다는 것을 의미한다. 즉, 서로 다른 분야를 연결하는 데서 해답을 찾는 트리즈의 개념을 충실히 구현하는 것이다.

4) 전자신문 2005년 7월 15일 〈[프리즘] 생각주간(Think Week)〉 기사를 참고하여 반영함.
5) 매일경제 커뮤니티 2006년 1월 9일 게시물 〈블루오션은 'Think Week' 부터〉를 참고하여 반영함.

젠스리의 혁신 방법론의 요체는 '연결'과 '개방'이다. Alsuller는 세상의 모든 문제의 본질은 똑같고 이를 유형화할 수 있으며, 한 분야의 원리를 다른 분야에 접목시키면 문제를 더욱 쉽게 풀 수 있다고 주장한다. 또한 여러 분야에서 아이디어를 얻고 문제의 해답을 찾아야 시간과 비용을 절약할 수 있고 진정한 오픈 이노베이션(open innovation)이 가능하다는 입장에 있다. 일반적인 오픈 이노베이션은 많은 사람들에게 질문을 던지고 해답을 찾는 방식을 취한다. 그런데 이런 방식의 가장 큰 문제는 신뢰성이 떨어지기 때문에 답을 찾을 수도 있고, 못 찾을 수도 있다는 데 있다. 또 다른 문제는 여러 분야에서 해결 방법을 찾기 위해 한 분야에서만 문제를 정의하면 다른 분야의 사람들과 공유하기 어려울 수 있다는 것이다. 이러한 문제를 해결하기 위해서는 다른 분야의 사람들과 공유할 수 있도록 해당 분야의 문제점을 전문 용어가 아닌 일반적인 용어로 일반화시키는 것이 필요하다. 그렇게 하고 나면, 문제점을 공유하여 여러 분야에서 해결 방법을 찾을 수 있게 되는 것이다.

이와 같이, 용어를 일반화시킨 후 문제를 공유하면 다른 분야의 사람들도 자신들만의 방식으로 바라보고 해결책을 찾게 되고, 당면한 문제를 폭넓게, 새로운 시각으로 빨리 해결할 가능성이 높아질 수 있다.[6] 이것은 학제 간, 융합 연구 방식에서 집단지성을 추구할 때 가장 기본적으로 고려해야할 점이라고 할 수 있다.

그 외에 영화 '토이 스토리'로 유명한 미국의 PIXAR는 영화 제작 과정에 필요할 경우, 8명의 내부 베테랑 감독으로 구성된 'Brain Trust'를 소집한다. 이들은 활발한 토론을 통해 영화제작 과정에 대한 다양한 아이디어와 관객들의 공감을 이끌어 낼 수 있는 요소를 제시하는 것으로 유명하다

6) 조선닷컴 2010년 4월 10일 [Weekly BIZ] 〈창의적 문제해결 기법 'TRIZ의 산실' 러시아 젠스리 연구소 리트빈 박사〉 기사를 참고하여 반영함.

고 한다.

최근 국내 기업에도 집단지성을 활용하여 기업의 경쟁력을 높이고자 하는 움직임이 활발하게 진행되고 있다. 즉, 치열해지고 있는 기업 간 경쟁 속에서 우위를 선점하기 위해 경쟁력을 확보할 수 있는 지식집약형 기업으로 자리매김하기 위해 'smart working'을 지향하겠다는 것이다. 국내 사례로서 대표적인 경우로는 SK C&C와 POSCO, 삼성을 들 수 있다. 먼저, SK C&C는 직원들을 위한 통합 맞춤 지식포털 '엣지(@知)'를 열고 사내 집단지성 활성화를 표방하였다. 소셜네트워크 시스템을 가미한 엣지는 사내 모든 지적자산 활용을 극대화하기 위해 구성원들이 자발적으로 정보와 지식을 공유하도록 하는 포털이다. 직원들이 'My Desk' 기능을 활용해 자신의 현재 업무 목표와 관심 분야를 설정하면 자신에게 필요한 지식, 전문가 네트워크를 한눈에 확인해 볼 수 있다.

POSCO는 기존의 고여 있는 지식을 저장하고 열람하는 지식경영 시스템(knowledge management system: KMS)에서 탈피하여 직원들이 지식과 정보를 교류하고 상호 협력할 수 있는 시스템을 구축하는 데 힘을 쏟고 있다. 출신과 배경, 성향이 다른 엄청난 규모의 인적자산을 주요 의사결정 과정에 참여시킴으로써, 위키피디아 식의 집단지성을 발현하는 토대를 구축하고자 하는 것이다.[7] 이처럼, 당면한 문제를 해결하고 더 나은 방안을 찾기 위해 조직의 다양한 인적 자산을 사장시키지 않고 적극적으로 활용하여 최선의 해결책을 도출하고자 하는 것은 자연스러운 시대적인 흐름이 되고 있다.

7) 한경닷컴 2011년 3월 1일 [삼성 · 포스코의 '위키피디아 경영'] 〈'좋은 생각 있으면 누구나…' 스마트 워킹의 핵심 '집단지성' 확산〉 기사를 참고하여 반영함.

## 5. 집단지성 연구의 최근 동향

최근 Wharton, Pearson과 MIT가 주축이 되어 집단지성을 연구하는 'We are smarter than me'(www.wearesmarter.org)라는 프로젝트에서는 위키(wiki) 기반의 기술을 이용하여 수천 명의 사람들이 집단지성을 직접 실천하고 있다(Libert & Spector, 2007; 황은동, 2008, 문수진, 2009). 또한 MIT의 연구자들은 집단지성을 실증적으로 밝히기 위해 여러 가지 시도를 해 왔다. 그들은 집단이 다양한 협력 과제에 관한 수행을 예언하는 집단지성을 가지고 있다고 하면서, 집단(groups)에 대한 개념을 확장하고 있다. 연구자들은 어떤 집단은 왜 다른 집단에 비해 더 뛰어난지에 대해 탐구하기 시작하였다(Miller, 2010).

그동안 심리학자들은 일반지능(general intelligence)이라고 불리는 단일한 통계적 요인(g factor)을 제시해 왔다. 그들은 수십 년 동안 집단이 특정 과제를 얼마나 잘 수행하는지를 연구해 왔지만, 개인지능이 측정되는 것과 동일한 방식으로 집단이 가진 지능을 측정하는 시도를 하지는 못했다.

MIT 연구팀의 Woolley 등은 총 699명이 각각 2~5명으로 구성된 각 집단에 참여하는 연구에서 다양한 종류의 과제 시 집단의 수행을 설명하는 일반 집단지성 요인의 증거를 제시하였다. 이 연구에서는 집단지성을 다양한 종류의 과제를 수행하는 집단의 일반 능력으로 정의한다(Woolley, Chabris, Pentland, Hashmi, & Malone, 2010a; 2010b). 대부분의 선행 연구가 특정 팀이 주어진 과제에서 발휘하는 것이 무엇인지에 초점을 두고 있었던 반면, 이 연구는 특정 과제에 관한 팀의 수행이 다른 과제들에도 일반화되는지가 중요한 관심사였다. 이러한 실험은 어떤 하나의 과제에 관한 집단의 수행이 다른 과제에 대한 수행을 예측한다는 것을 보여 주었다(Miller, 2010). 즉, 이 연구를 통해 연구자들은 집단이 협력 과제(collaborative tasks)를 어떻게 수행할지를 예측하게 해 주는 집단지성을 가지고 있다고 주장하였다(Dizikes, 2010). 그것은 집단이 일관성 있는 집단지성 지수를 보인다는 것을 뜻한다고 해석되었고, Woolley 등은 각 집단의 집단지성 지수인 'c factor'를 산출하였다(Miller, 2010).

연구자들은 집단지성 지수, 즉 'c factor'가 집단 구성원들의 평균 또는 최대 개인지능과 강한 상관을 보이지는 않지만, 집단 구성원의 사회적 민감성 평균, 돌아가며 대화하기, 집단 내 여성의 비율과 상관이 있음을 보여 준다고 하였다(Woolley et al., 2010a; 2010b). 연구자들은 잘 협력하는 집단의 집단지성은 집단 구성원이 가진 인지적 능력 이상으로 확장되어 나타날 수 있다는 것, 그리고 효과적으로 협력하는 경향은 집단 내 여성의 비율과 관련이 있음을 보여 주는 연구를 하였다. 높은 수준의 사회적 민감성(social sensitivity)을 보이는 구성원이 있는 집단은 그렇지 않은 집단에 비해 더욱 지적인(intelligent) 경향을 보였다. 그것은 사회적 민감성이 성공적인 팀의 핵심요소임을 보여 주는 것이라고 할 수 있다(Dizikes, 2010).

심리학자 Steve Kozlowski는 앞서 제시한 Woolley의 연구가 특정 맥락에서 제시된 작은 과제를 대상으로 한 데다 매우 짧은 기간 동안 측정한 것이므로, 그 결과를 일반화하는 데는 무리가 있다는 입장을 보였다. 또한 그에 의하면, Woolley와 동료들은 지능을 측정하고 있다고 확신할 수 없으며, 단지 제한된 수의 문제에 관해 집단이 얼마나 잘 수행하는지를 측정하는 것이라고 하면서 그 연구를 지지할 만한 증거를 찾기 어렵다고 주장하였다. 이러한 맥락에서 Kozlowski는 향후에 집단지성을 정의하는 데 더 많은 시간이 걸릴 것이라는 입장을 보이고 있다(Palca, 2010).[8]

집단지성에 관한 또 다른 최신 연구로는 MIT의 Malone, Laubacher와

8) www.npr.org의 science 뉴스 관련 2010년 9월 30일 Joe Palca의 〈Collaboration Beats Smarts In Group Problem Solving〉 기사를 참고하여 반영함.

Dellarocas(2010b)가 진행한 집단지성의 게놈(genome) 지도를 들 수 있다. 이들에 의하면, 집단지성은 지적으로 보이는 집단적인 일을 하는 개인들의 집단으로 폭넓게 정의되어 왔고, 집단지성은 그동안 이와 같은 정의에 의해 규정되어 왔다. 그러나 인터넷의 부상은 새로운 형식의 집단지성의 출현을 가능하게 하였다. 그 대표적인 사례인 Google과 Wikipedia는 웹을 활용하여 매우 효과적인 방식으로 함께 일하는 경우로서, 조직이 크면서도 느슨하게 일하는 조직화된 집단이다(Malone et al., 2010a).

최근, Malone 등은 웹을 기반으로 하여 집단지성을 활용하는 시스템에서 더 나아가, 집단지성 시스템의 핵심(heart)을 '유전자(genes)'라는 상징적인 메타포로 표현하면서 웹을 기반으로 하는 집단지성 시스템에 관한 새로운 프레임워크를 제공하고자 하였다(Malone et al., 2010a).

MIT 집단지성 센터에서는 웹 기반 집단지성에 관해 모은 250개의 사례들을 토대로, 핵심적으로 작용하는 집단지성의 '유전자(genes)'를 구성하는 요소들을 확인하였다(Malone et al., 2010b). 연구자들은 집단지성 시스템에서 수행하는 과제와 관련된 핵심 질문들(who, why, what, or how)에 대한 답을 '유전자'로 정의한다. 첫 번째로 'who'는 '누가 그 활동에 착수하는가?'이고, 두 번째는 'why'로서, '왜 사람들은 그 활동에 참여하는가?' '사람들이 참여하게 된 동기는 무엇인가?' '작업 시, 인센티브는 무엇인가?'가 있는데, 여기에는 세 가지 유전자, 즉 돈(money)과 사랑(love), 영광(glory)이 있다. 세 번째로 'what'은 '수행되고 있는 일은 무엇인가?'로서, 이것은 주로 미션(mission)이나 목표(goal)의 형태로 제시된다. 네 번째로, 'how'는 '그 일이 어떻게 진행되고 있는가?'에 관한 것이다. 이와 같은 조직 유전자는 집단지성 시스템이 세워지는 핵심요소가 된다. 유전자의 전체 조합은 그 시스템의 '게놈(genome)'으로 간주될 수 있다(Malone et al., 2010a). 이와 같이, 집단지성의 관점에서 집단을 효과적으로 운영하기 위한 조건 등을 탐색하는 국외 연구의 사례가 제시되고 있다.

그동안 집단지성에 관한 여러 종류의 국내 선행 연구가 있었지만, 오프라인상에서 집단지성이 드러나는 양상, 실체에 관해 실제적 · 실증적으로 규명하는 연구를 찾아보기는 어렵다. 또한 집단지성에 관해 이루어진 상당수의 연구들은 가상의 세계, 즉 온라인 상황을 기반으로 하는 것이기 때문에, 오프라인 기반에서 이루어지는 개인들 간의 상호작용을 통해서 확인할 수 있는 집단지성의 속성 및 조건 등을 규명하고 파악하는 연구는 거의 없는 실정이다.

집단지성에 관한 국내 연구는 특히 2007년 이후부터 사회학, 정치학, 경영학, 교육공학, HRD, 공학 계통 분야 등 다양한 분야에서 더욱 활발해지고 있다. 연구의 내용을 살펴보면, 집단지성에 관한 초기 이론적 논의에 주로 초점을 두고 있거나, 온라인상의 집단지성의 적용 · 구현에 관한 연구가 상대적으로 많은 반면, 오프라인상에서 실제로 드러나는 양상을 규명하는 연구는 찾아보기 힘들다. 또한 교육 분야에 집단지성을 적용 · 활용하고자 하는 빈도가 높지 않을 뿐만 아니라, 주로 온라인 기반으로 대중지성의 관점에서 연구가 이루어지거나 공학 등의 분야에서 집단지성을 기술적으로 활용하는 연구가 많다.

이와 더불어, 기존의 선행 연구들은 집단지성의 개념 및 속성 등에 대한 명확한 논의를 전제하지 않고, 통념상으로 회자되는 수준에서 집단지성을 이야기하면서 실제 적용 및 측정을 다루는 경우가 많다. 그리고 대중지성의 관점에서 온라인 기반 집단지성을 중심으로 연구가 이루어지고 있는 반면, 오프라인상의 집단지성, 그리고 대중지성이 아닌 전문가 지성의 관점에서 집단지성을 다루는 연구를 찾아보기는 어렵다. 즉, 집단지성에 관한 기존의 논의의 한계를 벗어나 보다 종합적인 관점에서 실제 맥락을 탐색할 필요가 있음에도 불구하고, 주로 대중지성, 즉 누구나 언제 어디서든 접근하기 쉬운 온라인상에서 보통의 지식과 상식을 가진 다수가 모여 최선의 결과를 도출한다는 맥락에서 집단지성을 논의해 왔다. 하지만 이것은 집단지성에 대한 다양한 연구 및 논의를 제한하는 결과를 낳을 가능성이 있고, 집단지성을 통해 도출할 수 있는 이점들을 놓치게 될 수 있다.

최근 국내에서도 집단지성에 관한 논의가 시간이 갈수록 활발해지고 있고, 또 여러 기관 · 조직에서도 집단지성을 적용하여 생산성 및 효율성을 극대화하고자 하는 움직임이 많다. 그러므로 이 시점에 집단지성에 관한 보다 심화된 논의를 전개하여 집단지성을 실제 맥락에 구체적으로 적용하고자 하는 노력이 필요하다고 할 수 있다. 즉, 집단지성이 개념적으로도 더 내실을 다져야 하는 시점인 동시에, 다른 개념과는 차별화되는 개념 · 속성을 탐색하는 연구, 그리고 특히 온라인이 아닌 오프라인상에서, 그리고 대중이 아닌 전문가들로 구성되어 있는 집단에서는 집단지성이 어떠한 양상으로 나타나는지에 대해 심도 깊게 탐색하는 연구가 필요한 시점이다. 이를 통해, 집단지성과 관련하여 향후 체계적이고 실제적 · 실증적인 연구를 할 수 있는 이론적 기반 및 토대를 마련할 수 있을 것이다.

최근 전종희(2012)의 연구에서는 협업이 구조화되어 있는 공과대학 대학원 집단에서 나타나는 집단지성의 속성과 발휘 조건을 탐색하였다. 이 연구에서는 공과대학 대학원 집단에서 나타나는 집단지성의 양상은 집단을 둘러싸고 있는 환경적 맥락 및 풍토, 그리고 내부적인 특징 등에 따라 다르게 나타날 수 있음을 밝히고 있다. 또한 개인 차원의 능력 발휘에 초점을 두었던 기존의 패러다임에서 탈피하여 집단지성을 중심으로 하는 서로 다른 개인의 다양성이 모여 시너지를 발휘할 때 도출되는 공동의 힘의 가치를 인식할 필요가 있음을 강조하고 있다.

이 연구에서는 첫째, 그동안 진행되어 온 집단지성에 관한 이론적 논의를 중심으로 제시되어 왔던 집단지성의 내재적인 고유한 성질(property)로서 속성의 실체를 확인하였다. 구성원들의 서로 다른 다양성이 잘 발휘되고 공동의 결과물로 발현되기 위해 프로젝트가 진행되는 과정 중에 지켜져야 할 집단 차원의 중요한 덕목으로는 독립성, 분산화, 통합이 실제로도 중요하게 작용하였는데, 이러한 속성들 간의 상호작용 속에서 나타나는 역동적인 양상을 구체적으로 알 수 있었다.

둘째, 집단지성의 속성이 발휘되는 데 영향을 미치는 외부적인 발휘 조건을 구체적으로 확인하였다. 위에서 제시한 집단지성의 속성은 그 집단에서 나타나는 집단지성의 내재적인 본질적 특성을 규정하는 것이다. 이와는 달리, 발휘 조건은 집단지성의 속성이 잘 나타나기 위해 갖추어져야 할 외부적인 상태를 뜻한다. 그러므로 집단지성의 속성은 존재하나 발휘 조건이 마련되지 못한 경우도 있을 수 있고, 집단지성의 속성이 존재하고 외부적인 발휘 조건도 잘 뒷받침되어 이상적인 경우도 있을 수 있다. 이러한 맥락에서 이 연구에서는 집단지성의 내재적인 속성과 구분하여 그 속성의 발휘에 영향을 미치는 외부적인 조건을 탐색하였다.

셋째, 본 연구를 통해 공과대학 대학원에서의 프로젝트의 내용과 랩이나, 전공의 특성에 따라 집단지성이 발휘되는 세 가지 유형이 있고, 각각 서로 다른 특징을 보인다는 것을 알 수 있었다. 즉, 프로젝트 진행 시 가장 일반적인 유형인 팀을 중심으로 논의되어 온 집단지성의 발휘 대상이 팀형 외에도 구성원들이 분산화된 방식으로 참여하는 개별형, 그리고 서로 다른 랩, 전공 간 협업을 통해 기존에는 없었던 새롭고 창의적인 결과를 도출하는 융합형까지 확장될 수 있음을 확인하였다. 그러므로 이 세 가지를 포괄하여 집단지성의 유형을 제시하는 것이 바람직함을 확인할 수 있었다.

집단지성이 원활하게 발휘되기 위해서는 집단지성의 내재적인 속성만 살펴서는 부족하다. 외부적으로 어떤 조건이 미비한지도 확인하고 중점적으로 검토 · 보완하는 것이 중요하다. 즉, 집단 내에서 나타나게 될 상호작용의 양상을 확인하고, 각각에 대해 집단지성이 발휘되는 데 영향을 미치는 우선적인 조건을 파악하는 것은 현실의 개선을 위한 실제적인 함의를 제공할 수 있을 것이다. 또한 그동안 다양한 방식으로 논의되어 왔던 집단지성의 정의 및 요건 등을 수렴적으로 파악하고 실제 맥락에서 나타나는 집단지성의 속성과 조건을 확인함으로써, 집단지성에 관한 후속 연구의 틀과 방법 등의 구체적인 방향을 정하는 것이 필요하다.

## 6. 후속 연구를 위한 제언

집단지성에 대하여 지금까지 진행된 논의를 바탕으로 향후의 연구를 위한 제언을 제시하면 다음과 같다.

첫째, 향후에는 집단지성의 속성 · 조건 · 유형 등을 집단별로 차별화하여 연구를 설계한 후 실험을 진행하여 수치화된 연구 결과를 제시할 수 있을 것이다. 예를 들면, 집단 내의 풍토와 관련하여, 수직적인 혹은 수평적인 관계가 집단지성의 발휘에 어떠한 영향을 미칠 수 있는지에 대한 연구도 가능하다. 또한 향후에는 집단지성과 다른 변인과의 관련성을 실증적으로 설명하는 연구도 필요하다고 본다.

이와 더불어, 집단지성의 발휘는 구체적인 맥락의 영향을 받지 않고 일반적으로 나타나는 것이 아니라 맥락적으로 서로 다르게 나타날 수 있다는 점을 고려하여, 특정 맥락 속에서 나타나는 집단의 집단지성 지수를 도출하는 도구의 개발이 필요하다고 본다.

둘째, 향후에는 더욱 다양한 전공 영역에 속해 있는 참여자를 대상으로 연구하고, 또 그 전공별 학생들의 비율을 균등하게 할 필요가 있다. 이를 통해 연구 결과를 더욱 확장하여 제시함과 동시에, 집단지성에 대한 보다 폭넓은 교육적 함의를 얻을 수 있을 것이다.

셋째, 집단지성과 관련하여 보다 다양한 사회 분야를 대상으로 하는 연구가 필요하다. 즉, 분야마다 일이 진행되고 협업하는 방식뿐만 아니라 의사소통 방식도 다르기 때문에, 각 집단 특유의 집단지성의 양상을 확인하고, 비교할 필요가 있다. 이를 통해 서로 다른 학문의 특성, 풍토 등에 따라 집단지성의 속성, 조건 등이 어떻게 차별화되는지에 대해 탐색하고, 이에 대한 교육적인 함의를 얻을 수 있을 것이다.

ᅵ제17장ᅵ

# 교사의 전문성과 변화 능력[1)]

교육 개혁과 교사 전문성 신장에 대한 노력은 전 세계적으로 광범위하게 진행되고 있고, 도처에서 교육 개혁의 성공을 위한 교사의 변화를 언급하고 있다. 이러한 노력에도 불구하고, 실제 현장에서는 구체적인 변화가 부족하다는 자성적 비판이 높은 것이 현실이다. 그 이유 중 하나는 교사의 변화를 위한 초점이 교육 실제를 담당하는 교사의 자발적 변화보다는 교육정책과 제도 개선에 편중되었기 때문이다. 새로운 교육적 제안들은 교사의 신념이나 태도, 인식 등을 수정하지 않는 한 교육 현장의 실제 변화를 불러오기 어렵다. 그것은 성공적 교육 개혁이란 실제 맥락에서 교육을 담당하고 있는 교사의 변화에서 시작된다는 점을 고려할 때 당연한 것이다.

교사를 변하게 하여 전문성을 신장시키고자 했던 지금까지의 접근들은 교사가 갖추어야 하는 지식 및 기술을 이론적으로 도출해 내고 해당 지식

1) 엄채윤(2012)에서 일부 내용을 발췌 · 정리하였음.

과 기술을 교사가 소유해야 한다는 관점을 취해 왔다. 교사의 중요한 자질이나 기능, 역할을 토대로 교사에게 필요한 것을 처방해 주는 방식으로 이루어졌고, 교사가 갖추어야 하는 기능적 관점을 토대로 하였다. 이러한 접근을 처방적 접근 혹은 기능적 합리성 모형이라 일컫는다. 이러한 접근을 통해 교사가 갖추어야 할 지식과 기술이 명확해지고, 교사의 기능이 향상되었다는 장점이 존재함에도 불구하고 교사의 변화와 이를 통한 전문성 신장에 있어 분명한 한계를 나타내는 것은 변화의 주체인 교사의 변화에 대한 이해가 부족하기 때문이다. 즉, 교사의 변화에 대해 논하면서 교사가 속한 개인적 맥락과 교실이라는 전문적 맥락, 교사가 실제 현장에서 경험하는 변화에 대한 이해가 누락된 것이다.

많은 전문성 계발 프로그램은 교수 기능이나 교사의 행동특성을 규정하는 기능적 합리성 모형에 기초하여 교사의 복잡한 상황과 맥락은 고려하지 않은 채 학문적 영역에서 입증된 지식 및 기술을 교사가 갖추게 되면 교사 전문성의 질적 향상이 일어날 것이라고 전제한다. 그러나 여러 연구들은 전문성 계발 프로그램의 단순한 지식 전달이 교사의 신념이나 태도, 교수 실제를 변화시키는 데 효과적이지 않음을 밝히고 있다(Greenberg & Baron, 2000; Penlinton, 2006; Wang, Frechling & Sanders, 1999). 일방적이며 처방적인 제안들은 교사 스스로 변하기를 선택하고 이를 위해 노력하도록 만들기에는 역부족이었던 것이다. 결국 교사 전문성을 이해하는 데 있어 선행되어야 할 것은 교사의 변화를 교사의 맥락을 토대로 포괄적으로 이해하고, 이를 교사 전문성 신장에 대한 유용한 아이디어로 삼는 것이다.

최근 이러한 교사의 '변화'에 대한 화두는 교사 전문성 논의에서 그 중요성이 부각되고 있다. 지식사회에 접어들면서 교사는 단순히 지식과 기술을 가지고 있는 것만으로 전문성을 갖추었다고 이야기하기 어려워졌다. 지식사회의 교사에게는 깊은 인지적 학습과 창의력을 개발하는 능력, 자신이 속한 관계망과 팀 안에서 활동하며 계속적인 교직 전문성을 개발해 내는 능력, 변화에 대처하는 능력, 문제해결 등(Hargreaves, 2003)이 더욱 중요한 능력이 되었다. 즉, 교사 스스로 변화하며 변화에 대처하고 변화를 만들어 내는 것이 교사 전문성의 중요한 부분이 된 것이다. 이러한 관점의 일환으로, 교사의 변화를 단순히 현상 그 자체가 아닌 교사의 중요한 능력으로 인식하기 시작했다. Fullan(1998)은 교육의 변화를 이루기 위해서는 외부 정책이나 제도의 변화만으로는 충분치 않으므로 교사가 변화를 주도하고 스스로 변화에 대처하는 방법을 모색해야 함을 지적하며 변화 능력의 중요성을 제시한 바 있다. Wubbels와 Korthagen(1990)도 교사 스스로 계속 발전할 수 있는 능력이 교육적 변화를 일으키는 데 능동적인 역할을 수행함을 제시하면서 변화를 만들어 가는 것이 중요한 능력임을 언급하고 있다.

따라서 본 장에서는 교사 전문성의 질적인 전환 및 변화를 일컫는 교사의 변화 능력을 중심으로 교사 전문성에서 고려해야 할 중요한 요소를 제시하고, 기존 연구에서 도출된 내용과 실제 국내의 교사를 대상으로 실시한 연구를 토대로 교사의 변화 능력의 특성을 소개하고자 한다.

## 1. 교사 변화에 관한 관점 및 한계

교사 전문성 계발에 있어 교사 스스로 자발적이며 능동적으로 변화를 수용하고 실천하는 것이 중요하다. 지금까지 교사의 전문성은 교사가 교육과정의 최종 실행가라는 인식 아래, 효과적인 실행가는 어떤 자질을 갖추어야 하는지, 가장 합리적인 모습이 무엇인지를 염두에 두고 논의되어 왔다. 이러한 관점에서 교사 전문성의 계발이란 교사가 갖추어야 하는 자질을 추출하여 교사가 해당 자질을 갖도록 하는 형태로 이루어졌다. 교사의 변화란 교사에게 제공된 지식이나 자질을 갖추게 되었는지를 의미한다. 교사가 해당 교육을 받고 난 후에 교사에게 필수적이라고 여겨지는 지식 및 기술을 얼마나 갖추게 되었는지가 교사 전문성을 계발하는 교사 교육의 핵심적 목표였던 것이다.

그러나 교사 전문성을 효율성이라는 관점에서만 규정하려고 하는 시도는 교사 전문성 신장에 효과적으로 기여하지 못함이 밝혀지면서, 몇 가지 비판이 제기되고 있다. 효율성의 관점은 교사가 갖추어야 할 지식과 기능 등을 몇 개의 요소들로 구분하고, 각 능력을 효율적으로 기르는 방안에 주안점을 두는 근시안적 성격을 띠고 있다. 또한 교사가 제공받는 지식과 기능은 교사가 아닌 외부자의 관점에서 선정된 것으로, 교사의 변화를 위해 교사가 아닌 사람이 효율성을 평가하고 있는 것이다. 이것은 교수 행위가 교사와 학생이 속한 개인적이며 전문적 맥락 속에서 이루어지는 복합적 활동임을 무시한 채 교사의 자질을 지식 전달에 관한 문제로 여기는 것이다. 이처럼 교사의 맥락과 교실이라는 특수성은 배제되면서 이론과 실천 간의 간극이 발생하였다. 외부자의 관점에서 제공된 처방적인 지식과 이론 속에 교사의 생각이나 주장이 간과되었고, 교사들의 삶과 교육 활동이 형성되는 맥락과 개념이 고려되지 않았다.

교사에게 유의미한 변화는 교육 활동의 주체인 교사 스스로 반성적 성찰을 발휘할 때 시작되며, 진정한 변화는 교사 스스로 생각이나 신념을 바꾸어 교수 실제가 변화될 때 일어난다. 아무리 좋은 교육적 제안일지라도 교사 스스로 해당 생각이 유의미하다고 수용해야 하고, 수용한 생각을 실제로 실천하겠다고 마음먹고 이를 교육 활동에 적용하지 않는다면 교육 현장의 실제 변화는 일어나지 않는다. 즉, 교사의 상황을 고려하지 않는 일방적 지식이나 아이디어는 교사에 대한 이해 없이는 유의미한 변화를 유도하는 데 한계를 가진다. 결국 교사 전문성 계발이라는 유의미한 변화는 효과가 입증된 교육적 지식을 교사가 소유하고 있는지를 넘어서 교육 활동 주체인 교사의 반성적 성찰과 변화에 대한 수용, 새로운 제안을 통한 생각과 신념의 변화, 교육 활동의 적용이라는 일련의 과정을 통해 일어나고 이러한 변화는 교사가 처한 맥락에 유기적으로 관련을 맺으며 일어난다.

최근 기술적 합리주의 모형에 관한 비판을 제기하면서, 교사 변화 및 전문성 계발 과정과 관련하여 교사 개인을 더욱 주목하려는 시도가 제시되고 있다. 외부에서 강요된 개혁이나 제안이 교사의 변화를 보장하지 못하며(Day, 1999), 정책이 현장을 변화시키기란 극도로 어렵다는 사실이 밝혀진 탓이다(Mclanghlin, 1998). 새로운 접근은 교사 변화에 있어 변화 주체인 '교사'를 존중한다(Hargreaves, 1994). 교사가 경험하는 전문성 개발과 교사 변화 그 자체의 과정을 중요하게 여긴다. 교사를 둘러싼 정책과 교사의 자질의 관점이 아닌 교사가 변화를 수용하고 스스로 변화를 선택하는 과정을 주목한다. 이러한 교사로의 관심 전환은 교사의 '변화'에 대한 관심을 넘어 변화를 이끌어 내는 것을 교사의 중요한 능력으로 제안한다.

## 2. 교사의 변화 능력

교사의 변화는 교사 발달을 이끄는 중요한 요인으로, 교사 전문성 계발에 있어 주도적인 역할을 담당한다(Clarke & Hollingsworth, 2002, p. 948). 교사 전문성은 교과 및 교수 지식, 교육과정 이해와 재구성 능력 및 학생 이해 등의 다양한 영역을 종합한 것으로, 교사의 교수 실제는 교사가 중요하게 의미를 부여하는 것을 토대로 한다. 이러한 측면에서 교사가 스스로 적절한 변화를 인식 및 수용하고, 이러한 변화를 적절한 방법으로 구현해 내는 것은 교사 전문성 계발에 있어 중요한 부분이라 할 수 있다. 최근 교사 전문성 논의에서는 이러한 자발적 변화를 강조하며 유의미한 변화를 이끌어 내는 것이 중요한 능력임을 제안하고 있다.

Fullan(1998)은 교육 변화의 역사에 관한 연구를 통해 변화 자체의 복잡성을 제시하면서 교육 내의 변화가 외부 정책이나 제도의 변화, 또는 내부

조직의 구성원 또는 리더만의 변화로 충분치 않다는 점을 제시하고, 교사의 '변화 능력'의 함양이 필요함을 주장하였다. 교육 개혁 및 학교 내 변화를 목도하면서 학교 조직 내 구성원 특히 교사가 변화를 주도하고 스스로 변화에 대처하는 방법을 모색해야 한다는 것이다.

Fullan(1993: 13-14)은 교사 전문성에 있어 변화 능력(change capacity)을 중요한 기반으로 보고, 네 가지 핵심 변화 능력으로 개인적 비전 설정(personal-vision building), 질문(inquiry), 숙달(mastery), 협력(collaboration)을 제시하였다. 개인적 비전이란 교수의 이유를 끊임없이 검토하여 명확한 비전을 갖는 것으로, 뚜렷한 비전을 가진 교사일수록 해당 목표를 이루기 위해 노력과 시간을 더 기울인다. 질문은 끊임없이 스스로에게 반문하게 하는 과정으로 활력과 자기갱신의 촉진제가 된다. 숙달은 비전에 대한 방식대로 행동하는 것으로 효과적인 교사가 되기 위한 필수적 과정으로 숙달을 통해 진정한 이해가 가능하다. 마지막으로 협력하는 능력은 교사에게 타인과 함께 일하는 것을 배우는 것은 중요한 능력으로, 이것은 포스트모던 사회의 필수 능력이기도 하다.

Franke, Carpernter, Levi와 Fennema(2001)도 교사가 전문성 계발 프로그램에 참여하는 과정을 확인하는 연구에서 교사의 변화와 관련된 능력을 발생적 변화(generative change)로 명명하여 제시한 바 있다. 일부 교사는 전문성 계발 프로그램에 참여하지 않는 순간에도 지속적인 학습자가 되어 그들 자신의 교수 실제를 반성하고, 파악된 문제에 대한 해결책을 탐색하며 그러한 해결책이 효과적인지를 판단하는 다양한 수단을 사용하는 것으로 밝혀졌다. 이에 연구자들은 이를 발생적 변화로 명명하고, 이러한 과정은 교사의 중요한 능력으로 전문성 계발에 중대한 역할을 담당한다고 보았다.

Bransford 등(2005)은 적응적 전문가(adaptive expert)로서의 교사를 강조하였다. 적응적 전문가란 효능성(efficacy)을 추구하면서 동시에 혁신(innovation)을 추구하는 사람이다. 교사에게 적응적 전문가로서 필요한 능력은 특정 교수 기법을 효율적이고 효과적으로 사용할 수 있을 뿐만 아니라, 때로는 기존의 친숙한 일상을 버리고 변화를 위해서 자신의 핵심적인 아이디어나 교수 실제, 심지어 신념이나 가치까지도 변형시키는 것이다. 그들은 교사의 변화가 21세기 전문성의 중요한 능력이라고 주장하였다.

국내 연구 맥락에서 변화를 교사에게 있어 중요한 능력으로 전제하고 전문성 계발에 대한 제안이 등장하고 있다. 정미경과 김경자(2006)는 21세기 교사에게 요구되는 능력은 단순히 지식과 수행의 수준을 넘어서 교육 변화 및 혁신을 주도하는 것임을 제기하였다. 진영은과 함영기(2009) 역시 수업 전문성의 재개념화 관련 연구를 고찰하면서 교사의 새로운 역할에 대해 언급하였는데, 그중 하나는 '반성적 실천가로서의 교사'다. 반성적 접근은 교사들이 자신의 교수 활동을 관찰하고 자신의 태도, 믿음, 가치 등을 조사하여 수집된 자료를 바탕으로 교수 활동에 대해 자기 평가하고 비판적 반성을 함으로써 변화를 모색하고 직업적 발전을 꾀하는 것이다. 즉, 이러한 제안은 교사 스스로 변화를 통해 교육 변화와 전문성을 신장시킬 수 있다는 것을 의미한다.

특히, 엄채윤(2012)은 실제 교사의 맥락을 토대로 국내 초등학교 교사의 변화 능력 특성을 탐색하였다. 변화 능력이 높은 교사는 자기목적적 성격을 지니며, 교육 사태에 대한 나름의 관점을 지닌다. 교육적 상황이나 문제를 해결해 나가는 자신만의 방법을 가지며, 어려움을 회피하거나 불평하기보다는 극복할 수 있는 방안을 고안해 낸다. 교육에 대한 이상적 비전을 가지고 있기에 필요하다면 자신의 관점과 방법을 수정할 용기와 실천 의지를 갖는다. 학생을 인격적 존중의 대상으로 여기고 교사와 소통하는 중요한 개체로 여긴다. 동료와 경쟁하기보다는 공존하고 화합을 통해 동반 성장하기를 원한다. 교사가 교직이라는 조직에 입문해서 이러한 특성을 갖게 되기까지 어떤 경험을 했는지를 조명하여 도출한 변화 능력의 특성은 다음과 같다.

첫째, 성찰을 통해 '나'를 이해하고 나를 찾는 능력이다. 나를 찾는다는 것은 진정한 자기 알기의 과정을 의미하며 개인적 자아와 직업적 자아의 조우를 의미한다. 자신에 대해 이해하게 되면 교사는 스스로 자신이 원하는 것이 무엇인지 알게 되고, 이를 통해 얻어진 비전을 자발적 변화의 동력이 된다. 교사는 국가에서 제시한 동일한 교육과정을 바탕으로 교직을 수행하지만 교육을 함에 있어 동일한 모습을 보이는 것은 아니다. 제도, 교과서, 교육 활동, 학생 등의 자극에 대한 개인적 해석을 통해 개인적 자아와 직업적 자아는 연결되고 교사는 자신만의 교육적 비전을 구축하고 이를 실천해 나간다. 이 과정에서 교사의 자율성을 상승하고, 변화는 교사의 성찰을 통한 판단과 성찰을 통해 이루어진다.

둘째, 관계 맺는 능력이다. 교사가 맺는 관계에서 얻는 경험은 자발적 변화를 일으키고 바람직한 변화를 맺는 유의미한 통로가 된다. 교사가 맺는 관계는 크게 학생과의 관계, 타인과의 협력으로 구분된다. 변화 능력이 높은 교사는 학생을 자신과 소통하는 한 개체로 인식하고 진정한 의미의 관계 맺기 경험을 통해 관계적 소통의 중요함과 의미를 깨닫게 된다. 이로써 학생과의 진정한 소통을 중요한 문제로 인식하게 되고, 진정한 소통을 위한 다양한 방법들을 고안하고 실천하게 된다. 교육은 교실 내에 일어나는 학생과의 상호작용을 기반으로 하기에, 학생과의 관계는 교사에게 중요한 문제라 하겠다. 학생과의 바람직한 소통에 대해 교사가 생각하는 수준은 각기 다르겠지만 분명한 것은 학생과의 진정한 소통, 학생에 대한 인격적 존중의 중요성을 경험한 교사들은 학생과의 관계를 위해, 더 나은 교육을 위해 자발적 변화를 시도한다는 것이다.

다음으로, 교사의 공동체에 대한 인식을 통해 경쟁보다는 공존과 동반성장에 가치를 두게 된다. 타인과의 관계 맺기를 통해서 교사는 변화의 동기를 얻게 된다. 타인을 통해 자신의 수준을 확인하는 기준을 만들고, 변화가 필요한 부분을 인식하게 된다. 즉, 변화에 대한 민감성이 높아지며, 변화에 대한 민감성은 변화 능력의 특성이자 변화를 가시화시키는 출발점이 된다. 타인과 협력하는 능력은 개별 교사가 교실에서의 실천을 발전시키는 것을 돕는 결정적 요인(McIntyre & Hagger, 1992)이다.

넷째, 학습하는 능력이다. 학습은 그것이 무엇인지를 깨닫는 학(學)의 과정과 그것을 자신만의 익숙한 것으로 만드는 습(習)의 과정으로 구성된다. 교사에게 변화할 수 있는 능력이란 깨달은 것을 단순히 지각으로 가지고 있는 것이 아니라 깨달음을 자신만의 것으로 소유하기 위한 실천과 도전, 지속적 연습을 의미한다. 학습하는 능력이란 결국 교육적 사태에 대한 교사 자신의 깨달음을 자신의 교육 현장에서 실천하고 숙달하는 것이다. 더불어 이러한 과정의 지속성이 중요하다. 일회적인 시도가 아닌 지속적인 자기만의 것으로 만드는 과정이 필요하다. 지각한 내용을 실천하고 숙달함에 있어 한 가지 방법만을 관철하는 것이 아니라 시행착오를 거치며 수정 · 반복할 수 있는 개인 내부의 힘이며 이러한 과정의 불안함과 불편함을 견디는 것이다. 이러한 어려움을 견디며 교사는 스스로 어려움을 극복할 수 있는 다양한 방법을 모색하고 자신만의 습관으로 완성해 낸다.

종합하자면, 교사 전문성 및 교육 개선을 위해 교사의 변화는 필수적이며 이러한 변화는 교사에게 요구되는 중요한 능력이라고 할 수 있다. 교사는 끊임없이 교수 행위와 교수 장면에 대해 성찰하고 이를 토대로 수정과 갱신을 일구어 나가야 하며, 이러한 과정에서 교사의 변화 능력은 계발된다.

## 3. 자발적 변화와 주요 기제

교사의 변화 능력이란 교사 스스로 자발적 변화를 이끌어 내는 것으로, 자발적 변화를 통해 교사는 전문성을 신장하고 교육 활동의 실제를 변화시킨다. 이러한 관점에서 볼 때 자발적 변화를 이끄는 주요 기제를 확인하는 것은 변화 능력을 이해하는 토대가 된다고 할 수 있다. 연구에 따르면, 몇 가지 주요 기제가 교사로 하여금 자발적으로 변화하기를 선택하고, 변화를 일구어 내도록 만드는 역할을 담당한다(엄채윤, 2012). 이러한 기제를 알아봄으로써 교사가 무엇 때문에 자발적 변화를 하게 되는지를 이해할 수 있으며, 자발적 변화 양상의 일면을 확인할 수 있다.

첫째, 교사가 가진 비전은 교사로 하여금 스스로 움직이게 한다. 비전이 중요한 이유는 교사의 변화가 단순히 기능적 기술의 문제가 아니라 교사의 근본적 의지와 관련된 문제이기 때문이다. 교사가 가진 비전은 교사로 하여금 스스로 움직이게 하고, 해당 비전을 위해 성찰하게 만든다. 예를 들어, 교육 내의 문제를 해결하고자 하는 비전을 가진 교사는 삶을 통해 끊임없이 문제와 해답을 찾아 가고, 자신의 해답에 따라 변화를 실천하고 교육현장을 수정해 간다. 교사에게 목적과 비전은 교사를 스스로 움직이게 하는 이정표의 역할을 한다.

둘째, 교사의 반성적 성찰은 변화를 이끄는 중요한 기제다. 교사의 자발적 변화는 교사 개인의 의지와 동기로 시작된다. 교사가 자신에게 변화란 어떤 의미를 갖는지를 스스로 이해하는 과정은 교사의 의지와 동기를 향상시키는 역할을 한다. 반성적 성찰은 크게 세 가지의 모습으로 나타난다. 현수준에 대한 불만족이나 어려움을 인식하고, 이를 의미 있게 인식하면 교사는 스스로 변화를 시도하게 된다. 예를 들어, 타인의 수업을 참관한 교사가 자신의 수업에 문제를 인식하고 수업이 교사에게 얼마나 중요한 일인지를 인식하게 되면 수업에 대한 변화를 도모하게 된다.

다음으로 외부에서 주어진 변화의 자극이나 새로운 지식에 대해 교사 스스로 충분히 숙고하고 의미를 발견하면 교사는 해당 자극을 유의미하게 수용하고 변화한다. 새로운 자극에 대한 개인적 해석과 의미를 찾는 과정은 새로운 자극에 대한 자기화 과정이다. 성찰의 시간을 갖는다는 것은 새로운 제안을 수용할 것인지를 결정하고, 새로운 제안의 의미를 자신의 것으로 만드는 것을 의미한다. 결국 이 과정에서 변화가 일어난다.

반성적 성찰의 세 번째 유형은 자신의 행위에 대한 반성적 성찰이다. 교사는 일상에 대해서도 사회학적 상상력이 필요하다(Giddens, 2001). 사회학적 상상력이란 '무엇보다도 이미 친근하게 되어 버린 일상생활의 타성으로부터 자신을 멀리 떨어뜨려 새롭게 바라보는 것'이다. 교사는 자신의 교수 행위, 관계, 교실 내 생활양식 등에 대한 개인적인 해석을 가하는 과정을 통해서 스스로를 지각하게 되고 지각은 비판적 분석으로 이어진다. 이 과정에서 필요하다면 재구조화가 일어나는 변화를 경험한다.

셋째, 교사에게 교육활동에 몰입해 본 경험은 자발적 변화를 이끈다. 교사가 스스로 변화의 필요성을 인식하고 변화를 다짐하더라도 새로운 시도에 몰입하고 자신이 세운 목적에 도달할 때까지 열정적으로 지속하지 않는다면 유의미한 변화는 일어나지 않는다. 교육 활동에 몰입하는 경험은 두 가지 유형으로 구분된다. 40분의 수업에서 강렬한 몰입을 경험하는 것과 같은 유형은 Csikszentmihalyi(1975, 1997)가 제시한 '무언가에 흠뻑 빠져 있는 심리적 상태'에 가깝다. 한편, 수업이나 학생의 삶 자체에 대한 열렬한 생각과 수행은 강렬한 심리적 순간을 일컫는 몰입보다는 Nakamura (1995)가 제시한 열정적 관여(vital engagement)와 더욱 유사하다. 열정적 관여 경험이 중요한 이유는 이 과정에서 교사는 자신과 대상인 학생과의 강렬한 연결감을 느끼며 그 대상과의 관계에 적극적으로 전념하기 때문이다. 또한 몰입의 경험은 교사 발달에 있어 핵심적 역할을 담당하는 경우가 많다. 교사의 발달은 불연속적인 시기와 급격한 도약으로 표현되는 결정적 사건을 통해 일어난다. 몰입 경험은 교사에게 결정적 사건으로 기억되는 사건 중 하나로, 한 상태에서 다른 상태로의 전이를 설명할 수 있는 사건의 구체적인 예로 이해할 수 있다.

넷째, '관계'에 대한 깨달음은 자발적 변화를 일으킨다. 교사가 학생을 지도해야 할 대상으로 인식하다 학생을 인격적으로 존중하고 배려하게 되면, 진정한 소통이 일어난다. 교사는 학생과의 관계를 전체가 아닌 일대일의 관계로 깨닫고 학생을 존중받아야 할 인격체로 인식하는 변화는 진정한 소통의 경험을 일으킨다. 즉, 교사는 학생에게 교과를 전달하는 존재가 아닌 한 인간으로서 소통하고 이러한 교류를 통해 학생을 교육하는 존재라 할 수 있다. 학생과의 관계적 소통을 통해 교사가 얻는 것은 단순히 학생과의 좋은 관계가 가지는 이점 그 이상이다. 관계적 소통을 통해 아이들이 변하고 아이들이 즐거워하는 것을 보는 것은 교사에게는 정신적 보상이 된다. 이것을 경험한 교사는 가르치는 일로 기쁨을 얻을 가능성이 높으며 이러한 기쁨과 만족감은 업무나 관료적 학교 업무, 개인적인 문제로 얻는 스트레스를 극복할 수 있는 에너지가 된다.

## 4. 변화를 촉진하는 문화적 풍토와 협력적 관계

교사의 변화는 한 개인의 인간적 성장이지만, 교사가 속한 맥락의 영향을 받는다. 사람이 누구나 관계 속에서 성장하듯이, 교사 역시 고립된 상태로 발전하지 않는다. 교사가 속한 학교의 문화적 풍토와 교사가 만나는 사람과의 관계는 교사의 변화를 촉진할 수도 혹은 방해할 수도 있다. 자발적 변화 기제가 잘 개화되기 위해서는 교사의 비전을 존중하며, 변화 과정을 촉발하는 환경이 필요하다. 교사에 대한 이해와 존중이 존재하지 않는 환경에서 교사가 스스로 새로운 변화의 자극에 부응하여 움직이기란 한계가 있다.

교직은 오랫동안 고독한 직업으로 불려 왔다. 일하는 과정에서 교사의 직업적 고립은 변화와 발전을 위한 새로운 아이디어와 보다 나은 생각을 접촉할 수 있는 기회를 제한하였다. 고립은 교사가 가진 가치를 인정하거나 성공을 칭찬해 주지 못하도록 하고 무능력이 지속되는 것을 허락한다.

보수주의를 조장하는 기회를 제공하며 새로운 시도에 저항하는 분위기를 허용하도록 만든다(Lortie, 1975). 내 교실, 내 아이라는 격리된 환경 속에서 교사에게 자율성과 고립감이 동시에 찾아온다. 이러한 특성은 교사를 우물 안 개구리로 만들 수 있다. 고립과 소외가 갖는 문제는 교사가 교실 내에서 훌륭한 성과를 내든, 잘못을 하든 알려지지 않은 채 넘어간다는 것이다. 주기적인 형식적 평가를 통해 피드백을 받기는 하지만 여전히 기능적이고 산발적이다. 이러한 피드백은 교사 능력의 지속적 향상에는 크게 도움이 되지 않는다.

개인적 공간인 교실 속에서 생활하는 교사는 몇 가지 유혹과 착각을 경험한다. 교사들은 자신의 교실을 다른 교실과 다르게 특별하게 만들고 싶은 유혹을 느낀다. 더불어 교사는 자신의 교실을 문제없이 이끌어 나가면 적절한 교육을 시행했다고 생각하기 쉽다. 특별함에 대한 유혹은 교육 활동과 관련하여 타 교사와 교류하기보다 자신만의 고유성과 전문성을 지키고자 스스로를 폐쇄적으로 만드는 원인이 된다. 동시에 내 교실이라는 개념은 다른 교사의 교실에 함부로 관여하거나 평가할 수 없는 풍토를 만들 수 있다. 이 과정에서 교사는 문제는 없지만 변화도 없는 딜레마에 빠질 수 있다. 변화란 새로운 자극, 불확실성에 대한 도전에서 일어나지만 자신에 대한 노출 없이 자신의 상태를 확인하기란 쉽지 않다. 타인과의 교류, 새로운 자극과의 만남은 자신을 이해할 수 있는 유용한 통로가 될 수 있다.

개인주의적 문화는 서로의 생각을 나누는 것을 두려워하게 만든다. 생각의 공유는 마치 타인이 자신의 특별한 아이디어를 공유하여 나만의 특별함이 사라질지 모른다는 착각을 가져온다. 동시에 자신에 대한 노출은 자신이 비판받을지 모른다는 불안감을 가져오기도 한다. 즉, 개인주의는 성장과 발전보다는 교사 스스로 큰 문제가 일어나지 않는 선에서 교육 수준을 멈추게 만든다. 그것은 새로운 방식을 제안할 수 있는 아이디어나 방법을 접하게 되는 기회가 제한되기 때문이다(Fullan & Hargreaves, 1996).

여기서 관계의 중요성은 더욱 부각된다. 교사들은 개인적이고 제한적인 문화를 관계와 협력 속에서 풀어 간다. 친밀함과 신뢰감이 기반이 된 타인과의 교류, 모델링, 적극적 협동의 공동체는 교사에게 스스로를 돌아볼 수 있는 기준을 제시하고 자신에게 반문할 기회를 제공한다. 동시에 새로운 것에 도전하는 것을 두렵지 않게 만들고 개인이 아닌 교사인 우리로 살아가는 것의 효과에 대해 인식하게 한다. 실제로 타인과의 관계는 교사의 변화에 큰 영향을 주는 요인이다.

동료 교사는 변화를 위한 다양한 유형의 의미 있는 역할을 담당한다. 첫째, 동료 교사는 자기 평가의 기준이 된다. 타인의 수행을 목격하는 것은 자신의 현 수준을 성찰해 보는 자극이 되고 동시에 나에 대한 타인의 의견과 평가는 자기평가 내용의 한 부분이 된다. 둘째, 동료 교사의 모습은 모델링의 대상이 된다. 내가 닮고자 하는 모습은 교사에게 목적과 비전을 제시하며 동시에 조언과 충고를 얻을 수 있는 대상이 된다. 셋째, 동료 교사는 정서적 지지자의 역할을 한다. 정서적 지지와 인정, 격려는 현재의 나를 이해하는 수단이 되는 동시에 새로운 시도에서 오는 스트레스를 해소시키는 역할을 담당한다.

그중에서 교사들 사이의 가장 강력한 형태의 협동적 관계는 '함께 일하기'다. 협동을 통해 교사는 협동적 문화를 만들어 낸다. 교사는 흔히 훑어보기와 이야기하기, 돕기와 보조하기, 나누기 등 다소 약한 형태의 협동적 관계를 맺는다. 일회적인 사건으로 기존의 상태를 그대로 유지하면서 도움을 받거나 새로운 아이디어를 갖다 쓰는 것이다. 그러나 강력한 협력 형태는 상호의존성, 책임의 공유, 공동적 헌신과 개선 등의 측면이 보다 강화되고, 검토나 비평이 어려운 작업에 보다 적극적으로 참여하게 만든다. 이러한 관계 맺기는 결국 교육 개선을 추구하는 협동적 노력이자 문화로 발전하며 교사 개인의 변화에도 유의미한 영향을 준다(Little, 1990; Fullan & Hargreaves, 1996).

더불어 교사의 협동에서 중요한 것은 공동의 교육적 비전과 목적이다. 협동적 문화에서 중요한 것은 끈끈한 동료의식을 넘어 교육의 원칙과 방법에 대한 공동의 비전을 쌓아 가는 과정이고 이 과정에서 일어나는 불일치를 서로 토론과 논의를 통해 해결해 가는 과정이다. 공동의 문제를 발견하고 새로운 아이디어를 제시하고, 기존의 관행을 비판적으로 검토하며, 보다 나은 대안을 찾아내고, 향상을 위해서 노력하고 그것을 평가하는 과정을 통해 효과적인 협동이 가능한 것이다.

그러나 타인과의 관계가 항상 교사의 변화를 촉진하는 것은 아니다. 협동의 문화는 변화의 핵심이 되기도 하지만 동시에 변화를 어렵게 만드는 강력한 장애물이기도 하다. 즉, 협동이 적절한 수준에 대한 담합으로 변질될 수 있는 것이다. 이것은 아무 일도 하지 않기 위해 협동하는 것이다. 이처럼 집단사고에 휩쓸리게 되면 기회보다는 족쇄가 된다. 이러한 방식의 사회화가 교사의 변화에 부정적 영향을 미친다는 것은 연구에서도 밝혀진 바 있다(Cole, 1997). 담합이라는 왜곡된 협력 문화에 사회화되는 과정은 반성과 이론적 탐구와 같은 새로운 시도를 회피하도록 만들 수 있다.

## 5. 변화 능력의 계발

변화 능력의 계발은 변화를 위한 지식과 기술의 계발을 의미한다. 이것은 크게 변화 자체를 이끌어 내는 교사만의 지식 및 기술과 교사로서 보유해야 할 교사 전문적 지식과 기술로 나뉜다. 이러한 구분은 에피스테메(이론적 지식)와 프로네시스(실천적 지식)의 구분(Jonsen & Toulmin, 1988), 분자적 지식과 전체적인 지식, 주어진 지식 대 불확실한 지식, 선언적 지식 대 절차적 지식, 명제적 지식 대 방법적 지식의 분류(Korthagen, 2001)와 유사한 것이다. 변화 능력에서는 교사로서 갖추어야 할 이론적 지식 못지 않게 프로네시스로 불리는 실천적 지혜로서의 지식을 강조한다. 실천적 지혜로서의 지식은 상황에 적절한 행동의 형식을 선택할 수 있는 행동으로, 무엇보다도 적절한 세부 사항들을 지각하고 판별할 수 있어야 한다. 상황을 복합적인 전체로 파악할 수 있는 능력으로, 상황 자체를 마주 대하는 가운데에서 발휘된다(Nassbaum, 1986). 판단과 판별의 능력은, 원리나 보편적인 것보다는 구체적이고 개별적인 지각이나 통찰과 관련된다.

변화 능력의 지식과 기술은 실천적 지혜로서의 특성이 강하다. 실제 맥락에서 변화 능력이 높은 교사가 교육적 지식이나 노하우와 같은 원리적이고 명제적인 지식에서 탁월함을 보이는 이유는 변화 능력이 발휘되는 과정에서 교사는 결과적으로 해당 분야인 교육 활동에 대한 다양한 노하우를 축적하게 되고 교육전문가로 성장하기 때문이다. 즉, 변화를 위한 지식이 교사 전문성의 주요 부분인 지식과 기술을 성장시키는 것이다.

실천적 지혜로서의 지식과 기술적 능력은 상호배타적인 것은 아니다(Tom, 1985; Van Manen, 1977). 전문적 지식과 기술을 의미하는 기술적 능력을 기본적으로 갖추고 있을 때 교사는 더 안전함을 느끼고 개인적 해석과 같은 반성에 더욱 집중할 수 있기 때문에 일정 수준의 기술적 능력은 실천적 지혜를 위한 전제조건으로 여겨진다. 실제로 프로네시스, 즉 실천적 지혜로서의 지식을 위해 필요한 선행 조건은 적절한 경험을 충분히 가지고 있는 것이다. 오직 경험을 통해서 상황을 지각하고 평가하며 일련의 행동을 판단, 선택하고 그 결과에 직면하는 긴 과정을 통해서 익숙해진다(Nassbaum, 1986).

이러한 변화 능력의 특성을 통해 드러나는 것은, 교사가 가진 명제적 지식과 기술 못지않게 중요한 것은 교사가 실제로 무엇을 알고 있는지, 교사가 문제 상황을 어떻게 보고 있는지, 어떻게 반응하는지, 무엇을 느끼며 무엇을 생각하는지에 대해 이해하는 것이라는 점이다. 이러한 관점에서 교사의 반성적 성찰이란 반성하도록 자극받는 것에 국한된 것이 아니라 어떻게 반성해야 하는지에 대해 학습하는 계발의 과정이 포함된 것이어야 한다 (Korthagen, 2001).

결론적으로 변화 능력이란 구체적이고 개별적인 지식으로, 다양한 상황을 바르게 인식하고 필요한 지식과 노하우를 발휘하거나 계발하는 것을 아는 지식 및 기술이다. Eisner(1985)가 주창한 '교육적 감식안의 발달'과 같은 맥락이라 할 수 있다. 상황에 적절한 행동 양식을 선택할 수 있으려면 무엇보다도 세부사항을 지각하고 판별할 수 있어야 한다. 세부 사항은 일반적이고 추상적인 형태로 변형되는 것이 아니다. 이러한 체험의 누적은 교사를 적절한 전문적 지식과 기술을 계발하게 이끌고 교육적 노하우를 갖춘 교사로 성장시킨다.

둘째, 변화 능력의 계발은 변화가 일어나도록 꾸준히 몰두하고 실천하면서 일어난다. 변화란 결국 불확실하고 불편한 상황을 견디면서 결국 변화를 만들어 내는 지속적 과정의 결과물이기 때문이다. 변화가 필요하다는 것을 인식하는 것을 넘어 생각의 질적 변화가 일어날 때까지, 때로는 교육 장면에서 교사가 상상했던 변화가 일어날 때까지 새로운 도식 구조를 만들어 나가고, 교육적 활동을 지속하는 것이다. 변화 능력이란 변화 과정에서 만나는 다양한 어려움을 극복하고 다음 단계의 공고화에 도달할 때까지 포기하지 않고 지속하는 능력이다. 이러한 과정에서 숙달은 일어나고, 교사는 결국 변화를 목도하게 된다.

변화 능력이란 생각의 질적 변화로 인해 교수 실제나 교사의 능력이 변화하는 성과를 만들어 내는 수행 능력이라 할 수 있다. 지속적 몰입의 경험을 통해 교사는 상황을 관찰하고 이해하고 그것을 체계적으로 생각함으로써 자신의 관점이나 환경에 대한 지식, 태도, 기능을 새롭게 만들어 간다. 이러한 경험에서 교사는 구체적 경험, 반성적 숙고, 개인적 해석 등을 경험하며 생각을 변화시킨다. 이 경험은 교사의 교육 실제에도 영향을 준다. 이러한 과정에서 교사는 스스로 무엇을 해야 하는지 발견할 수 있는 능력을 기르게 되며 자기주도적인 학습이 일어난다(Wubbels & Korthagen, 1990).

셋째, 변화 능력의 계발은 외부 상황을 자신만의 방법으로 조율해 내는 과정에서 얻어진다. 변화 능력이 높은 사람이란 다른 사람의 교육에서 자신과 사회의 목적을 성취하기 위해 효과적이고 효율적으로 자신을 활용하도록 배운 사람(Combs, 1965)을 의미한다. 교사의 변화에 있어 다양한 요인이 영향을 준다. 교사가 속한 문화적 풍토와 동료 및 학생과의 관계적 요인은 특히 교사의 변화를 촉진하거나 방해한다. 변화 능력이 높은 교사들은 변화를 저해하는 풍토와 관계를 자신만의 전략을 사용함으로써 해소해 간다. 동료 교사와의 관계는 협력하는 동반자이자 협력 문화를 만드는 일원으로 생각한다. 협력하는 적절한 방법을 찾아 나가며 함께 성장하고 변화하는 관계로 만들려고 한다.

넷째, 변화와 교육에 대한 지향성이 강할수록 변화 능력은 계발될 가능성이 높다. 교육에 대한 효과를 신뢰하는 교사는 교육적 처치에 적극적이다. 변화가 필요한 시점에 대해 민감하고, 필요하다면 변화를 주저하지 않는다. 결과에 상관없이 새로운 시도에 큰 가치를 둔다. 변화란 목적을 향해 나아가는 과정이다. 따라서 변화에 대한 지향성이란 교육적 목적과 비전을 찾아 좇아가는 과정으로 볼 수 있다.

최근 능력에 대한 논의들은 외연적으로 드러나는 개인의 지식과 기술을 넘어 개인 내부의 동기, 자아개념, 개인적 특질에 관심을 둔다. 효과적인 성과의 원인이 되는 개인의 내적 특성에 주목하고 있다(Spencer & Spencer, 1993). 내적 특성이란 다양한 상황에서 개인의 행동을 예측할 수 있도록 해주는 개인 성격의 심층적이고 지속적인 측면이다. 변화 능력이 높은 교사는 교육적 개선과 전문가로서의 성장이라는 변화를 가져오는 데 내적인 특성이 영향을 끼침을 보여 주고 있다. 그들은 변화에 민감하고 변화를 빨리 수용하며, 도전적이다. 교육적 마인드가 높고 교육과 변화에 대해 긍정적인 태도를 취한다. 교육적 변화를 이끄는 자신만의 교육적 비전과 목적의식을 꾸준히 스스로 갱신하도록 이끈다. 교육자로서의 자신의 대한 태도와 가치관은 변화에 대한 지향성을 유지하게 만든다. 이러한 내적 특성은 결국 변화란 방법의 문제뿐만 아니라 마음의 문제임을 보여 준다.

변화 능력의 특성은 교사 개인의 문제로 여겨지는 변화 능력의 차원이 관계와 협력, 문화적 풍토라는 외부적 요인과 긴밀하게 상호작용하면서 계발된다는 것을 보여 준다. 개인의 반성적 능력, 비전과 목적의식, 교육적 몰입과 열정적 관여 등과 같은 개인의 심리적 기제 못지않게 중요한 것은 자신이 둘러싼 세상을 적극적으로 이해하려고 하고 활용하고자 하는 의지와 능력인 것이다.

변화 능력이라는 제안은 교사 전문성을 교사의 변화라는 측면에서 이해하고, 교사 전문성 신장에 기여하는 교사 내부적 요인에 관심을 갖게 만든다. 이러한 관점에서 교사의 변화는 새로운 자질을 가지게 되는 기능적 합리주의적 접근과는 다르게 변화가 일어나는 그 자체의 과정을 강조하는 맥락적 접근을 제안한다. 교사가 변화를 이끌어 내는 것을 통해 교사 전문성이 신장되고 교육 실제가 변화할 수 있음을 제시하면서, 교사 전문성 논의가 현재 직면한 한계를 부분적으로나마 해결할 수 있는 대안적 아이디어를 제시한다.

첫째, 교사의 변화를 교사 스스로 성장할 수 있는 개인적 존재라는 관점에서 이해하는 것도 중요하다는 것을 인식해야 한다. 교사를 스스로 성장할 수 있는 개인적 존재로 인식해야 하는 이유는 교사가 의식적이고 체계적인 방식으로 의미를 구성하는 것을 배울 수 있기 때문이다. 교사에게 경험을 재조직할 수 있게 하고 또 그렇게 해야 한다. 아무리 체계화되고 매력적인 개혁안이라 할지라도, 만약 교사가 자신의 교실에서 그것을 효과적으로 실천으로 구현해 내지 못하면 개혁안은 큰 의미를 가지지 못한다. 따라서 교사의 변화를 유도하고자 한다면 교사의 개인적 특성을 고려하지 않은 채 특정한 기술만을 교사들에게 주입시키려는 방법은 효과적이지 않다. 교사의 변화에 있어 교사가 보인 자발적이고 능동적인 변화 주체로서의 모습은 교사의 변화를 위해 교실뿐 아니라 교실 밖까지 교사의 참여를 증가시켜야 하는 필요성을 보여 준다.

둘째, 교사의 변화를 이해하는 데 있어 인지적이고 감성적이며 사회적이고 개인적인 성장 간의 발전적 연결을 위한 필요를 고려해야 한다. 교사의 변화는 개인 내부적 요인을 토대로 이루어지지만 교사 외부의 요인과 밀접한 관계를 맺는다. 특히, 상호 협력적 풍토를 만드는 것은 대단히 중요하다. 교육의 개선과 개인적 발전에 있어서 다른 교사와 함께 일을 도모하는 것이 필수적이다. 수동적이거나 변화를 거부함으로써의 담합의 협동이 아닌 상생에 기반한 교사 집단의 질적 향상을 가져오는 협동적 학교 문화를 만들어 내야 한다.

셋째, 교사의 변화를 하나의 능력으로 이해하고, 교사 스스로 변화 능력을 신장시킬 수 있도록 노력해야 한다. 우리는 끊임없이 변화하는 환경 속에서 살아간다. 이러한 환경 속에서 교육은 변화하는 환경에 적응해야 한다는 새로운 상황에 직면해 있다. 이와 같은 이유로 교육의 목적은 변화에 능동적으로 대처할 수 있는 학습 능력을 촉진하는 것이어야 한다. 즉, 교육을 통해 급변하는 사회에 적응하고 변화하는 방법을 습득하도록 해야 한다. 어떤 지식도 안전하게 확보된 것이 아니며 오직 지식을 추구하는 과정만이 안전을 위한 기초를 제공한다는 것을 깨달아야 한다. 변화하는 것, 고정된 지식이 아니라 오히려 과정에 의존하는 것이 교육 목적으로 의미를 가질 수 있는 유일한 것이다.

단편적인 지식이나 기술의 전달을 통해서는 미래의 교사가 장래에 그들이 직면할 수 있는 모든 유형의 상황에 대한 준비를 할 수 없다. 스스로 계속 발전할 수 있는 변화 능력이야말로 이 시대의 교사에게, 그리고 한 개인 학습자에게 더욱 필요하다고 하겠다. 이 능력은 교사로 하여금 의미 있는 교육적 변화를 일으키는 데 능동적인 역할을 하도록 하고, 그리하여 그들의 혁신적 능력을 촉진시킨다.

결론적으로 교사가 겪는 자발적 변화는 교사의 삶, 전문성 계발, 발달을 이해하는 데 있어 중추적인 역할을 담당한다. 교사 전문성 계발과 교육 개혁의 성공이라는 목표는 교사의 변화를 제대로 이해하고, 현장 교사가 자발적 주도성을 발휘하여 스스로 변화를 이룰 때 실현 가능하다고 할 수 있다.

| 제18장 |

# 새로운 지능으로서의 역량

## 1. 역량 개념의 대두[1)]

Alfred Binet(1905)가 실증주의적 관점에서 지능을 판단력 또는 실천적 능력(judgment, practical sense)이라고 정의하고, 언어적 능력에 초점을 맞춘 Binet-Simon 검사라는 측정 도구를 처음 개발한 이후, 지능에 대해 수많은 논쟁이 있어 왔다(Neisser et al., 1998; Perloff, Sternberg, & Urbina, 1996). 지능이라는 개념을 이론적으로 또는 조작적으로 어떻게 정의할 것에 대한 논쟁은 주로 지능검사로 측정된 것이 과연 무엇인지, 또한 그것이 어떤 쓸모가 있는지를 의심하며 지능검사의 타당성과 효용성의 한계를 비

1) 학자(예컨대, Moore, Cheng, & Dainy, 2002)에 따라서는 우리말로 모두 역량이라고 번역되는 competence, competency, competencies를 구분하여 설명하지만, 이 장에서는 구분 없이 역량이라고 통칭해서 사용한다.

판하는 것으로 귀결한다. 즉, 전통적인 지능검사는 학교에서 배우는 교과를 학습하는 데 필요한 학업 능력을 진단할 뿐이라서 학교를 졸업한 후 성인으로서 사회생활을 하는 데 필요한 잠재 능력을 갖추고 있는지를 보여주지 못하고, 지능지수 역시 학업 성취도와 크게 다르지 않다는 것이다.

이러한 비판적 입장에서 David McClelland(1973)는 「Testing for Competence Rather Than for "Intelligence"」라는 논문에서 지능과 대비되는 개념으로서 역량(competence)에 대한 연구의 필요성을 주창했다. 그는 기존의 지능검사가 학업 성취도에 대한 예언력은 높지만 졸업 이후 직업세계에서의 성과나 인생 전반에서의 성공을 예측하는 데는 근본적인 한계가 있기 때문에, 대부분의 지능검사가 따르고 있는 지필 검사 방식보다는 실제 상황에서 과업 수행 과정을 관찰해서 측정하는 방식이 더욱 효과적이라고 주장했다. 문화적으로 풍요로운 환경에서 자란 집단의 지능점수가 더 높다는 것, 즉 사회적 · 경제적 계층에 따른 검사 문항의 편파성을 간과한 채 높은 지능점수가 높은 학업 성취와 사회적 성공을 예측하고 있다고 해석하는 기존의 오류를 비판한다. McClelland(1973)는 인생에서의 성공 여부를 예측하기 위해서는 학교가 아닌 인생 전반에 필요한 역량을 측정해야 하는데 기존의 지능검사로는 그러한 것이 불가능하다고 비판하면서, 직무에서 요구되는 구체적이고 맥락적인 기준(criterion)에 부합하는 자발적인(operant) 능력을 측정할 수 있는 역량 검사가 있어야 한다고 제안했다. 개인의 고정적인 특성으로 개념화되어 평생 변하지 않을 것이라고 가정하고 측정되는 지능과 다르게, 개인의 학습과 노력에 따라 변화 정도를 파악하고 성찰하기 위한 역량 검사가 필요하다고 보았다. 그 역량 검사에는 인생의 다양한 성과(clusters of life outcomes)를 추구하는 데 필요한 공통적인 네 가지 하위요소, 즉 의사소통기술(communication skills), 인내력(patience), 목표설정 능력(moderate goal setting), 자아발달(ego development)이 포함되어야 한다고 제안하였다.

보통 이상의 우수한 성과를 보여 주는 직무수행자의 특성을 밝혀서 직무(tasks)에 필요한 역량을 추출하자는 McClelland(1973)의 초기 아이디어를 발전시켜서, Boyatzis(1982)는 역량을 우수한 직무수행자의 내적 특성으로 보고, 동기(motive), 특질(trait), 기술(skill), 자아상(self-image), 사회적 역할(social role), 지식(body of knowledge)이라는 여러 특성들이 포괄되는 광의의 개념으로 정의하였다. Boyatzis(1982)는 역량이 직무수행 능력과 '인과적으로(causally)' 연관되어야 한다고 강조했다는 점에서 역량이 학교교육과 같은 학문적 맥락보다는 직장생활이라는 사회적 맥락에서 이해되어야 하는 개념임을 분명히 했다. 이러한 관점은 Klemp(1980), McLagan(1983), Fletcher(1991), Dubois(1993)에서도 유사하게 나타난다.

Spencer와 Spencer(1993)는 McClelland(1973)와 Boyatzis(1982)가 실정한 이러한 역량 개념을 계승하면서,[2] Boyatzis(1982)와 유사하게 기술(skill), 지식(knowledge), 자기개념(self concept), 특질(trait), 동기(motive)라는 다섯 가지 요소로 역량이 구성된다는 모형을 제시하였다. 그는 요소 간의 위계성과 개발 가능의 차이를 빙산(iceberg)에 비유하여, 기술과 지식의 요소는 수면 위에 나타난 빙산의 일부처럼 가시적인 표층부에 있어 계발이 비교적 용이하지만, 자기개념, 특질, 동기와 같은 요소는 수면 아래의 빙산처럼 비가시적인 심층부에 있어 계발이 어려운 것으로 묘사하면서, 역량이라는 구성개념에 대한 입체적 모형을 제시하여 논의를 발전시켰다. Spencer와 Spencer(1993)는 역량이라는 구성적 개념 안에 인지적 요소와 정의적 요소를 통합시키려는 노력을 하였는데, 역량의 인지적 측면과 정의적 측면에 대한 종합적으로 고려하려는 관점은 이후 다른 연구자들에게서

2) "A competency is an underlying characteristic of an individual that is causally related to criterion-referenced effective and/or superior performance in a job or situation." (Spencer & Spencer, 1993, p. 9)

계속 나타나고 있다.

이홍우(1991)는 교육의 개념을 정의하면서 조작적 정의(operational definition)와 강령적 정의(pragmatic definition) 방식을 구분한 바 있다. 그는 근대 물리학에서 마력(馬力)을 측정하듯 인간의 지능을 재고자 했던 심리측정 분야의 초기 노력이 그다지 유용하지 않음을 비판하는 데서 출발하여, 대안적 개념으로서 제시되는 역량은 전통적 지능 개념과 차별성을 부여하는 과정에서 엄격한 조작적 정의보다는 강령적 정의의 특성을 더욱 분명히 가지게 되었다고 보았다. 이홍민과 김종인(2003, p. 24)이 요약한 역량의 다음 여섯 가지 특성은 역량에 대한 이론적 논의가 강령적 정의 형식을 따라 진행되고 있는 증거로 볼 수 있다. 즉, 역량의 각 특성은 역량이라는 구성적인 개념이 여섯 가지 전제(직무 행동, 조직개발, 문제상황, 성과 중심, 개발 가능, 측정 가능)에 따라 형성된 것이기 때문이다.

- 역량은 직무수행 과정에서 드러나는 구체적인 행동이다.
- 역량은 조직의 변화를 지원한다.
- 역량은 상황 대응적이다.
- 역량은 성과에 초점을 맞춘다.
- 역량은 개발 가능하다.
- 역량은 관찰과 측정이 가능하다.

윤정일, 김민성, 윤순경과 박민정(2007, pp. 239-245)도 역량에 대한 다양한 정의들이 공통적으로 함의하고 있는 역량의 네 가지 특성(총체성, 수행성, 맥락성, 학습 가능성)에 주목하여 역량 이론의 방향과 한계를 설명하고 있다.

- 역량은 인지적 · 정의적 요소가 모두 구조적으로 연결된 총체적 능력

이다.

- 역량은 획득된 능력의 상태일 뿐 아니라 실제 수행 상황에서 가동되는 능력이다.
- 역량은 특정 맥락에서 우수한 수행자의 행동 특성을 통해 도출된 능력이다.
- 역량은 경험에 의해 형성되고 학습을 통해 습득할 수 있는 능력이다.

역량에 대한 다양한 이론적 논의에는 이러한 기본적인 공통성이 있지만, 여전히 합의되지 않는 쟁점이 있다. Brundertt(2000)는 미국의 역량 개념과 영국의 역량 개념에 차이가 있음을 보여 주었다. 미국 학자들은 우수한 직무수행자의 행동에서 추출한 역량(competency)에 초점을 두는 반면, 영국 학자들은 표준적 직무성과 수준으로 역량(competence)을 이해한다. Grzeda(2005)도 관련 문헌 분석을 통해 역량의 개념에서 모호성이 존재함을 발견하고 그 모호성은 역량을 성과에 영향을 주는 독립변수로 여기는지, 성과와 동일한 종속변수로 여기는지가 불분명한 점에서 기인한다고 지적하고 있다. 윤정일 등(2007, pp. 249-252)은 역량에 대한 개념적 논의에서 더 탐구되어야 할 쟁점을 다음과 같이 네 가지로 정리하였는데 이에 대해 구체적으로 살펴보고자 한다.

- 역량이 개인에게 속한 것인가, 집단 혹은 조직에 속한 것인가?
- 역량이 일반적인 영역에서 요구되는 것인가, 구체적인 영역에서 요구되는 것인가?
- 역량의 기준을 성공적인 수행자가 보여 주는 수월성에 둘 것인가, 그 직무에서 요구되는 최소의 능력으로 볼 것인가?
- 역량은 성공적인 수행을 가능하게 하는 수행자의 특성인가, 수행되어야 하는 해당 과제의 핵심적인 요소인가?

개인의 성공에 필요한 능력을 추출하고자 했던 목적에서 출발한 역량 이론은 개인을 분석 단위로 하는 접근을 함의한다. 그러나 개인이 갖추어야 할 능력이 역량이라고 정의되는 방식과는 다르게, 하나의 조직이나 집단 단위에서 집합적(collective)으로 공유되는 조직 역량이라고 강조하는 관점이 조직 이론에서 대두되었다. 예컨대, Sparrow(1996)는 역량의 개념을 정의하는 데 있어 개인역량과 조직역량을 구분하였다. 조직역량은 집단적으로 공유하는 목적에 따라 필요한 자원과 능력으로서 모든 조직원들에게 공통적으로 확산되어 있는 것인 반면, 개인역량은 직무수행과 관련된 개인 차원의 구체적인 행동이다(Sparrow, 1996). 역량이 활용되는 맥락을 개인 본위의 미시적인 관점으로 파악할지, 조직 본위의 거시적 관점으로 볼지에 따라 이러한 강조점의 차이가 나타나지만, 조직을 자체의 목적과 생존 원리를 가지고 행동하는 유기체로 가정한다는 의미에서, 조직역량은 구성원의 개인역량의 합과 다른 개념으로 이해되고 있다. 또한 조직이 역량을 소유할 수 있는 주체이므로, 한 조직의 역량은 다른 조직의 역량과 비교될 수 있으며, 역량을 학습하는 주체가 될 수 있는 것이다.

역량의 보편성과 특수성에 대한 논쟁은 지능 이론에서 이미 유사하게 이루어지고 있다. 지능에 대한 초기 연구에서 지능의 보편적 요인인 g 요인(general factor)을 추출하고자 하는 심리학자들의 희망은 거의 모든 지적 능력을 측정하는 검사에서 획득한 점수들의 순위가 비슷하게 나타난다는 사실을 발견하면서 갖게 된 것이다. 즉, 언어 능력, 수리 능력, 기억력 등 각기 다른 정신 능력을 가정하였지만, 하나의 검사에서 우수한 성적을 받은 개인이 다른 검사에서도 우수한 성적을 받는 경향을 보여 주는 상관계수의 높은 통계치에 근거해서 Charles Spearman은 자신이 개발한 요인분석이라는 통계적 기법을 통해 단일한 요소로서 일반지능(general intelligence)이라는 개념을 제시하였다. 보통 g 요인은 지능검사 변산의 40~50%를 설명한다고 한다(Kamphaus et al., 2005). 이러한 g 요인을 정점으로 그 아래에 특수한 맥락에서 필요한 각기 다른 여러 능력을 배열시키는 지능 모형이 정립되어 왔다(Carroll, 1993). 그러나 학교에서의 학업성취와 밀접하게 관련되는 g 요인 이외에 다양한 영역에서 필요한 특수한 능력을 보다 강조하는 입장에서 Gardner(1983)는 기존의 지능검사가 측정할 수 없는 여러 독립적인 정신 능력을 강조하는 의미에서 다중지능이라는 용어를 사용하였다. 이러한 Gardner의 관점은 역량 이론을 주창하는 학자들의 관점과 상통하는 점이 있다(문용린 외, 2007).

역량에도 보편적으로 활용되는 핵심역량이 있고, 보다 구체적인 상황에서 활용되는 특수한 역량이 있을 것이라고 가정할 수 있다. 핵심역량을 주장하는 입장에서는 역량의 하위요소를 최소화하려고 하고, 구체적인 직무성과를 달성할 수 있게 하는 독립변수로서 역량의 높은 설명력을 원하는 입장에서는 역량을 직무와 밀접하게 연결시키기 위해 보다 구체적으로 정의하려고 한다는 점에서 차이가 있다. McClelland(1973), Boyatzis(1982), Spencer와 Spencer(1993) 등이 주장하는 대부분의 역량 이론에서는 하위요소의 수를 제한하여 역량의 보편성을 강조하는데, 보편성을 강조할수록 역량의 개념은 추상화되어 역량 이론이 비판했던 지능 이론의 g 요인에 유사해지는 한계에 봉착하게 된다. 하지만 오헌석(2007)이 지적하듯이, 역량과 성과의 인과관계를 설명해 줄 수 있을 만큼 우수 수행자의 특성을 충분히 자세하게 기술하기 어렵고, 또한 구체적으로 기술한다고 할지라도 기술되는 순간 과거지향적이고 보수적인 기준이 되므로 미래의 상황 변화에 융통적으로 적응하는 역량으로 기술하는 데 한계가 있을 수 있기 때문에, 역량에 대해 추상적으로 기술해 온 방식을 바꾸어 보다 구체화시키기에는 어려운 점이 있다. 또한 모호한 상황에서 복잡한 판단을 내려야 하는 전문화된(expert) 직무일수록 그 수행 정도를 g 요인이 잘 예측한다고 Gottfredson(1998)이 주장하듯이, 복잡하고 모호해서 쉽게 규정할 없는 고급 수준의 직무수행 능력을 설명하기 위해서는 전문적 역량이 갖는 보편적 요소를 추출하여 보다 중요한 핵심역량으로 규정하게 될 것이다. 다만 여러 직무에 공통적인 보편적 역량이 핵심역량으로 명시화되면서 자칫 획일적인 기준으로 수용된다면, 직무수행상의 다양하고 개성적인 시도를 가로막게 되어 창의성을 저해하는 문제가 발생할 수 있다. 그러므로 성공적인 수행을 가능하게 하는 수행자의 특성과 수행되어야 하는 해당 과제의 핵심적인 요소를 동시에 고려하는 방식으로 역량을 정의해야 한다.

역량은 논리적으로 준거 참조(criterion reference)를 전제한다. 한 개인이나 조직의 역량의 수준을 효과적이거나 우수한 업무 성과를 이루었는지 여부에 따라 판단하기 때문에 그 판단에 필요한 구체적인 준거나 기준이 있어야 한다는 뜻이다. 이러한 직무수행의 준거는 최소역량(threshold competencies)과 차별역량(differentiating competencies)으로 나누어 볼 수 있다(Spencer & Spencer, 1993). 최소역량은 업무수행자에게 요구되는 최소한의 직무 능력으로, 우수하거나 평균적이거나 상관없이 모든 수행자가 공통적으로 보유하고 있는 역량인 반면, 차별역량은 우수한 수행자와 평범한 수행자를 구분시켜 주는 역량이다. 역량의 기준을 소수의 성공적인 수행자가 보여 주는 수월성에 둘지, 평균적인 수행자에게 요구되는 최소의 능력으로 볼지는 역량측정의 목적에 따라 결정될 것이다. 수월성을 향해 개인이나 조직의 역량을 지속적으로 개발시키려는 목적과 특정 직무수행에 필요한 최소 역량을 소지하였는지를 진단하고 선발하려는 목적은 서로 다르다. 따라서 어떠한 활용을 전제하고 역량의 개념과 수준을 정의하는지에 따라 그 준거가 다르게 이해될 수 있는 것이다.

역량은 아직 정립되지 않은 채 이처럼 많은 쟁점에 대해 계속적인 논의를 요구하는 수준의 개념이라고 볼 수 있다. 이러한 이론적인 제한점에도 불구하고 여러 가지 현실적인 요구에 의해 역량교육을 강조하는 세계적인 흐름이 있다. 다음 절에서는 그러한 현실적인 배경을 살펴보고자 한다.

## 2. 핵심역량 기반 교육

핵심역량[3]은 영국, 미국, 뉴질랜드 등 여러 선진국에서 국가경쟁력 제고를 목적으로 21세기 지식기반사회에 대응하기 위한 핵심역량을 개발시키려는 교육정책을 고안하는 과정에서 주목받는 개념이 되었으며, OECD, EC, IEA, ILO 등의 국제기구를 중심으로 국제적으로 논의되고 있다(윤정일 외, 2007). OECD는 회원국의 교육정책을 검토한 후 전 생애에 걸쳐 다양한 상황에 대응할 수 있는 능력으로서 핵심역량(key competency)을 제안하면서 DeSeCo(Definition and Selection of Competencies: the conceptual and theoretical foundations) 연구를 1999년에 시작하였다. 이 연구의 목적은 국제적으로 공통되는 능력으로서 핵심역량을 합의하고 측정 방법을 개발하는 것이다(DeSeCo, 1999, 2001, 2003). DeSeCo 연구는 세 가지 영역의 아홉 가지 핵심역량을 다음과 같이 제안하고 있다(DeSeCo, 2003).

- 역량 영역 1: 도구를 상호적으로 사용하기
  - 언어 · 상징 · 문자를 상호적으로 사용하기
  - 지식과 정보를 상호적으로 사용하기
  - 기술을 상호적으로 사용하기

- 역량 영역 2: 이질적인 집단과 상호작용하기
  - 타인과 관계 맺기

3) '핵심역량'을 나타내는 용어는 국가에 따라 다양하다. 이를테면, ILO와 OECD, UNESCO에서는 life skills, 영국에서는 core skills, key skills, common skills, 뉴질랜드에서는 essential skills, 호주에서는 key competencies, 미국에서는 generic skills, 독일에서는 key qualification이다.

–협력하기
–갈등을 관리하고 해결하기

- 역량 영역 3: 자율적으로 행동하기
  –큰 맥락 안에서 행동하기
  –생애 계획을 수립하고 실천하기
  –권리 · 이익 · 한계 · 요구를 주장하기

DeSeCo의 핵심역량은 정체성 실현, 목표 설정, 권리 실천, 책임 이행, 환경 이해 등과 같은 자아실현 영역(자율적으로 행동하기), 다원화된 사회에서 공감하며 사회적 자본을 형성하는 인간관계망을 구성하는 영역(이질적인 집단과 상호 작용하기), 그리고 기초적인 도구 문해 영역(도구를 상호적으로 사용하기)으로 이루어져 있다. 개인과 자율, 사회와의 상호작용, 도구의 사용을 강조했다는 점에서 DeSeCo의 핵심역량은 자기주도성과 구성주의적 학습 관점을 취하고 있다. 이러한 점에서 DeSeCo 연구 결과는 앞서 역량의 개념이 직무수행 성과에 초점을 맞추어 그 논의가 제한되었던 한계를 넘어서서 일상생활과 지식기반 사회에서 생애에 걸쳐 활용될 핵심역량으로 그 개념을 심화시키고 있는 것이다. 특수한 직무수행에 요구되는 한정적인 능력이 아니라 인지적 · 정서적 · 사회적 능력 모두를 포괄하면서 보편적인 인간 능력의 구성요소의 종합으로 폭넓게 정의하면서 역량의 개념을 추상화하고 그 적용 대상을 극대화시켰다. 이러한 역량 개념은 노동시장에서 고용 가능성(employability)을 높이는 것뿐 아니라 보다 근본적으로 개인의 자아실현(self-fulfillment)과 시민으로서 사회참여(social inclusion)를 지향하는 것이라는 점에서 전 생애에 걸친 전 영역의 발달과업으로 이해될 수 있는 것이다(European Commission, 2006).

DeSeCo 연구의 회원국가와 EC 회원국가에서는 자국의 교육과정을 핵심역량 기반으로 재구성하려는 시도가 있다. 영국, 스코틀랜드, 포르투갈, 벨기에는 핵심역량을 교육과정에 명시하였으며, 특히 뉴질랜드는 DeSeCo의 핵심역량 개념을 공교육 교육과정의 핵심요소로 설정하여 개편하였다(Ministry of Education in New Zealand, 2006). 뉴질랜드 교육부는 공교육의 목표를 다음 다섯 가지 핵심역량(Key Competencies)의 육성으로 설정했다.

- 타인과 관계 맺기
- 자기 관리하기
- 참여하고 기여하기
- 생각하기
- 언어 · 상징 · 문자 사용하기

이러한 각국의 역량 기반 교육과정 개혁은 인간자본론과 교육책무성 이론에서 그 이론적 연원을 찾을 수 있다(송경오, 박민정, 2007). 인간자본론에서는 교육이 노동생산성을 증대시킬 수 있는 유용한 수단으로 간주되기 때문에, 고용 가능성을 높이는 데 초점을 맞춘 역량 기반 교육과 성인의 계속적인 평생교육에 필요한 핵심역량의 교육을 지지한다. 교육의 책무성을 학교에서 가르친 것(투입)이 아니라 학습자가 수행한 것(결과)을 기준으로 판단하기 때문에, 실제 학교교육과정이 학교 밖 직업세계에서의 직무수행 수준이나 사회생활에서의 시민역할 수행 수준과 밀접하게 연계된 역량을 학습자가 계발하는 데 효과적으로 기여하기를 요구한다. 이러한 방향의 교육과정 개혁은 그동안 학교교육의 주된 교육 내용이었던 형식적 지식보다 실제적 문제해결에 기여할 수 있는 암묵적 지식을 강조하게 되며, 기존의 교과지식 중심의 교육과정에서 직업세계에서 요구되는 역량 중심의 교육과정으로의 개편을 요구한다(송경오, 박민정, 2007).

우리나라에서 역량 기반 교육과정으로 개편하려는 노력은 초중등교육보다 고등교육에서 보다 활발한 편이다. 유현숙 등(2002)은 국가수준으로 표준적인 생애 능력을 추출하는 과정에서 각 교육단계별로 요구되는 역량들을 분석하면서 고등교육 단계에서 요구되는 핵심역량으로서 다음 일곱 가지를 제시하였다.

- 전공 분야에 대한 지식: 전공 분야에 대한 이론적 기초, 전공 분야 지식의 실용적 적용
- 사고력: 비판적 사고력, 단편적 지식의 종합 능력, 예측과 추리력
- 의사소통 능력: 타인의 의견을 경청하는 능력, 자신의 의사를 표현하는 능력, 기본 문해력
- 자기주도적 학습 능력: 자발적인 목표설정과 학습동기, 자신감과 자존감, 정보처리 및 기술 활용 능력, 변화를 수용하고 대처하는 능력
- 리더십: 조직의 비전 제시, 뚜렷한 주관과 추진력, 구성원 간 갈등조율 능력, 책임감과 도덕성
- 문제해결력: 문제의 원인에 대한 진단 · 분석 능력, 효율적이고 시의적절한 의사결정력, 장애 요인을 극복하는 능력, 사고의 유연성, 독립심
- 협동 능력: 상호의견 교환과 합의점 도출, 타인에 대한 지원과 신뢰, 다양한 문화와 가치에 대한 존중

유현숙 등(2002)과 유사하게, 김동일 등(2009)도 서울대학교 교수를 면접 조사하여 대학의 학부 교육을 통해 함양해야 할 핵심역량을 확인하여 다음 일곱 가지로 추출하였다.

- 전공 분야에 대한 지식: 전공 분야에 대한 이론적 기초, 전공 분야 지식의 실용적 적용

- 논리적 사고력: 종합적 · 통합적 사고력, 분석력, 합리적 판단력
- 학습 능력: 외국어 능력, 정보처리기술 및 활용 능력, 자기주도적 학습 능력
- 창의성: 새로운 사고, 적응력
- 리더십: 의사결정 능력, 추진력, 전체 조망 능력, 도전정신
- 대인관계 능력: 의사소통 능력, 협력적 관계 형성 능력, 개방성
- 가치관 및 태도: 공동체 의식, 도덕성, 배려

최상덕 등(2012)은 창의적 사고력, 직무수행 능력, 사회생활 능력, 전문지식, 창의적 인성이라는 다섯 차원에 포함된 19가지 역량이 필요할 것이라고 보고, 이러한 각각의 역량에 대해 현재 학생의 역량 수준, 취업 시 중요도, 대학교육을 통한 향상도(1학년의 경우는 향상기대도)를 묻고 그 결과를 비교하였다. 2011년 9월 전국 4년제 177개 대학교(본교 기준) 중에서 학생 규모가 작은 신생 대학교를 제외한 나머지 80개 대학교에 재학 중인 1학년과 4학년 중에서 인문 · 사회, 경제 · 경영, 공학, 자연 · 의학, 예체능 계열을 고루 포함시켜서 3,085명(1학년 1,500명과 4학년 1,585명)을 무선 표집하여 온라인 설문조사를 실시하였다. 다음 그림에서 알 수 있듯이, 19가지 역량에 대한 인식에서 1학년과 4학년은 별다른 차이를 보여 주지 않았다. 1학년이나 4학년 모두 의사소통 능력, 협동 능력 및 리더십, 문제해결력이 취업에 있어 가장 중요한 역량이라고 생각한다. 창의력 및 혁신 능력이 자신에게 부족한 역량이라고 생각하는 점에서도 1학년과 4학년 학생의 생각은 동일하다. 그러나 1학년 학생들은 창의력 및 혁신 능력이 대학교육을 통해 향상될 기대를 강하게 하고 있지만, 다른 모든 역량보다 향상도가 낮다고 본 4학년 학생은 매우 실망한 것으로 보인다. 김동일 등(2009)이나 최상덕 등(2012)의 연구는 교육 현장에서 교수자나 학습자가 인식하는 개별 역량의 필요성과 중요성을 조사한 실증적 연구여서 교육과정 개편의 방향

[그림 18-1] 핵심역량에 대한 중요도, 준비도, 향상기대 평정 비교 (대학 1학년)

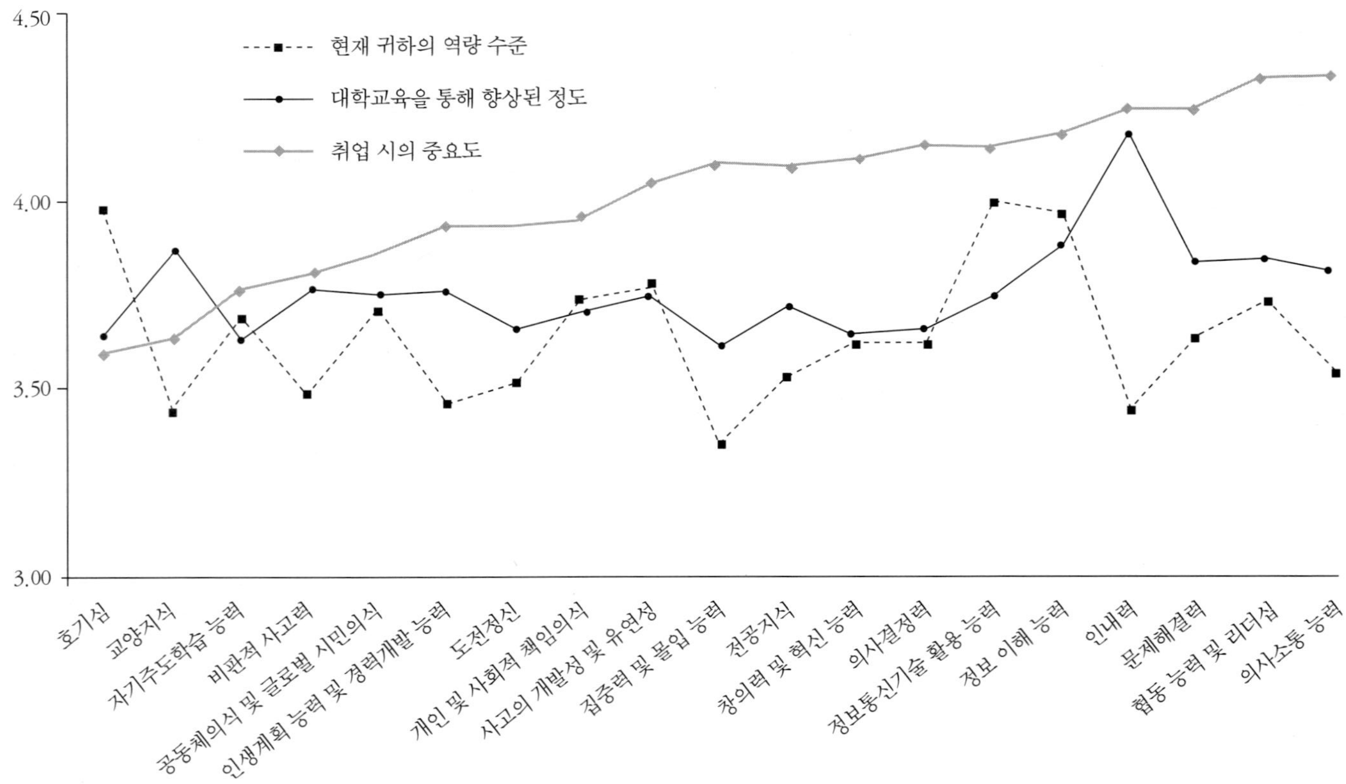


출처: 최상덕 외(2012).

[그림 18-2] 핵심역량에 대한 중요도, 준비도, 향상도 평정 비교(대학 4학년)

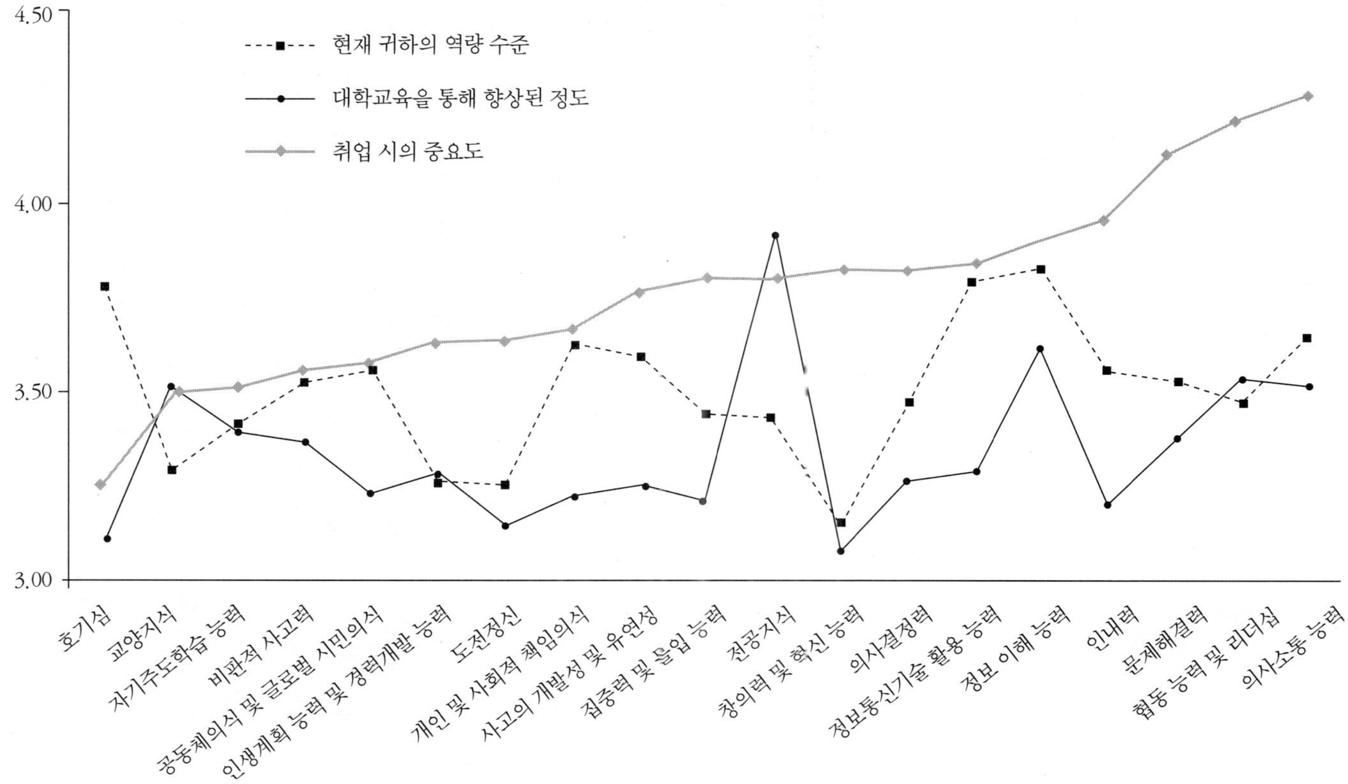


출처: 최상덕 외(2012).

설정에 의미 있는 자료다.

진미석, 이강주, 손유미와 주휘정(2011)은 성균관대학교의 교육 목표로서 핵심역량 모형을 구성하여 제안하기 위해 호주 시드니 대학교, 호주 퀸즈랜드 대학교, 미국 알버노 대학교의 역량 중심 교육과정 운영 사례를 비교 검토하였다. 시드니 대학교는 정부가 요구하는 대학 졸업자의 필수 역량 이외에, 탐구력(research and inquiry), 정보문해(information literacy), 자율성(personal and intellectual autonomy), 윤리적 · 사회적 · 전문가적 이해(ethical, social, and professional understanding), 의사소통(communication) 역량을 교육과정을 통해 학습되어야 목표로 정의하였다. 퀸즈랜드 대학교는 전공심화 지식, 의사소통, 독립성과 창의성, 비판적 판단, 윤리적 · 사회적 이해를 핵심역량으로 선정하여 이에 맞추어 모든 교수자들에게 각자의 교수 모형을 구안하도록 요구하고 있다. 알버노 대학교는 의사소통, 분석, 문제해결, 가치 판단, 사회적 상호작용, 글로벌 안목의 개발, 효과적 시민, 심미적 참여라는 여덟 가지 역량에 대해 각각 6단계의 수준을 제시하여 낮은 수준은 교양교육에서, 높은 수준은 전공교육을 통해 성취하도록 요구하고 있다(진미석 외, 2011).

역량 기반 교육과정은 분과학문의 지식구조에 기반한 전통적인 교육과정으로 구성되는 학문중심 교육과정에 대비되는 개념이다. 학문중심 교육과정은 지식의 담지자인 교수자를 중심으로 교과 지식을 전달하여 해당 분야의 전문가를 양성하는 데 목적이 있는 반면, 역량 기반 교육과정에서는 학습자가 주도하여 문제해결을 체험하여 범용적이고 융합적인 방법지(方法知)를 획득하도록 권장된다. 역량이 교육 목표로서 규정되는 이러한 역량 기반 교육과정에서는 역량 달성에 대한 평가나 측정은 불가결한 작업이다. 다음 절에서는 역량 측정에 대한 방법들을 탐색해 본다.

## 3. 역량의 측정

국제적으로 공인된 역량측정 연구로 OECD가 진행한 국제 성인문해력 조사(International Adult Literacy Survey: IALS)를 가장 먼저 꼽을 수 있는데, IALS는 1994~1998년에 걸쳐 20개국의 성인 문해력을 독해력, 문서이해력, 수리력 등의 하위요소로 나누어 조사하는 도구를 개발하여 실시한 것이다. 이후 OECD는 IALS의 후속 사업으로서 성인의 문해력과 생활 능력을 측정하기 위한 ALL(Adult Literacy & Life Skill Survey) 조사를 2003년에 진행하였다. ALL은 IALS의 측정 모형에 바탕을 두고 있으나, 문해력 이외에 정보통신기술활용 능력과 문제해결력의 영역을 추가하였다는 점에서 핵심역량에 근접한 것이고, 더욱 강화된 표준화된 조사 절차를 적용하였다는 점에서 보다 발전된 국제비교 조사라 할 수 있다(진미석 외, 2011).

ALL의 후속작업으로 국제 성인역량 측정 사업(Programme for the International Assessment of Adult Competencies: PIAAC)이 2005년부터 시행되어 왔다. 기존의 IALS와 ALL이 일반적인 문해 능력을 측정하는 것인 반면, PIAAC은 노동시장의 기준에 비추어 성인의 역량 수준을 국가 간 비교하여 각국의 인적자원개발 정책을 검토하고자 하는 것으로서 역량이라는 개념이 처음 도입된 국제 비교 연구인 것이다. IALS와 ALL 조사에서 사용된 측정 도구는 인지 능력에 한정되었지만, PIACC은 보다 다양한 비인지적 스킬과 실제 직무에서 요구되는 역량 수준을 측정하였다. PIACC에서 측정하는 요소는 문해력, 수리력, 문제해결력, 사회적 역량으로 구성된다.

OECD는 IALS, ALL, PIAAC의 조사 사업을 준비하면서 심리측정적으로 가능한 역량으로 개념 모형을 구성하고자 하였다. 즉, 과학적 이론으로 검증되고 선행 연구에 의해 확립된 역량 영역만이 선정되었으며 검사자의 직관에 의존하는 역량 영역은 심리측정학적 한계로 인하여 배제시켰다. 이렇게 선정된 영역의 역량은 전통적인 측정 방법에 의해 분석될 수 있으므로 개인의 사회 · 건강 · 교육 · 경제와 영역별 역량이 어떠한 관련성을 갖는지 국가 수준에서 분석하는 연구가 가능해졌다. 선천적인 능력이나 탁월한 수준의 기술을 요구하는 문항을 제외시켜서 보편적으로 교육되고 습득 가능한 역량으로 국한시켰다. 그러나 창의성이나 도덕성처럼 중요한 영역은 역량이 표준화된 검사 도구가 개발되지 못했다는 심리측정의 한계로 인해 제외되었다(Statistics Canada & OECD, 2005).

국제적으로 통용될 정도로 표준화되지는 못했지만, 전통적인 심리측정 방법으로는 측정하지 못했던 비인지적 역량을 진단하고자 하는 대안적인 방법을 개발하려는 노력은 계속되고 있다. 이러한 방법은 주로 기업에서 적절한 지원자를 선발하려는 목적으로 측정 절차와 도구의 표준화가 엄격하게 요구되지 않는 상황에서 활용된다. 피험자의 비인지적 역량을 평가하는 방법에는 면접이나 생애자료(bio data), 작업표본 검사(work-sample test), 평가센터(assessment center)를 통한 수행평가 등이 있다.

면접은 면접관이 사전에 질문과 평가의 기준을 사전에 엄격히 정한 정도에 따라 구조화된 면접과 반구조화된(semi-structured) 면접, 그리고 비구조화된(un-structured) 면접으로 나누어진다. 피험자가 과거에 어떻게 행동했는지를 알아봄으로써 장차 유사한 상황에서 어떻게 행동할지를 예측하려는 행동면접(behavioral interview) 방법이 있는 반면, 미래의 가상적 상황에서 어떻게 행동할지를 묻는 상황면접(situational interview) 방법이 있다. '팀원들과 협력해서 최선의 성과를 거둔 경험에 대해 이야기하십시오.'와 같은 질문을 모든 지원자에게 물어서 그 응답으로 기술한 행동을 동일한 기준으로 비교하는 행동면접 방법이 역량진단에 보다 가깝다. '만약에 이러하다면 어떻게 하시겠습니까?'와 같이 가상적 문제 상황에 대처하는 방식을 묻는 상황면접 방법에서 피험자는 실제로 할 만한 행위보다는 이상적으로 보이는 의견을 제시하는 경향이 있기 때문이다.

자기보고식 검사나 선다형 검사와 같이 사전에 정해져 있는 표준화된 절차에 따라 피험자의 반응을 보고 관련 역량을 평정하려는 반응 검사보다, 작업표본 검사나 모의상황 검사와 같이 피험자가 적극적으로 주도하여 과제를 수행하게 되는 검사는 실제 상황에서 요구되는 역량을 확인하는 데 유리하다. 이러한 자발적 검사를 위해 논쟁적 주제에 대해 한쪽 입장을 반박 또는 옹호하는 글을 작성하게 하거나 그림을 보고 이야기를 만들 것을 요구하는 과제들이 활용되고 있다. 준거타당도가 가장 높은 검사로 여겨지는 검사는 평가센터를 활용한 검사인데(Spencer & Spencer, 1993). 이는 평가센터가 피험자에게 다양한 수행과제를 부여하고 그 과제를 수행하는 것을 관찰하는 방식이다. 그러한 과제로는 사례분석, 프리젠테이션, 집단토론, 비즈니스게임, 스트레스 면접, 역할연기 등과 같은 과제들이 독립적으로 또는 결합되어 활용된다. 평가센터 기법의 타당도는 직무에 얼마나 유사한 모의과제를 설계하는지에 따라 결정된다.

인지적 역량이든 비인지적 역량이든 역량의 개념은 관찰 또는 측정 가능한 행동으로 기술될 수 있는 역량만으로 한정하고, 관찰이 불가능한 비가시적인 역량은 배제하고 있다. Spencer와 Spencer(1993)의 빙산 모형은 가시적이고 드러나는 지식이나 기술뿐만 아니라 심층부에 숨겨져 있는 정서적인 영역을 역량에 포괄시켜야 한다고 강조하지만, 현실적으로 그 역량을 측정하거나 교육의 목표로서 상세히 기술하기 어렵다. 측정할 수 있는 역량만을 진단하고 교육의 목표로 설정한다면 역량 개념은 전통적인 지능 개념과 크게 다를 바가 없어진다. 따라서 역량의 수준을 얼마나 타당하고 신뢰성 있게 측정할 수 있느냐에 따라 역량 기반 교육과정이 이상주의적 구호에서 끝날지 혹은 사회가 요구하는 실제적인 교육 개혁으로 실현될지가 결정될 것이다. 역량에 대한 과학적인 측정이 어느 정도 가능해지면, 역량을 구성하는 하위요소들 간에 구조를 설명하는 역량의 분류학(taxonomy)이 본격적으로 검토되어야 할 것이다. 다양한 학자의 직관과 상호 합의에 따라 하위 요소 간의 수평적 · 수직적 구조를 설정했던 기존의 가설적 모형은 측정의 결과를 분석하는 경험적인 절차를 통해 토대로 검증될 필요가 있다. 이러한 점에서 역량에 대한 교육학적 또는 심리학적 논의는 지능이나 교육과정의 이론이 시작되는 단계에서 겪었던 초기 혼돈을 헤쳐 가고 있는 단계라고 볼 수 있다.

# 참고문헌

●국내문헌●

강민수(2001). 어머니와 자녀의 정서지능 관계연구. 서울대학교 대학원 석사학위논문.

강민수(2011). 신사임당의 정서능력 발현과정 연구. 서울대학교 대학원 박사학위논문.

고종식, 이옥분(2007). 윤리적 의사결정과 직무만족에 있어서 상사의 도덕역량의 조절변수 효과. 대한경영학회 추계학술발표대회(11월 24일) 발표논문집, 645-656.

곽금주, 박혜원, 김청택(2001). K-WISC-III(한국 웩슬러 아동 지능검사) 지침서. 서울: 도서출판 특수교육.

곽금주, 오상우, 김청택(2011). K-WISC-IV(한국 웩슬러 아동 지능검사) 전문가 지침서. 서울: 학지사.

곽윤정(1997). 정서지능의 발달경향성과 구인타당성에 관한 연구. 서울대학교 대학원 석사학위논문.

곽윤정(2004). 정서지능 교육 프로그램 모형 계발 연구. 서울대학교 대학원 박사학위논문.

권승혁(2000). 도덕지능 계발을 위한 도덕과 교육방법 탐색. 도덕교육학연구, 1, 23-36. 한국도덕교육학연구회.

김계현, 김동일, 김봉환, 김창대, 김혜숙, 남상인, 천성문(2009). 학교상담과 생활지도(2판). 서울: 학지사.

김동일, 김신호, 이근재, 정호일, 정종진(2000). 아동발달과 학습. 서울: 교육출판사.

김동일, 오헌석, 송영숙, 고은영, 박상민, 정은혜(2009). 대학 교수가 바라본 고등교육에서의 대학생 핵심역량: 서울대학교 사례를 중심으로. 아시아교육연구, 10(2), 195-214.

김명희, 김양분(1996). 중학생의 다중지능 분석. 한양대학교 한국교육문제 연구소.

김명희, 신화식(2001). 다중지능에 의한 부모-교사의 유아 잠재능력 평가 간의 인식 비교연구. 아동학회지, 22(3), 33-49.

김성민(2010). 인터넷 이용자들의 온라인 집단지성에 대한 질적 연구: 피에르 레비의 '집단지성'을 중심으로. 중앙대학교 대학원 석사학위논문.

김윤재(2011). 초등영재의 성공지능 유형과 자기조절학습능력과의 관계. 대구대학교 대학원 석사학위논문.

김주현(2005). 다중지능이론에 기초한 진로교육 프로그램 개발 연구. 서울대학교 대학원 박사학위논문.

김현진(1999). 다중지능 측정도구의 타당화 연구. 서울대학교 대학원 석사학위논문.

김혜진, 이경정, 김옥분, 이영주(2010). 청소년 도덕지능 검사도구 타당화. 열린교육연구, 18(4), 152-170.

나동진, 김진철, 이정규(2005). 지능이론의 관점에서 본 지능과 학업성취의 관계. 교육심리연구, 19(1), 79-92.

노희정(2005). 도덕지능의 초등 도덕교육적 함의. 초등도덕교육, 20, 221-250.

다중지능연구소(2009). 완주군 다중지능계발사업보고서. 다중지능연구시리즈 2009-2.

다중지능연구소(2012). 한국잡월드 진로설계관 검사개발보고서. 다중지능연구시리즈 2012-1.

동아일보 문화부(2007). 21세기 신천재들. 서울: 동아일보사.

류상아(2003). 중학생들의 진로유형 및 진로성숙 수준과 다중지능과의 상관 관계. 부산대학교 교육대학원 석사학위논문.

류숙희(1996). 지각된 다중지능의 집단차와 IQ 및 성적과의 관계 분석 연구. 서울대학교 대학원 석사학위논문.

류숙희(2004). 백범 김구의 잠재능력 계발과정 연구: 다중지능이론의 관점에서. 서울대학교 대학원 박사학위논문.

류숙희(2009). 다중지능 관점에서 본 백범 김구를 성장시킨 인적환경. 서울: 한국학술정보.

류숙희, 박춘성, 변선희(2006). 강점지능 살리면 뜯어말려도 공부한다. 서울: 아울북.

매일경제 세계지식포럼 사무국(2007). 힘의 이동(다보스 리포트). 서울: 매일경제신문사.

문수백, 변창진(1997). K-ABC 실시 · 채점요강. 서울: 학지사.

문수진(2009). 집단지성 기반의 대안적 학습조직 모델 개발에 관한 연구. 한양대학교 대학원 석사학위논문.

문용린(1996). 정서지능의 의미와 중요성: 성숙한 정서교육의 방향 모색. 유아교육학술대회 자료집, 21-38.

문용린(1997). EQ Diary: 삼성인력개발원 신입사원 연수 프로그램. 서울: 삼성인력개발원.

문용린(1998). 정서지능 연구의 현재와 미래. EQ 제대로 알고 있는가? 한국아동학회 추계학술대회 자료집, 3-16.

문용린(2001). EQ 발달 프로그램. 서울: 대교출판사.

문용린(2003). MI 적성진로진단검사. 서울: 대교한국교육평가센터.

문용린(2009). 지력혁명. 서울: 비즈니스북스.

문용린(2011). 행복한 성장의 조건. 서울: 리더스북.

문용린, 강민수(2004). 성공지능 검사에 대한 경험적 타당화 연구. 교육심리연구, 18(3), 103-119.

문용린, 곽윤정(2000). EQ를 높이려면 이렇게 하자. 서울: 대교출판사.

문용린, 곽윤정, 이강주(1998). 정서지능 연구의 동향과 전망. 서울: 서울대학교 교육연구소 모노그래프.

문용린, 곽윤정, 조희순(2002). '자연의 친구' 교육프로그램의 효과 연구. 한국아동학회: 아동학회지, 23(4), 215-226.

문용린, 김주현(2004). 다중지능이론에 기초한 진로교육 가능성 탐색. 진로교육연구, 17(1), 1-19.

문용린, 김주현(2005). 아동 및 청소년의 다중지능과 진로의식 발달연구. 인간발달연구, 12(2), 1-22. 한국인간발달학회.

문용린, 김주현, 박은실(2003). 다중지능과 진로의식 발달 연구. 서울대학교 교육학과 도덕심리연구실.

문용린, 류숙희, 김현진, 김성봉(2001). 다중지능 측정도구 개발을 위한 연구(중고생을 위한 다중지능 검사 개발). 교육학연구, 2001-1. 서울대학교 교육연구소.

문용린, 안태진(2003). 기업인 정문술의 지적능력 계발 과정에 관한 연구. 서울대학교 도덕심리연구실.

문용린, 유경재, 전종희, 엄채윤(2007). 개인의 역량 측정을 위한 다중지능 하위요소의 재분석. 교육심리연구, 21(2), 283-309

박춘택(2003). 다중지능 유형에 따른 컴퓨터 기반 진로교육 프로그램의 설계 및 개발. 대구교육대학교 교육대학원 석사학위논문.

박혜원, 곽금주, 박광배(1996). K-WPPSI: Korean Wechsler Preschool-Primary Scale of Intelligence 지침서. 서울: 도서출판 특수교육.

서봉연, 이창우(1974). K-WISC 실시요강. 서울: 중앙교육연구소.

서울대학교 사범대학 교육연구소(1997). 한국교육심리검사총람: 교육심리검사의 체계적 집대성. 서울: 프레스빌.

송경오, 박민정(2007). 역량기반 교육개혁의 특징과 적용가능성 탐색. 한국교육, 34(4), 155-182.

송인섭(2011a). Guilford의 지능구조모형에 의한 유아 학습능력 검사의 개발 및 타당화 연구. 아동교육, 20(2), 33-48.

송인섭(2011b). 아동의 지능 구조에 대한 평면성과 위계성의 비교 연구. 아동교육, 20(4), 43-62.

신민섭(2005). 아동 정신병리의 진단평가. 서울: 학지사.

신은영(1999). Guilford 지능구조 모형의 위계성 연구. 숙명여자대학교 대학원 박사학위논문.

엄채윤(2012). 교사의 변화능력에 관한 연구. 서울대학교 대학원 박사학위논문.

염태호, 박영숙, 오경자, 김정규, 이영호(1992). K-WAIS(Korean-Wechsler Adults Intelligence Scale). 서울: 한국임상심리학회.

오헌석(2007). 역량중심인적자원개발의 비판과 쟁점 분석. 기업교육연구, 9(1), 191-213.

오헌석, 심한식, 위현진, 배형준(2009). 세계를 이끄는 한국의 창조적 공학자들. 서울: 서울대학교 출판부.

원지효(2006). 초등학생의 성공지능과 성취동기 및 학업성취와의 관계 연구. 춘천교육대학교 교육대학원 석사학위논문.

유현숙, 김남희, 김안나, 김태준, 이만희, 장수명(2002). 국가수준의 생애능력 표준 설정 및 학습 체제 질 관리 연구 I. 서울: 한국교육개발원.

윤정일, 김민성, 윤순경, 박민정(2007). 인간 능력으로서의 역량에 대한 고찰: 역량의 특성과 차원. 교육학연구, 45(3), 233-260.

이경화(2007). (효과적인 교수 학습을 위한) 교육심리학. 서울: 교육과학사.

이권옥(2005). 성공지능과 학습습관 및 학습동기와의 관계. 한국교원대학교 교육대학원 석사학위논문.

이병래(1998). 부모의 심리적 태도와 유아의 정서지능과의 관계. 중앙대학교 대학원 박사학위논문.

이수정(2001) 문제해결과제를 이용한 정서인식력 검사의 개발. 한국심리학회: 사회 및 성격, 15(3), 65-86.

이수정, 김혜진(2009), 사이코패스의 전두엽 집행기능 및 정서인식력 손상기전. 한국심리학회지: 사회 및 성격, 23(3), 107-121.

이수정, 이훈구(1997). Trait Meta-Mood Scale의 타당화에 관한 연구: 정서지능의 하위요인에 대한 탐색. 한국심리학회지: 사회 및 성격, 11(1), 95-116.

이수정, 황혜정(2003). CBT 정서능력 검사의 타당도 연구. 한국심리학회지: 건강, 8(1), 41-67.

이승미(2004). 조직구성원의 윤리적 의사결정 의도의 영향 요인에 관한 연구. 이화여자대학교 대학원 박사학위논문.

이영만(2006). 초등학생의 성공지능의 발달과 학업성취도에 미치는 영향. 초등교육연구, 19(2), 101-123.

이영만(2009). 초등학생의 성공지능 유형과 자기조절능력 및 학습몰입의 관계. 초등교육연구, 22(2), 139-161.

이영자, 이종숙, 신은수(1999). 교사 평정에 의한 유아용 정서지능 평가도구 개발 연구. 인간발달

연구, 6(2), 121-146.

이우경, 이원혜(2012). 심리평가의 최신 흐름. 서울: 학지사.

이유나, 이상수(2009). 집단지성의 교육적 적용을 위한 개념모형과 설계원리. 교육공학연구, 25(4), 213-239.

이인재, 정수연(2010). 창의, 인성교육을 위한 도덕지능의 함양 방안. 초등도덕교육, 33, 197-226.

이정모 외(2009). 인지심리학. 서울: 학지사.

이지혜(2012). 도덕귀감자의 도덕역량에 관한 연구. 서울대학교 대학원 박사학위논문.

이지혜, 문용린(2011). 도덕성 발달 연구를 위한 역량중심 접근의 개념화. 인간발달연구, 18(2), 227-254.

이홍우(1991). 교육의 개념. 서울: 문음사.

이희연(2009). 내재요인모형에 기초한 지능의 구조모형 검증. 영재와 영재교육, 8(3), 175-195.

전용신(1970). 고대-비네 검사. 서울: 고려대학교 출판부.

전용신, 서봉연, 이창우(1963). KWIS: Korean-Wechsler Intelligence Scale 실시요강. 서울: 중앙교육연구소.

전종희(2012). 공과대학 대학원에서의 집단지성(Collective Intelligence) 속성 및 조건 탐색. 서울대학교 대학원 박사학위논문.

정두현(2002). 도덕지능을 높이기 위한 도덕 교육 방법. 초등도덕교육, 9, 209-234.

정미경, 김경자(2006). 교사의 교육과정 변화 능력 함양을 위한 적응적 전문성 신장방안. 교육과학연구, 37(3), 25-45.

정수연(2010). 초등 도덕 교육에서 도덕 지능의 함의 연구. 서울교육대학교 교육대학원 석사학위논문.

정옥분(2006). 성인발달의 이해. 서울: 학지사.

정종진(2009). 초등학생용 도덕지능검사의 개발 및 타당화. 초등교육연구, 22(1), 249-269.

정창우(2004). 도덕교육의 새로운 해법. 서울: 교육과학사.

조난심(2001). 도덕과 교육의 연구 동향. 교육광장, 4(2), 8-12.

조영아(2008). 초등학교 고학년용 도덕지능검사 개발을 위한 기초연구. 대구교육대학교 교육대학원 석사학위논문.

진미석, 이강주, 손유미, 주휘정(2011). 성균핵심역량기반 교육과정개발 컨설팅. 서울: 한국직업능력개발원.

최상덕, 이강주, 김진영, 반상진, 이수정, 최현영(2012). 21세기 창의적 인재 양성을 위한 교육의 미래 전략 연구. 서울: 한국교육개발원.

최항섭(2009). 레비의 집단지성: 대중지성을 넘어 전문가지성의 가능성 모색. 사이버 커뮤니케이션 학보, 26(3), 287-322.

하대현(2005). 우리나라 지능 연구의 현황과 교육적 활용 과제. 교육심리연구, 19(1), 159-187.

학예대학 보고서(2011). 아시아의 다중지능이론 수용과 발전. 일본 학예대학 연구보고서.

한국고용정보원 직업연구센터(2010). 2011 직업선택을 위한 학과정보. 고용노동부.

한국교육심리학회 편(2000). 교육심리학 용어사전. 서울: 학지사.

허재복(2004). 가드너의 실존 및 도덕지능 계발을 위한 어린이 도덕철학하기. 대구교육대학교 논문집, 39, 1-41.

홍성훈(2009). 다중지능 혁명: 내 아이의 성공적인 미래 설계. 서울: 랜덤하우스 코리아.

홍순정(1999). 지능과 창의성. 서울: 양서원.

황순택, 김지혜, 박광배, 최진영, 홍상황(2012). 한국 웩슬러 성인용 지능 검사 4판(KWAIS-IV). 대구: 한국심리주식회사.

황은동(2008). 웹 2.0 방식의 직무역량모델링 방법 개발: 전문가 중심의 직무역량 모델링 문제점에 대한 대안 모색. 연세대학교 정보대학원 석사학위논문.

황정규(1997). 지능의 요인이론, 요소이론, 다지능이론의 비교 분석. 교육심리연구, 11(1), 191-219.

황정규(2010). 인간의 지능. 서울: 학지사.

## ● 온라인상 자료 인용 인터넷 출처 ●

NPR의 과학 뉴스 관련 2010년 9월 30일 Joe Palca(2010)의 〈Collaboration Beats Smarts In Group Problem Soloving〉 기사. http://www.npr.org/templates/story/story.php?storyId=130247631

Wikipedia, http://www.wikipedia.org

두산 백과사전, http://www.doopia.com

매일경제 커뮤니티 2006년 1월 9일 〈블루오션은 'Think Week' 부터〉 게시물. http://cs.mk.co.kr

전자신문 2005년 7월 15일 〈[프리즘] 생각주간(Think Week)〉 기사. http://www.etnews.com

조선닷컴 2010년 4월 10일 〈[Weekly BIZ] 창의적 문제해결 기법 'TRIZ의 산실' 러시아 젠스리 연구소 리트빈 박사〉 기사. http://www.chosun.com

한경닷컴 2011년 3월 1일 〈[삼성 · 포스코의 '위키피디아 경영'] '좋은 생각 있으면 누구나…' 스마트 워킹의 핵심 '집단지성' 확산〉 기사. http://www. hankyung.com

한국교육과정평가원(2012). http://www.kice.re.kr/ko/board/view. do?menu_id=10029

## ● 국외문헌 ●

Baehr, M. E. (1992). *Predicting success in higher level positions: A guide to the system for testing and evaluation of potential.* New York: Quorum.

Bar-on, R. (1997). *The Emotional Intelligence Inventory (EQ-I): Technical manual.* Toronto, Canada: Multi-Health Systems.

Binet, A. (1911/1916). New investigations upon the measure of the intellectual level among school children. In H. H. Goddard (Ed.), *Development of intelligence in children: The Binet-Simon Scale* (E. S. Kite Trans., pp. 274-328). Baltimore: Williams & Wilkins.

Binet, A., & Simon, T. (1905/1916). New methods for the diagnosis of the intellectual level of subnormals. In H. H. Goddard (Ed.), *Development of intelligence in children: The Binet-Simon Scale* (E. S. Kite Trans., pp. 37-90). Baltimore: Williams & Wilkins.

Binet, A., & Simon, T. (1908/1916). The Development of intelligence in the child. In H. H. Goddard (Ed.), *Development of intelligence in children: The Binet-Simon Scale* (E. S. Kite Trans., pp. 182-273). Baltimore: Williams & Wilkins.

Borba, M. (2001). *Building moral intelligence: The seven essential virtues that teach kids to do the right thing.* San Francisco, CA: Jossey-Bass.

Boss, J. A. (1994). The autonomy of moral intelligence. *Educational Theory*, *44*(4), 399-416.

Boyatzis, R. E. (1982). *The Competent Manager: A Model for Effective Performance.* New York: John Wiley & Sons.

Boyatzis, R. E. (2008). Competencies in the 21st century. *Journal of Management Development*, *27*(1), 5-12.

Boyatzis, R. E., Goleman, D., & Rhee, K. S. (2000). Clustering competence in emotional intelligence: Insights from the Emotional Competence Inventory. In R. Bar-on & J. D. A. Parker (Eds.), *The handbook of emotional Intelligence: Theory, development, assessment, and application at home, school, and in the workplace* (pp. 343-362). San Francisco, CA: Jossey-Bass.

Brackett, M. A., & Mayer, J. D. (2003). Convergent, discriminant, and incremental validity of competing measures of emotional intelligence. *Personality and Social Psychology Bulletin*, *29*, 1147-1158.

Brenner, E. M., & Salovey, P. (1997). The influence of distraction, negative affectivity, and self-reported coping on children's regulation of happy and sad moods. In P. Salovey & D. J. Sluyter (Eds.), *Emotional Intelligence: Educational implication.* New

York: Basic Books

Brody, N. (2003). Construct validation of the Sternberg Triarchic Abilities Test: Comment and reanalysis. *Intelligence, 31*(4), 319-329.

Brugman, D., & Aleva, A. E. (2004). Developmental Delay or Regression in Moral Reasoning by Juvenile Delinquents? *Journal of Moral Education, 33*(3), 321-338.

Brundertt, M. (2000). The question of competence: the origins, strengths and inadequacies of a leadership training paradigm. *School Leadership & Management, 20*(3), 353-359.

Campbell, B. (1994). *The multiple intelligences handbook.* Stanwood, WA: Campbell and Assoc.

Carroll, J. B. (1993). *Human cognitive abilities: A survey of factor-analytic studies.* Cambridge, England: Cambridge University Press.

Cattell, R. B. (1963). Theory of fluid and crystallized intelligence: A critical experiment. *Journal of Educational Psychology, 54*, 1-22.

Cattell, R. B. (1987). *Intelligence: Its structure, growth and action.* New York: Elsevier Science.

Christison, M. A. (1996). Teaching and learning languages through multiple intelligences. *TESOL Journal, 6*(1), 10-14.

Clarke, D., & Hollingsworth, H. (2002). Elaborating a model of teacher professional growth. *Teaching and Teacher Education, 18*(8), 947-967.

Clarken, R. H. (2009). Considering moral intelligence as part of a holistic education. Paper presented at the annual meeting of the American Education Research.

Clarken, R. H. (2010). Moral intelligence in the schools. Paper presented at the annual meeting of Michigan Academy of Sciences, Arts and Letters.

Clyde, C. (2003). *Multiple Intelligences, Howard Gardner and New Methods in College Teaching.* New Jersey City University.

Cohen, J. (1999). Social and emotional learning: Past and present. In J. Cohen (Ed.), *Educating minds and hearts: Social emotional learning and the passage into adolescence* (pp. 2-23). New York: Teachers College Press.

Colby, A., & Damon, W. (1992). *Some Do Care: Comtemporary Lives of Moral Commitment.* New York: The Free Press.

Cole, A. L. (1997). Impediments to reflective practice. *Teachers and Teaching: Theory and Practice, 3*(1), 7-27.

Coles, R. (1997). *The moral intelligence of children: How to raise a moral child.* New York: Random House.

Conkey, C. (2005). Professors, students craft tunes to make physics accessible. Herald Tribune. Monday, July 11, 122 of 144. 2005.

Corley, M. C. (2002). Nurse Moral Distress: A Proposed Theory and Research Agenda. *Nursing Ethics, 9*(6), 636-649.

Csikszentmihalyi, M. (1975). Play and intrinsic rewards. *Journal of Humanistic Psychology, 15*(3), 41-63.

Csikszentmihalyi, M. (1997). *Finding flow: The psychology of engagement with everyday life.* New York: Basic Books.

Damasio, A. R. (2003). *Looking for Spinoza: Joy, sorrow and the feeling brain.* New York: Harcourt.

Damon, W. (1984). Self-understanding and Moral Development from Childhood to Adolescence. In W. M. Kurtines & J. L. Gewirtz (Eds.), *Morality, Moral Behavior and Moral Development* (pp. 109-127). New York: Wiley.

Damon, W. (2004). *The Moral Advantage: How to Succeed in Business by Doing the Right Thing.* San Francisco, CA: Berrett-Koehler.

Dasho, S., Lewis, C., & Watson, M. (2001) Fostering emotional intelligence in the Classroom and school: strategies from the child development project. In J. Cohen (Ed.), *Caring classrooms/Intelligent schools: The social emotional education of young children* (pp. 87-107). New York: Teachers College Press.

Denhan, S. A. (1998). *Emotion Regulation in Emotional Development in Young Children.* New York: The Guilford Press.

DeSeCo. (1999). DeSeCo Annual Report 1999.

DeSeCo. (2001). DeSeCo Annual Report 2001.

DeSeCo. (2003). The definition and selection of key competencies: Executive Summary.

Diaz-Lefebvre, R. et al. (1998). What if they learn differnctly: Applying multiple intelligneces theory in the community college. *Leadership Abstracts, 11*(1).

Dubois, D. D. (1993). *Competency-based performance improvement: a strategy for organizational change.* Amherst, MA: HRD.

Duriez, B., & Soenens, B. (2006). Religiosity, Moral Attitudes and Moral Competence: A

Critical Investigation of the Religiosity-Morality Relation. *International Journal of Behavioral Development, 30*(1), 76-83.

Dwyer, S. (1999). Moral competence. In K. Murasugi & R. Stainton (Eds.), *Philosophy and Linguistics* (pp. 169-190). Boulder, CO: Westview Press.

Eggen, P., & Kauchak, D. (2010). *Educational Psychology: Windows on Classrooms* (8th ed.). New Jersey: Pearson Education International. 신종호, 김동민, 김정섭, 김종백, 도승이, 김지현, 서영석 역(2011). 교육심리학: 교육 실제를 보는 창(제8판). 서울: 학지사.

Eisenberg, N., Cumberland, A., & Spinrad, T. L. (1998). Parental socialization of emotion. *Psychological Inquiry, 9*, 241-273.

Eisenberg, N., Fabes, R. A., Nyman, M., Bernzweig, J., & Pinuelas, A. (1994). The relation of emotionality and regulation to children' s anger-related reactions. *Child Development, 65*, 109-128.

Eisner, E. (1985). Aesthetic modes of knowing. In E. Eisner (Ed.), *Learning and teaching the ways of knowing* (pp. 23-36). Chicago: University of Chicago Press.

Elias M. J., Tobias, S. E., & Friedlander, B. S. (1999). *Emotionally intelligent parenting.* New York: Three Rivers Press.

Elias, M. J., Zins, J. E., Weissberg, R. P., Frey, K. S. Greenberg, M. T., Haynes, N. M., Kessler, R., Schwab-Stone, M. E., & Shriver, T. P. (1997). *Promoting social and emotional learning: Guideline for educators.* Alexandria, VA: Association for Supervisor and Curriculum Development.

Ellemers, N., Pagliaro, S., Barreto, M., & Leach, C. W. (2008). Is it better to be moral than smart? The effects of morality and competence norms on the decision to work at group status improvement. *Journal of Personality and Social Psychology, 95*(6), 1397-1410.

Elmore, P. B., Ekstrom, R. B., Diamond, E. E., & Whittaker, S. (1993). School counselors' test use patterns and practice. *School Counselor, 41*, 73-80.

Erber, N. P. (1996). *Communication Therapy for Adults with Sensory Loss* (2nd ed.). Clifton, Hill, Victoria: Clavis Publishing.

Erber, R. (1996). The self-regulation of moods. In L. L. Martin & A. Tesser (Eds.), *Striving and feeling: Interactions among goals, affects, and self-regulation* (pp. 251-275). Mahwah, NJ: Lawrence Erbaum Associates.

European Commission. (2006). Decision No 1720/2006/EC of the European Parliament and of the Council of 15 November 2006, establishing an action programme in the field of lifelong learning, Official Journal L 327 of 24 November 2006.

Fletcher, S. (1991). *Designing competence-based training*. London: Kogan Page.

Franke, M. L., Carpenter, T. P., Levi, L., & Fennema, E. (2001). Capturing teachers' generative change: A follow-Up study of professional development in mathematics. *American Educational Research Journal, 38*(3), 653-690.

Frimer, A. J., & Walker, L. J. (2008). Towards a new paradigm of moral personhood. *Journal of Moral Education, 37*(3), 333-356.

Frimer, J. A., Walker, L. J., Lee, B. H., Riches, A., & Dunlop, W. L. (2009). Reconciling the self and morality: An empirical model of moral centrality development. *Developmental Psychology, 45*(6), 1669-1681.

Fullan, M. (1993). *Change forces: probing the depths of educational reform*. Bristol, PA: Falmer Press.

Fullan, M. (1998). The meaning of educational change: A quarter of a century of learning. In A. Hargreaves et al. (Eds.), *International handbook of educational change* (pp. 214-228). London, UK: Kluwer Academic Publishers.

Fullan, M., & Hargreaves, A. (1996). *What's worth fighting for in your school?* New York: Teachers College Press. 최의창 역(2006). 학교를 개선하는 교사. 서울: 무지개사.

Gardner, H. (1983). *Frames of mind: the theory of multiple intelligences*. New York: Basic Books.

Gardner, H. (1987). Beyond the IQ: Education and human development. *Harvard Education Review, 57*(2), 187-193.

Gardner, H. (1991). *The Unschooled Mind: How children think and how schools should teach*. New York: Basic Books.

Gardner, H. (1993). *Multiple intelligence: The theory in practice*. New York: Basic Books. 김명희, 이경희 역(1998). 다중지능의 이론과 실제. 서울: 양서원.

Gardner, H. (1997). *Extraordinary minds*. New York: Brockman.

Gardner, H. (1999a). Are there additional intelligences? In J. Kane (Ed.), *Education, information, and transformation* (pp. 111-131). Upper Saddle River, NJ: Prentice Hall.

Gardner, H. (1999b). *Intelligence reframed: Multiple intelligences for the 21st century*. New York: Basic Books.

Gardner, H. (2000). *The Disciplined Mind: Beyond Facts And Standardized Tests, The K-*

*12 Education That Every Child Deserves.* New York: Penguin Putnam.

Gardner, H. (2004). *Changing minds: The art and science of changing our own and other people's minds.* Boston: Harvard Business School Press.

Gardner, H. (2006). *Multiple intelligences: New horizons in theory and practice.* New York: Basic Books. 문용린, 유경재 역(2007). 다중지능. 서울: 웅진씽크빅.

Gardner, H., Kornhaber, M. L., & Wake, W. K. (1996). *Intelligence: Multiple Perspectives.* Worth, TX: Harcourt Brace College Publishers. 김정휘 역(2006). 지능심리학: 다양한 관점에서 지능 연구하기. 서울: 시그마프레스.

Gardner, H., Csikszentmihalyi, M., & Damon, W. (2001). *Good Work: When Excellence and Ethics Meet.* New York: Basic Books.

Geary, D. C. (2005). *The origin of mind: Evolution of brain, cognition, and general intelligence.* Washington, DC: American Psychological Association.

Ghosn, I. K. (1997). Teaching EFL to Multiple Intelligences (microform). Distributed by ERIC Clearinghouse, 1997.

Gibbs, J. C., Moshman, D., Berkowitz, M. W., Basinger, K. S., & Grime, R. L. (2009). Taking development seriously: critique of the 2008 JME Special Issue on moral functioning. *Journal of Moral Education*, *38*(3), 271-282.

Goleman, D. (1995). *Emotional Intelligence.* New York: Bantam Books.

Gottfredson, L. S. (1998, Winter). The general intelligence factor. *Scientific American Presents*, *9*(4), 24-29.

Graczyk, P. A., Weissberg, R. P., Payton, J. W., & Elisa, M. J. (2000). Criteria for Evaluating the Quality of School-based Social and Emotional Learning Programs. In R. Bar-On & J. D. Parker (Eds.), *The Handbook of Emotional Intelligence.* San Francisco, CA: Jossey-Bass.

Graver, A. (2000). Making connections: K-8 worksite learning activity packet. ERIC, ED444015.

Greenberg, J., & Baron, R. A. (2000). *Behavior in organizations* (7th ed.). Upper Saddle River, NJ: Prentice Hall.

Greenberg, M. T,. Kusche, C. A., Cook, E. T., & Quamma, J. P. (1995). Promoting emotional competence in school-aged children: The effects of the PATHS curriculum. *Development and Psychology*, *7*, 117-136.

Grzeda, M. M. (2005). In competence we trust? Addressing conceptual ambiguity. *Journal of Management Development, 24*(6), 530-545.

Guilford, J. P. (1967). *The Nature of Human Intelligence.* New York: McGraw-Hill.

Guilford, J. P. (1988). Some changes in the structure of intellect model. *Educational and Psychological Measurement, 48*(1), 1-4.

Halberstadt, A. G., Denham, S. A., & Dunsmore, J. C. (2001). Affective social competence. *Social Development, 7*, 129-145.

Hargreaves, A. (1994). *Changing Teachers, Changing Times: Teachers' Work and Culture in the Postmodern Age.* New York: Teachers College Press.

Hargreaves, A. (2003). *Teaching in the knowledge society: education in the age of insecurity.* New York: Teachers College Press. 곽덕주, 양성관, 이지현, 이현숙, 장경윤, 조덕주, 황종배 역(2011). 지식사회와 학교교육. 서울: 학지사.

Hockenbury, D. H., & Hockenbury, S. E. (2010). *Psychology* (5th ed.). New York: Worth Publishers.

Hoffman, T. (1999). The meaning of competency. *Journal of European Industrial Training, 23*(6), 275-285.

Izard, C. (2001). Emotional intelligence or adaptive emotions? *Emotion, 1*, 249-257.

Johnson, A., Johnson, O., & Baksh, M. (1996). The colors of emotions in Machiguenga. *American Anthropologist, 88*, 674-681.

Johnson, E., & Tversky, A. (1983). Affect, generalization, and the perception of risk. *Journal of Personality and Social Psychology, 45*, 20-31.

Jonsen, A. R., & Toulmin, S. (1988). *The abuse of casuistry: A history of moral reasoning.* Berkeley, CA: University of California Press.

Jormsri, P., Kunaviktikul, W., Ketefian, S., & Chaowalit, A. (2005). Moral Competence in Nursing Practice. *Nursing Ethics, 12*(6), 582-594.

Kagan, J. (1994). *Garen's prophecy.* New York: Basic Books.

Kaufman, A. S., & Kaufman, N. L. (1983). *KABC: Kaufman assessment battery for children, administration and scoring manual.* Circle Pines, MN: American Guidance Service.

Kaufman, S. B., & Singer, K. L. (2004). Applying the Theory of Successful Intelligence to Psychotherapy Training and Practice. *Imagination, Cognition, and personality, 23*(4), 325-355.

Kim, M. K., & Sankey, D. (2009). Towards a Dynamic Systems Approach to moral development and moral education: a response to the JME Special Issues, September 2008. *Journal of Moral Education, 38*(3), 283-298.

Klemp, G. O. (1980). *The assessment of occupational competence.* Washington, DC: National Institute of Education.

Koke, L. C., & Vernon, P. A. (2003). The Sternberg Triarchic Abilities Test (STAT) as a mesure of academic achievement and general intelligence. *Personality and Individual Differences, 35*, 1803-1807.

Kornhaber, M. L., Fierros, E. G., & Veenama, S. A. (2004). *Multiple intelligences: Best ideas from research and practice.* Boston: Pearson Education, Inc.

Kornhaber, M., Krechevsky, M., & Gardner, H. (1990). *Engaging intelligence. Educational Psychologist, 25*, 177-199.

Korthagen, F. A. J. (2001). *Linking practice and theory: the pedagogy of realistic teacher education.* New Jersey: Lawrence Erlbaum Associates. 조덕주, 최의창, 진석언, 장경윤, 이지현, 곽덕주, 홍진곤, 최은식 역(2007). **반성적 교사교육 실제와 이론.** 서울: 학지사.

Krechvsky, M. (1994). *Project spectrum: Preschool assessment handbook.* Cambridge, MA: Harvard University Press.

Kuther, T. L. (2000). Moral reasoning, perceived competence, and adolescent engagement in risky activity. *Journal of Adolescence, 23*(5), 599 -605.

Lazear, D. (2004). *Outsmart yourself!: 16 proven multiple intelligences strategies for becoming smarter than you think you are.* Wailuku, HI : New Dimensions Press.

Leadbeater, C. (2008). *WE-THINK: Mass Innovation, not Mass Production.* London: Aitken Alexander Associates. 이순희 역(2009). **집단 지성이란 무엇인가.** 서울: 21세기북스.

Lennick, D., & Kiel, F. (2005). *Moral intelligence: Enhancing business performance & leadership success.* New Jersey: Wharton School Publishing.

Levine, M. (2002). *A Mind at a Time.* USA: Simon & Schuster and colophon.

Levy, P. (1994). *Collective Intelligence: mankind's emerging world in cyberspace* (translated from French by Robert Bononno). New York: Plenum Trade. 권수경 역(2002). **집단지성: 사이버 공간의 인류학을 위하여.** 서울: 문학과지성사.

Libert, B., & Spector, J. (2007). *We are smarter than me.* New Jersey: Wharton school publishing. 김정수 역(2010). **나보다 똑똑한 우리.** 서울: 럭스미디어.

Lind, G. (2008). Teaching students to speak up and to listen to others: Fostering moral-democratic competencies. In D. E. Lund., & P. R. Carr (Ed.), *Doing democracy and social justice in education: Political literacy for all students* (pp. 185-200). New York: Peter Lang Publishing.

Liszka, J. J. (1999). *Moral Competence: An Integrated Approach to the Study of Ethics.* Englewood Cliffs: Prentice Hall.

Little, J. W. (1990). The Persistence of privacy: Autonomy and initiative in teachers' professional relations. *Teachers College Record, 91*(4), 509-536.

Lortie, D. (1975). *School Teacher: A Sociological Study.* Chicago: University of Chicago Press.

Lucia, A., & Lepsinger, R. (1999). *The art and Science of Competency Models: Pinpointing Critical Success Factors in Organizations.* San Francisco, CA: Jossey-Bass.

Magai, C., & McFadden, S. H. (1995). *The role of emotion in social and personality development: History, theory, and research.* New York: Plenum Press.

Malone, T. W., Laubacher, R., & Dellarocas, C. (2010a). Harnessing Crowds: Mapping the Genome of Collective Intelligence. MIT Sloan Management Review. MIT Sloan School Working Paper 4732-09. 3/19/2010.

Malone, T. W., Laubacher, R., & Dellarocas, C. (2010b). The Collective Intelligence Genome. *MIT Sloan Management Review, 51*(3), 21-31.

Mantzaris, J. A. (2001). How will adult diploma students' awareness of their own intelligences and their participation in activities informed by MI theory affect their career decision-making process? In S. Kallenbach & J. Viens (Eds.), *Multiple intelligences study* (pp. 134-143). ERIC, ED453386.

Matsuba, M. K., & Walker, L. J. (2005). Young adult moral exemplars: the making of self through stories. *Journal of Research on Adolescence, 15*(3), 275-297.

Matthews, G., & Zeinder, M. (2000). Emotional intelligence, adaptation to stressful encounters, and health outcomes. In R. Bar-On & J. D. A. Parker (Eds.), *Handbook of emotional intelligence* (pp. 459-489). San Francisco, CA: Jossey-Bass.

Matthews, G., Zeinder, M., & Roberts, R. D. (2002). *Emotional Intelligence: Science & Myth.* Cambridge: The MIT Press.

Mayer, J. D. (2001). Emotion, Intelligence, and Emotional Intelligence. In Joseph P. Forgas (Eds.), *Handbook of affect and social cognition* (pp. 395-423). NJ: Erlbaum Associates.

Mayer, J. D., & Geher, G. (1996). Emotional intelligence and the identification of emotion. *Intelligence, 22*, 89-113.

Mayer, J. D., & Salovey, P. (1995). Emotional Intelligence and the construction and regulation of feeling. *Applied & Preventive Psychology, 4*, 197-208.

Mayer, J. D., & Salovey, P. (1997). What is emotional intelligence? In P. Salovey & D. J. Sluyter (Eds.), *Emotional development and emotional intelligence: Educational implication*. New York: Basic Books.

Mayer, J. D., Caruso, D., & Salovey, P. (1999). Emotional Intelligence meets traditional standards for an intelligence. *Intelligence, 27*, 267-298.

Mayer, J. D., Caruso, D., & Salovey, P. (2000). Selecting a measure of emotional intelligence: The case of ability scales. In Bar-On & J. D. A. Parker (Eds.), *The handbook of emotional intelligence* (pp. 320-342). San Francisco, CA: Jossey-Bass.

Mayer, J. D., Dipaolo, M., & Salovey, P. (1990). Perceiving affective content in ambiguous visual stimuli: A component of emotional intelligence. *Journal of Personality Assessment, 54*, 772-778.

Mayer, J. D., Salovey, P., & Caruso, D. (2000a). Models of emotional intelligence. In R. J. Sternberg (Ed.), *Handbook of intelligence* (Ch. 18, pp. 396-420). New York: Cambridge University Press.

Mayer, J. D., Salovey, P., & Caruso, D. (2000b). Competing models of emotional intelligence. In R. J. Sternberg (Ed.), *Handbook of Human Intelligence* (2nd ed). New York: Cambridge University Press.

Mayer, J. D., Salovey, P., & Caruso, D. (2003). *The Mayer, Salovey, and Caruso Emotional Intelligece Test: Technical manual*. Toronto: Multi-Health Systems.

McClelland, D. C. (1973). Testing for competence rather than for intelligence. *American Psychologist, 28*, 1-14.

McCown, K. S., Freedman, J. M., Jensen, A. L., & Rideout, M. C. (1998). *Self-Science: the Emotional Intelligence Curriculum*. San Mateo, CA: Six Seconds.

McGue, M., Bouchard, T. J., Iacono, W. G., & Lykken, D. T. (1993). Behavioral genetics of cognitive ability: A life-span perspective. In R. Plomin & G. E. McClearn (Eds.), *Nature, nuture, and psychology*. Washington, DC: American Psychological Association.

McInyre, D., & Hagger, H. (1992). Professional development through the Oxford Internship Model. *British Journal of Educational Studies, 40*(3), 264-283.

McLagan, P. A. (1983). *Models for excellence. The conclusions and recommendations of the ASTD training and development competency study*. Washington, DC: American Society for Training and Development.

McLaughlin, M. (1998). Listening and learning from the field: ales of policy implementation and situated practice. In A. Hargreaves, A. Lieberman, M. Fullan, & D. Hopkins (Eds.), *International handbook of educational change* (pp. 70-84). Dordrecht: Kluwer.

Miller, G. (2010). Social Savvy Boosts the Collective Intelligence of groups. *Science, 1 October, 2010. Vol 330*. www.sciencemag.org.

Ministry of Education. (2006). *Key competencies: The New Zealand Curriculum*. Wellington: Learning Media.

Mumford, M. D., & Connelly, M. S. (1991). Leaders as creators: Leader performance and problem solving in ill-defined domains. *Leadership Quarterly, 2*, 289-316.

Mumford, M. D., Scott, G. M., Gaddis, B., & Strange, J. M. (2002). Leading creative people: Orchestrating expertise and relationships. *Leadership Quarterly, 13*, 705-750.

Myers, D. G. (2010). *Psychology* (9th ed.). New York: Worth Publishers.

Nakamura, J. (1995, May). The presence and absence of unifying themes in creative lives. Paper presented at the Wallace National Research Symposium on Talent Development, Iowa City, IA.

Narvaez, D., & Vaydich, J. (2008). Moral development and behaviour under the spotlight of the neurobiological sciences. *Journal of Moral Education, 37*(3), 289-312.

Neisser, U., Boodoo, G., Bouchard Jr, T. J., Boykin, A. W., Brody, N., Ceci, S. J., Halpern, D. F., Loehlin, J. C., Perloff, R. Sternberg, R. J., Others (1998). Intelligence: Knowns and Unknowns. Annual Progress in Child Psychiatry and Child Development 1997.

Nolen-Hoeksema, S., Wolfson, A., Mumme, D., & Guskin, K. (1995). Helplessness in children of depressed and nondepressed mothers. *Developmental Psychology, 31*, 377-387.

Nussbaum, M. C. (1986). *The fragility of goodness: Luck and ethics in Greektragedy and philosophy*. Cambridge, MA: Cambridge University Press.

Palfai, T. P., & Salovey, P. (1993). The influence of depressed and elated mood on deductive and inductive reasoning. *Imagination, Cognition, and Personality, 13*, 57-71.

Park, N., & Peterson, C. (2006). Moral competence and character strengths among adolescents: The development and validation of the Values in Action Inventory of Strengths for Youth. *Journal of Adolescence*, *29*, 891-909.

Patino-Gonzàlez, S. (2009). Promoting ethical competencies: education for democratic citizenship in Mexican institution of higher education. *Journal of moral education*, *38*(4), 533-551.

Penlington, C. A. (2006). Teachers reasoning practically: A philosophical analysis of how teachers develop their practice through dialogue with others. Unpublished doctoral dissertation, University of Michgan.

Perloff, R., Sternberg, R. J., & Urbina, S. (1996). Intelligence: knowns and unknowns. *American Psychologist*, *51*(2), 77-101

Petrick, J. A., & Quinn, J. F. (2000). The Integrity Capacity Construct and Moral Progress in Business. *Journal of Business Ethics*, *23*, 3-18.

Posner, M. I. (2005). Genes and experience shape brain networks of conscious control. In S. Laureys (Ed.), *Progress in Brain Research* (Vol. 150, Ch. 12, pp. 173-183).

Reed, D. C. (2009). A multi-level model of moral functioning revisited. *Journal of Moral Education*, *38*(3), 299-313.

Rest, J. R. (1983). Morality. In P. H. Mussen (Ed.), *Handbook of Child Psychology: Cognitive Development* (4th ed., Vol. 3, pp. 556-629). New York: John Wiley & Sons.

Rest, J. R. (1986). *Moral Development: Advanced in Research and Theory*. New York, NY: Praeger Publishers.

Roseman, I. J. (1984). Cognitive determinants of emotion. In P. Shaver (Ed), *Review of personality and social psychology: Emotions, relationships, and health* (Vol. 5, pp. 11-34). Beverly Hills, CA: Sage.

Rule, J. T., & Bebeau, M. J. (2005). *Dentist who care: Inspiring stories of professional commitment*. Chicago: Quintessence Publishing Co, Inc.

Rychen, D. S., & Salganik, L. H. (Eds.). (2003). *Defining and selecting key competencies: theoretical and conceptual foundations*. Göttingen: Hogrefe and Huber.

Saarni, C. (1999). *The Development of Emotional Competence*. New York: The Guilford Press.

Salovey, P., & Mayer, J. D. (1990). Emotional Intelligence. *Imagination, Cognition, & Personality*, *9*, 185-211.

Salovey, P., & Sluyter, D. J. (Eds.). (1997). *Emotional development and emotional intelligence: Educational implication* (1st ed.). New York: Basic Books.

Salovey, P., Bedell, B. T., Detweiler, J. B., & Mayer, J. D. (1999). Coping intelligently: Emotional Intelligence and the coping progress. In C. R. Snyder (Ed.), *Coping: The psychology of what works* (pp. 141-164). New York: Oxford University Press.

Salovey, P., Bedell, B. T., Detweiler, J. B., & Mayer, J. D. (2000). Current directions in emotional intelligence research. In M. Lewis & J. M. Haviland-Johnes (Eds.), *Handbook of emotion* (2nd ed., pp. 504-520). New York: Guilford Press.

Salovey, P., Mayer, J. D., & Caruso, D. (2002). The positive psychology of emotional intelligence. In C. R. Snyder & S. J. Lopez (Eds.), *The Handbook of positive psychology* (pp. 159-171). New York: Oxford University Press.

Salovey, P., Mayer, J. D., Goldman, S., Turvey, C., & Palfai, T.(1995). Emotional attention, clarity, and repair: Exploring emotional intelligence using the Trait Meta-Mood Scale. In J. W. Pennebaker (Ed.), *Emotion, disclosure, and health* (pp. 125-154). Washington, DC: American Psychological Association.

Schaie, K. W. (2001). Emotional intelligence: Psychometric status and developmental characteristics. *Emotion, 1*, 243-248.

Schippman, J. S., Ash, R. A., Battista, M., Carr, L., Eyde, L. D., Hesketh, B., Kehoe, J., Pearlman, K., Prien, E. P., & Sanchez, J. I. (2000). The practice of competency modeling. *Personnel Psychology, 53*(3), 703-738.

Serpell, R. (1982) Measures of perception, skills, and intelligence. In W. W. Hartup (Ed.), *Review of Child Development Research* (Vol. 6, pp. 392-440). University of Chicago Press.

Shearer, C. B. (1991). An investigation into the validity, reliability and clinical utility of the Hillside Assessment of Perceived Intelligences. Ph.D. Dissertation, The Union Institute.

Shearer, C. B. (1997). Reliability, validity and utility of a multiple intelligences assessment for career planning. ERIC, ED415476.

Shearer, C. B. (2001). Enhancing a career exploration program for 8th grade students with an assessment for the multiple intelligences. ERIC, ED452212.

Shearer, C. B. (2002). *MIDAS: Multiple Intelligence Developmet Assessment Scale*. MI Reseach.

Solomon, D., Watson, M. S., Delucchi, K. L., Schaps, E., & Battistich, V. (1997). Enhancing children's prosocial behavior in the classroom. *American Educational*

*Research Journal, 25,* 527-554.

Sparrow, P. (1996). Too good to be true. *People Management, 2*(24), 22-27.

Spearman, C. (1904). General intelligence, objectively determined and measured. *American Journal of Psychology, 15,* 201-293.

Spencer, L. M., & Spencer S. M. (1993). *Competency at work: Models for superior performance.* New York: John Wiley & Sons. 민병모, 박동건, 박종구, 정재창 역 (1998). **핵심역량 모델의 개발과 활용.** 서울: PSI 컨설팅.

Spurgin, E. W. (2004). The Goals and Merits of a Business Ethics Competency Exam. *Journal of Business Ethics, 50,* 279-288.

Statistics Canada and Organization for Economic Cooperation and Development (OECD). (2005). Learning a Living: First Results of the Adult Literacy and Life Skills Survey.

Sternberg, R. J., & Kaufman, J. C. (1998). Human abilities. *Annual Review of Psychology, 49,* 479-502.

Sternberg, R. J., Conway, B. E., Ketron, J. L., & Bernstein, M. (1981). People's conceptions of intelligence. *Journal of Personality and Social Psychology, 41*(1), 37-55.

Sternberg, R. J., Forsythe, G. B., Hedlund, J., Horvath, J. A., Wagner, R. K., Williams, W. M., Snook, S. A., & Grigorenko, E. L. (2000). *Practical intelligence in everyday life.* New York: Cambridge University Press.

Straughan, R. D., & Lynn, M. (2002). The effect of salesperson compensation on perception of salesperson honesty. *Journal of Applied Social Psychology, 32*(4), 719-731.

Super, C. M., & Harkness, S. (1986) The developmental niche: a conceptualization at the interface of child and culture. *International Journal of Behavioral Development, 9,* 545-569.

Surowiecki, J. (2004). *The wisdom of crowds.* NY: Doubleday. 홍대운, 이창근 역(2005). **대중의 지혜.** 서울: 랜덤하우스 중앙.

Taylor, G. J., Parker, J. D., & Bagby, R. M. (1999). Emotional intelligence and the emotional brain: Points of convergence and implications for psychoanalysis. *Journal of the American Academy of Psychoanalysis, 27,* 339-354.

Terman, L. M. (1916). *The Measurement of intelligence: An explanation of a complete guide for the use of the Stanford Revision and Extension of the Binet-Simon Intelligence Scale.* Boston: Houghton Mifflin.

Terman, L., & Oden, M. (1959). *The gifted group at mid-life: Thirty-five years' follow-up of the superior child.* Palo Alto, CA: Stanford University Press.

Thelen, E., & Smith, L. B. (1994). *A dynamic systems approach to the development of cognition and action.* Cambridge, MA: MIT Press.

Thorndike, R., Hagen, E., & Sattler, J. (1986). *Guide for administering and scoring the fourth editions Stanford-Binet Intelligence Scale.* Chicago: Riverside.

Thurstone, L. L. (1938). *Primary mental abilities.* Chicago: University of Chicago Press.

Tom, A. (1985). Inquiring into inquiry-orientated teachers education. *Journal of Teacher Education, 36*(5), 35-44.

Tooby, J. & Cosmides, L. (1990). On the universality of human nature and the uniqueness of the individual: The role of genetics and adaptation. *Journal of Personality, 58*, 17-67.

Topping, K. J., Holmes, E. A., & Brenner, W. G. (2000). The effective of school-based programs for the promotion of social competence. In R. Bar-On & J. D. A. Parker (Eds.), *The handbook of emotional intelligence* (pp. 411-432). San Francisco: Jossey-Bass.

Van Manen, M. (1977). Linking ways of knowing with ways of being practical. *Curriculum Inquiry, 6*, 205-228.

Walker, L. J. (1999). The Perceived Personality of Moral Exemplars. *Journal of Moral Education, 28*(2), 145-161.

Walker, L. J. (2002). The model and the measure: an appraisal of the Minnesota approach to moral development. *Journal of Moral Education, 31*(3), 353-367.

Walker, L. J., & Frimer, J. A. (2007). Moral personality of brave and caring exemplars. *Journal of Personality and Social Psychology, 93*(5), 845-860.

Walker, L. J., & Hennig, H. K. (2004). Differing Conceptions of Moral Exemplarity: Just, Brave, and Caring. *Journal of Personality and Social Psychology, 86*(4), 629-647.

Walker, L. J., & Pitts, R. C. (1998). Naturalistic Conceptions of Moral Maturity. *Developmental Psychology, 34*(3), 403-419.

Wang, Y. L., Frechling, J. A., & Sanders, W. L. (1999). Exploring linkages between professional development and student learning: A pilot study. Paper presented at the Annual Meeting of the American Educational Research Association, Montreal, April.

Watson, M., & Greer, S. (1983). Development of a questionnaire measure of emotional control. *Journal of Psychosomatic Research*, *27*, 299-305.

Wechsler, D. (1939). *Measurement of adult intelligence*. Baltimore, MD: Williams & Wilkins.

Wechsler, D. (1949). *Manual for the Wechsler Intelligence Scale for Children (WSIC)*. New York: The Psychological Corporation.

Wechsler, D. (1955). *Manual for the Wechsler Adult Intelligence Scale (WAIS)*. San Antonio, TX: The Psychological Corporation.

Wechsler, D. (1967). *Manual for the Wechsler Preschool-Primary Scale of Intelligence (WPPSI)*. New York: The Psychological Corporation.

Wechsler, D. (1974). *Manual for the Wechsler Intelligence Scale for Children, Revised (WISC-R)*. New York: The Psychological Corporation.

Wechsler, D. (1989). *Manual for the Wechsler Preschool-Primary Scale of Intelligence-Revised (WPPSI-R)*. New York: The Psychological Corporation.

Wechsler, D. (2002). *Manual for the Wechsler Preschool-Primary Scale of Intelligence-3rd edition (WPPSI-III)*. New York: The Psychological Corporation.

Wechsler, D. (2003). *Manual for the Wechsler Intelligence Scale for Children-4th edition (WISC-IV)*. San Antonio, TX: The Psychological Corporation.

Wechsler, D. (2008). *Manual for the Wechsler Adult Intelligence Scale: Administration and scoring manual* (4th ed.). San Antonio, Hoboken, TX: The Psychological Corporation.

Wubbels, T., & Korthagen, F. A. J. (1990). The effects of a pre-service teacher education program for the preparation of reflective teachers. *Journal of Education for Teaching*, *16*(1), 29-43.

Wynne, B., & Stringer, D. (1996). Competencies: A Practical Guide to Understanding and Applying Competencies. Technical Communications (Publishing) Limited. UK.

Zagorsky, J. L. (2007). Do you have to be smart to be rich? The impact of IQ on wealth, income and financial distress. *Intelligence*, *35*, 489-501.

Zeinder, M., & Matthews, G. (2000). Personality and Intelligence. In R. J. Sternberg (Ed.), *Handbook of Human intelligence* (2nd ed., pp. 581-610). New York: Cambridge University Press.

Zeinder, M., Matthews, G., & Roberts, R. D. (2001). Slow down, you move too fast: Emotional intelligence remains an "elusive" intelligence. *Emotion*, *1*, 265-275.

# 찾아보기

## 인명

● 내용 ●

## 저자 소개

### ● 문용린 ●

현 서울시 교육감.

서울대학교 교육학과 교수, 교육부 장관, 교육개혁위원회 상임위원, 대통령 자문 정책기획위원회 위원 등을 역임한 바 있다. 서울대학교 도덕심리연구실을 이끌며 정서지능과 다중지능 및 도덕성에 대한 심도 있는 연구를 진행해 왔으며, 정서지능에 관한 연구를 통해 우리 실정에 맞춘 현장 중심의 지능 개발에 관한 획기적인 방법론을 제시하고 있다.

### 서울대학교 도덕심리연구실에 대하여

#### 어떤 사람들이?

서울대학교 도덕심리연구실(Moral Psychology Lab)은 문용린 교수와 서울대학교 사범대학교 교육학과 대학원생들이 함께하는 학문공동체로, 특정한 학문 주제에 대한 관심과 정보를 공유하면서 함께 공부하는 무리라는 뜻에서 SIG(Special Interest Group)라 부르기도 한다. 문용린 교수를 중심으로 개성 넘치고 학문적 열정이 샘솟는 60여 명의 연구자가 인연을 맺고 있다. 서울대학교 안에서뿐만 아니라 미국과 영국, 호주 등 해외 대학, 각급 학교의 교육 현장, 연구소, 기업 등에서 다양한 주제와 현상에 대해 지속적으로 탐구하고 있다. SIG는 가상공간에도 함께 만날 수 있는 집(moral.snu.ac.kr)을 마련해 놓고 지속적인 소통을 이어 가고 있다.

#### 무엇을?

도덕심리연구실에서는 네 가지 소모임(도덕발달, 정서지능, 다중지능, 긍정심리)을 통해 연구를 진행하고 있다.

도덕발달 소모임('Moral_SIG')은 도덕성 측정도구(K-DIT)를 개발하고, 우리나라 현실에 적합한 도덕교육(moral education) 프로그램의 모델을 탐색하고 있다. 도덕성 발달에 있어 인지발달론적 접근, 인성교육, 도덕성 발달의 성차, 도덕적 판단력과 정서 간의 관계, 동서양 간 도덕성 발달의 차이, 도덕 역량 등에 관심을 갖고 연구를 진행한다. 연구 저서로는 『한국인의 도덕성 발달 진단: 한국판 도덕판단력 검사의 개정 및 재표준화』 등이 있고, 『도덕심리학』『윤리경영시대의 전문직업인의 윤리발달과 교육』 등을 번역한 바 있다.

정서지능 소모임('EQ-SIG')은 1995년 우리나라에 처음으로 소개된 정서지능(EQ)에 대한 연구를 진행한다. 가정, 학교, 기업을 중심으로 정서지능 계발 프로그램을 제작했고, 정서지능을 좀 더 한국적인 개념으로 분석하여 그 모델과 구성 요소를 새롭게 재정립하는 연구를 하고 있다. 정서지능에 대한 다양한 논의들을 담은『정서지능 그 오해와 진실』 등을 번역했다.

다중지능 소모임('MI-SIG')에서는 인간의 삶 속에 나타나는 다중지능의 발현 과정에 관심을 가지고 연구를 진행하고 있으며 다중지능 이론을 기반으로 한 다양한 측정도구(예: MI 다중지능진로진단검사 등)를 개발해 다중지능 및 잠재능력에 대한 이해를 도모하고 있다. 아울러 다중지능 이론을 적용한 프로그램들을 개발하여 학교 현장과 기업에 적용하도록 지원하고 있고, 다중지능 이론의 25년 성과를 정리한 하워드 가드너의『다중지능(*Multiple Intelligence*)』『비범성의 발견(*Extraordinary Minds*)』『인간 지능의 새로운 이해(*Intelligence Reframed*)』『GOOD WORK』 등을 번역했다.

긍정심리 소모임('PP-SIG')은 긍정심리학(positive psychology)의 교육적 적용과 활용 가능성을 탐색하고 관련된 기초 연구를 수행하는 모임이다. 그간 Martin Selgman 등이 지은『긍정심리학의 입장에서 본 성격 강점과 덕목의 분류(*Character Strength & Virtues*)』를 번역한 바 있다.

### 어떻게?

1989년 이래 지금까지 매주 한 번씩 세미나를 진행하고 있다. 연구자들이 함께 모여 국내외의 최신 연구 내용을 읽고 번역하며 토론한다. 현재까지 번역서를 포함하여 수십 종의 단행본과 수백 건의 논문, 보고서를 만들어 냈다. 도덕 이론, 정서지능, 다중지능 등을 토대로 일반인과 기업에 적용 가능한 다양한 프로그램을 연구하고 개발하는 데도 힘을 쏟고 있다.

## SIG에서 배출한 석 · 박사학위논문

| | 논문명 | 졸업생 | 졸업 연도 | 학위 |
|---|---|---|---|---|
| 1 | 법의식 발달에 관한 연구 | 강윤정 | 1991 | 석사 |
| 2 | 도덕판단력 검사(DIT)의 문항 적절성 분석 연구 | 문미희 | 1991 | 석사 |
| 3 | 청소년기의 자아발달에 관한 연구 | 이동주 | 1993 | 석사 |
| 4 | 생명의식 발달에 관한 연구 | 김지영 | 1993 | 석사 |
| 5 | 청소년의 도덕적 행동의 억제현상과 그 이유에 관한 연구 | 홍성훈 | 1994 | 석사 |
| 6 | 딜레마토론이 고등학생의 사회 · 도덕적 추론능력에 미치는 영향: 원자력발전과 핵폐기물 처리에 대한 태도를 중심으로 | 이승미 | 1994 | 석사 |
| 7 | 정치의식 발달에 관한 연구 | 최지영 | 1994 | 석사 |
| 8 | 아동의 正義 개념 발달에 관한 연구: 보존 및 평형개념, 관점 채택능력과의 관계를 중심으로 | 박종효 | 1993 | 석사 |
| 9 | 중고생의 정서적 특징과 학업성취 및 사회성, 도덕성의 관계에 관한 연구 | 김은설 | 1994 | 석사 |
| 10 | 지각된 다중지능의 집단차와 IQ 및 성적과의 관계 분석 연구 | 류숙희 | 1996 | 석사 |
| 11 | 초 · 중 · 고 · 대학생들의 집단간 학습유형 차이에 관한 연구 | 이선영 | 1997 | 석사 |
| 12 | 정서 지능의 발달 경향성과 구인타당성에 관한 연구 | 곽윤정 | 1997 | 석사 |
| 13 | 교육 문제에 대한 판단력 발달 연구 | 이강주 | 1998 | 석사 |
| 14 | 도덕판단수준 향상을 위한 딜레마 토론의 적용에 관한 연구 | 육숙지 | 1999 | 석사 |
| 15 | 학습자의 인지양식에 따른 딜레마 토론 수업의 효과 | 김종순 | 1999 | 석사 |
| 16 | 다중지능 측정도구(K-MIDAS)의 타당화 연구 | 김현진 | 1999 | 석사 |
| 17 | 부모의 양육태도와 정서 지능의 관계 연구 | 안현지 | 1999 | 석사 |
| 18 | 도덕적 자아와 도덕 행동 선택에 관한 연구: Blasi의 도덕적 자아를 중심으로 | 원현주 | 1999 | 석사 |
| 19 | 고등학교 도덕풍토의 차이에 관한 연구 | 전수경 | 1999 | 석사 |
| 20 | 성 정체성 형성과정에 관한 연구 | 박현정 | 1999 | 석사 |
| 21 | 의료윤리 교육 프로그램의 개발 연구: 의과대학생의 도덕판단력 · 민감성 · 행동선택을 중심으로 | 홍성훈 | 2000 | 박사 |
| 22 | 아동 · 청소년의 신앙발달에 대한 탐색적 연구: Fowler의 신앙 발달 이론을 중심으로 | 문민정 | 2001 | 석사 |
| 23 | 어머니와 자녀의 정서지능 관계연구 | 강민수 | 2001 | 석사 |
| 24 | '학습된 무력감'의 심리구조 분석을 위한 사례 연구: 형성과정과 심리적 특징 | 배민정 | 2002 | 석사 |
| 25 | 수학영재의 신념, 태도 및 정서적 특성에 관한 연구 | 김민강 | 2003 | 석사 |
| 26 | The effect of emotion on moral judgment based on text comprehension | 김성봉 | 2003 | 석사 |
| 27 | 다중지능 이론의 관점에서 본 전혜린의 삶 | 안태진 | 2003 | 석사 |

| 28 | 대학교육과 도덕 판단력의 관계 연구 | 김지영 | 2004 | 박사 |
|---|---|---|---|---|
| 29 | 다중지능 이론에서 본 음악지능척도 개발 연구 | 박은실 | 2004 | 석사 |
| 30 | 정서지능 교육 프로그램 모형개발 연구 | 곽윤정 | 2004 | 박사 |
| 31 | 상위표상과 분배정의추론의 관계 | 유경재 | 2004 | 석사 |
| 32 | 한국판 초등용 DIT 개발 연구 | 이병희 | 2004 | 석사 |
| 33 | 사범대 학생을 위한 인권교육 프로그램 개발 연구 | 문미희 | 2004 | 박사 |
| 34 | 백범 김구의 잠재능력 계발과정 연구: 다중지능이론의 관점에서 | 류숙희 | 2004 | 박사 |
| 35 | 다중지능이론에 기초한 진로교육 프로그램 개발 연구 | 김주현 | 2005 | 박사 |
| 36 | 연예인 팬클럽 활동을 하는 청소년들의 정서특성에 관한 연구: 가수 '비'의 팬클럽을 중심으로 | 전종희 | 2005 | 석사 |
| 37 | 수학에 대한 정서, 정서지능, 학업성취도의 관계 | 최경아 | 2005 | 석사 |
| 38 | 도덕민감성 척도 개발 및 특성에 관한 연구 | 이지혜 | 2005 | 석사 |
| 39 | 초 · 중학생의 정서조절능력과 전략유형 연구 | 신희영 | 2006 | 석사 |
| 40 | 청소년의 다중지능과 교우관계 연구 | 김재정 | 2006 | 석사 |
| 41 | 도덕판단력검사(DIT)의 초등학생 이해도 분석: 딜레마 이해와 검사 수행 절차 이해를 중심으로 | 장희선 | 2006 | 석사 |
| 42 | 전문직업인의 도덕적 자아 발달에 관한 비교문화연구: 치과의사를 중심으로 | 김민강 | 2007 | 박사 |
| 43 | 외국어 쾌속학습능력의 발현과정 분석 | 엄채윤 | 2007 | 석사 |
| 44 | 중고등학생의 정서지능과 리더십의 관계 연구 | 임선영 | 2007 | 석사 |
| 45 | 아동의 일상생활과 주관적 안녕감의 관계: 대도시 초등학생을 중심으로 | 백수현 | 2008 | 석사 |
| 46 | H. Gardner의 未教心(Unschooled Mind) 특성 탐색 | 유경재 | 2008 | 박사 |
| 47 | 교사의 전문직화(professionalization)를 위한 모형 탐색: Good Work 모형을 중심으로 | 원현주 | 2009 | 박사 |
| 48 | 다중지능 이론의 관점에서 본 한경직의 삶 분석 | 김영주 | 2009 | 석사 |
| 49 | 자녀의 다중지능 프로파일에 대한 어머니의 인식 연구 | 김성아 | 2009 | 석사 |
| 50 | 유아에게 부여된 지위와 역할의 교육적 의미: 유아대표제를 중심으로 | 김호현 | 2009 | 석사 |
| 51 | 청소년의 음악듣기(Music Listening)와 주관적 안녕감의 관계 | 김선희 | 2009 | 석사 |
| 52 | 다중지능이론의 관점에서 본 윤이상의 음악지능 계발과정 연구 | 권연담 | 2009 | 석사 |
| 53 | 미술영재의 다중지능 특성에 관한 연구 | 강병직 | 2010 | 박사 |
| 54 | 초 · 중등학생들의 조건별 음악 창작 과정 연구: 과제 유형별, 음악능력별, 학년별, 성별 차이를 중심으로 | 박은실 | 2010 | 박사 |
| 55 | Development of the potential abilities of two professional go players: case studies | 김완희 | 2010 | 석사 |
| 56 | 성격 강점에 대한 청소년의 자기 인식 연구 | 안선영 | 2010 | 석사 |

| 57 | 다중지능검사를 활용한 진로교육이 고등학생의 진로태도 변화에 미치는 영향 | 박은정 | 2011 | 석사 |
|---|---|---|---|---|
| 58 | 아동의 정직행동의 왜곡에 관한 연구: 친밀도의 영향을 중심으로 | 류정현 | 2011 | 석사 |
| 59 | 타인 존재 유형이 아동의 돕기 행동에 미치는 영향 | 석수경 | 2011 | 석사 |
| 60 | MI 강점지능에 따른 집단구성이 집단 창의성에 미치는 영향 | 이수미 | 2011 | 석사 |
| 61 | 교사와 학부모의 인성교육에 대한 인식 일치도 및 효과 연구 | 윤영 | 2011 | 석사 |
| 62 | 신사임당의 정서능력 발현과정 연구 | 강민수 | 2011 | 박사 |
| 63 | 도덕귀감자의 도덕역량에 관한 연구 | 이지혜 | 2012 | 박사 |
| 64 | 공과대학 대학원에서의 집단지성(Collective Intelligence) 속성 및 조건 탐색 | 전종희 | 2012 | 박사 |
| 65 | 교사의 변화능력에 관한 연구 | 엄채윤 | 2012 | 박사 |
| 66 | 음악의 공감 및 체계화와 관계 연구 | 심수연 | 2012 | 석사 |
| 67 | 과학올림피아드 입상자의 잠재능력 발현과정 연구 | 윤정이 | 2012 | 석사 |
| 68 | 초등학교 교사의 정의 및 배려지향성과 훈육태도에 관한 연구 | 송창희 | 2012 | 석사 |
| 69 | 초등교사를 중심으로 본 교사전문성의 형성과 발달에 관한 연구 | 홍우림 | 2012 | 박사 |
| 70 | 고등학생의 교과별 학업에 대한 정서 연구 | 최경아 | 2012 | 박사 |
| 71 | 한국인의 정직과 전통적 가치의 갈등양상 및 해소방식에 관한 연구 | 장희선 | 2012 | 박사 |

# 지능과 교육

2013년 6월 14일 1판 1쇄 인쇄
2013년 6월 21일 1판 1쇄 발행

지은이 • 문용린과 서울대학교 도덕심리연구실
펴낸이 • 김진환
펴낸곳 • (주) 학지사
121-837 서울시 마포구 서교동 352-29 마인드월드빌딩 5층
대표전화 • 02-330-5114 팩스 • 02-324-2345
등록번호 • 제313-2006-000265호

홈페이지 • http://www.hakjisa.co.kr
커뮤니티 • http://cafe.naver.com/hakjisa

ISBN 978-89-997-0127-6 93370

정가 18,000원

저자와의 협약으로 인지는 생략합니다.
파본은 구입처에서 교환해 드립니다.



이 도서의 국립중앙도서관 출판시도서목록(CIP)은 서지정보유통지원시스템 홈페이지(http://seoji.nl.go.kr)와 국가자료공동목록시스템(http://www.nl.go.kr/kolisnet)에서 이용하실 수 있습니다.
(CIP 제어번호: CIP2013008188)